Bauvertragsrecht kompakt

Bauvertragsrecht kompakt

- **Grundlagenwissen für die Praxis**
- **Werk- und Bauvertragsrecht nach BGB und VOB/B**
- **Bedeutung, Inhalte und Grenzen der VOB/B**

von

Rechtsanwalt Bernd Kimmich, Berlin

2. Auflage

Reguvis

Bibliografische Information der Deutschen Nationalbibliothek
Die Deutsche Nationalbibliothek verzeichnet diese Publikation in der Deutschen Nationalbibliografie; detaillierte bibliografische Daten sind im Internet über http://dnb.d-nb.de abrufbar.

Reguvis Fachmedien GmbH
Amsterdamer Str. 192
50735 Köln
www.reguvis.de

Beratung und Bestellung:
Tel.: +49 221 97668 8500
E-Mail: service@reguvis.de

ISBN (Print): 978-3-8462-1443-5

Satz: MainTypo, Reutlingen
Druck und buchbinderische Verarbeitung: Appel & Klinger Druck und Medien GmbH, Schneckenlohe

Printed in Germany

Inhaltsverzeichnis

Vorbemerkungen zu dieser Einführung in das Bauvertragsrecht nach VOB/B und BGB

Der Versuch, das Bauvertragsrecht auf wesentliche Kerninhalte zu reduzieren, gleicht einer Gratwanderung. **Was ist wesentlich**, worauf kommt es wirklich an und ab wann wird die Grenze zum überflüssigen Detail überschritten?

Diese Einführung will eine fundierte **Orientierung** im Baurecht ermöglichen und ein **Interesse** für rechtliche Fragestellungen wecken, ohne sich dabei in Einzelheiten zu verlieren und diejenigen abzuschrecken, die keinen juristischen Abschluss haben. Deshalb kann es nicht darum gehen, jeden Paragraphen bzw. jeden Absatz aller BGB- oder VOB/B-Regelungen zu besprechen, zumal ein gutes Drittel der VOB/B-Einzelbestimmungen für Praktiker ohnehin keine nennenswerte Rolle spielt.

Auch wenn die VOB/B wegen der jüngeren Rechtsprechung des Bundesgerichtshofs zunehmend an Bedeutung verliert, wird die Praxis nach wie vor von diesem Regelwerk beherrscht. Deshalb werden in diesem Buch **schwerpunktmäßig** die Regelungen der **VOB/B** behandelt. Ausführungen zum BGB erfolgen aber immer dort, wo dies aus Sachgründen notwendig ist oder weil die VOB/B für bestimmte Fragen keine Regelungen enthält, sodass BGB-Vorschriften zur Anwendung kommen. Das betrifft insbesondere die praxisrelevanten, aber auch schwierigen Themen „Nachträge" und „gestörte Bauabläufe".

Die Inhalte des Buches sollen in verständlicher und praxisnaher Art und Weise rechtliche Grundsätze verdeutlichen, **„sichere Wege"** aufzeigen und helfen, anderenfalls vorprogrammierte Fehler und Irrtümer zu vermeiden. Wenn in einem **konkreten Einzelfall** schwierige Probleme gelöst werden müssen, beispielsweise bei gestörten Bauabläufen oder Kündigungsszenarien etc., ist Vorsicht geboten. Die Konzentration auf das Wesentliche kann – denklogisch – nicht die Besonderheiten des Einzelfalls berücksichtigen. Denn jeder Fall ist anders. Es kann infolgedessen nicht darum gehen, für schwierige Fälle, in denen konkreter Rechtsrat eingeholt werden sollte, vermeintlich eindeutige Lösungswege darzustellen, sondern den „Radarschirm" der Leser zu aktivieren, damit sie Probleme erkennen und rechtzeitig richtig reagieren können.

Bekanntlich sind viele Rechtsfragen heftig umstritten. Es würde den Rahmen sprengen, stets die jeweils unterschiedlichen Auffassungen darzustellen. Wenn im Folgenden von der „herrschenden Meinung" die Rede ist, heißt das nicht zwingend, dass sie in jedem Fall auch richtig sein muss, sondern lediglich, dass die überwiegende Zahl der Baujuristen, insbesondere die obergerichtliche Rechtsprechung, diese Auffassung vertritt. Ihr zu folgen, heißt deshalb im Regelfall, den „sichersten Weg“ zu gehen. Die **aktuelle Rechtsprechung** bis Ende 2023 ist mit **Fundstellenangaben** berücksichtigt.

Jeder, der sich mit dem Baurecht näher befasst, macht die Erfahrung, dass es meistens nicht **komplizierte Rechtsfragen** sind, an denen Bauprozesse scheitern. Vielmehr liegt es daran, dass **einfache Grundsätze** nicht beachtet, im Arbeitsalltag vergessen oder wegen schlichter Überforderung ausgeblendet werden. Dabei geht es um das Lesen und Erfassen der abgeschlossenen **Verträge,** die Führung eines der VOB/B bzw. dem BGB entsprechenden **Schriftverkehrs,** die aussagekräftige **Dokumentation** der relevanten Vorkommnisse auf der Baustelle sowie die offene unternehmensinterne **Kommunikation.** Die anwaltliche Erfahrung zeigt, dass eine Sensibilisierung für rechtliche Fragestellungen dafür sorgen kann, sich **rechtzeitig** mit juristischen Konfliktstoffen zu befassen und nicht erst zu reagieren, wenn es bereits zu spät ist, um die Weichen richtig zu stellen.

Diese Einführung in das Baurecht ergänzt das Handbuch „**VOB für Bauleiter**“ (Kimmich/Bach, 7. Auflage, ca. 1.200 Seiten). Es ist Grundlage der vom Autor regelmäßig durchgeführten Schulung „Die VOB/B Kompakt“ (**www.bauleiterschulung.de**). Überragende Bedeutung kommt dem **Schriftverkehr** und der **Dokumentation** zu. Das betrifft praktisch alle baurechtlichen Themen. Dazu wird auf die **Musterbriefe** am Ende eines jeden Kapitels von **„VOB für Bauleiter“** verwiesen. Dort haben wir vollständige Briefe anhand unserer praktischen Erfahrungen als Anwälte formuliert und Auslassungen, die der Nutzer selbst ergänzen muss, weitestgehend vermieden. Die Musterbriefe der aktuellen Auflage von „VOB für Bauleiter“ können per E-Mail auf **www.bauleiterschulung.de** als Word-Dokument angefordert werden.

Im **Anhang** zu diesem Buch sind die aktuelle Fassung der **VOB/B** sowie wichtige Vorschriften aus dem **BGB**, insbesondere die Bestimmungen der Anfang 2018 in Kraft getretenen Reform des Bauvertragsrechts, abgedruckt.

Berlin, Januar 2024

Bernd Kimmich
Rechtsanwalt

1 GESETZLICHE BESTIMMUNGEN ZUM WERK- UND BAUVERTRAGSRECHT (BGB)

1.1 Werkvertragsrecht

Das **Bürgerliche Gesetzbuch** (BGB) aus dem Jahr 1900 regelt in den **§§ 631 bis 650** das Werkvertragsrecht. Dazu gehören neben **Werkverträgen jeder Art** prinzipiell auch **Bau- und Planerverträge**. Man erkannte allerdings schon in den Zwanzigerjahren des vergangenen Jahrhunderts, dass zahlreiche Themen, die am Bau eine zentrale Rolle spielen, im BGB entweder überhaupt nicht oder für den Bauvertrag unzweckmäßig geregelt werden. Deshalb schuf man bereits im Jahr 1926 die VOB, die heute unter Einschluss des Teils A „Vergabe- und Vertragsordnung für Bauleistungen" heißt. Insbesondere die Regelungen der **VOB/B** ergänzen diese Vorschriften, teilweise werden die BGB-Vorschriften auch verdrängt, falls die VOB/B ein Thema **abschließend** regelt oder ihre Bestimmungen **spezieller** sind (vgl. 2.1).

1.2 Reform des Bauvertragsrechts

Nach jahrelangen Diskussionen ist am **01.01.2018** das „Gesetz zur Reform des Bauvertragsrechts" in Kraft getreten. Die dortigen Vorschriften für Bauverträge **(§§ 650a bis 650h BGB)** regeln das Bauvertragsrecht aber nach wie vor nicht vollständig und umfassend, sondern nur punktuell. Deshalb spielt die VOB/B in der Praxis nach wie vor eine bedeutende Rolle. „In Verruf geraten" ist sie in jüngster Zeit aus rechtlichen Gründen, insbesondere wegen der Rechtsprechung des Bundesgerichtshofs (BGH). Das erläutern wir unter 3.1.

Für die Praxis wirklich relevant sind die **Nachtragsvorschriften (§§ 650b, c und d BGB)**, ein Thema, welches das BGB bis zum 01.01.2018 überhaupt nicht regelte, sowie die Vorschrift zur **Zustandsfeststellung bei Abnahmeverweigerung (§ 650g BGB)**. Daneben ist im Werkvertragsrecht ein Fall der **fiktiven Abnahme** geregelt worden **(§ 640 Abs. 2 BGB)**. Welche Auswirkungen die neuen Regelungen auch für VOB/B-Verträge haben, wird aufgrund der enormen Praxisrelevanz dieses Themas an verschiedenen Stellen und unter unterschiedlichen Aspekten besprochen (vgl. 2.1 und 3.3 sowie 7.5 für Nachträge, 10.5.4 für die fiktive Abnahme nach § 640 Abs. 2 BGB und 10.6 für die Zustandsfeststellung bei Verweigerung der Abnahme nach § 650g BGB).

Daneben gibt es seit dem 01.01.2018 Regelungen zum **Verbraucherbauvertrag** (§§ 650i bis 650n BGB), zum **Architekten- und Ingenieurvertrag** (§§ 650p bis 650t BGB) sowie zum **Bauträgervertrag** (§§ 650u und 650v BGB), die allerdings für Baupraktiker eine eher untergeordnete Rolle spielen und deshalb nur behandelt werden, wenn sie nennenswerte Auswirkungen auf die hier behandelten Themen haben.

2
INHALTE UND GRUNDSÄTZLICHE BEDEUTUNG DER VOB

2 Inhalte und grundsätzliche Bedeutung der VOB

Die VOB wird vom **Deutschen Vergabe- und Vertragsausschuss (DVA)** beschlossen, nicht vom Gesetzgeber. Dort sind Auftraggeber und Auftragnehmer in etwa gleich stark vertreten, sodass sie **insgesamt** als **ausgewogenes Regelwerk** gilt. Das Baugeschehen wird nach wie vor von der VOB/B beherrscht. Sie umfasst insgesamt 18 Paragrafen und ist speziell auf bauspezifische Probleme zugeschnitten. Man könnte auch sagen, dass sie **Lücken schließen** will, die sich bei alleiniger Anwendung von BGB-Bestimmungen bei Bauverträgen ergäben. Ihre Vereinbarung war bis zum 01.01.2018 besonders sinnvoll, weil es bis dahin keine gesetzlichen Bestimmungen für Nachträge gab und ohne vertragliche Regelungen zu diesem Thema höchst fraglich war, ob der Auftraggeber (der im BGB „Besteller" heißt) die Bauleistung ändern durfte und bejahendenfalls, welche Vergütung dem Auftragnehmer (im BGB: „Unternehmer") dafür zusteht.

Aber auch nach der **„Reform des Bauvertragsrechts 2018"**, die nur punktuelle Regelungen und kein „in sich geschlossenes" Bauvertragsrecht beinhaltet, vereinbaren zahlreiche Auftraggeber – auch private, die das nicht müssen – gerade bei größeren Bauvorhaben regelmäßig die VOB/B, weil sie sich in der Baupraxis nach allgemeiner Auffassung bewährt hat und insgesamt als ausgewogenes und praxistaugliches Regelwerk gilt (siehe oben). So sehen es viele auch heute noch, obwohl Zweifel an dieser Auffassung angebracht sind, weil die VOB/B in zahlreichen Punkten überarbeitungsbedürftig ist. Denn der Deutsche Vergabe- und Vertragsausschuss (DVA) hat keine Konsequenzen aus der „Reform des Bauvertragsrechts 2018" und insbesondere aus der geänderten Rechtsprechung des BGH zur Ermittlung der Preisanpassung bei Mehrmengen (§ 2 Abs. 3 Nr. 2 VOB/B) aus dem Jahr 2019 gezogen und das bis heute, also knapp sechs Jahre nach Inkrafttreten der Reform.

2.1 Verhältnis von BGB-Vorschriften zu den Bestimmungen der VOB/B

Das Verhältnis der VOB/B zum BGB ist komplex und vielschichtig, vor allem bei Nachträgen, weil es hier seit dem 01.01.2018 gesetzliche Vorschriften gibt (siehe oben). Bevor wir darauf näher eingehen, wollen wir uns in einem ersten Schritt der Frage annähern, wann und weshalb gesetzliche Bestimmungen zum Werk- und Bauvertragsrecht des BGB auch gelten, wenn die VOB/B wirksam in den Bauvertrag einbezogen worden ist.

- Viele rechtliche Fragen, die auch bei Bauverträgen eine Bedeutung haben können, **regelt die VOB/B** überhaupt **nicht**, weil sie nicht „bauspezifisch" sind, sondern bei Verträgen aller Art eine Rolle spielen, beispielsweise das Zustandekommen von Verträgen, Fragen der Stellvertretung und Vollmacht, den Verzug des Schuldners (Auftragnehmer) oder auch den Annahmeverzug des Gläubigers (Auftraggeber oder Besteller). Die Beispiele ließen sich nahezu endlos fortsetzen. Weshalb ist das wichtig? Weil in all diesen Fällen die gesetzlichen Vorschriften „automatisch" (kraft Gesetzes) gelten, wenn sich entsprechende Fragen stellen, ohne dass der Bauvertrag das ausdrücklich so regeln muss.

- Daneben gibt es aber durchaus auch eine Vielzahl von **Regelungen im BGB**, die **werk- bzw. bauspezifischen Charakter** haben und wiederum im VOB/B-Vertrag gelten, weil die VOB/B diese Fragen nicht bzw. nicht abschließend oder abweichend vom BGB regelt. Das leuchtet möglicherweise noch bei der Bauhandwerkersicherheit ein, die nunmehr in § 650f BGB geregelt ist (§ 648a BGB alte Fassung). Die Vorschrift existiert seit dem Jahr 1993 und schafft ein wirklich taugliches Sicherungsmittel für Auftragnehmer (nachfolgend: AN), die sich vor einem insolvenzbedingten Ausfall ihres Vergütungsanspruchs schützen wollen (vgl. Kapitel 15). Diese Vorschrift musste die VOB/B nicht anpassen, weil sie speziell für Bauverträge gemacht worden ist.

  Schwieriger ist es dagegen beispielsweise bei der **Abnahme** der Leistung. Hierzu gibt es schon immer werkvertragliche Bestimmungen im BGB (§§ 640, 641), die ebenfalls im VOB/B-Vertrag gelten. Allerdings regelt auch die VOB/B aufgrund der besonderen Bedeutung der Abnahme bei Bauverträgen das Thema ergänzend in § 12, um den bauspezifischen Besonderheiten der Abnahme gerecht zu werden. Dort gibt es beispielsweise Vorschriften zur Teilabnahme (§ 12 Abs. 2), zur förmlichen Abnahme (§ 12 Abs. 4) oder zu fiktiven Abnahmeformen (§ 12 Abs. 5 Nr. 1 und 2 VOB/B). Das sind Vorschriften, welche die „Basisparagrafen" des BGB zur Abnahme ergänzen. Die durch die Reform des Bauvertragsrechts 2018 in Kraft getretene Vorschrift zur Zustandsfeststellung bei Verweigerung der Abnahme in § 650g BGB gilt ebenfalls im VOB/B-Vertrag, weil ihr Inhalt und insbesondere ihre Wirkung nicht mit der Zustandsfeststellung nach § 4 Abs. 10 VOB/B vergleichbar ist (vgl. 10.6.5). Das zu erkennen, ist für Praktiker schon nicht einfach.

  Noch schwieriger ist es bei den **Mängelansprüchen**. Man sollte meinen, dass die VOB/B in einer ihrer längsten Einzelvorschriften überhaupt (§ 13) dieses Thema umfassend und abschließend behandelt. So ist es aber nicht: denn der praxisrelevante „Vorschussanspruch", gerichtet auf Zahlung der voraussichtlich erforderlichen Mängelbeseitigungskosten, ist nur in § 637 Abs. 3 BGB geregelt, nicht in der VOB/B (vgl. 11.2.2.5). Auch wenn der sogenannte „Druckzuschlag" des Auftraggebers nach § 641 Abs. 3 BGB kein Mangelanspruch nach juristischem Verständnis ist, sondern ein Zurückbehaltungsrecht des Auftraggebers (nachfolgend: AG) gegen Vergütungsansprüche des Auftragnehmers begründet, falls die abgerechneten Leistungen Mängel aufweisen, ist es für Techniker nicht so einfach zu erkennen, dass auch diese Vorschrift selbstverständlich im VOB/B-Vertrag gilt (11.2.2.3), eben weil die VOB/B diesen Einwand nicht regelt, und zwar auch nicht bei den Bestimmungen zur Zahlung der Vergütung in § 16 VOB/B.

- Richtig kompliziert wird es aber erst bei folgenden praxisrelevanten Fragen, in denen die **VOB/B von gesetzlichen Vorschriften abweicht**: nämlich zum einen bei den Anordnungsrechten des Auftraggebers, wenn er die vereinbarte Bauleistung ändern oder erforderliche Zusatzleistungen verlangen will (§ 1 Abs. 3 und 4 VOB/B bzw. § 650b Abs. 1 und 2 BGB) und zum anderen bei der Verjährung der Mängelansprüche bei Bauwerkleistungen (§ 13 Abs. 4 Nr. 1 VOB/B bzw. § 634a Abs. 1 Nr. 2 BGB). Auch das bisherige (jahrzehntelange) Verständnis zur Ermittlung der Nachtragsvergütung bei VOB/B-Verträgen weicht von der BGB-Systematik (§ 650c Abs. 1 BGB) ab, und zwar erheblich.

  An dieser Stelle wird relevant, dass die **VOB/B** kein Gesetz, sondern eine **Allgemeine Geschäftsbedingung** (AGB) ist. Die damit verbundenen Fragen und juristischen Probleme sind so vielschichtig und schwierig, dass sie gesondert unter 3.3, aber auch bei den jeweiligen Themen, besprochen werden.

2.2 Die drei Teile der VOB

2.2.1 VOB/A (Allgemeine Bestimmungen für die Vergabe von Bauleistungen durch öffentliche Auftraggeber)

Die **VOB/A** – gegenwärtig in der **Fassung 2019** – regelt die Vergabe von Bauleistungen durch **öffentliche AG**. Sie wird vom Deutschen Vergabe- und Vertragsausschuss (DVA) erlassen.

Die dortigen Bestimmungen gelten von der **Zusammenstellung der Vergabeunterlagen** bis zum **Abschluss des Bauvertrages**.

Die VOB/A ist in **drei Abschnitte** untergliedert.

- Im **Abschnitt 1** sind die **Basisparagraphen** enthalten. Diese regeln die **nationale Vergabe** von Bauleistungen **unterhalb der Schwellenwerte** (derzeit: € 5.382.000,00 netto).

- Der **Abschnitt 2** gilt für Bauverträge, die im Rahmen von Bauprojekten **oberhalb der Schwellenwerte** vergeben werden. Die Bestimmungen sind aufgrund einer Verweisung in § 3 der Vergabeverordnung (VgV) für öffentliche AG zwingend. So besteht eine rechtliche Pflicht des AG zur **Vorabinformation** unterlegener Bieter nach dem Gesetz gegen Wettbewerbsbeschränkungen (§ 134 Abs. 1 GWB). Sie müssen erfahren, welches Unternehmen den Zuschlag erhalten und weshalb ihr Angebot nicht berücksichtigt werden soll. Danach besteht eine **Wartefrist**, bevor der Zuschlag erteilt werden darf (§ 134 Abs. 2 GWB). Das gilt nach herrschender Meinung aber nicht für Vergaben unterhalb der Schwellenwerte (OLG Düsseldorf, Urteil vom 21.06.2023 - 27 U 4/22).

  Diese Vorabinformationspflicht soll dem unterlegenen Bieter eine **Rüge** von Verfahrensfehlern und die Einleitung eines **Vergabenachprüfungsverfahrens** ermöglichen. Oberhalb der Schwellenwerte hat der Bieter – falls er Verfahrensfehler **rechtzeitig gerügt** hat (§ 160 GWB) – einen rechtlich einklagbaren Anspruch auf Beachtung der einschlägigen Regelungen.

  Wird gegen die Vorabinformations- und Wartefrist verstoßen, ist die Zuschlagserteilung nichtig (§ 135 GWB).

  Unterhalb der Schwellenwerte kann der Bieter die Zuschlagserteilung durch eine **einstweilige Verfügung** verhindern, wenn er die Verletzung bieterschützender Vorschriften glaubhaft machen kann (OLG Schleswig, Beschluss vom 08.01.2013 – 1 W 51/12, OLG Düsseldorf, Beschluss vom 13.01.2010 – 27 U 1/09).

  Nach rechtswidriger Zuschlagserteilung kann der Bieter, der den Zuschlag hätte erhalten müssen, **Schadensersatz** vor den Zivilgerichten geltend machen (BGH, Urteil vom 09.06.2011 – X ZR 143/10).

- Der **Abschnitt 3** gilt für die Vergabe von Bauaufträgen im Bereich Verteidigung und Sicherheit.

Kommt es zu Streit über die beabsichtigte Zuschlagserteilung, gelten für das **Vergabeverfahren** die §§ 97 ff. GWB und die Vergabeverordnung (VgV).

Ein **Standardproblem** bei öffentlichen Ausschreibungen betrifft **technische Spezifikationen** in Leistungsbeschreibungen. Aus § 7 Abs. 2 VOB/A folgt das Gebot der

produktneutralen Ausschreibung. Gegen diese Verpflichtung wird nicht nur dann verstoßen, wenn ein **Leitfabrikat offen** und **explizit** in der Leistungsbeschreibung genannt worden ist, sondern auch dann, wenn durch die Vielzahl der Vorgaben ein Leitfabrikat **verdeckt** ausgeschrieben wurde, weil nur ein einziges Produkt alle Vorgaben erfüllt (VK Bund, Beschluss vom 16.03.2015 - VK 2 - 9/15; OLG München, Beschluss vom 26.03.2020 - Verg 22/19).

Nach Vertragsabschluss können bestimmte Vorschriften der VOB/A (insbesondere die §§ 7 bis 7c VOB/A) bei der **Auslegung des Vertrages** von Bedeutung sein, weil der Bieter grundsätzlich auf eine VOB/A-konforme Ausschreibung vertrauen darf (vgl. 6.2.7). Diese Vorschriften gelten zumindest als „Auslegungshilfe" auch im Verhältnis zu privaten Auftraggebern, weil sie im Kern die Grundsätze von Treu und Glauben bzw. vorvertragliche Pflichten, wie die Gebote der Klarheit und Vollständigkeit der Leistungsbeschreibung, präzisieren.

2.2.2 VOB/B (Allgemeine Vertragsbedingungen für die Ausführung von Bauleistungen)

Die **VOB/B** - gegenwärtig in der **Fassung 2019** (diese Fassung entspricht inhaltlich und textlich derjenigen des Jahres 2016) - ist nur anwendbar, wenn sie zwischen den Vertragsparteien **vereinbart** worden ist oder die Vertragspartner übereinstimmend von ihrer Geltung ausgehen. Denn sie ist **kein Gesetz**, sondern ein standardisiertes Vertragsmuster mit allgemeinen Regelungen für bauvertragliche Fragestellungen. Ist sie vereinbart, regelt sie ab dem **Vertragsabschluss** die **Herstellungsphase** bis zur **Erfüllung** aller wechselseitigen Verpflichtungen aus dem Bauvertrag.

Für **öffentliche Auftraggeber** ist die Verwendung der VOB/B bei Bauverträgen **zwingend** vorgeschrieben (§ 8a Abs. 1 VOB/A). Aber auch die meisten **privaten Auftraggeber** vereinbaren bei größeren Bauvorhaben in aller Regel die Geltung der VOB/B, wenn auch mit **Ergänzungen** bzw. **Änderungen**, was zwingende rechtliche Folgen hat, wie wir später noch sehen werden (3.3).

Will der **bauausführende Auftragnehmer** bei Verträgen mit **Verbrauchern** die VOB/B in den Vertrag einbeziehen, muss eine **Übergabe** des kompletten VOB/B-Textes vor oder spätestens bei Vertragsabschluss erfolgen (OLG Brandenburg, Urteil vom 26.07.2018 - 12 U 11/17). Gleiches gilt für die **VOB/C** (DIN 18299 ff.), falls dortige Regelungen Vertragsinhalt werden sollen (vgl. 2.2.3). Auch hier genügt ein bloßer Hinweis auf ihre Geltung (z. B. in § 1 Abs. 1 Satz 2 VOB/B) nicht. Bei „Kaufleuten" oder „juristischen Personen" (AG, GmbH, KG) sind geringere Anforderungen zu stellen. Soll die VOB/B gegenüber einem im **Baugewerbe tätigen Unternehmen** einbezogen werden, reicht ihre Vereinbarung im Vertrag, die Übergabe des Textes ist nicht erforderlich (OLG Stuttgart, Urteil vom 24.07.2014 - 10 U 56/12). Will der AN gegenüber einem „nicht im Baurecht bewanderten Unternehmer" die VOB/B einbeziehen, sollte sie ihm sicherheitshalber ebenfalls tatsächlich und beweisbar zur Kenntnis gebracht werden (OLG Bamberg, Urteil vom 23.08.2023 - 12 U 58/22).

Die **VOB/B** hat immer noch **enorme praktische Bedeutung**, weil das Werkvertragsrecht des BGB (§§ 631 ff. BGB) - auch nach der Reform des Bauvertragsrechts 2018 - kein umfassendes, detailliertes Bauvertragsrecht enthält. Das gilt auch, wenn die VOB/B ein Thema nicht abschließend regelt (vgl. 2.1).

Bei der Beantwortung von Rechtsfragen muss folglich in einem ersten Schritt geprüft werden, ob die **VOB/B vereinbart** worden ist oder die Vertragsparteien übereinstimmend von ihrer Geltung ausgehen. In diesem Fall gehen VOB/B-Regelungen grundsätzlich BGB-Bestimmungen vor.

Enthält die VOB/B keine Regelungen, beispielsweise weil es um allgemeine, nicht speziell bauvertragliche Fragen geht (z. B. Vertragsabschluss, Vertretung, Verzug etc.), gilt das BGB **automatisch** ergänzend, ohne dass es hierfür einer Vereinbarung bedarf. Denn das Gesetz gilt „kraft Gesetzes" (vgl. 2.1).

Weil die **VOB/B** kein Gesetz, sondern eine **Allgemeine Geschäftsbedingung (AGB)** darstellt, können einzelne VOB/B-Bestimmungen immer dann einer AGB-rechtlichen Inhaltskontrolle unterzogen werden, wenn der **Verwender** sie nicht **„im Ganzen"** vereinbart hat. Das kann zur Unwirksamkeit einzelner VOB/B-Vorschriften führen. An ihre Stelle tritt dann das Gesetz, also die Vorschriften des BGB (vgl. 3.3).

2.2.3 VOB/C (Allgemeine Technische Vertragsbedingungen, DIN 18299 ff.)

Wenn im Vertrag die **VOB/B** vereinbart wurde, gelten auch die **„Allgemeinen Technischen Vertragsbedingungen** (ATV) für Bauleistungen" (**VOB/C**) in Form der DIN-Normen 18299 ff. Das folgt aus § 1 Abs. 1 Satz 2 VOB/B. Anfang **Oktober 2023** ist ein Ergänzungsband veröffentlicht worden, der neue und siebzehn fachtechnisch überarbeitete ATV enthält. Neu sind die DIN 18327 (Brunnenbauarbeiten und Erdwärmesonden), DIN 18328 (Aufbruch und Rückbauarbeiten von Verkehrsflächen) und DIN 18448 (Arbeiten an schadstoffbelasteten baulichen und technischen Anlagen).

Die **DIN 18299** enthält **allgemeine Reglungen** für Bauarbeiten jeder Art, die nachfolgenden DIN 18300 (Erdarbeiten) bis 18459 (Abbruch- und Rückbauarbeiten) enthalten Ergänzungen dieser „Basis-DIN" für **spezielle Gewerke**.

Jede DIN-Norm der VOB/C folgt der **gleichen Gliederung** mit den **Abschnitten 0 bis 5**.

- Die jeweiligen **Abschnitte 0** enthalten **Hinweise** für das **Aufstellen der Leistungsbeschreibung**, werden aber ausdrücklich nicht Vertragsbestandteil. Diese Abschnitte können aber bei der Auslegung des Vertrages Bedeutung erlangen, wenn es um die Frage geht, ob eine Leistung auch ohne ausdrückliche Erwähnung im Vertrag „Bausoll" geworden ist (vgl. 6.2.6).

- Die **Abschnitte 1** bestimmen den **Geltungsbereich** der einzelnen DIN-Normen, die **Abschnitte 2** enthalten Regelungen zu **Stoffen** und **Bauteilen**, meist unter Nennung weiterer schriftlicher technischer Regelwerke, die in diesem Zusammenhang zu beachten sind.

Die **Abschnitte 3 bis 5** beinhalten **auch Vertragsrecht**. Sie sind in der **Ausführungsphase** von außerordentlicher **Bedeutung** und werden von der Praxis häufig unterschätzt bzw. nicht ausreichend beachtet.

- Die **Abschnitte 3** enthalten Aussagen über die Erbringung der Leistung nach den **„anerkannten Regeln der Technik"** und sind bedeutsam für die **Mangelfreiheit der Leistung** (vgl. § 13 Abs. 1 VOB/B). Denn nach der Rechtsprechung wird **widerlegbar vermutet**, dass DIN-Vorschriften die anerkannten Regeln der Technik zutreffend wiedergeben (vgl. 11.1.2). Insbesondere bei den DIN-Normen zur technischen Gebäudeausrüstung wird in den Abschnitten 3 zwischen den jeweiligen **Planungsverpflichtungen** der Vertragsparteien unterschieden, wenn der Vertrag dazu keine anderen Regelungen trifft (z. B. Abschnitt 3.1.2 der DIN 18379 – Raumlufttechnische Anlagen – **Verpflichtung des AN** zur Erbringung der **Werkstatt- und Montageplanung** nach den **Planungsunterlagen** und **Berechnungen des AG** gemäß Abschnitt 3.1.2 **oder** Abschnitte 3.1.2 sowie 3.1.5 der DIN 18382).

  Die Abschnitte 3 enthalten auch **beispielhaft** Aussagen darüber, was der AN besonders **prüfen** und wogegen er **Bedenken** nach **§ 4 Abs. 3 VOB/B** anzumelden hat (z. B. Abschnitt 3.1.1 der DIN 18356 „Parkett- und Holzpflasterarbeiten"). In den Abschnitten 3 ist oftmals auch geregelt, welche **Dokumentationsunterlagen** der AN zu bestimmten Zeitpunkten schuldet, falls der Vertrag dazu keine abweichenden Bestimmungen enthält (z. B. 3.4.1 und 3.4.2 der DIN 18382 Elektro-, Sicherheits- und Informationstechnische Anlagen).

- Die **Abschnitte 4** unterscheiden jeweils zwischen **Nebenleistungen** (Abschnitte 4.1) und **Besonderen Leistungen** (Abschnitte 4.2). Nebenleistungen gehören schon im Rahmen der vereinbarten Vergütung zum „Bausoll" und rechtfertigen **keine Nachtragsvergütung**, auch wenn sie in den Vertragsbestandteilen nicht besonders aufgeführt wurden. **Besondere Leistungen** sind dagegen nur geschuldet, wenn sie in der Leistungsbeschreibung **ausdrücklich erwähnt** sind. Das muss aber nicht notwendigerweise in einer besonderen Position des Leistungsverzeichnisses geschehen sein. Wenn Besondere Leistungen z. B. in „Zusätzlichen Vertragsbedingungen" **konkret** und **kalkulierbar** genannt und zur geschuldeten Leistung erklärt werden, kann der AN für deren Erbringung grundsätzlich **keine Nachtragsvergütung** geltend machen. Regelt der Vertrag dagegen nur **allgemein**, dass *„alle Besonderen Leistungen nach DIN 18299 ff. mit den vereinbarten Preisen abgegolten sind und keine Nachträge rechtfertigen"*, ist eine solche Bestimmung **AGB-rechtlich unwirksam** (§ 307 BGB), wenn der Umfang der „Besonderen Leistungen" **nicht kalkulierbar** ist, weil beispielsweise Pläne oder Mengenangaben hierzu fehlen (vgl. 3.2 und 3.4).

- Die **Abschnitte 5** enthalten **Abrechnungsbestimmungen**, die nach § 14 Abs. 2 Satz 2 VOB/B bei der **Erstellung des Aufmaßes** zu beachten sind, wenn im Vertrag nichts anderes geregelt ist. In der Regel ist anhand von Plänen bzw. Zeichnungen abzurechen, falls die ausgeführte Leistung den Plänen entspricht. Anderenfalls muss ein körperliches – möglichst gemeinsames – Aufmaß vor Ort genommen werden (§ 14 Abs. 2 Satz 1 VOB/B). Das gilt vor allem, wenn die erbrachten Leistungen später nur noch **schwer** oder nicht mehr **feststellbar** sind (§ 14 Abs. 2 Satz 3 VOB/B, vgl. 13.2). Sowohl beim Planaufmaß als auch bei einem körperlichen Aufmaß auf der Baustelle müssen die Aufmaßregelungen der Abschnitte 5 der DIN 18299 ff. beachtet werden (§ 14 Abs. 2 Satz 2 VOB/B), soweit sie wegen Vereinbarung der VOB/B einschlägig sind und der Vertrag dazu keine abweichenden Bestimmungen enthält.

3
DIE BEDEUTUNG DES RECHTS DER AGB FÜR DAS BAUVERTRAGSRECHT

3 Die Bedeutung des Rechts der AGB für das Bauvertragsrecht

Das Recht der „Allgemeinen Geschäftsbedingungen“ ist seit dem 01.01.2002 in den **§§ 305 bis 310 BGB** geregelt. Auch die VOB/B stellt – wie bereits erwähnt – eine Allgemeine Geschäftsbedingung (nachfolgend: AGB) dar, wenn auch mit Besonderheiten, die noch erläutert werden (vgl. 3.3). Praktisch jeder Bauvertrag enthält – neben der VOB/B – eine Vielzahl von AGB. Das Thema wird von Praktikern oftmals unterschätzt. In Bauprozessen kann ihm streitentscheidende Bedeutung zukommen.

3.1 Unter welchen Voraussetzungen liegen AGB vor?

Nach § 305 BGB sind „Allgemeine Geschäftsbedingungen“ alle für eine **Vielzahl** von Verträgen **vorformulierten** Vertragsbedingungen, die eine Vertragspartei („Verwender“) der anderen Vertragspartei bei Abschluss des Vertrages einseitig **stellt** (§ 305 Abs. 1 BGB), wenn dabei von **Rechtsvorschriften** abgewichen wird (§ 307 Abs. 3 BGB). Das AGB-Recht gilt also beispielsweise nicht für reine Preisvereinbarungen oder bloße technische Beschreibungen im Leistungsverzeichnis.

- Für den Begriff „Vielzahl“ reicht die dreimalige Verwendung, es reicht bei erstmaliger Verwendung sogar die **Absicht** der Wiederverwendung in mindestens zwei weiteren Verträgen (BGH, Urteil vom 27.09.2001 – VII ZR 388/00). Unproblematisch ist die AGB-Eigenschaft bei Vordrucken, beispielsweise gedruckten Vertragsmustern oder „Besonderen bzw. Zusätzlichen Vertragsbedingungen“. Selbst **Verhandlungsprotokolle** gelten als AGB, wenn dortige Inhalte bereits in gedruckter Form vorliegen und lediglich leere Zeilen für ergänzende Vereinbarungen enthalten sind (OLG Köln, Urteil vom 01.02.2006 – 11 W 5/06). Dann bleibt es bei der AGB-Eigenschaft der im Verhandlungsprotokoll vorformulierten Teile, wenn diese nicht individuell ausgehandelt worden sind (dazu sogleich). Auch die Möglichkeit des „Ankreuzens“ verschiedener Vertragsbedingungen, beispielsweise bei Sicherheitseinbehalten oder Vertragsstrafen, lässt die AGB-Eigenschaft der Klausel nicht ohne Weiteres entfallen. Bei „Ankreuzlösungen“ kommt es für eine Individualvereinbarung darauf an, ob tatsächlich die reale Möglichkeit bestand, eine AGB-rechtlich wirksame Alternative zu vereinbaren (OLG Stuttgart, Urteil vom 07.12.2016 – 3 U 105/16).

- AGB liegen nicht vor, wenn die Regelungen im Einzelnen individuell **ausgehandelt** worden sind (§ 305 Abs. 1 Satz 3 BGB). Das muss der Verwender **beweisen** (LG Hamburg, Urteil vom 09.03.2012 - 321 O 87/11). Er muss also nachweisen, dass er die Klausel inhaltlich ernsthaft zur Disposition gestellt hat, folglich auch ganz auf sie verzichtet oder wesentlich geändert hätte (BGH, Urteil vom 14.04.2005 - VII ZR 56/04). **Aushandeln ist mehr als nur verhandeln** (BGH, Urteil vom 23.01.2003 - VII ZR 210/01). Klauseln, die bestätigen, es sei ernsthaft verhandelt worden oder es lägen individuell ausgehandelte Regelungen vor, nützen nach der Rechtsprechung nichts (OLG Brandenburg, Urteil vom 04.07.2012 - 13 U 63/08). Deshalb können auch Regelungen in einem **Verhandlungsprotokoll** AGB sein, selbst wenn sie dort handschriftlich aufgenommen, aber eben nicht ausgehandelt worden sind.

- Nach alledem besteht an der **AGB-Eigenschaft** der **VOB/B** kein Zweifel.

3.2 Konsequenzen aus der AGB-Eigenschaft einer vertraglichen Regelung/richterliche Inhaltskontrolle im Streitfall

Liegen nach den oben genannten Kriterien AGB vor, beinhalten die §§ 305 ff. BGB eine Vielzahl von Vorschriften, die dem **Schutz des Vertragspartners**, also desjenigen, der die AGB seines Vertragsgegners vereinbart hat, dienen. Wichtig ist beispielsweise, dass „überraschende Klauseln" nach § 305c BGB unwirksam sind. Die **wichtigste Bestimmung** im AGB-Recht beinhaltet **§ 307 BGB**, die „**Generalklausel**" des gesamten AGB-Rechts. Danach sind Vertragsbestimmungen, die den Vertragspartner des Verwenders entgegen den **Geboten von Treu und Glauben unangemessen benachteiligen**, unwirksam (§ 307 Abs. 1 Satz 1 BGB). Eine solche unangemessene Benachteiligung kann auch daraus resultieren, dass eine Bestimmung gegen das sogenannte „**Transparenzgebot**" verstößt, weil sie nicht klar und verständlich ist (§ 307 Abs. 1 Satz 2 BGB). In den **§§ 308** und **309 BGB** werden beispielhaft **typische Vertragsklauseln** genannt, die AGB-rechtlich unwirksam sind.

Es ist zugegebenermaßen nicht nur nicht einfach, sondern eine höchst komplexe, juristische Aufgabe, im Einzelfall zu bestimmen, was sich hinter den in § 307 Abs. 1 BGB genanntn Begriffen „Gebote von Treu und Glauben" sowie „unangemessene

Benachteiligung" konkret verbirgt. Beispiele für AGB-rechtlich unwirksame Bauvertragsklauseln werden in 3.4.2 behandelt. Empfehlungen zum Umgang mit AGB-rechtlich zweifelhaften Klauseln erfolgen unter 3.4.3. Wenn man Nichtjuristen halbwegs nachvollziehbar erklären will, wie die **AGB-rechtliche Inhaltskontrolle** nach der Generalklausel des § 307 BGB funktioniert, muss man den Abs. 2 dieser Vorschrift in den Blick nehmen. Dort heißt es, dass von einer unangemessenen Benachteiligung im Zweifel auszugehen ist, wenn eine Bestimmung „*mit wesentlichen Grundgedanken der gesetzlichen Regelung, von der abgewichen wird, nicht zu vereinbaren ist*". Das meint praktisch Folgendes: Zunächst einmal muss ein Gericht ermitteln, wie sich die Rechtslage ohne die fragliche Klausel nach dem Gesetz oder – falls es eine gesetzliche Bestimmung nicht gibt – im Wege einer ergänzenden Vertragsauslegung darstellen würde. Letzterenfalls kommt es darauf an, wie redliche Vertragspartner die Lücke geschlossen hätten, wenn sie ihnen bei Vertragsabschluss aufgefallen wäre. Auf diesem Weg ermittelt man das „**gesetzliche Leitbild**" oder die Rechtslage, wie sie von verständigen und fairen Vertragspartnern vereinbart worden wäre. In einem zweiten Schritt ist zu prüfen, ob die fragliche Klausel (also die AGB-Bestimmung im Vertrag) so weit von diesem ermittelten Leitbild abweicht, dass mit dieser Abweichung eine treuwidrige Benachteiligung verbunden ist. Wenn ein Gericht diese Frage bejaht, ist die Klausel als solche unwirksam, nicht der ansonsten wirksam vereinbarte Vertragsinhalt. An die Stelle der unwirksamen Klausel tritt die gesetzliche Regelung oder eine solche, die interessengerecht und ausgewogen wäre, falls eine gesetzliche Regelung nicht existiert.

Wichtig ist noch Folgendes: Das AGB-Recht schützt den **Vertragspartner** des „Verwenders" der AGB, nicht den **Verwender** vor sich selbst. Mit anderen Worten: Niemand kann sich auf AGB-rechtliche Schutzvorschriften gegen seine eigenen Klauseln berufen, also auch dann nicht, wenn sie gegen Bestimmungen in den §§ 305 ff. BGB verstoßen würden. Diese Möglichkeit hat immer nur der Vertragspartner des Verwenders. Das gilt auch für die VOB/B, wie wir noch sehen werden. Darüber hinaus ist es grundsätzlich so, dass bei einem Verstoß von Klauseln gegen AGB-rechtliche Schutzbestimmungen die jeweilige Klausel **insgesamt** unwirksam ist, weil es prinzipiell keine „geltungserhaltende Reduktion" gibt. Das heißt beispielsweise, dass eine AGB-rechtlich unwirksame Vertragsstrafenvereinbarung mit einer Obergrenze von beispielsweise 8 % der Nettoschlussrechnungssumme von einem Gericht nicht auf ihren gerade noch wirksamen Kern (5 % der Nettoschlussrechnungssumme) reduziert wird, weil das geradezu einen Anreiz für die Verwendung unwirksamer Klauseln schaffen würde. Denn AGB-Verstöße hätten dann in vielen Fällen keine negativen Konsequenzen. Ausnahmen davon bestehen dann, wenn eine Klausel aus mehreren, vollkommen selbstständigen Inhalten besteht und man deshalb in der Lage ist, den unwirksamen Teil vom ansonsten wirksamen Rest inhaltlich klar zu trennen (BGH, Beschluss vom 27.11.2013 – VII ZR 371/12; BGH, Urteil vom 24.10.2017 – VII ZR 600/16).

3.3 Die VOB/B als Allgemeine Geschäftsbedingungen (AGB)

Wenn die Regelungen der VOB/B Allgemeine Geschäftsbedingungen sind, was völlig außer Zweifel steht, könnte man zwanglos zu dem Schluss gelangen, dass auch die einzelnen Bestimmungen der VOB/B stets einer AGB-rechtlichen Inhaltskontrolle nach den §§ 305 ff. BGB unterliegen. Das ist aber nicht immer, sondern nur unter bestimmten Voraussetzungen der Fall. Diese liegen allerdings häufig, um nicht zu sagen meinstens, vor.

3.3.1 Die AGB-rechtliche Besonderheit der „VOB/B im Ganzen"

Die VOB/B weist im Vergleich zu sonstigen Klauselwerken Dritter (z. B. Lieferbedingungen von Verkäufern oder Kreditregelungen von Banken) eine **Besonderheit** auf, weil sie nicht **einseitig** vom Verwender, sondern vom Deutschen Vergabe- und Vertragsausschuss ausgearbeitet wird und deshalb **insgesamt** als **ausgewogenes Regelwerk** gilt (vgl. 2.2.2).

Aus diesem Grund sind einzelne Bestimmungen der VOB/B einer AGB-rechtlichen Inhaltskontrolle am Maßstab des § 307 BGB von vornherein **entzogen**, wenn die VOB/B **ohne jede Änderung, d. h. „im Ganzen"** vereinbart wurde (§ 310 Abs. 1 Satz 3 BGB). Nur dann ist die VOB/B „AGB-fest". Das bedeutet, dass nur in diesem Fall einzelne Bestimmungen der VOB/B **nicht** daraufhin überprüft werden können, ob ihre Anwendung zu einer unangemessenen Benachteiligung des Vertragspartners führt. Das gilt allerdings wörtlich: Jede, also auch eine nur **geringfügige Abweichung** von der VOB/B führt dazu, dass in diesem Fall **jede einzelne Bestimmung der VOB/B** einer AGB-rechtlichen Inhaltskonstrolle unterliegt und danach unwirksam sein kann (BGH, Urteil vom 10.05.2007 – VII ZR 226/05). Solche Abweichungen von der VOB/B müssen nicht im Vertragstext selbst auftauchen, es reicht aus, wenn sie beispielsweise in den Vorbemerkungen eines Leistungsverzeichnisses oder auch in anderen Vertragsbestandteilen enthalten sind.

3.3.2 AGB-Inhaltskontrolle von VOB/B-Bestimmungen bei Abweichungen von der VOB/B

Wenn die VOB/B also nicht „im Ganzen" vereinbart worden ist, weil es vertragliche Änderungen der VOB/B gibt oder Einzelbestimmungen der VOB/B im Vertrag abbedungen worden sind, kann eine AGB-rechtliche Inhaltskontrolle jeder einzelnen VOB/B Bestimmung – Absatz für Absatz – stattfinden.

Eine **Abweichung von der VOB/B** liegt nach herrschender Auffassung beispielsweise vor, wenn im VOB/B-Bauvertrag die **fiktiven Abnahmeformen** nach § 12 Abs. 5 abbedungen worden sind, weil die Leistung zwingend förmlich abzunehmen ist (Kammergericht, Urteil vom 10.01.2017 – 21 U 14/16). Das Gleiche gilt, wenn **Teilabnahmen** nach § 12 Abs. 2 ausgeschlossen werden. Ob dafür auch eine Abweichung von den **Verjährungsfristen** in § 13 Abs. 4 VOB/B ausreicht, die der Wortlaut der Bestimmung ausdrücklich zulässt, ist streitig, aber nach wohl herrschender Meinung zu bejahen (dafür: OLG Dresden, Beschluss vom 13.12.2007 – 12 U 98/07; OLG Naumburg, Urteil vom 27.04.2006 – 2 U 1138/05; OLG München, Urteil vom 25.01.1994 – 13 U 5798/93; gegen einen Eingriff in die VOB/B: OLG Brandenburg, Urteil vom 08.11.2007 – 12 U 30/07). Kürzlich hat der BGH festgestellt, dass eine Vereinbarung, wonach die vereinbarten Einheitspreise „fest und unveränderbar" sind, eine Abweichung von § 2 Abs. 3 VOB/B bedeutet, was eindeutig zur AGB-rechtlichen Inhaltskontrolle von VOB/B-Bestimmungen führte (BGH, Urteil vom 15.01.2023 – VII ZR 34/20). Auf dieses Urteil werden wir gleich noch einmal zurückkommen, wenn die Frage behandelt wird, welche Einzelbestimmungen der VOB/B wegen einer AGB-Inhaltskontrolle mit Sicherheit unwirksam sind oder möglicherweise unwirksam sein können (vgl. 3.3.3).

Die Eigenschaft der VOB/B als AGB hat vor allem Bedeutung bei ihrer **Verwendung durch AG.** Denn sie gestalten im Regelfall den Vertrag und die Vertragsbedingungen und beziehen die VOB/B, beispielsweise unter der Überschrift „Vertragsbestandteile", in den Vertrag ein. Dann sind sie „Verwender der VOB/B", sodass eine Inhaltskontrolle von VOB/B-Bestimmungen **zugunsten von AN** stattfinden kann, wenn – bewusst oder unbewusst – Abweichungen von der VOB/B im Vertrag enthalten sind. Man kann sagen, dass zumindest die allermeisten **privaten AG** an irgendeiner Stelle, vielleicht sogar ungewollt oder unbewusst, von der VOB/B abweichen, was zwingend die Möglichkeit der AGB-rechtlichen Inhaltskontrolle einzelner VOB/B-Vorschriften zur Folge hat, wenn sich der AN im Streitfall auf deren Unwirksamkeit beruft. **Öffentliche AG** halten dagegen zu großen Teilen an der „VOB/B im Ganzen" fest, um eine solche Inhaltskontrolle gerade zu vermeiden. Das gilt insbesondere seit der Reform des Bauvertragsrechts 2018 und hat Gründe, die noch erläutert werden. So wurde durch das Vergabehandbuch 2018 sichergestellt, dass die **Formularvertragstexte des Bundes** keinerlei Abweichung von der VOB/B enthalten.

Das Thema die „VOB im Ganzen" ist für die Praxis misslich und unbefriedigend. Denn es schafft Unsicherheit und Streit. Viel sinnvoller wäre es, wenn der DVA die VOB/B endlich so reformieren würde, dass sie keine Regelungen mehr enthält, die gegen AGB-Recht verstoßen. Bis es soweit ist, gilt aber folgende Unterscheidung bzw. **„Vierteilung" der VOB/B**:

- Wird die **VOB/B vom AG als Verwender „im Ganzen"** vereinbart, gilt sie in vollem Umfang, weil in diesem Fall keine AGB-Kontrolle der VOB/B stattfinden kann. Sie geht dann abweichenden gesetzlichen Regelungen, beispielsweise zu den Anordnungsrechten bei Nachträgen (§ 1 Abs. 3 und 4 der VOB/B) oder der Verjährung der Mängelansprüche, vor. Auch die Kündigungsmöglichkeiten des AG bei Vertragsverletzungen des AN nach § 4 Abs. 7 Satz 3 VOB/B i. V. m. § 8 Abs. 3 Nr. 1 VOB/B wegen Nichtbeseitigung von Mängeln in der Ausführungsphase oder wegen Verzugs (§ 5 Abs. 4 VOB/B) sind dann wirksam, weil sie nicht daraufhin überprüft werden können, ob sie von gesetzlichen Regelungen abweichen und der AN dadurch unangemessen benachteiligt wird.

- Wird die **VOB/B vom AG nicht „im Ganzen"** vereinbart (das ist jedenfalls im Bereich der privaten Bauverträge der Regelfall), können einzelne VOB/B-Bestimmungen, nicht die gesamte VOB/B, AGB-rechtlich unwirksam sein. Das gilt beispielsweise sicher und unstreitig für die sogenannte „Schlusszahlungsfalle" gemäß § 16 Abs. 3 Nr. 2 (vgl. 13.5.4), aber auch für weitere VOB/B-Regelungen (vgl. 3.3.3).

- Ist dagegen der **AN „Verwender" der VOB/B** bei Verträgen mit **Unternehmern** (z. B. AG oder GmbH etc.) oder der öffentlichen Hand (was nur selten vorkommen dürfte), findet eine AGB-rechtliche Inhaltskontrolle zu deren Gunsten ebenfalls nicht statt, wenn sie vom AN **unverändert**, also wiederum „im Ganzen", vereinbart wurde. Deshalb gelten dann auch die für den AN vorteilhaften Regelungen zur Verjährung der Mängelansprüche (§ 13 Abs. 4 VOB/B), zur Teilabnahme (§ 12 Abs. 2 VOB/B) oder auch die fiktiven Abnahmeformen gemäß § 12 Abs. 5 VOB/B. Andererseits kann sich der AN in diesem Fall nicht auf bestimmte Teile der für ihn günstigeren Nachtragsbestimmungen des BGB berufen (vgl. 7.4). Vereinbart der AN sie nicht „im Ganzen", verliert er die Vorteile aller für ihn besonders günstigen VOB/B-Regelungen wie die zur fiktiven Abnahme gemäß § 12 Abs. 5 VOB/B (OLG Brandenburg, Urteil vom 02.06.2022 – 8 U 205/21) oder die kürzeren Verjährungsvorschriften für Mängelansprüche nach § 13 Abs. 4 VOB/B, wenn sich der AG auf deren AGB-Widrigkeit beruft.

- Ist der **AN „Verwender" der VOB/B** gegenüber **Verbrauchern** (§ 13 BGB), findet eine Inhaltskontrolle zu deren Gunsten selbst dann statt, wenn sie unverändert vereinbart wurde, sodass beispielsweise die kürzeren Verjährungsfristen für Mängelansprüche nach § 13 Abs. 4 VOB/B gegenüber Verbrauchern unwirksam sind und demzufolge immer die fünfjährige Verjährungsfrist nach § 634a Abs. 1 Nr. 2 BGB gilt (§ 310 Abs. 1 Sätze 1 und 3 BGB – LG Ravensburg, Urteil vom 24.05.2023 – 5 O 11/21).

Es ist auch möglich, dass **beide Parteien** die gleichen Vertragsbedingungen stellen oder verwenden. So ist es durchaus denkbar, dass der AG in den Vertragsunterlagen oder seinem Auftragserteilungsschreiben die Einbeziehung der VOB/B vorsieht und der AN in seinem Angebot oder der Auftragsbestätigung ebenso auf die Geltung der

VOB/B verweist. Dann dürfte im Regelfall eine AGB-rechtliche Inhaltskontrolle ausscheiden (BGH, Urteil vom 17.02.2010 – VIII ZR 67/09). Dem AN würden wir dazu nicht raten, weil er sich dann des AGB-rechtlichen Schutzes gegen ihn benachteiligende VOB-Bestimmungen freiwillig begibt.

Die AGB-rechtliche **Unwirksamkeit einer einzelnen VOB/B-Bestimmung** führt aber nicht dazu, dass deshalb die **gesamte VOB/B** nicht mehr gilt. Die Unwirksamkeit betrifft nur die unangemessen benachteiligende Regelung selbst, nicht den Rest der VOB/B, die überwiegend angemessene und damit wirksame Vorschriften enthält.

3.3.3 Bei AGB-rechtlicher Überprüfung (möglicherweise) unwirksame Regelungen der VOB/B

Die Frage, welche VOB/B-Vorschriften AGB-rechtlich unwirksam sind, wenn sie nicht „im Ganzen" vereinbart wurde, hat erhebliche **Bedeutung für das Thema Nachträge** bei ab dem 01.01.2018 abgeschlossenen VOB/B-Verträgen, wenn die VOB/B auf Initiative des AG vereinbart wurde. Denn dann ist er Verwender der VOB/B. In diesem Fall stellt sich die Frage, ob das „Nachtragssystem" der VOB/B einer isolierten AGB-Inhaltskontrolle standhält und falls ja, inwieweit. Wie nicht anders zu erwarten, ist diese Frage umstritten. Obergerichtliche Rechtsprechung dazu liegt noch nicht vor. Wegen der Praxisrelevanz behandeln wir diese Frage beim Thema Nachträge unter 7.4 gesondert.

Eine AGB-Inhaltskontrolle kann bei **Verwendung durch den AG** zur Unwirksamkeit folgender VOB/B-Vorschriften führen. Die „**Schlusszahlungsfalle**" nach § 16 Abs. 3 Nr. 2 bis 5 VOB/B ist zweifelsfrei unwirksam (vgl. 13.5.4). Sicher unwirksam ist auch § 2 Abs. 8 Nr. 1 VOB/B (vgl. 7.2.3).

In jüngster Zeit hat der BGH die **Kündigungsmöglichkeit des AG** aus wichtigem Grund wegen der **Nichtbeseitigung von Mängeln gemäß § 4 Abs. 7 Satz 3 i. V. m. § 8 Abs. 3 Nr. 1, erste Alternative VOB/B** für **unwirksam** erklärt, obwohl das OLG Naumburg als Vorinstanz, ebenso wie bereits zuvor andere Land- und Oberlandesgerichte, diese VOB/B-Bestimmungen für AGB-rechtlich unbedenklich gehalten haben (OLG Koblenz, Urteil vom 28.07.2020 – 4 U 1282/17). Die BGH-Entscheidung betraf einen Bauvertrag aus dem Jahr 2004, sie gilt aber uneingeschränkt auch für die aktuelle Fassung der VOB/B. Weil es sich bei diesem Urteil um eine der wichtigsten Entscheidungen des BGH der letzten Jahre handelt, wollen wir uns dieses genauer ansehen (BGH, Urteil vom 19.01.2023 – VII ZR 34/20).

Der AN soll Straßen- und Tiefbauarbeiten für eine Vergütung von rund € 3.000.000 (netto) ausführen. Schon im Verlauf der Ausführung der Arbeiten behauptet der AG

Mängel, deren Beseitigung ca. 2 bis 3 Arbeitstage und ungefähr € 6.000 erfordern würden. Nachdem der AN die Mängel trotz Fristsetzung mit Kündigungsandrohung (§ 4 Abs. 7 Satz 3 VOB/B) nicht beseitigt hat, kündigte der AG den Bauvertrag im August 2006 und macht mehr als € 4.000.000 als Schadensersatz geltend, wobei es sich um die Kosten für die Ersatzvornahme handelte. Der AG vertrat die Auffassung, er habe eine **schadensersatzbegründende Kündigung** gemäß § 4 Abs. 7 Satz 3 i. V. m. § 8 Abs. 3 Nr. 1 Satz 1, Variante 1 VOB/B ausgesprochen. Demgegenüber vertrat der AN den Standpunkt, es habe lediglich eine grundlose **(freie) Kündigung** gemäß **§ 8 Abs. 1 Nr. 1 VOB/B** vorgelegen, was ihn berechtige, Restwerklohn für die kündigungsbedingt nicht mehr ausgeführten Leistungen unter Einschluss des „entgangenen Gewinns" in Höhe von knapp € 2.500.000 geltend zu machen.

Die erste Instanz – das Landgericht Halle – gab dem AN recht und ging von einer freien Kündigung nach § 8 Nr. 1 Abs. 1 VOB/B aus. Die zweite Instanz – das Oberlandesgericht Naumburg – war demgegenüber der Meinung, der AG habe aus wichtigem Grund gekündigt und könne deshalb dem Grunde nach Schadensersatz bezogen auf die Ersatzvornahmekosten verlangen. Wiederum anders – also in Übereinstimmung mit der ersten Instanz – hat der BGH letztinstanzlich entschieden, dass die Kündigungsmöglichkeit des AG wegen Nichtbeseitigung von Mängeln gemäß § 4 Abs. 7 Satz 3 VOB/B i. V. m. § 8 Abs. 3 Nr. 1 Satz 1, Variante 1 VOB/B bei einer isolierten AGB-rechtlichen Inhaltskontrolle dieser Vorschriften **unwirksam** sei. Dem ist zuzustimmen, und zwar voll und ganz. Denn nimmt man § 4 Abs. 7 Satz 3 VOB/B beim Wort – und das muss man im AGB-Recht tun –, rechtfertigen bereits geringfügige und für sich betrachtet unbedeutende Mängel, an deren Beseitigung der AG möglicherweise gar kein nachvollziehbares und wichtiges Interesse hat, eine schadensersatzbegründende Kündigung des gesamten Bauvertrages.

Noch einmal zur Wiederholung für methodisch interessierte Leser: Der BGH konnte in die Inhaltskontrolle nach den §§ 305 ff. BGB (hier namentlich: § 307 Abs. 1 Satz 1 BGB) nur einsteigen, weil es im Vertrag Abweichungen von der VOB/B gab, sie also nicht im Ganzen vereinbart wurde. Denn die Einheitspreise waren – entgegen den Regelungen in § 2 Abs. 3 VOB/B – fest und unveränderbar vereinbart. Damit stellte sich die Frage, ob die angegriffenen VOB/B-Bestimmungen so erheblich vom gesetzlichen Leitbild abweichen, dass damit eine unangemessene Benachteiligung des AN verbunden ist. Das hat der BGH bejaht, weil der AG im BGB-Werkvertragsrecht Mängelansprüche grundsätzlich erst **nach Abnahme** hat (BGH, Urteil vom 19.01.2017 – VII ZR 235/15, vgl. 11.2.1) und sich aus § 648a BGB (Kündigung von Werk- und Bauverträgen aus wichtigem Grund), also den gesetzlichen Leitbildern ergibt, dass dem AG aufgrund der Nichtbeseitigung der gerügten Mängel oder auch aus anderen Gründen die **Vertragsfortsetzung unzumutbar** sein muss. Ein solches berechtigtes Interesse an einer Mängelbeseitigung bzw. Kündigung kann sich beispielsweise aus der Art, dem Umfang oder der Schwere der Mängel ergeben, aber beispielsweise auch dann, wenn der AG – um Behinderungsanzeigen von Nachunternehmern zu vermeiden – den Vorunternehmer vergeblich zur Mängelbeseitigung auffordert. Das Gleiche kann gelten, wenn die Mängel durch die Fortführung der Arbeiten verdeckt werden und deshalb zerstörungsfrei nicht mehr beseitigt werden können. Auch das hat der BGH in dem Urteil festgehalten, konnte aber nicht abschließend entscheiden, weil die Frage, ob ein Kündigungsrecht aus wichtigem Grund nach § 648a BGB bestanden hat, noch einmal vom Berufungsgericht geklärt werden müsse. Dort wird der AG mutmaßlich alles versuchen, um den Kopf noch aus der Schlinge zu ziehen. Falls vergeblich, bedeutet das aber nicht nur, dass er auf den Ersatzvornahmekosten sitzen bleibt, dem AN für die nicht ausgeführten Leistungen Vergütung nach § 8 Abs. 1 Nr. 2 VOB/B schuldet (vgl. 12.1.2), sondern auch noch alle Prozesskosten sowie Zinsen auf den Vergütungsanspruch in Höhe von 9 % über dem Basiszinssatz zahlen muss; ein prozessualer „Super-Gau".

Der Fall lehrt ein Weiteres: nicht nur Techniker, sondern auch Gerichte – wie Juristen allgemein – sind oftmals völlig unterschiedlicher Auffassung. Deshalb sind die konkreten Ergebnisse eines Bauprozesses häufig nicht, jedenfalls nicht ansatzweise, sicher prognostizierbar. Im Übrigen gilt: Jeder Fall ist anders. Bevor man übereilte Entscheidungen trifft, sollte man in wichtigen Fällen konkreten Rat im Einzelfall – bei wirtschaftlich bedeutenden Entscheidungen auch bei verschiedenen Stellen – einholen. Im Zweifel geht man den sichersten Weg und verzichtet auf Maximalstandpunkte, deren Durchsetzung zweifelhaft bzw. unsicher ist. Der AG hätte die Mängel – ohne Kündigung des Vertrages – durch einen Ersatzunternehmer beseitigen lassen können. Womöglich wäre er auf diesen Kosten sitzengeblieben (vgl. 11.2.1), was im Vergleich zu den Konsequenzen einer freien Kündigung aber das bei Weitem kleinere Übel gewesen wäre.

Der Leser wird sich vermutlich die Frage stellen, was sonst noch alles unwirksam an der ihm vielleicht ans Herz gewachsenen VOB/B sein kann und ob es zukünftig überhaupt noch sinnvoll ist, sie zu vereinbaren, obwohl es zu Änderungen ihres Inhalts gekommen ist. Diese Fragen sind schwer und nicht kategorisch zu beantworten. Zunächst wird man ganz allgemein sagen können, dass sämtliche VOB/B-Einzelbestimmungen, die besonders „auftraggeberfreundlich" sind, einer AGB-rechtlichen Inhaltskontrolle zum Opfer fallen können, wenn der AG Verwender der VOB/B ist, sie aber nicht „im Ganzen" vereinbart. Einige Beispiele, bei denen das sicher der Fall ist, haben wir aufgrund der Praxisrelevanz der Vorschriften genannt. Andere haben wir nicht erwähnt, weil sie keine nennenswerte bzw. praxisrelevante Rolle spielen, auf andere Vorschriften werden wir noch an anderen Stellen eingehen.

Ob man zukünftig als AG noch die VOB mit Änderungen vereinbaren soll, hängt von den Umständen des Einzelfalls, insbesondere der Interessenlage des AG ab. Es kann ohne Weiteres sein, dass beispielsweise alleine die Vorteile einer längeren Gewährleistungsdauer als in § 13 Abs. 4 VOB/B vorgesehen, für sich betrachtet so wichtig ist, dass die damit verbundenen Nachteile – also die Unwirksamkeit besonders auftraggeberfreundlicher VOB/B-Einzelbestimmungen – dahinter zurücktreten. Im Übrigen gilt: „Wo kein Kläger, da kein Richter". Das heißt: Ein AN muss die hier angestellten juristischen Schlussfolgerungen erst einmal ziehen und im Zweifel gerichtlich geltend machen, um seinen Standpunkt durchzusetzen. Das werden manche tun, insbesondere wenn sie rechtlich informiert sind oder sich aufgrund der wirtschaftlichen Bedeutung des Falles haben informieren lassen. Das zeigt der oben behandelte Fall, in dem es um wechselseitige Ansprüche in jeweils siebenstelliger Höhe ging. In zahlreichen anderen Fällen wird man sich kooperativ einigen, weil gerichtliche Auseinandersetzungen nicht nur das Geschäftsverhältnis belasten oder beenden können, sondern auch weil Bauprozesse mühsam, teuer und ihr Ausgang oftmals nicht sicher prognostizierbar ist (siehe oben).

Ob ein AN die VOB/B als ihr Verwender vereinbaren soll, ist fast noch eine heiklere Frage. Wenn schon, dann „im Ganzen", weil ansonsten die besonders auftragnehmerfreundlichen Einzelbestimmungen der VOB/B unwirksam sind oder jedenfalls unwirksam sein können. Gegenüber Verbrauchern nützt aber auch das nichts (vgl. 3.3.2). Hinzu kommt ein Weiteres: Wenn der AN als Verwender die VOB/B vereinbart, kann er sich nicht mehr auf die für ihn günstigeren BGB-Nachtragsbestimmungen berufen (vgl. 7.3 und 7.4). Begründung: Der AN kann sich nicht **zu seinen Gunsten** auf die AGB-Unwirksamkeit der vom Gesetz abweichenden VOB/B-Nachtragsbestimmungen berufen, wenn sie auf seine eigene Initiative hin zum Vertragsbestandteil wurden (vgl. 3.2).

Um es letztmals zu sagen: Es ist eine Zumutung, dass die gegenwärtige Fassung der VOB/B Einzelbestimmungen enthält, die AGB-rechtlich eindeutig unwirksam sind, und andere, deren Wirksamkeit jedenfalls zweifelhaft ist. Deshalb ist der Vergabe- und Vertragsausschuss aufgefordert, endlich die entsprechenden Konsequenzen zu ziehen und eine Fassung der VOB/B zu verabschieden, bei der diese Probleme behoben sind, jedenfalls so gut es geht.

3.4 Die Bedeutung des AGB-Rechts für die Wirksamkeit von Bauvertragsklauseln

3.4.1 AGB-Eigenschaft von weiteren Vertragsinhalten

Neben Bestimmungen der VOB/B können auch **sonstige Regelungen** im **Bauvertrag** AGB darstellen, wenn sie **nicht individuell ausgehandelt** wurden und der AG sie **mehrfach verwendet** hat (§ 305 BGB, vgl. 3.1). Das trifft auf den überwiegenden Teil vorformulierter Vertragsinhalte zu, nicht aber auf reine Preis- bzw. Leistungsabreden in Leistungsverzeichnissen (§ 307 Abs. 3 Satz 1 BGB). Eindeutig ist die **AGB-Eigenschaft** von vorgedruckten Vertragsmustern oder „Besonderen bzw. Zusätzlichen Vertragsbedingungen".

Liegen AGB vor, dann schützen die §§ 305c bis 309 BGB, vor allem aber die **Generalklausel** in **§ 307 BGB**, den Vertragspartner des Verwenders vor Klauseln, die ihn unangemessen benachteiligen, weil sie erheblich vom gesetzlichen Leitbild abweichen (vgl. 3.2). Wehrt sich der dadurch benachteiligte Vertragspartner, kann eine richterliche Inhaltskontrolle der Klausel zu ihrer AGB-rechtlichen Unwirksamkeit führen. Anstelle der Klausel gilt dann das Gesetz (BGB).

3.4.2 Beispiele für AGB-rechtlich unwirksame Bauvertragsklauseln

Nach der **Rechtsprechung** oder der herrschenden Meinung in der baurechtlichen Literatur sind beispielsweise folgende Regelungen, die der AG im Bauvertrag verwendet, unwirksam:

- **Komplettheitsklauseln** beim Einheitspreis- bzw. Detail-Pauschalvertrag, durch die der AN das Risiko unvollständiger oder fehlerhafter Planungsvorgaben des AG übernehmen soll (herrschende Meinung: BGH, Beschluss vom 05.06.1997 – VII ZR 54/96 bzw. OLG Hamburg, Urteil vom 06.12.1995 – 5 U 215/94; OLG Rostock, Urteil vom 19.05.2009 – 4 U 84/05; anderer Ansicht: OLG Düsseldorf, Urteil vom 27.05.2014 – 23 U 162/13).

- **Ortsbesichtigungsklauseln**, wonach der Bieter schon in der Angebotsphase bestätigt, sich vor Ort mit den Gegebenheiten der Baustelle vertraut gemacht zu haben (OLG Naumburg, Urteil vom 18.08.2017 – 7 U 17/07; OLG Hamm, Urteil vom 14.10.2016 – 12 U 67/15).

- Vertragliche Regelungen, welche die **Bezahlung der Vergütung** von Voraussetzungen abhängig machen, auf deren Erfüllung der AN **keinen Einfluss** hat bzw. die er nicht selbst herbeiführen kann (bspw. „pay-when-paid"-Klausel, Vorlage eines vom AG unterschriebenen Bestellscheins, gemeinsames Aufmaß, tatsächlich erklärte Abnahme durch den AG, OLG München, Urteil vom 25.01.2011 - 9 U 1953/10; LG Frankfurt, Urteil vom 03.12.2007 - 3/1 O 104/07).

- Klauseln, welche die Bezahlung jeglicher **Nachtragsforderungen** ausschließen, wenn sie nicht auf **schriftlichen Zusatz- und Nachtragsaufträgen** des AG beruhen (BGH, Urteil vom 27.11.2003 - VII ZR 53/03).

- Die **Einbeziehung mehrerer Klauselwerke** in ein und denselben Vertrag, wenn dies dazu führt, dass unklar ist, welche der darin enthaltenen konkurrierenden Regelungen gelten sollen. Das kann für den AN überraschend sein oder gegen das AGB-rechtliche Transparenzgebot verstoßen (BGH, Urteil vom 16.03.2002 - I ZR 65/03; BGH, Urteil vom 12.07.2007 - VII ZR 154/06).

- **Beschleunigungsklauseln**, nach denen der AN gezwungen werden kann, Folgen aus auftraggeberseitigen Behinderungen zu kompensieren, ohne dass auf dessen Möglichkeiten zur Beschleunigung Rücksicht genommen wird.

- Regelungen, nach denen der AN im Fall einer **freien Kündigung** durch den AG (§ 8 Abs. 1 VOB/B) nur eine Vergütung für die erbrachten Leistungen unter Ausschluss der Ansprüche nach § 8 Abs. 1 Nr. 2 VOB/B erhält (BGH, Urteil vom 12.07.2007 - VII ZR 154/06).

- **Baureinigungsklauseln**, wonach für Schuttbeseitigung durch den AG z. B. 0,5 % von der Schlussrechnungssumme in Abzug gebracht werden kann (BGH, Urteil vom 06.07.2000 - VII ZR 73/00).

- Unangemessen hohe **Umlageklauseln** für Baustrom/-wasser, ohne Anknüpfung an den tatsächlichen Verbrauch (OLG Hamm, Urteil vom 22.09.2022 - 24 U 65/21; OLG Hamburg, Urteil vom 04.12.2013 - 13 U 1/09).

- Unangemessen hohe **Vertragsstrafenregelungen**, beispielsweise mehr als 5 % der Abrechnungs- oder Auftragssumme (BGH, Urteil vom 23.01.2003 - VII ZR 10/01).

- Klauseln, die dem AG das Recht auf eine **Ersatzvornahme** einräumen, ohne dass er den AN zuvor unter angemessener Fristsetzung zur Mängelbeseitigung aufgefordert hat (OLG Köln, Urteil vom 22.08.2018 - 17 U 57/16).

- Eine **Verschiebung des Abnahmezeitpunkts** nach Fertigstellung der Leistung ohne wesentliche Mängel (BGH, Urteil vom 17.11.1994 – VII ZR 7/10).

- Zu hohe **Sicherheiten** für den Vertragserfüllungs- oder Gewährleistungszeitraum (BGH, Urteil vom 09.12.2010 – VII ZR 7/10; vgl. hierzu auch 14.5).

3.4.3 Empfehlungen zum Umgang mit AGB-rechtlich fragwürdigen Vertragsklauseln

Es versteht sich von selbst, dass ein Nichtjurist und manchmal sogar Experten nicht in jedem Fall sicher und eindeutig beantworten können, ob eine bestimmte Vertragsklausel (oder eine Regelung der VOB/B) gegen das AGB-Recht verstößt und damit unwirksam ist bzw. wie ein Gericht diese Frage entscheiden würde. Deshalb folgende Hinweise für den Umgang mit AGB-rechtlich fragwürdigen VOB/B- oder Vertragsregelungen:

Die Erklärungen und Beispiele in diesem Kapitel dienen dazu, dem Leser ein Gespür für die AGB-Problematik zu verschaffen, auch wenn damit nicht annähernd alle Fragen, die sich in konkreten Fällen stellen können, beantwortet sind. Wer solche Probleme erkennt, kann jedenfalls rechtzeitig handeln und rechtlichen Rat einholen, bevor es zu spät ist.

Hat eine fragliche Klausel **keine praktischen Auswirkungen**, kann die Klärung ihrer AGB-rechtlichen Wirksamkeit auf sich beruhen. Am besten ist es ohnehin, Vertragsregelungen nach Möglichkeit zu befolgen und ihre AGB-Widrigkeit nur im Ernstfall geltend zu machen. Wenn der Praktiker dagegen das Gefühl hat, dass er durch eine Klausel im Vertrag – oder durch eine VOB/B-Bestimmung – unangemessen („unfair“) behandelt wird und diese Regelung zu nennenswerten **nachteiligen Folgen** führen kann oder gar mit Sicherheit führen wird, sollte er die Bestimmung rechtlich prüfen lassen, möglichst schon **bevor** der Vertrag abgeschlossen wird. Erkennt man die Bedeutung einer AGB-rechtlich fragwürdigen Klausel dagegen erst nach Vertragsabschluss, sollte man seinen Vertragspartner daraufhinweisen, dass eine rechtliche Prüfung der Klausel erfolgen wird, falls keine einvernehmliche Lösung erfolgt. Das kann durchaus eine Wirkung in Bezug auf die Verhandlungsbereitschaft erzeugen.

Ein **Tipp** für AN: Niemand **muss** bereits **bei Vertragsschluss** daraufhinweisen, dass eine Klausel AGB-rechtlich unwirksam ist. Das empfiehlt sich in eindeutigen Fällen auch nicht unbedingt. Sieht beispielsweise eine Vertragsstrafenregelung unzulässig hohe Sätze vor, muss man das nicht ansprechen, weil der AG dann möglicherweise eine AGB-rechtlich zulässige Vertragsstrafe vereinbart. Hält man den Fertigstellungstermin ein, spielt das Thema sowieso keine Rolle. Gerät man in Verzug, kann man immer noch die Unwirksamkeit der Vertragsstrafenregelung geltend machen. Das gilt auch für anderen Klauseln des Vertrages, beispielsweise für Sicherungsabreden (vgl. 14.5.2).

Im Regelfall stellt der AG den Bauvertrag und verwendet dabei eine Vielzahl von AGB, weil praktisch niemals sämtliche Einzelbestimmungen des Vertrages individuell ausgehandelt oder die jeweiligen Regelungen weniger als drei Mal verwendet werden (vgl. 3.1). Ein AG, dem es auf eine **kooperative Bauabwicklung** ohne ständigen Streit und vielleicht auch auf eine längerfristige Zusammenarbeit mit dem AN ankommt, wird auf unangemessene Benachteiligungen seines Vertragspartners, auch im eigenen Interesse, verzichten. Wo er sich unsicher ist, ob eine Regelung einer AGB-Prüfung standhält oder möglicherweise unwirksam ist, sollte er die fragliche Klausel prüfen lassen, um Risiken bzw. irreparable Nachteile zu vermeiden. Das gilt vor allem für Klauseln, die bei ihrer Unwirksamkeit zum kompletten Wegfall der entsprechenden Regelung führen, beispielsweise bei zu hohen Vertragsstrafen oder Sicherheitseinbehalten. Wenn der AG die VOB/B nicht „als Ganzes" vereinbart, aber deswegen nicht riskieren will, dass die gesetzlichen Nachtragsbestimmungen in den §§ 650b und c BGB Wort für Wort gelten, sondern er diese „praxistauglicher" gestalten möchte, sollte wiederum anwaltlicher Rat eingeholt werden, um AGB-rechtliche Risiken zu vermeiden (vgl. 7.4.4). Auch Kündigungen wegen Vertragsverletzungen nach den §§ 4 Abs. 7 oder 5 Abs. 4 VOB/B i V. m. § 8 Abs. 3 Nr. 1 VOB/B sollten nur ausgesprochen werden, wenn auch die weiteren Voraussetzungen des § 648a BGB erfüllt sind (vgl. 9.2.7, 11.2.1 und 12.2.1).

Will man als AG die VOB/B aufgrund der angesprochenen Probleme überhaupt nicht mehr vereinbaren, sollte in jedem Fall sichergestellt werden, dass wichtige Einzelbestimmungen aus der VOB/B, die sinnvoll und AGB-rechtlich unzweifelhaft wirksam sind, inhaltsgleich oder inhaltsähnlich im Bauvertrag vereinbart werden, wenn auch ohne Erwähnung der VOB/B (z. B. § 4 Abs. 3 VOB/B, § 5 Abs. 3 VOB/B, § 6 Abs. 1 VOB/B oder § 12 Abs. 4 VOB/B). Auch das erfordert im Regelfall aber eine professionelle Vertragsgestaltung durch Experten.

4 ALLGEMEINE PRINZIPIEN

4.1 Vertragsprüfung

Häufig kommt es zu Streitigkeiten zwischen den Parteien, weil Verträge **nachlässig** oder **mehrdeutig** bzw. unklar abgeschlossen werden. Das betrifft besonders Fragen des Bausolls und die Umstände der Leistungserbringung, aber auch die Bauzeit. Das ist ein Fehler, der sich in aller Regel in der Bauausführungsphase rächt, weil zwischen den Parteien darüber gestritten wird, welche Leistungen bereits nach dem Vertrag geschuldet sind und wofür der AN eine Nachtragsvergütung verlangen kann. Meistens haben mehrere Verhandlungsrunden stattgefunden, in denen die Leistungen aus preislichen Gründen geändert wurden oder ganz entfallen sind. Das sollte jeweils klar erkennbar, möglichst in **einer Anlage** dokumentiert und nicht in verschiedenen Bestandteilen des Vertrages, die auch noch undatiert sind, oder durch unleserliche bzw. unverständliche Streichungen festgehalten werden. Besonders unübersichtlich wird es, wenn Anlagen zum Vertrag nicht durchnummeriert sind oder fehlen, kein Datum aufweisen bzw. wenn kaskadenartig auf weitere Anlagen verwiesen wird, die auch noch Widersprüche zu anderen Anlagen aufweisen.

Nicht jeder Vertragsinhalt ist während der Bauausführung von gleich großer praktischer Bedeutung, schon gar nicht für Bauleiter oder auch bauüberwachende Architekten und Ingeniere. Man denke nur an die oft seitenlangen Ausführungen zu Sicherheitseinbehalten in Bauverträgen. Um die **relevanten Vertragsaussagen** zu erkennen und sicherzustellen, dass sie im Laufe der Bauzeit nicht in Vergessenheit geraten, führt kein Weg daran vorbei, den (ganzen) Bauvertrag mit allen seinen Anlagen wenigstens **einmal** gründlich **zu lesen**. Dabei sollten die **wichtigsten oder** auch **unklaren** und damit **streitträchtigen Inhalte** gekennzeichnet bzw. in einer **Checkliste** zu den entsprechenden Punkten erfasst werden.

Anmerkung: Im Folgenden werden teilweise rechtliche Begriffe und Zusammenhänge oder Paragrafen erwähnt, die sich nicht jedem Leser sofort erschließen. In diesem Fall ist es sinnvoll, sich mit dem vorliegenden Kapitel noch einmal nach der Lektüre der einzelnen Sachthemen zu befassen.

Für die Bauausführung wichtige Vertragsinhalte sind insbesondere:

4.1.1 Vollständigkeit und Klarheit des Bauvertrages und seiner Bestandteile

- Liegt die **aktuelle Fassung des Bauvertrages** nebst **allen** darin genannten **Anlagen** vor? **Fehlen Unterlagen** oder sind sie **unvollständig**, müssen sie rechtzeitig und beweisbar angefordert und inhaltlich auf **Übereinstimmung** mit den bislang getroffenen Vereinbarungen geprüft werden. Gibt es dadurch **Änderungen** und/ oder **Widersprüche** bzw. **Unklarheiten**, müssen diese schnellstmöglich angesprochen und geklärt werden, gegebenenfalls sind dadurch **Nachtrags- bzw. Bauzeitverlängerungsansprüche** begründet, sodass der dazu erforderliche **Schriftverkehr** geführt werden muss. Gibt es Vertragsbestandteile, die der AG erst kurz vor Vertragsschluss vorgelegt hat und die „versteckte" Änderungen beinhalten? Das muss schnell erkannt und geklärt werden. Nach der Rechtsprechung werden solche „untergeschobenen Änderungen" dann nicht Vertragsbestandteil, wenn der AN sie nicht zu erkennen brauchte und der AG nicht auf sie hingewiesen hat (BGH, Urteil vom 15.04.2014 - VII ZR 344/12).

- Haben **mehrere Verhandlungsrunden** stattgefunden, zu denen es unterschiedliche Protokolle gegeben hat bzw. werden mehrere Verhandlungsprotokolle zum Vertragsbestandteil erklärt? Gibt es darin Widersprüche oder Unklarheiten? Bejahendenfalls: Rechtzeitige Klärung vornehmen und das Ergebnis schriftlich festhalten oder eine rechtliche Prüfung veranlassen, falls die Unklarheiten nennenswerte wirtschaftliche Folgen haben.

- Gibt es **Leistungen**, die technisch **falsch** beschrieben worden sind, oder **fehlen erforderliche Leistungen**, die zur Funktionstauglichkeit notwendig sind? Dann müssen schnellstmöglich **Bedenken** gemäß **§ 4 Abs. 3 VOB/B** angezeigt werden (vgl. 11.4). Gibt es Widersprüche zur Ausführung von Leistungen in unterschiedlichen Vertragsbestandteilen? Wenn der Vertrag dazu eine klare Rangfolgeregelung enthält, ist diese zu beachten, anderenfalls müssen solche Widersprüche schnellstmöglich angesprochen und geklärt werden. Das gilt auch, falls der Vertrag unklare oder widersprüchliche Aussagen zur Leistungserbringung enthält.

4.1.2 Einbeziehung der VOB/B „im Ganzen"/AGB-Problematik

- Ist die VOB/B (wirksam) in den Vertrag einbezogen? Bejahendenfalls: Gibt es **Abweichungen** von ihrem Inhalt, sodass sie nicht „im Ganzen" vereinbart worden ist (vgl. 3.3.2)? Falls nein, gelten ihre vom Gesetz abweichenden Vorschriften kraft Vereinbarung. Anderenfalls können einzelne Regelungen der VOB/B unwirksam sein, wenn sie den Vertragspartner des Verwenders unangemessen benachteiligen (vgl. 3.3.3).

Das gilt sinngemäß auch für **weitere Vertragsklauseln**, die **AGB-Charakter** haben. Kommt es auf die Wirksamkeit einer AGB-rechtlich zweifelhaften Regelung an, die bei ihrer Gültigkeit nennenswerte Folgen hat, sollte man sie – soweit möglich – vorläufig befolgen bzw. beachten, aber schnellstmöglich eine rechtliche Prüfung veranlassen, falls eine einvernehmliche Lösung mit dem Vertragspartner nicht möglich ist (vgl. 3.4).

4.1.3 Stellvertretung und Vollmacht

- Regelt der Vertrag, durch wen die jeweiligen Vertragspartner **wirksam vertreten** werden? Falls nein: Rechtzeitige Nachfrage, möglichst schon vor Baubeginn unter Hinweis auf etwaige Konsequenzen in terminlicher Hinsicht , falls die Benennung von bevollmächtigten Vertretern unterbleibt. Denn bei Anordnungen von oder Vereinbarungen mit dazu nicht Bevollmächtigten muss die **Genehmigung** des Vertretungsberechtigten eingeholt werden (§ 177 BGB), bevor Anordnungen rechtssicher befolgt werden können. Das kann zu zeitlichen Verzögerungen führen.

- Das gilt insbesondere, wenn der AG **bauüberwachende Architekten oder Ingenieurbüros** beauftragt hat, ohne dass der Bauvertrag deren Vertretungsbefugnisse eindeutig regelt. Denn im Bauvertragsrecht gilt: Die Vollmacht des Architekten endet grundsätzlich dort, wo das Portemonnaie des Bauherrn beginnt. Ohne eine ausdrückliche Vollmacht, z. B. im Architekten- oder Bauvertrag erteilt, dürfen sie rechtlich relevante Erklärungen nur **im Rahmen des Vertrages** abgeben, nicht aber den **Vertrag ändern**, z. B. Nachträge anordnen bzw. Stundenlohnvereinbarungen treffen oder die **rechtsgeschäftliche Abnahme** erklären. Dagegen hat der Architekt/Ingenieur eine **„originäre Vollmacht“** zur gemeinsamen Aufmaßnahme, zur Bescheinigung von Stundenlohnzetteln, zur Erteilung von Mängelrügen oder für Mitteilungen, in denen der AN zur Einhaltung der im Vertrag vereinbarten Termine aufgefordert wird, beispielsweise im Rahmen von Abhilfeanordnungen nach § 5 Abs. 3 VOB/B. Denn dadurch wird der Vertrag nicht geändert, sondern es soll stattdessen sichergestellt werden, dass er vereinbarungsgemäß erfüllt wird. Die gleichen Grundsätze gelten sinngemäß, wenn die Vertragspartner einen „internen Bauleiter“ einsetzen. Deshalb haben **unternehmenseigene Bauleiter** des AG oder des AN keinesfalls automatisch eine Vollmacht zur Änderung des Vertrages, es sei denn, sie sind dazu ausdrücklich bevollmächtigt, was selbstverständlich möglich ist.

- Liegt weder eine rechtsgeschäftlich erteilte noch eine originäre Vollmacht des Architekten vor, kann – ausnahmsweise – eine **Rechtsscheinsvollmacht** in Gestalt einer **Duldungs-** oder **Anscheinsvollmacht** in Betracht kommen. Solche Fälle können vorliegen, wenn der AG es wissentlich oder ihm zurechenbar geschehen lässt, dass der Architekt **wie ein Vertreter** für ihn auftritt und der AN dieses Dulden redlicherweise dahingehend verstehen durfte, dass der Handelnde bevollmächtigt ist (BGH, Urteile vom 14.05.2002 – XI ZR 155/01 und vom 10.01.2007 –

VII ZR 380/04). Dafür ist aber ein Handeln von einer gewissen **Häufigkeit** und **Dauer** erforderlich, weshalb das Vertrauen auf Rechtsscheinsvollmachten mit erheblichen Unsicherheiten und Risiken verbunden ist.

- Im **Zweifel** wählt man – wie immer – den **sichersten Weg** und geht davon aus, dass der Verhandlungspartner keine Vollmacht hat, sodass eine **Genehmigung** des Vertretungsberechtigten erforderlich ist, die man unverzüglich – und aus Beweisgründen natürlich **schriftlich** – einholen sollte.

4.1.4 Schriftverkehr und Dokumentation

- Sieht der Vertrag **ausdrücklich** vor, an welchen **Adressaten** bestimmte Mitteilungen oder auch Rechnungen zu versenden sind?

- Gibt es Regelungen zur **Form des Schriftverkehrs**, beispielsweise zu Telefaxen, Mails oder virtuellen Projekträumen etc.? **Wichtige Mitteilungen** sollten nie allein durch eine **einfache Mail** ohne qualifizierte elektronische Signatur versandt werden, weil rechtlich nach wie vor umstritten ist, ob Mails immer dem **Schriftformgebot** entsprechen und zahlreiche **VOB/B-Bestimmungen** schriftliche Mitteilungen verlangen (z. B. § 4 Abs. 3, § 6 Abs. 1, § 13 Abs. 5 Nr. 1 Satz 2 oder § 16 Abs. 3 Nr. 2). Zudem muss der Versender den **Zugang beweisen**, nicht der Empfänger, dass er die E-Mail nicht erhalten hat. Auch das kann zu Problemen führen, die vermeidbar sind. Zu allgemeinen Fragen des Schriftverkehrs und der Dokumentation vgl. 4.2.

- Gibt es Regelungen zu **Baubesprechungen** und **Baubesprechungsprotokollen**? Falls der Vertrag vorsieht, dass dem Inhalt von Protokollen widersprochen werden muss, ist das unbedingt zu beachten, weil anderenfalls eine **Genehmigung** des Inhalts durch bloßes **Schweigen** eintreten kann. Das gilt wegen der **Grundsätze des kaufmännischen Bestätigungsschreibens** selbst dann, wenn die Verpflichtung zum Widerspruch nicht ausdrücklich geregelt ist (vgl. 4.2.1.4).

- Regelt der Vertrag Fristen zur Vorlage von **Bautagesberichten** bzw. des **Bautagebuchs** oder sieht der Vertrag vor, dass diese von bestimmten Personen unterschrieben werden müssen? Bautagesberichte werden in der Praxis völlig unterschätzt, sind aber bei Auseinandersetzungen, beispielsweise wegen „schleichender“ Behinderungen (Verlangsamung ohne Unterbrechung der gesamten eigenen Bautätigkeit), oftmals von entscheidender Bedeutung (vgl. 9.3.4.1).

4.1.5 Was ist Bausoll/Welche Leistungen sind bereits nach Vertrag geschuldet?

- Enthalten die zur Ausführung übergebenen Unterlagen **Unstimmigkeiten**, **Fehler** oder **Widersprüche** und führt ihre Befolgung (möglicherweise) zu einer mangelhaften oder für den vorgesehenen Verwendungszweck ungeeigneten Leistung? Falls ja: Unverzüglicher Bedenkenhinweis an den AG gemäß § 4 Abs. 3 VOB/B (vgl. 11.4).

- Gibt es **Rangfolgeregelungen** bezüglich der bausollbestimmenden Unterlagen (LV, Pläne, funktionale Baubeschreibung etc.) und sind diese klar und verständlich? Falls nein: Unverzügliche Klärung mit dem AG. Gegebenenfalls muss bei nicht auf dem Verhandlungsweg lösbaren Problemen eine **Vertragsauslegung** erfolgen (vgl. Kapitel 6).

- Gibt es **Besonderheiten**, die unüblich sind, beispielsweise die Einhaltung erhöhter Ebenheitstoleranzen, das Verbot der Verwendung von PVC enthaltenden Baustoffen oder die Verpflichtung zur Beibringung behördlicher Genehmigungen etc.?

- Wer hat welche **Planungsverpflichtungen**? Wurden **Schnittstellen** klar definiert und zugeordnet? Sind dazu Regelungen aus den **Abschnitten 3 der VOB/C** einschlägig (DIN 18299 ff., vgl. 2.2.3)? Gibt es klärungsbedürftige Begriffe (z. B. „Vorstatik“ oder „Werkplanung“)? Existieren terminliche Regelungen zur Planübergabe bzw. Planfreigabe?

4.1.6 Nachträge und Mehrmengen ohne Anordnung des AG

- **Welche Regelungen gelten für Nachträge**: VOB/B oder BGB (vgl. 7.4)?

- Sieht der Vertrag besondere Regelungen zu Nachträgen vor, die von der VOB/B oder dem BGB abweichen? Führt das zu unangemessenen Benachteiligungen, sollte eine AGB-rechtliche Prüfung erfolgen.

- Regelt der Vertrag, wer zur **Anordnung** von Nachträgen **befugt** ist?

- Muss eine **Ur- bzw. Auftragskalkulation** – bis wann – beim AG hinterlegt werden? Welche **Aussagen** muss sie konkret enthalten?

- Bestimmt der Vertrag, welche Informationen und Nachweise ein **Nachtragsangebot** beinhalten muss?

- Müssen **zeitliche Auswirkungen** von Nachtragsleistungen schriftlich angezeigt oder vor der Ausführung vereinbart werden?

- Müssen **Mehrmengen** schriftlich angezeigt werden? / Gibt es Regelungen zur Preisanpassung bei relevanten Mehr- oder Mindermengen?

4.1.7 Fristen und Termine

- Gibt es einen kalendermäßig bestimmten oder bestimmbaren **Beginntermin**? Falls nein: Beachtung von **§ 5 Abs. 2 VOB/B**, Anfrage beim AG, wann mit dem Beginn zu rechnen ist, gegebenenfalls mit dem Hinweis auf die Bindung von Kapazitäten an anderen Baustellen, falls sich der Abruf der Leistungen durch den AG ungewöhnlich lange verzögert.

- Sind **Zwischenfristen**, gegebenenfalls aus einem Bauzeitenplan, im Vertrag ausdrücklich als **verbindliche** Fristen vereinbart? Bei Kalenderfristen führt das zum automatischen Verzugseintritt bei schuldhafter Fristüberschreitung durch den AN (vgl. 9.2.2).

- Ist der **Fertigstellungstermin** eine kalendermäßig bestimmte oder mit dem Kalender bestimmbare Frist? Auch hier: Verzug bei schuldhafter Fristüberschreitung (vgl. 9.2.2).

- Sind Fristen **vertragsstrafenbewehrt**?

- Sieht der Vertrag konkret vor, bis wann von welcher Vertragspartei welche **Pläne** vorgelegt werden müssen? Gibt es Regelungen zu Planfreigaben?

- Muss der AN einen **Bauzeiten- bzw. Detailterminplan** erstellen und bejahendenfalls bis wann übergeben? Insbesondere bei **baubegleitender Planung** des AG sollten im Detailterminplan des AN auch konkrete Angaben dazu enthalten sein, bis wann zur Ausführung freigegebene Pläne vorliegen müssen, um die Leistungen unter Berücksichtigung der **Arbeitsvorbereitungsdauer** fristgemäß erbringen zu können. Das gilt insbesondere, wenn – wie meist – vertraglich keine konkreten Planliefertermine vereinbart worden sind.

- Gibt es vertragliche Regelungen zu **Behinderungen** bzw. zum Inhalt von Behinderungsanzeigen oder zur Form des dazu nötigen Schriftverkehrs (eventuell: Sind Aussagen dazu im Bautagebuch notwendig)?

- Sind **Erschwernisse der Leistungserbringung** bereits im Vertrag geregelt, beispielsweise noch vorhandene Mieter/Nutzer bzw. parallel arbeitende Gewerke?
- Besteht das Risiko, die Bauzeit trotz üblicher **Witterung** während der Ausführungsphase zu überschreiten? Beachtung von § 6 Abs. 2 Nr. 2 VOB/B, wonach normales Wetter grundsätzlich keine Behinderung darstellt (vgl. 9.4.3).

4.1.8 Abnahme und Dokumentation

- Sieht bereits der Vertrag eine **förmliche Abnahme** vor oder kommen **fiktive Abnahmen** nach § 12 Abs. 5 VOB/B in Betracht (vgl. 10.5.4)?
- Gibt es Regelungen dazu, wer zur Abnahme **befugt** ist bzw. wie das **Abnahmeprozedere** ablaufen muss?
- Sind **Teilabnahmen** für in sich abgeschlossene Leistungen nach § 12 Abs. 2 VOB/B vertraglich ausgeschlossen (vgl. 10.5.6)?
- Welche **Unterlagen**, Bescheinigungen, Prüfprotokolle, Sachverständigenberichte etc. müssen bei oder eventuell sogar schon vor der Abnahme übergeben werden?

4.1.9 Abrechnung und Zahlung

- Gibt es einen **Zahlungsplan**? Fall nein: § 16 Abs. 1 Nr. 1 VOB/B bzw. § 632a BGB beachten, wonach Abschlagszahlungen in möglichst kurzen Abständen zu gewähren sind.
- Muss eine **Freistellungsbescheinigung** (§ 48 EStG) – bis wann? – übergeben werden?
- Gibt es **Unklarheiten** hinsichtlich des Schuldners der **Umsatzsteuer** gemäß § 13b UStG? Netto- oder Bruttoabrechnung? Für die Entstehung der Umsatzsteuer und die Anwendung des Steuersatzes kommt es grundsätzlich darauf an, **wann** die Leistung **ausgeführt** worden ist. Einzel- oder Streitfragen dazu sollten rechtzeitig mit **Steuerberatern** besprochen werden.
- Regelt der Vertrag, wie **Rechnungen** aufgestellt werden müssen (z. B. **kumulative Rechnungslegung**) bzw. in welcher **Form** sie an wen zu übergeben sind?

- Gibt es **Unterlagen** oder Nachweise, die den Rechnungen beigefügt werden müssen?

- Kann die **mengenmäßige Ermittlung** der Leistung nach Zeichnung/Plan erfolgen und sind Abrechnungsbestimmungen der Abschnitte 5 der VOB/C zu beachten (vgl. 2.2.3)?

- Werden Leistungen durch den weiteren Baufortschritt verdeckt? Falls ja: Rechtzeitig **gemeinsame Feststellungen** verlangen (§ 14 Abs. 2 Satz 3 VOB/B), um nachträgliche Beweisschwierigkeiten zu vermeiden (vgl. 13.2).

- Gibt es Regelungen zum baubegleitenden – eventuell gemeinsamen – **Aufmaß** bzw. zur Qualität des Aufmaßes?

4.1.10 Stundenlohnarbeiten

- Sind Leistungen, die nach Zeitaufwand abgerechnet und bezahlt werden sollen, schon **konkret im Vertrag** vereinbart? Falls ja: Beachtung von § 15 VOB/B bei der Ausführung von Stundenlohnarbeiten (vgl. 8.2 und 8.3).

- Sieht der Vertrag Regelungen dazu vor, wer zur **Anordnung/Vereinbarung** von Stundenlohnarbeiten befugt ist? Muss die Anordnung/Vereinbarung **schriftlich** erfolgen? Bei **Unklarheiten** zur Vertretungsbefugnis des Anordnenden sollte unverzüglich die Genehmigung des Vertretungsberechtigten eingeholt werden (vgl. 8.1).

- Gibt es Regelungen zum **Inhalt** bzw. **Fristen** zur Übergabe der Stundenlohnzettel? (Falls nein: § 15 Abs. 3 VOB/B beachten, vgl. 8.2)

4.1.11 Nachunternehmereinsatz

- Ist der Einsatz von **Nachunternehmern** vorgesehen?

- Liegt bereits eine **Zustimmung des AG** zu Nachunternehmereinsätzen gemäß § 4 Abs. 8 Nr. 1 VOB/B vor? Die Zustimmung des AG muss vorliegen, **bevor** der oder die Nachunternehmer beauftragt werden (§ 4 Abs. 8 Nr. 1 VOB/B). Sie ist nur bei Leistungen entbehrlich, auf die der Betrieb des AN nicht eingerichtet ist.

- Sind Informationen und Nachweise für die Nachunternehmer gemäß § 4 Abs. 8 Nr. 3 VOB/B beizubringen?

4.2 Schriftverkehr und Dokumentation

Streitigkeiten über die Zahlung der Schlussrechnung oder **Bauprozesse** beginnen häufig erst Monate, manchmal Jahre, nach Fertigstellung der Leistung. Deshalb kommt dem **Schriftverkehr** und der **Dokumentation** des Baugeschehens überragende Bedeutung zu. Spätestens bei Gericht ist nicht entscheidend, was nach Auffassung einer Vertragspartei angeblich auf der Baustelle geschehen oder besprochen worden ist, sondern wer die relevanten Vorkommnisse **beweisen** kann bzw. muss.

Schriftverkehr und Dokumentation bedeuten Arbeit; aber: Nicht-Dokumentation ist Dummheit und hat oftmals irreparable Folgen, wenn es um die Abwehr gegnerischer Forderungen oder die Durchsetzung eigener Ansprüche geht. Wer sich auf nachträglich angefertigte Schreiben oder Zeugenaussagen verlässt, handelt mindestens **fahrlässig**, macht dem Schicksal ein Angebot und schafft sich im Zweifel Ärger und Nachteile ohne Ende.

4.2.1 Wichtige Grundsätze des Schriftverkehrs

4.2.1.1 Adressat von Mitteilungen

Wer ist der **Adressat von Mitteilungen**? Sieht der Vertrag hierzu keine abweichenden Regelungen vor, muss der Schriftverkehr stets mit dem **Vertragspartner** geführt werden. Deshalb reicht es im Zweifel nicht aus, Behinderungsanzeigen, Bedenkenhinweise oder Aufforderungen zur Abnahme lediglich an das bauüberwachende Ingenieurbüro zu schicken, wenn dieses nicht der vom AG **bevollmächtigte Vertreter** für das Bauvorhaben ist, was regelmäßig nicht der Fall sein dürfte. Besonders **riskant** ist es, den Schriftverkehr alleine mit **Architekten** oder **Ingenieuren** zu führen, wenn diese für die entstandenen Probleme verantwortlich sein können (OLG Düsseldorf, Urteil vom 02.12.2022 - 22 U 113/22). Dann darf sich der AN niemals darauf verlassen, dass eine rechtzeitige Weiterleitung der Mitteilungen an den AG erfolgt und diese auch bewiesen werden kann. Deshalb immer den **sichersten Weg** gehen und relevante Erklärungen **sowohl** gegenüber dem Architekten/Bauleiter **als auch** gegenüber dem AG abgeben und auf einen **Zugangsnachweis** achten (siehe unten).

4.2.1.2 Verständlichkeit der Mitteilungen

Häufig wirken Schreiben **zusammenhanglos**, weil sich deren **Kontext** und **Zielrichtung** für Außenstehende im Nachhinein nicht erschließen. Hier kann durch eine Betreffzeile oder einen einleitenden Satz Abhilfe geschaffen werden. Beispielsweise: *„Ihre*

Behinderungsanzeige vom ...“ oder *„Ihre Inverzugsetzung vom ...“*. Es bietet sich ferner an, die gegnerische Aussage, der widersprochen oder zu der Stellung genommen werden soll, am Anfang der Mitteilung kurz zusammenzufassen, bevor die eigenen Argumente genannt werden (beispielsweise: *„Mit Schreiben vom ... vertreten Sie die Auffassung, eine Behinderung liege nicht vor, weil in verschiedenen anderen Stockwerken des Gebäudes Leistungen ausgeführt werden konnten. Auch wenn das grundsätzlich zutrifft, halten wir an unserer Behinderungsanzeige vom ... aus folgenden Gründen fest: ...“*). Das trägt zur besseren Verständlichkeit bei und macht es bei späteren Auseinandersetzungen leichter, die Mitteilung einordnen und verstehen zu können.

Technisch schwierige Zusammenhänge sollten in Schreiben, die einen rechtlichen Hintergrund haben (beispielsweise bei Behinderungsanzeigen nach § 6 Abs. 1 VOB/B oder Bedenkenhinweisen nach § 4 Abs. 3 VOB/B), so erläutert werden, dass sie auch für einen AG ohne technisches Fachwissen **verständlich** sind. Es empfiehlt sich, den Empfänger am Ende des Schreibens um eine Mitteilung – unter Fristsetzung – zu bitten, falls weiterer Informations- oder Klärungsbedarf besteht und man davon ausgehe, dass dies nicht der Fall ist, wenn eine entsprechende Rückfrage innerhalb der Frist unterbleibt. Das gilt besonders für Bedenkenhinweise nach § 4 Abs. 3 VOB/B (vgl. 11.4). Selbst wenn der Bauleiter des AN davon ausgeht, dass das Schreiben zur Beantwortung an das Ingenieurbüro weitergeleitet wird, muss der Inhalt für den Vertragspartner selbst verständlich sein.

4.2.1.3 Form und Zugang der Mitteilung

Oftmals ist unklar, auf welchem **Weg** und in welcher **Form** Mitteilungen abgegeben werden sollen. Dazu sind allgemeingültige Aussagen schwierig. Denn für Praktiker ist oft schon fraglich, wo die **VOB/B** bzw. das **BGB** genau die Einhaltung der **Schriftform** zwingend vorschreiben und ob der **Vertrag weitere Schriftformerfordernisse** regelt. Hinzu kommt das Problem, auf welchem Weg die Mitteilung versandt werden soll. Wer Zweifelsfragen und Risiken von vornherein vermeiden will, sollte den sichersten Weg gehen.

Grundsätzlich unterscheidet das Gesetz zwischen **Schriftform** (§ 126 BGB), **elektronischer Form** (§ 126a BGB),**Textform** (§ 126b BGB) und **vereinbarter Form** (§ 127 BGB). Ist durch ein **Gesetz** die schriftliche Form vorgeschrieben, beispielsweise bei der **Kündigung des Bauvertrages** (§ 650h BGB), ist eine e**igenhändig durch Namensunterschrift** unterzeichnete Erklärung erforderlich. Die schriftliche Form kann gemäß **§ 126 Abs. 3 BGB** durch die **elektronische Form ersetzt werden**. Dann muss der Aussteller der Erklärung dieser seinen Namen hinzufügen und die E-Mail mit einer **qualifizierten elektronischen Signatur** versehen (§ 126a Abs. 1 BGB). Eine **„einfache“ E-Mail** reicht also nicht aus, um einen Bauvertrag wirksam zu kündigen.

Die **VOB/B ist kein Gesetz**, sondern eine Allgemeine Geschäftsbedingung (vgl. 3.3), sodass für Mitteilungen, die nach der VOB/B **„schriftlich"** erfolgen müssen (bspw. Bedenkenhinweise, Behinderungsanzeigen, Mängelrügen des AG), die **einfache E-Mail** ausreichen kann (§ 127 Abs. 2 BGB). Ob das tatsächlich in jedem Fall gilt, ist aber nicht immer sicher, weil dieser Annahme ein **„anderer Wille"** gemäß **§ 127 Abs. 2 BGB** entgegenstehen kann, beispielsweise durch dahingehende Regelungen im Vertrag.

Textform bedeutet, dass eine Mitteilung **lesbar** und **dauerhaft speicherbar** abgegeben werden muss **(§ 126b BGB).** Dafür reicht eine einfache E-Mail oder eine SMS aus. Das Gesetz sieht die Textform in werk- bzw. bauvertraglichen Bestimmungen, beispielsweise in § 640 Abs. 2 Satz 2 und § 650b Abs. 2 Satz 1 BGB, vor. Wenn **E-Mails, WhatsApp** oder **SMS** für die Kommunikation zulässig sind und benutzt werden, sollte sichergestellt sein, dass diese - auch für Dritte - problemlos auffindbar und dem Empfänger tatsächlich zugegangen sind.

Eine Mitteilung muss dem Empfänger **zugehen.** Das heißt, sie muss in dessen **Machtbereich** gelangen und er muss unter regulären Umständen die **Möglichkeit der Kenntnisnahme** haben. Letzteres ist bei Baufirmen nach Feierabend, an Wochenenden oder an Feiertagen nicht der Fall.

Ein weiteres **Risiko** der Versendung einer wichtigen Mitteilung nur per E-Mail oder SMS besteht darin, dass der **Absender** den **Zugang beweisen** muss, nicht der Empfänger, dass er sie nicht erhalten hat. Hat der Versender weder eine **Antwort** noch eine **Lesebestätigung** erhalten, schwebt über der Versendung einer wichtigen Mitteilung nur per telekommunikativer Übermittlung folglich ein „Damoklesschwert", falls der Empfänger den Zugang bestreitet. Deshalb ist es bei **wichtigen Mitteilungen** stets sicherer, **mehrere Zugangswege** parallel zu beschreiten und dabei die **Schriftform** zu wahren.

Das heißt beispielsweise: Versendung **vorab per E-Mail** (eigenhändig unterschriebene Erklärung einscannen mit pdf-Anhang) **sowie** per **Telefax** (Kontrolle des Sendeberichts mit „ok-Vermerk"), **nebst** gleichzeitiger **Versendung per Post** mit entsprechender Dokumentation des Postversands, beispielsweise durch ein Postausgangsbuch. Gegebenenfalls kann auch beim **Empfänger telefonisch angefragt** werden, ob die E-Mail oder das Fax vollständig und lesbar angekommen ist und ein entsprechendes Bestätigungsschreiben, zumindest aber ein Aktenvermerk (siehe unten) angefertigt werden. Wer so vorgeht, kann sich **Einschreiben mit Rückschein** oder **Einwurf-Einschreiben** im Normalfall ersparen, es sei denn, es werden **Original-Dokumente,** wie beispielsweise Bürgschaften, versandt. Das ist zugegebenermaßen aufwendig, dafür aber sicher. Grundsätzlich sollten bei wichtigen Mitteilungen mindestens **zwei Zugangswege parallel** beschritten werden. Wenn es später bei Fristüberschreitungen auf eine Behinderungsanzeige ankommt oder es um eine Haftungsbefreiung aufgrund eines Bedenkenhinweises geht, kann sich dieser bürokratische Aufwand lohnen und geradezu Gold wert sein.

Denn nach der Rechtsprechung genügen weder der Sendebericht eines Telefaxschreibens noch die nachweislich erfolgte Versendung einer E-Mail, um den Zugang beim Empfänger **rechtssicher** zu beweisen. Zwar kann die **Lesebestätigung** einer E-Mail oder ein **Telefax-Sendebericht** einen Anscheinsbeweis für den Zugang begründen, sodass der Empfänger das Gegenteil beweisen muss (OLG Koblenz, Beschluss vom 21.04.2020 - 3 U 1894/19; BGH, Beschluss vom 21.07.2011 - IX ZR 148/10). Wer die damit verbundenen Unsicherheiten und Risiken vermeiden will, sichert sich mindestens zwei Mal ab. „Doppelt genäht hält besser".

4.2.1.4 Die Bedeutung von kaufmännischen Bestätigungsschreiben und Aktenvermerken

Das kaufmännische Bestätigungsschreiben hat den **Zweck**, mündlich geschlossene **Verträge**, aber auch Absprachen und **Vereinbarungen** nach Vertragsabschluss **beweiskräftig**, also **schriftlich**, festzuhalten. Wer als Empfänger ein solches Bestätigungsschreiben im engen zeitlichen Zusammenhang mit der mündlichen Besprechung erhält, der Inhalt darin aber **falsch** oder **unvollständig** wiedergegeben worden ist, muss **unverzüglich** (ca. innerhalb von drei Arbeitstagen) und **beweisbar widersprechen**, ansonsten wird das **Schweigen** wie eine **Genehmigung** behandelt („Wer schweigt, der bleibt"). Das gilt auch für den Inhalt von **Baubesprechungsprotokollen,** die von der Rechtsprechung wie kaufmännische Bestätigungsschreiben behandelt werden (Kammergericht, Urteil vom 18.12.2012 - 7 U 227/11). Ein kaufmännisches Bestätigungsschreiben kann auch per einfacher E-Mail versandt werden, weil ein Fall des § 126 Abs. 1 BGB nicht vorliegt (vgl. 4.2.1.3). Gleiches gilt für den Widerspruch. Sicher ist das aber nur, wenn der Absender im Bestreitensfall auch den Zugang beim Empfänger nachweisen kann, was bei einer Antwort auf das Bestätigungsschreiben oder den Widerspruch sicher der Fall ist. Wer aufgrund der Wichtigkeit des Bestätigungsschreibens oder des Widerspruchs „auf Nummer sicher" gehen will, macht es wie oben erläutert, nämlich auf wenigstens zwei separaten Wegen parallel.

Die Grundsätze des kaufmännischen Bestätigungsschreibens gelten für **Kaufleute**, die **gewerblich** tätig sind (z. B. AG, GmbH oder KG), und für Vertragspartner, die in größerem Umfang Bauaufträge vergeben, also grundsätzlich auch für **öffentliche Auftraggeber, nicht aber gegenüber Verbrauchern (§ 13 BGB), also natürlichen Personen, die nicht überwiegend gewerblich oder im Rahmen ihrer selbstständigen beruflichen Tätigkeit handeln (OLG Köln, Urteil vom 29.12.2016 - 7 U 131/15).** Wer einen **Mitarbeiter** zu Verhandlungen schickt, der keine Vertretungsmacht hat, muss sich dessen Erklärungen ebenfalls nach den Grundsätzen des kaufmännischen Bestätigungsschreibens zurechnen lassen, wenn den in einem Protokoll enthaltenen Aussagen nicht unverzüglich widersprochen wird (BGH, Urteil vom 27.01.2011 – VII ZR 186/06).

Interne Aktenvermerke dienen der **Gedächtnisstütze**, wenn später über Vereinbarungen, Telefonate oder konkrete Vorkommnisse auf der Baustelle gestritten wird. Sie können in Gerichtsprozessen von Bedeutung sein, weil eine Zeugenaussage in der Regel glaubhafter ist, wenn sie sich auf Aktenvermerke stützt. Eine darüber hinausgehende Bedeutung oder Beweiskraft haben sie nicht.

4.2.1.5 Muss auf Mitteilungen stets geantwortet werden?

Im Prinzip nicht. Schweigen auf ein Schreiben bedeutet nicht, dass man seinen Inhalt anerkennt, es sei denn, es handelt sich dabei um ein kaufmännisches Bestätigungsschreiben (siehe oben). Wer seinen Standpunkt, beispielsweise in *einer* Behinderungsanzeige, klar zum Ausdruck gebracht hat, muss auf eine ansonsten begründungslose *„vollinhaltliche Zurückweisung mit Inverzugsetzung“* nicht nochmals unter Wiederholung der bereits vorgebrachten Argumente antworten. Umgekehrt muss eine eindeutig unbegründete Behinderungsanzeige nicht zurückgewiesen werden, etwa weil sie anderenfalls als anerkannt gilt. **Aber:** Werden in einem Schreiben oder in einer Antwort (neue) Sachargumente genannt, die präsentes Wissen erfordern, empfiehlt es sich aus Beweisgründen, schriftlich zu antworten, weil dieses Wissen im Laufe der Zeit verloren gehen kann und man in solchen Fällen in Besprechungen mit dem Vertragspartner oder bei Gericht in Erklärungs- oder Beweisnot geraten kann.

4.2.1.6 Dokumentation des Bauablaufs

Neben dem Schriftverkehr ist die Dokumentation des Baugeschehens von überragender Bedeutung und das „A und O“ bei späteren Auseinandersetzungen, insbesondere in Bauprozessen. Man kann nicht oft genug daraufhinweisen: Alles, was an Tatsachen für die Durchsetzung bzw. Abwehr von Forderungen eine Rolle spielen kann, muss dokumentiert (verschriftet) und dem Vertragspartner mitgeteilt werden.

Besonders wichtig ist die Dokumentation bei **Behinderungen** aus dem Verantwortungsbereich des Auftraggebers. Denn dort reichen entgegen weit verbreiteter, aber falscher Auffassung Behinderungsanzeigen allein nicht aus, um die terminlichen und wirtschaftlichen Folgen der Behinderung nachweisen zu können. Denn eine Behinderung muss sogleich bei Beginn angezeigt werden; diese Anzeige kann nicht in die Zukunft sehen und deshalb auch keine Aussage darüber treffen, welche konkreten

Konsequenzen aus ihr resultieren. Dabei vestehen wir „Behinderung“ der Ausführung in diesem Zusammenhang wörtlich, das heißt, es ist gearbeitet worden – keine Unterbrechung oder Verschiebung der Leistung – wenn auch verlangsamt, also weniger produktiv. Hier muss am **Ende eines jeden Arbeitstages**, an dem relevante Behinderungen aufgetreten sind, in **aussagekräftigen Bautagesberichten** erfasst werden, in welchen Bereichen der Baustelle welche konkreten Leistungen ausgeführt worden sind und weshalb bzw. für welche Dauer Personal nicht oder unproduktiv gearbeitet hat (vgl. 9.3.4.1). Zur Verdeutlichung der konkreten Situation auf der Baustelle kann sich ergänzend die Anfertigung einer **Fotodokumentation** empfehlen, weil Bilder tatsächlich häufig mehr sagen als tausend Worte. **Bautagesberichte** eignen sich auch zur Dokumentation **sonstiger relevanter Vorkommnisse** wie Beginn und Ende der täglichen Arbeitszeit, Witterungsdaten, eingesetzte Nachunternehmer, Vandalismusschäden, Bemusterungen etc.

Geringer ist der Dokumentationsaufwand bei **Unterbrechungen**, also einem völligen Stillstand der Arbeiten oder bei ihrer **Verschiebung** aus Gründen, die im Verantwortungsbereich des AG liegen, wie beispielsweise bei nicht vorhandenen oder mangelhaften Vorunternehmerleistungen. Aber auch hier muss präzise dokumentiert werden, welche konkreten Produktionsmittel (Personal, Geräte/Maschinen etc.) wann hätten eingesetzt werden sollen, in welchen Zeiträumen das nicht möglich war und weshalb kein anderweitiger produktiver Ausweicheinsatz erfolgen konnte (vgl. 9.3.4.2).

Wenn der Vertrag die **Vorlage** bzw. die **Unterzeichnung von Bautagesberichten** des AN durch den AG vorsieht, müssen diese Regelungen befolgt werden. Weigert sich der AG, den Bericht zu unterschreiben, beispielsweise, weil dort für ihn nachteilige Behauptungen aufgestellt werden, sollte der AN die Bautagesberichte mit einem entsprechenden Anschreiben versenden, damit er seiner Verpflichtung entsprochen hat, und einen Zugangsnachweis hat.

Bauüberwachende Architekten und **Ingenieure** haften neben dem bauausführenden Unternehmen für Mängel gesamtschuldnerisch, wenn sie ihre Aufsichtspflichten schuldhaft verletzt haben (vgl. 11.5.2). Im Rahmen seiner Bauaufsichtspflicht muss der Architekt/Ingenieur insbesondere **haftungskritische Arbeiten**, beispielsweise Abdichtungsarbeiten, besonders eng und intensiv überwachen (OLG München, Urteil vom 26.05.2020 – 28 U 6792/19 Bau). Kommt es hierbei zu Mängeln, spricht der **Beweis des ersten Anscheins** für eine schuldhafte Verletzung der Bauüberwachungspflichten (BGH, Urteil vom 16.05.2002 – VII ZR 81/00). Das bedeutet, dass der Bauüberwacher darlegen und beweisen muss, welche Arbeiten er wann, wie oft und in welchem Umfang kontrolliert bzw. was er hierbei festgestellt hat.

Lediglich **handwerkliche Selbstverständlichkeiten**, von denen die Rechtsprechung mit Zurückhaltung ausgeht (OLG Düsseldorf, Urteil vom 06.11.2012 – 23 U 156/11), bedürfen nur einer eingeschränkten Überwachung. Aber auch hier sollte der Bauüberwacher eine stichprobenartige Überprüfung sowie eine Endkontrolle durchführen und dokumentieren, insbesondere bei Verdeckung von Leistungen durch den weiteren Baufortschritt. Zur Dokumentation der Überwachungstätigkeit dient das **Bautagebuch**, dessen ordnungsgemäße Führung eine **geschuldete Teilleistung** der Leistungsphase 8 gemäß § 34 HOAI (Gebäude und Innenräume) ist. Anderenfalls droht eine **Minderung des Honorars** für diese Leistungsphase, selbst wenn es dadurch nicht zu einer mangelhaften Leistung durch den AN gekommen ist (BGH, Urteil vom 28.07.2011 – VII ZR 65/10).

4.3 Ordnung der Unterlagen

Nicht selten gleicht die **Dokumentation** eines Bauvorhabens (Vertrag, Schriftverkehr, Rechnungen etc.) einer Loseblattsammlung, die später nicht einmal die dafür Verantwortlichen enträtseln können, jedenfalls aber Dritte, die ein Bauvorhaben übernehmen müssen (Urlaubs- oder Krankheitsvertretung), vor nahezu unlösbare Probleme stellt. Deshalb muss es in einer Firma dafür **einheitliche, klare und handhabbare Regeln** geben, die zumindest bei größeren Bauvorhaben **standardmäßig** befolgt werden. Es sollte regelmäßig darüber diskutiert werden, ob diese Vorgaben nützlich und praktikabel oder verbesserungsfähig sind. Die **Vertragsunterlagen** und der **Schriftverkehr** können **beispielsweise** wie folgt geordnet und dokumentiert werden:

- **1. Ordner:**
  Vertrag mit dem AG nebst allen Anlagen in chronologischer Reihenfolge und in aktueller Fassung. Was überholt ist und nicht mehr gilt, hat dort nichts verloren, sollte aussortiert und lediglich aus Beweisgründen an getrennter Stelle aufbewahrt werden. Separate Fächer für baubegleitend zugegangene Pläne oder sonstige bausollbestimmende Unterlagen, z. B. geänderte Brandschutzkonzepte, Baugrundgutachten, Prüfstatiken, Bemusterungsentscheidungen etc. nebst Anschreiben des AG zur Bestimmung der Zugangszeitpunkte.

- **2. Ordner:**
  Mehrkostenanzeigen bzw. entsprechende Nachtragsangebote (am besten nummeriert) nebst Korrespondenz zu den jeweiligen Nachträgen (für jeden Nachtrag ein separates Fach). Wenn über verschiedene, manchmal dutzende Nachträge verhandelt oder gestritten wird, insbesondere mit Personen, die nicht aktiv auf der Baustelle tätig waren, erleichtert es die Diskussion ungemein, wenn alle Teilnehmer der Besprechung oder auch im Rahmen einer Gerichtsverhandlung schnell

erkennen können, über welchen Nachtrag konkret gesprochen wird und die dazu gehörenden Unterlagen rasch auffindbar sind. Deshalb sollten Nachträge nummeriert und die Nummerierung auch im Schriftverkehr stets angegeben werden.

Bei Stundenlohnarbeiten: Vereinbarung über die Abrechnung nach Zeitaufwand, Anzeige der Ausführung, Stundenlohnzettel und Zeitpunkt ihrer Übergabe an den AG.

- **3. Ordner:**
  Behinderungsanzeigen des AN (nummeriert, wie bei Nachträgen), Antworten des AG sowie Abmeldung der jeweiligen Behinderungen.

- **4. Ordner:**
  Bedenkenhinweise des AN nebst eventuellen Antworten des AG.

- **5. Ordner:**
  Mängelrügen des AG in der Ausführungsphase und Dokumentation der Abarbeitung/Freimeldungen an den AG oder Widersprüche zu Mängelrügen.

  Anmerkung: Man kann die gesamte Korrespondenz mit dem AG auch **chronologisch** geordnet in einem oder mehreren fortlaufenden Ordner(n) abheften, ohne thematische Trennungen vorzunehmen, insbesondere wenn sich der Schriftverkehr in überschaubaren Grenzen hält. Entscheidend sind die gute Handhabbarkeit für die Beteiligten und die schnelle Auffindbarkeit relevanter Unterlagen, ohne langes Suchen, falls informierte Mitarbeiter krankheits- oder urlaubsbedingt fehlen.

- **6. Ordner:**
  Baubesprechungsprotokolle und dazugehörende Korrespondenz (bspw. Widersprüche oder Ergänzungen).

- **7. Ordner:**
  Bautagebuch/Bautagesberichte.

- **8. Ordner:**
  Rechnungen, Aufmaße und Korrespondenz zu den jeweiligen Rechnungen.

- **9. Ordner:**
  Qualitätsnachweise, Prüfzeugnisse, Lieferscheine etc.

- **10. Ordner**
  Abnahmeaufforderung, Abnahmeprotokoll, ggf. mit Mängelliste nebst Dokumentation der Abarbeitung durch Freimeldung der Mängel und Abnahmeaufforderung nach erfolgter Mängelbeseitigung. Sonstiger Schriftverkehr zur Abnahme, z. B. Widerspruch gegen eine Abnahmeverweigerung bzw. die Aufforderung zur gemeinsamen Zustandsfeststellung nach § 650g BGB sowie die nochmalige Aufforderung zur Abnahme nach Beseitigung wesentlicher Mängel. Schriftverkehr zur Rückgabe einer Vertragserfüllungsbürgschaft.

- **11. Ordner:**
  Mängelanzeigen des AG und Dokumentation der Abarbeitung in der Gewährleistungsphase (wiederum: Freimeldung mit Abnahmeaufforderung) bzw. Widersprüche zu Mängelrügen. Schriftverkehr zur Rückgabe einer gestellten Sicherheit für Mängelansprüche, z. B. durch eine Bürgschaft nach Beendigung der Gewährleistungsphase.

- **12. Ordner:**
  Nachunternehmerverträge nebst Anlagen.

- **13. Ordner:**
  Korrespondenz mit Nachunternehmern, eventuell getrennt nach Firmen und Themen (Nachträge, Behinderungen, Mängel etc., wenn umfangreich).

4.4 Unternehmensinterne Kommunikation

Neben nicht oder nicht vollständig gelesenen Verträgen, einem oftmals nachlässig oder gar nicht geführten Schriftverkehr und mangelhafter Dokumentation, ist die **zu späte** oder **inhaltlich unzureichende Kommunikation** der unterschiedlichen Ebenen im Unternehmen häufig eine entscheidende Schwachstelle und Ursache von Problemen. Geschäftsführer, Baukaufleute, Bauleiter und Poliere müssen sich **rechtzeitig** und umfassend **informieren**, damit der jeweils Verantwortliche schnell und sachgerecht reagieren kann. Das gilt für beide Vertragspartner gleichermaßen.

- Deshalb sollten Personen, die für den **Vertragsabschluss** und seine Vorbereitung verantwortlich sind (beispielsweise Vertriebsmitarbeiter), nicht aber für die Ausführung der Leistung, rechtzeitig die **technischen Fachleute** einschalten, wenn es bei Ortsbegehungen Besonderheiten oder Unklarheiten gibt, die beispielsweise im Rahmen der Erstellung von Angeboten beachtet werden müssen oder Bieteranfragen wegen kalkulationserheblichen Unklarheiten bzw. offenkundigen Fehlern der Ausschreibung erfordern (vgl. 6.2.4). Das gilt beispielsweise auch, wenn es um Fristen geht, die der AG vereinbaren will und für einen Vertriebsmitarbeiter oder kaufmännischen Geschäftsführer fraglich ist, ob diese erfüllbar sind.

- Die kaufmännisch Verantwortlichen müssen den Bauleiter über nach Vertragsabschluss erfolgte **Terminänderungen** oder eine **Änderung des Bausolls** bzw. sonstige für die Ausführung wichtige Absprachen unverzüglich unterrichten. Das gilt auch, wenn **bestimmte Vertragsbestandteile**, z. B. Verhandlungsprotokolle, Leistungsverzeichnisse oder Angebote, in **mehreren Varianten** vorliegen und möglicherweise erst kurz vor Vertragsabschluss erstellt oder noch einmal geändert worden sind.

- **Umgekehrt** müssen die kaufmännisch Verantwortlichen vom **Bauleiter** oder der nicht ständig vor Ort anwesende Bauleiter vom **Polier**, beispielsweise über Behinderungen aus dem Verantwortungsbereich des AG, auch über ungewöhnliche Witterungsverhältnisse, **mehrkostenrelevante Änderungsanordnungen** oder **Bedenken** gegen die vorgesehene Art der Ausführung etc., unverzüglich und nicht irgendwann informiert werden. Das gilt insbesondere, wenn schriftliche Mitteilungen an den Vertragspartner verfasst werden oder Verhandlungen stattfinden müssen und dafür anderes Personal im Unternehmen zuständig ist.

- Es empfiehlt sich jedenfalls bei größeren Bauvorhaben, **regelmäßige Besprechungen** mit allen daran Beteiligten durchzuführen, dabei **offen** zu sprechen, die **Ergebnisse schriftlich festzuhalten** und dafür Sorge zu tragen, dass die verteilten Aufgaben auch **vereinbarungsgemäß erledigt** werden, sowie ein entsprechendes Kontrollsystem einzurichten (erledigt/in Arbeit/unerledigt). „Totgeschwiegene" Probleme sind oft die gefährlichsten, weil nicht rechtzeitig reagiert werden kann und die Hoffnung, es werde sich schon irgendwie und irgendwann eine Lösung finden, oft nicht mehr ist als ein frommer Wunsch.

- Jeder mit dem Vertrag befasste Mitarbeiter sollte zu jedem Zeitpunkt wissen, wo er den aktuellen Vertrag mit seinen Anlagen bzw. den relevanten Schriftverkehr findet.

- Treten **Streitigkeiten** auf, die auf der **Arbeitsebene** nicht mehr geklärt werden können, muss das rechtzeitig mit den **Entscheidungsträgern** im Unternehmen besprochen werden. Oftmals führen Verhandlungen zwischen Personen, die nicht direkt an einer Meinungsverschiedenheit beteiligt waren, zu Lösungen, zu denen Mitarbeiter, die schon wochenlang erbittert gestritten und sich in ihre Standpunkte regelrecht „verbissen" haben, nicht mehr in der Lage sind.

5 MENGENÄNDERUNGEN WEGEN FALSCHER MENGENANGABEN IM VERTRAG

5.1 Mehr- oder Mindermengen beim Einheitspreis- oder Pauschalvertrag

Kommt es zu Abweichungen zwischen den im **Vertrag** zur Ausführung **vorgesehenen Mengen** (Vordersätzen) und den **tatsächlich** auf der Baustelle **geleisteten Mengen**, hängen die **Abrechnungsfolgen** im Kern von zwei Fragen ab:

- Beruhen die Abweichungen auf **falschen Mengenangaben** im Leistungsverzeichnis (LV) oder auf **Anordnungen** des AG?
- Wurde ein **Einheitspreisvertrag** oder ein **Pauschalvertrag** abgeschlossen?

Bei Abweichungen aufgrund der örtlich vorgefundenen Verhältnisse (falsche Mengenangaben im LV) gilt beim **Einheitspreisvertrag § 2 Abs. 3 VOB/B** und **§ 2 Abs. 7 VOB/B** beim **Pauschalvertrag**.

Bei Abweichungen, die auf **Anordnungen des AG** beruhen und zu Mehr- oder Mindermengen führen, bestehen im Fall von **Mehrmengen Nachtragsansprüche** gemäß § 2 Abs. 6 VOB/B und bei **Mindermengen** Ansprüche nach den Regeln zur **freien Kündigung des AG** nach § 8 Abs. 1 VOB/B (Vergütung abzüglich konkret ersparter Aufwendungen und eines eventuell anderweitigen Erwerbs, vgl. 12.1.2); das gilt sowohl beim Einheitspreis- als auch beim Pauschalvertrag und entspricht allgemeiner Auffassung (BGH, Urteil vom 26.04.2018 – VII ZR 82/17).

5.2 Mengenänderungen beim Einheitspreisvertrag

Der Einheitspreisvertrag wird nach Fertigstellung der Leistung durch ein **Aufmaß** oder nach vorhandenen **Zeichnungen** (Plänen) abgerechnet, falls danach geleistet worden ist. Maßgeblich sind die **tatsächlich** ausgeführten Leistungen (§ 2 Abs. 2 VOB/B).

5.2.1 Mehr- oder Mindermengen von nicht mehr als zehn Prozent

Kommt es zu Mengenabweichungen zwischen einer Vordersatzangabe im Vertrag und der tatsächlich ausgeführten Leistung von **nicht mehr als 10 %** – nach oben oder unten –, bleibt es beim vertraglich vereinbarten Einheitspreis (**§ 2 Abs. 3 Nr. 1 VOB/B**). Schwankungen innerhalb dieser Bandbreite führen deshalb nicht zu einem Preisanpassungsanspruch.

5.2.2 Mehrmengen von mehr als zehn Prozent/ Die BGH-Entscheidung vom 08.08.2019

Weicht jedoch die **ausgeführte** Menge – ohne auftraggeberseitige Anordnung – von der **ausgeschriebenen** Menge um mehr als 10 % nach oben ab, regelt **§ 2 Abs. 3 Nr. 2 VOB/B** einen Anspruch auf Anpassung des Einheitspreises für die Mehrmenge **oberhalb** von **10 %** gegenüber dem im Vertrag genannten Vordersatz. Bei vom AG **angeordneten Mehrmengen** gilt § 2 Abs. 6 VOB/B, nicht § 2 Abs. 3 Nr. 2 VOB/B (BGH, Urteil vom 27.11.2003 – VII ZR 346/01). Bis zu 110 % der geleisteten Menge bleibt es beim vereinbarten Preis. Für die Menge ab 110 % ist auf **Verlangen einer Partei** ein neuer Einheitspreis zu vereinbaren. Eine automatische Preisanpassung findet nicht statt. Eine Ankündigungs- oder Hinweispflicht des AN für Mengenüberschreitungen besteht nach § 2 Abs. 3 Nr. 2 VOB/B nicht (OLG Jena, Urteil vom 28.05.2003 – 7 U 1205/02).

Es entsprach der bislang ganz herrschenden, jahrzehntelangen Meinung, dass die **Preisfortschreibung** auf Basis der **Ur- bzw. Auftragskalkulation** erfolgt, wie bei Nachträgen gemäß § 2 Abs. 5 und Abs. 6 VOB/B (sogenannte vorkalkulatorische Preisfortschreibung, OLG Köln, Urteil vom 30.12.2014 – 17 U 83/13). Dass dies bei unauskömmmlichen Einheitspreisen zu einer Verlustmaximierung und bei gut kalkulierten Einheitspreisen zur Gewinnmaximierung führte, wurde hingenommen, weil das vereinbarte Vertragspreisniveau bei der Bildung des neuen Einheitspreises beibehalten werden sollte („Guter Preis bleibt gut, schlechter Preis bleibt schlecht"). Der neue Einheitspreis ab 110 % ist bei einer Preisfortschreibung auf Basis der Urkalkulation dann **niedriger**, wenn die **gesamten Baustellengemeinkosten (BGK)** bereits vollständig auf Basis der vereinbarten Einheitspreise gedeckt sind, was bei gleichbleibender Bauzeit und unverändertem Bauleitungs-, Maschinen- bzw. Geräteeinsatz in der Regel der Fall sein dürfte.

Zur Preisanpassungsbestimmung des § 2 Abs. 3 VOB/B hat der **BGH** am **08.08.2019** (Aktenzeichen: VII ZR 34/18) eine **Grundsatzentscheidung** getroffen, die einem „Erdbeben" in der baurechtlichen Vergütungslandschaft gleichkommt. In dem Urteil ging es zwar ausschließlich um **Mehrmengen** nach § 2 Abs. 3 Nr. 2 VOB/B; es hat mit höchster Wahrscheinlichkeit aber auch Auswirkungen auf die Höhe der Nachtragsvergütung nach § 2 Abs. 5 VOB/B, womöglich auch auf Vergütungsansprüche für erforderliche Zusatzleistungen nach § 2 Abs. 6 VOB/B (vgl. 7.2.8).

Die Entscheidung des BGH hatte einen Vertrag über Abbrucharbeiten zum Gegenstand, u. a. die „Entsorgung von Bauschutt, Abfallschlüssel-Nr. ...“ mit einer vorgegebenen Menge von **einer Tonne (t)**. Hierfür hatten die Parteien aufgrund des auftragnehmerseitigen Angebots einen Einheitspreis i. H. v. **€ 462,00/t** (netto) vereinbart. Tatsächlich mussten **83,92 t** entsorgt werden, weil mehr Bauschutt angefallen war. Der AN hat auch für die Mehrmengen den vertraglich vereinbarten Einheitspreis von € 462,00/t berechnet, was der AG nicht akzeptierte. Er verlangte Auskunft über die tatsächlichen Kosten der Entsorgung. Dem kam der AN nach und teilte mit, dass er auf die gesamten Fremdkosten von rund € 92,00 einen GU-Zuschlag von 20 % kalkuliert habe. Unter Berücksichtigung eigener Verladekosten i. H. v. € 40/t ergab sich somit ein Betrag i. H. v. **€ 150,40/t**. Diesen Einheitspreis hat der AG für die Mehrmengen vergütet, der Rest blieb streitig und war Gegenstand der BGH-Entscheidung.

Der BGH kommt zu dem Ergebnis, dass § 2 Abs. 3 Nr. 2 VOB/B bei Mehrmengen von über 10 % zwar einen Anspruch auf Anpassung des Einheitspreises regelt, nicht aber **wie** die Vergütungsanpassung vorzunehmen ist. Der BGH hat ausdrücklich eingeräumt, dass die bislang herrschende Auffassung dahin geht, bei der Bildung des neuen Einheitspreises die ursprüngliche Kalkulation des AN heranzuziehen und die dortigen Einzelbestandteile vorkalkulatorisch fortzuschreiben, um das Vertragspreisniveau beizubehalten (siehe oben). Der BGH vertritt dagegen nunmehr die Auffassung, dass der Vertrag – wenn sich die Parteien nicht insgesamt oder im Hinblick auf einzelne Elemente der Preisbildung **geeinigt** haben – eine Lücke enthalte, die im Wege der **ergänzenden Vertragsauslegung** zu schließen sei. Dazu führt der BGH wörtlich Folgendes aus:

> *„Dabei entspricht es der Redlichkeit und dem bestmöglichen Ausgleich der wechselseitigen Interessen, dass durch die unvorhergesehene Veränderung der auszuführenden Leistungen im von § 2 Abs. 3 Nr. 2 VOB/B bestimmten Umfang keine der Vertragsparteien eine Besser- oder Schlechterstellung erfahren soll.*
>
> *Die im Rahmen der ergänzenden Vertragsauslegung vorzunehmende Abwägung der beiderseitigen Interessen der Parteien nach Treu und Glauben ergibt, dass – wenn nichts anderes vereinbart ist – für die Bemessung des neuen Einheitspreises bei Mehrmengen i. S. v. § 2 Abs. 3 Nr. 2. VOB/B die tatsächlich erforderlichen Kosten zuzüglich angemessener Zuschläge maßgeblich sind.“*

Das ist in der Tat ein Paukenschlag. Nach bislang herrschender Meinung wäre die Vergütung für die Mehrmenge ab 1,1 t vorkalkulatorisch fortgeschrieben worden. Falls die Baustellengemeinkosten, insbesondere die vereinbarte Bauzeit, durch die Mehrmenge nicht überschritten worden wären, hätte sich der AN lediglich einen im vereinbarten Einheitspreis enthaltenen BGK-Anteil in Abzug bringen lassen müssen.

Dem setzt der BGH nunmehr ein Ende. Damit spielen der Wettbewerbspreis und die ihm zugrunde liegende Kalkulation zukünftig keine Rolle mehr. Stattdessen muss der AN – soweit keine Vereinbarung über den neuen Einheitspreis zustande gekommen ist – die Mehr- oder Minderkosten nach den **tatsächlich erforderlichen Kosten zuzüglich angemessener Zuschläge** für Allgemeine Geschäftskosten (AGK) sowie Wagnis und Gewinn abrechnen. In der BGH-Entscheidung hatte der AG den GU-Zuschlag von 20 % akzeptiert und vergütet, sodass der BGH nicht weiter untersucht hat, ob dieser Zuschlag angemessen ist. Deshalb sprach er dem AN nur € 150,40/t zu, nicht € 462/t nach seiner Kalkulation. Der BGH hat ausdrücklich entschieden, dass das Preisanpassungsverlangen nur die **Menge ab 110 %** betrifft. Das bedeutet, dass es für die im Vertrag vereinbarte Menge zuzüglich des Toleranzzuschlages von 10 % bei der vertraglich vereinbarten Vergütung bleibt. Wir werden später sehen, dass dieses Ergebnis der BGH-Entscheidung der gesetzlichen Regelung für Nachträge in **§ 650c Abs. 1 BGB** bei ab dem 01.01.2018 abgeschlossenen Bauverträgen entspricht (vgl. 7.3.2.4), weshalb sich die Entscheidung nach gegenwärtig herrschender Meinung auch auf VOB/B-Nachträge auswirkt (vgl. 7.2.8).

Das Urteil ist aber keine „Einbahnstraße". Der BGH erklärt ausdrücklich, dass durch die unvorhergesehene Veränderung **keine** der beiden Vertragsparteien eine **Besser-** oder **Schlechterstellung** erfahren soll. Hat der AN einen unauskömmlich niedrigen Einheitspreis vereinbart, ist er berechtigt, für die Mehrmenge ab 110 % die tatsächlich erforderlichen Kosten nebst angemessenen Zuschlägen geltend zu machen. Er müsste die Verluste also nicht auf Basis seiner Urkalkulation fortschreiben. In diesem Fall profitiert der AN von der neuen Rechtsprechung. In den Entscheidungsgründen des BGH-Urteils heißt es hierzu wörtlich:

> *„Es gilt auf Seiten des AN eine nicht auskömmliche Vergütung zu vermeiden und auf Seiten des Auftraggebers eine übermäßige Belastung zu verhindern."*

In einer wenige Monate später ergangenen Entscheidung hat der BGH noch einmal ausdrücklich klargestellt, dass es für den Preisanpassungsanspruch nicht darauf ankommt, ob eine auf die Mengenmehrung **kausal** zurückzuführende **Veränderung** der im Einheitspreis kalkulierten **Kosten** eingetreten ist (BGH, Urteil vom 21.11.2019 – VII ZR 10/19). Deshalb kam es in der Ausgangsentscheidung zu den Abbruchleistungen eben nicht darauf an, ob die vom AN an die Deponie zu zahlenden Entsorgungskosten, die Kosten für die Anmietung von Containern oder deren Transport, **wegen** der Mehrmengen tatsächlich niedriger ausgefallen oder gleich geblieben sind. Entscheidend war vielmehr, **dass** die tatsächlichen Kosten nicht den in der Kalkulation enthaltenen Ansätzen entsprachen. Aus dem Urteil vom 21.11.2019 ergibt sich ferner, dass **Baustellengemeinkosten (BGK)** nicht im Rahmen angemessener Zuschläge zu berücksichtigen sind, sondern nur in Ansatz gebracht werden können, wenn sie tatsächlich durch die Mehrmenge **erforderlich** werden, beispielsweise weil aufgrund der Mehrmenge Geräte über die vereinbarte Bauzeit hinaus vorgehalten werden müssen. Der BGH hat ferner entschieden, dass ein angemessener Zuschlag für **Allgemeine Geschäftskosten** (AGK) auf die tatsächlich erforderlichen Kosten der über 10 % liegenden Mehrmengen **keine Bauzeitverlängerung** voraussetzt, aber nicht allein mit einem bloßen Verweis auf die Kalkulation begründet werden kann. Das ist richtig, wenn der kalkulierte AGK-Zuschlag oberhalb einer angemessenen Bandbreite liegt, muss dann aber umgekehrt genauso gelten. Der BGH hat schließlich klargestellt, dass ein Gericht bei der Bestimmung der Angemessenheit der Zuschlagsätze zur **Schätzung** nach den Grundsätzen des § 287 Abs. 2 ZPO berechtigt ist. Das Gleiche muss gelten, wenn es um die Angemessenheit des Zuschlags für Wagnis und Gewinn geht.

5.2.3 Mindermenge von mehr als 10 Prozent

Zu **Mindermengen** von mehr als 10 %, die wiederum nicht auf einer Anordnung des AG basieren dürfen, bestimmt **§ 2 Abs. 3 Nr. 3 VOB/B**, dass für die **tatsächlich ausgeführte Menge** – auf Verlangen des AN – ein neuer Einheitspreis zu vereinbaren ist. Dabei **erhöht** sich der Einheitspreis, weil die **Deckungsbeiträge** für die nicht ausgeführte Menge, also die kalkulierten BGK, AGK, und nach herrschender Auffassung auch der kalkulierte Gewinn (OLG Brandenburg, Urteil vom 18.06.2019 – 4 U 80/18), erhalten bleiben sollen. Wenn weniger als 90 % der ausgeschriebenen Menge ausgeführt werden, ist nicht nur für die Menge von weniger als 90 % ein neuer Einheitspreis zu vereinbaren, sondern für die gesamte ausgeführte Leistung, anders als bei der Mengenüberschreitung von mehr als 10 % (siehe oben). Bereits aus einer älteren BGH-Entscheidung aus dem Jahr 2012 folgt, dass der AN auch bei sogenannten „**Nullmengen**“, also Leistungen, die ohne Anordnung des AG gänzlich entfallen sind, einen Preisanpassungsanspruch nach § 2 Abs. 3 Nr. 3 VOB/B geltend machen kann (BGH, Urteil vom 26.11.2012 – VII ZR 19/11).

Bei Mindermengen von mehr als 10 % ist der neue Einheitspreis auf Basis der **Urkalkulation** zu bilden, nicht nach tatsächlich erforderlichen Kosten zuzüglich angemessener Zuschläge wie bei Mehrmengen nach § 2 Abs. 3 Nr. 2 VOB/B (BGH, Urteil vom 10.06.2021 – VII ZR 157/20). Das ist richtig, weil es anderenfalls zu einer Veränderung des **vertraglich vereinbarten Preises** für eine vereinbarte, wenn auch in geringerem Umfang ausgeführte Vertragsleistung kommen könnte. Nicht ausgeglichen werden dagegen bloße **Gewinnerwartungen**, die nicht Bestandteil der Kalkulation geworden sind. Das hat der BGH in einem Fall entschieden, in dem ein AN bei Baumrodungsarbeiten nach seiner Kalkulation einen Betrag in Höhe von € 15,00 pro Baum von den Kosten abgezogen hatte, aber mit einem Verwertungserlös in Höhe von € 60,00 pro Baum rechnete und deshalb den vergeblichen Weg bis zum BGH beschritt, weil im Vergleich zum Vordersatz (4.500 Bäume) 3.263 Bäume fehlten (BGH, Urteil vom 10.06.2021 – VII ZR 157/20).

Resultiert die Mindermenge auf einer **Anordnung** des AG, gilt § 8 Abs. 1 Nr. 2 VOB/B, weil das eine (**freie**) **Teilkündigung** darstellt. Der AN hat auch wegen der Mindermenge – hier ohne 10 % Toleranzgrenze – Anspruch auf die vereinbarte Vergütung, allerdings unter Abzug der tatsächlich ersparten Kosten. Auch eine **Ausgleichsberechnung** mit zusätzlichen Deckungsbeträgen aus eventuellen Nachträgen findet nicht statt, weil eher fernliegend ist, dass der AN den Nachtrag nur wegen der Mindermengen ausführen konnte und deshalb einen anrechnungspflichtigen Erwerb im Wege eines echten „Füllauftrages" erzielte (vgl. 12.1.2.3).

5.2.4 Eventuell: Ausgleichsberechnung

Es kann im selben Vertrag bei verschiedenen Positionen sowohl Mengenüberschreitungen als auch Mengenunterschreitungen geben. Die **Ausgleichsberechnung** nach § 2 Abs. 3 Nr. 3 Satz 1 VOB/B soll verhindern, dass erhöhte Deckungsbeiträge bei Mehrmengen (AGK und Gewinn) erhalten bleiben und bei Mengenunterschreitungen die dadurch fehlende Deckung ausgeglichen wird. Die BGK werden ab 110 % „gedeckelt", falls sie konstant geblieben sind. Dann spielen sie in der Ausgleichsberechnung keine Rolle. In einer Ausgleichsberechnung („Mengenbilanz") werden nur Positionen mit **Mehrmengen über 10 %** sowie AGK- und Gewinnzuschläge durch eventuell vom AG angeordnete **Nachtragsleistungen** berücksichtigt.

5.2.5 Vereinbarungen zur Preisfortschreibung bei Mengenerhöhungen nach § 2 Abs. 3 Nr. 2 VOB/B

Der BGH hat in seiner Grundsatzentscheidung vom 08.08.2019 **Vereinbarungen** der Parteien **zur Preisfortschreibung,** auch auf Basis der Urkalkulation, ausdrücklich **zugelassen**. Handelt es sich dabei um eine vom AG gestellte **AGB**, dürfen sie den AN nicht unangemessen benachteiligen (vgl. 3.2). Weil das BGB einen Preisanpassungsanspruch bei Mehrmengen ohne Anordnung des AG nicht speziell regelt, kann eine solche Klausel folglich auch nicht von wesentlichen Grundgedanken einer gar nicht vorhandenen gesetzlichen Regelung abweichen. Aber: Das Gesetz verbietet **sittenwidrige Rechtsgeschäfte** (§ 138 BGB) und sieht, falls diese hohe Hürde nicht genommen wird, die Möglichkeit einer Vertrags- bzw. Preisanpassung nach den Grundsätzen einer **Störung der Geschäftsgrundlage** vor (§ 313 BGB). Deshalb dürfte eine Klausel, die bei Mengenmehrungen eine vorkalkulatorische Preisfortschreibung vorsieht,

AGB-rechtlich nur zulässig sein, wenn sie diese beiden Vorschriften nicht ausschließt, sondern ausdrücklich für anwendbar erklärt (BGH, Urteil vom 20.07.2017 – VII ZR 259/16). Regelt der Vertrag nicht, wie die Preisanpassung vorzunehmen ist, hat sich bei § 2 Abs. 3 Nr. 2 VOB/B nach dem jetzigen Verständnis der Vorschrift durch den BGH die beinahe uferlose Rechtsprechung zur Fortschreibung spekulativ (sittenwidrig) überhöhter Einheitspreise erledigt (vgl. dazu Kimmich/Bach, VOB für Bauleiter, 7. Aufl., Rdnrn. 600 ff.). Die Preisspekulation erledigt sich wegen der Maßgeblichkeit der tatsächlich erforderlichen Kosten nebst angemessenen Zuschlägen für Mengenerhöhungen über 10 % quasi von selbst.

5.2.6 Auswirkungen der BGH-Entscheidung vom 08.08.2019 auf VOB/B-Nachträge

Auch wenn die BGH-Entscheidung zu § 2 Abs. 3 Nr. 2 VOB/B erging, beschränken sich ihre Auswirkungen mit hoher Sicherheit nicht auf die Abrechnung von Mehrmengen. Es ist nahezu **zwingend**, dass der BGH diese Rechtsprechung bei nächster Gelegenheit auf Änderungen der Leistung nach **§ 2 Abs. 5 VOB/B** und Ansprüche auf Anpassung des Pauschalpreises (**§ 2 Abs. 7 VOB/B**) übertragen wird, weil der Wortlaut dieser Regelungen mit demjenigen in § 2 Abs. 3 Nr. 2 VOB/B identisch ist. Mit einiger Wahrscheinlichkeit wird der BGH dieselben Abrechnungsgrundsätze aber auch auf erforderliche Zusatzleistungen nach § 1 Abs. 4 Satz 1 i. V. m. **§ 2 Abs. 6 VOB/B** erstrecken, selbst wenn es in § 2 Abs. 6 Nr. 2 VOB/B heißt, dass sich die Vergütung „nach den *Grundlagen der Preisermittlung für die vertragliche Leistung und den besonderen Kosten der geforderten Leistungen*“ bestimmt.

Am 20.06.2022 hat letztmals ein Oberlandesgericht diese Konsequenz gezogen, und zwar für geänderte Leistungen nach **§ 2 Abs. 5 VOB/B (OLG Koblenz, Beschluss vom 20.06.2022 – 1 U 2211/21)**. So haben bereits kurz nach Veröffentlichung der BGH-Grundsatzentscheidung weitere Oberlandesgerichte geurteilt, teilweise auch zu § 2 Abs. 6 VOB/B (vgl. 7.2.8). Dass die Grundsätze dieser Entscheidung vom 08.08.2019 auf VOB/B-Nachträge anwendbar sind, entspricht auch der herrschenden Auffassung in der baurechtlichen Literatur. Sollte der BGH das bestätigen, ist die VOB-Abrechnungspraxis für Nachtragsleistungen, die jahrezehntelang gegolten hat und sich nach weit verbreiteter Auffassung auch bewährt haben soll, Geschichte. Damit wäre einerseits der Spekulation auf Nachträge oder vorhersehbare Mehrmengen mit Kalkulationsansätze jenseits der tatsächlich erforderlichen Kosten ein Ende bereitet, andererseits aber auch vermieden, dass sich mit Verlust gebildete Einheitspreise bzw. Kalkulationsansätze unterhalb tatsächlich erforderlicher Kosten – oder unangemessen niedrige Zuschläge – im neuen Einheitspreis fortsetzen.

5.3 Mehr- oder Mindermengen bei Pauschalverträgen

Auch bei Pauschalverträgen, die Mengenangaben enthalten, kann es zu Abweichungen zwischen den im Vertrag genannten und den zur Erreichung des Werkerfolges tatsächlich ausgeführten Mengen ohne Anordnung des AG kommen. Das ist der praktische Hauptanwendungsfall des **§ 2 Abs. 7 VOB/B**, der insoweit sachlich, nicht inhaltlich, mit der Bestimmung des § 2 Abs. 3 VOB/B für den Einheitspreisvertrag „verwandt" ist. Ansonsten kann der Pauschalpreis auch angepasst werden, wenn es nach Vertragsabschluss zu einer **Störung der Geschäftsgrundlage** (§ 313 BGB) gekommen ist (vgl. 5.4). Das gilt aber nicht nur für Pauschalverträge, sondern für alle Bau- und Werkverträge gleichermaßen.

§ 2 Abs. 7 VOB/B ist eine inhaltlich unvollständige und vor allem missverständliche Vorschrift, weil sie nicht zwischen den unterschiedlichen Erscheinungsformen des Pauschalvertrages differenziert und auch nicht klar zum Ausdruck bringt, was sie eigentlich meint.

5.3.1 Die Erscheinungsformen des Pauschalvertrages

Die Preisanpassungsregel in § 2 Abs. 7 VOB/B hat hauptsächlich nur bei sogenannten **Detail-Pauschalverträgen (vgl. 7.1.2)**, bei denen lediglich die **Vergütung**, nicht aber das **Bausoll** pauschaliert worden ist, eine praxisrelevante Bedeutung. Im Prinzip unterscheidet sich ein prototypischer Detail-Pauschalvertrag von einem Einheitspreisvertrag nur durch die Ermittlung der Vergütung, die mengenunabhängig erfolgt. Das bedeutet einen **Aufmaßverzicht** (OLG Brandenburg, Urteil vom 22.06.2005 – 4 U 137/03). Die Definition des Bausolls, also die Technik der Leistungsbeschreibung, entspricht prinzipiell der des Einheitspreisvertrages. Für die Richtigkeit und Vollständigkeit dieser Leistungsbeschreibung spricht eine Vermutung, sodass der AN für die Pauschale keine dort nicht geregelten Zuatzleistungen und auch keine geänderten Leistungen ohne Anspruch auf Zahlung einer Nachtragsvergütung erbringen muss.

Bei **Global-Pauschalverträgen** mit (teil-)funktionalen Bausollbestimmungen fehlt es in der Regel an konkreten Mengenangaben, die einen Vergleich zwischen den ausgeschriebenen und den geleisteten Mengen ermöglichen (vgl. 7.1.2). Im Grundsatz muss bei diesem Vertragstyp jede beliebige Menge geleistet werden, die notwendig ist, um die Leistung funktionstauglich und mangelfrei zu erstellen. Bei diesem Pauschalvertrag übernimmt der **AN** – denklogisch – die **Planungsverantwortung** für die AG-seitig nicht näher bestimmten Details, hat aber im Gegenzug das **Leistungsbestimmungs-**

recht, das er im Rahmen billigen Ermessens gemäß § 315 BGB ausüben darf. Insoweit bestimmt der AN das Bausoll. Erteilt der AG leistungsändernde Anordnungen, weil er Leistungen „oberhalb“ des ordnungsgemäß ausgeübten Ermessens verlangt, stehen dem AN Nachtragsansprüche gemäß § 1 Abs. 3 i. V. m. § 2 Abs. 5 VOB/B zu. Das Gleiche gilt, wenn der AG zusätzliche Leistungen fordert, die im Vertrag nicht geregelt und die zur Funktions- bzw. Gebrauchstauglichkeit auch nicht zwingend erforderlich sind. In diesem Fall hat der AN Ansprüche nach § 2 Abs. 6 VOB/B wie bei jedem anderen Vertrag auch (siehe unten). Bei BGB-Bauverträgen gelten dieselben Grundsätze, aber andere Vorschriften, nämlich die §§ 650b und c BGB (vgl. 7.3).

5.3.2 Mengenermittlungsrisiko bei Detail-Pauschalverträgen

Die Regelung in § 2 Abs. 7 Nr. 1 VOB/B verleitet zu Missverständnissen. Das beginnt schon damit, dass sie nicht zwischen den beiden Haupterscheinungsformen des Pauschalvertrages unterscheidet (siehe oben). Ferner kommt nicht zum Ausdruck, worum es in der Hauptsache eigentlich geht, nämlich um **erhebliche Mengenabweichungen** bei **Detail-Pauschalverträgen** wegen falscher Mengenangaben im LV. Die Vorschrift regelt ausdrücklich nicht Änderungs- oder Zusatzleistungen (also Nachträge), die auf Anordnung des AG ausgeführt werden müssen. Das erfährt man allerdings erst in **§ 2 Abs. 7 Nr. 2 VOB/B**. Danach gelten die Absätze 5 und 6 von § 2 VOB/B – also die Nachtragsvorschriften – auch bei Vereinbarung einer Pauschalsumme. Deshalb gibt es auch bei Pauschalverträgen keine wie auch immer geartete **Erheblichkeitsgrenze**, ab deren Überschreitung erst Nachtragsforderungen geltend gemacht werden können (BGH, Beschluss vom 12.09.2002 – VII ZR 81/01; ebenso: OLG München, Urteil vom 17.09.2019 – 28 U 945/19 Bau und OLG Bamberg, Urteil vom 01.06.2011 – 8 U 127/10).

Bei Detail-Pauschalverträgen übernehmen die Vertragsparteien ein **Mengenermittlungsrisiko**, die Vordersatzangaben im Vertrag bzw. deren Über- oder Unterschreitung bei der Ausführung spielen für die Abrechnung grundsätzlich keine Rolle. Das heißt, dass Mehrmengen nicht bezahlt werden müssen und Mindermengen nicht zu einer Kürzung der Pauschale berechtigen (**§ 2 Abs. 7 Nr. 1 Satz 1 VOB/B**). Das **Mengenermittlungsrisiko** besteht darin, dass die tatsächlich ausgeführten Mengen von den im Vertrag vorgesehenen Mengen abweichen können. Es ist Sache des AN zu prüfen, ob die vom AG genannten Mengenangaben stimmen. Liegen **Mengenermittlungskriterien**, beispielsweise auftraggeberseitige Ausführungspläne, nicht vor, muss der AN diese vor Vereinbarung eines Pauschalpreises vom AG beweisbar herausverlangen, wenn er Risiken vermeiden will. Existieren keine Mengenermittlungskriterien – der AG verlangt drei Garagen oder fünf Kiefern, Kronhöhe 2,50 m –, liegt eine „Scheinpauschale“ vor (verkappter Einheitspreisvertrag), sodass jede weitere Garage oder Kiefer, deren Ausführung der AG verlangt, eine angeordnete Mehrmenge ist, die nach § 2 Abs. 6 VOB/B (oder § 650c BGB) zu vergüten ist. Das Gleiche gilt, wenn Mengenermittlungskriterien des AG falsch gewesen sind oder der AG die Planung ändert und es deshalb zu geänderten oder zusätzlichen Leistungen kommt (BGH, Urteil vom 13.03.2008 – VII ZR 194/06). Das wäre beispielsweise der Fall, wenn sich die Zahl der Verankerungen für die Verkleidung in einem Bahntunnel erhöht, weil die vom AG bereitgestellte Windlastberechnung falsch gewesen ist.

5.3.3 Begrenzung des Mengenermittlungsrisikos

Das Mengenermittlungsrisiko ist aber nicht unbegrenzt. Wenn die (Mengen-)Abweichung „*so erheblich*" ist, dass es einer Vertragspartei nicht mehr „*zumutbar*" ist, entweder für die unveränderte Pauschale zu leisten (also dem AN bei Mengenerhöhungen) oder – umgekehrt – diese zu zahlen (folglich dem AG bei Mengenunterschreitungen), kann die **jeweils betroffene Partei** eine Anpassung des Pauschalpreises nach den Grundsätzen einer Störung der Geschäftsgrundlage (§ 313 BGB) verlangen **(§ 2 Abs. 7 Nr. 1 Satz 2 VOB/B)**. Die Begriffe „erheblich" und „unzumutbar" werden von der Vorschrift selbst nicht präzisiert, sodass es auf die jeweiligen **Umstände des konkreten Einzelfalles** ankommt. Das sieht auch der BGH so, der verschiedentlich daraufhingewiesen hat, dass starre Grenzen, ab deren Überschreitung eine Pauschalpreisanpassung in Betracht kommt, nicht bestehen (BGH, Urteile vom 30.06.2011 – VII ZR 13/10 und vom 02.11.1995 – VII ZR 29/95).

5.3.4 Pauschalpreisanpassung ab welcher Grenze?

Früher gingen Instanzgerichte überwiegend von einer **20 %-Grenze** aus, die überschritten werden muss, bevor die Bestimmung greift (OLG Naumburg, Urteil vom 05.05.2006 – 10 U 2/06; OLG Düsseldorf, Urteil vom 22.12.1994 – 5 U 302/93). In jüngster Zeit hat das OLG München bei der Unterschreitung einer Position (170 t Baustahl statt im LV genannter 188 t) allerdings wieder auf die 20 %-Grenze im Vergleich zur Gesamtauftragssumme abgestellt (OLG München, Beschluss vom 08.07.2019 – 27 U 3203/18 Bau). Dabei wird auf den vereinbarten **Gesamtpauschalpreis** abgestellt, nicht auf **Einzelpositionen** im LV. Das ist zumindest eine **Orientierungsmarke** nach Meinung zahlreicher Gerichte. Wird diese Grenze überschritten, findet die Preisanpassung nach herrschender Meinung aber erst **ab dieser Grenze** Anwendung, sodass die betroffene Partei stets einen **Selbstbehalt** in Höhe des von ihr übernommenen Mengenrisikos trägt. Da der BGH die 20 %-Schmerzgrenze letztmals vor über zehn Jahren „kassiert" hat, kann die Preisanpassung auch in Betracht kommen, wenn sich einzelne Positionen z. B. um 100 % ändern, obwohl sich dies im Verhältnis zur vereinbarten Pauschale nur in Höhe von ca. 10 % auswirkt. Man sollte nicht auf starre Grenzen, sondern auf die Bedeutung der Änderung je Position, vor allem aber auf die

Relation zum Gesamtgewinn, der in der Pauschalvergütung enthalten ist, abstellen. Wenn der **kalkulierte Gewinn** durch eine oder mehrere Mengenänderungen komplett **aufgezehrt** wird, kann das ein gewichtiges Argument für eine Anpassung der Pauschale nach den Grundsätzen des § 313 BGB sein (BGH, Urteil vom 30.06.2011 – VII ZR 13/10, vgl. Kapitel 16). Das ist bei einer Abweichung von 20 % von der Gesamtauftragssumme regelmäßig der Fall, kann aber auch schon deutlich darunter in Betracht kommen.

Aufgrund der BGH-Entscheidung vom 08.08.2019 (vgl. 5.2.2) dürfte es bei **Mehrmengen** auf die **tatsächlich erforderlichen Kosten** mit **angemessenen Zuschlägen** ankommen, nicht unbedingt auf die Ansätze in einer Ur- bzw. Auftragskalkulation. Bei erheblichen **Mindermengen**, die zu einem Preisanpassungsanspruch des AG führen, kommt es dagegen – wie beim Einheitspreisvertrag – auf die Urkalkulation des AN an (vgl. 5.2.3).

5.4 Pauschalpreisanpassung wegen Störung der Geschäftsgrundlage (§ 313 BGB)

Neben dem soeben beschriebenen Hauptanwendungsfall des § 2 Abs. 7 VOB/B sind auch andere Gegebenheiten denkbar, in denen sich Umstände **nach Vertragsabschluss** so **schwerwiegend verändert** haben, dass eine Vertragsanpassung stattfinden muss, weil einer Partei das Festhalten am unveränderten Vertrag nicht **zumutbar** ist. Das gilt unabhängig davon, ob ein Einheitspreisvertrag oder ein Detail- bzw. Globalpauschalvertrag abgeschlossen wurde. Auch solche Fälle sind nach § 313 BGB zu beurteilen. Zuletzt rückte diese Anspruchsgrundlage im Zusammenhang mit der Corona-Pandemie in den Blickpunkt. Über Corona redet heute niemand mehr, wir auch nicht. Dafür müssen wir das Thema – tragischerweise – unter dem Gesichtspunkt des Ukraine-Krieges besprechen. Weil die damit im Zusammenhang stehenden Fragen keinem klassischen Baurechtsthema allein zugeordnet werden können, behandeln wir die Problematik zum Schluss in einem eigenen Kapitel 16.

6
BEDEUTUNG UND GRUNDSÄTZE DER VERTRAGSAUSLEGUNG

6.1 Die Bedeutung der Vertragsauslegung

Unabhängig davon, welcher Vertragstyp vorliegt, stellt sich oft die Frage, welche konkreten Leistungen der AN bereits nach dem Vertrag und der dort vereinbarten Vergütung zu erbringen hat (das ist sein **Bausoll**) und für welche Leistungen er unter den Voraussetzungen der Nachtragsvorschriften nach BGB oder VOB/B eine **Nachtragsvergütung** verlangen kann. Es dürfte sich von selbst verstehen, dass solche Fragen bei detaillierten und technisch richtigen Angaben im Vertrag eher seltener und bei funktionalen Leistungsbeschreibungen sehr häufig auftreten, weil oftmals unklar ist, was der AN für die vereinbarte Vergütung – regelmäßig ein Pauschalpreis – eigentlich genau schuldet und was nicht, jedenfalls nicht ohne Nachtragsanspruch.

Im Rahmen einer **Prüfung** der das Bausoll bestimmenden Vertragsbestandteile stellt sich häufig heraus, dass eine Leistung

- falsch
- unvollständig
- unklar
  oder
- widersprüchlich

beschrieben worden ist.

In diesem Kapitel wird behandelt, nach welchen **Grundsätzen die Rechtsprechung** mit **unklaren**, **widersprüchlichen** oder technisch **falschen** bzw. **unvollständigen** Leistungsbeschreibungen umgeht. Denn das hat entscheidende Bedeutung für die Frage, ob **ein Nachtrag dem Grunde nach** berechtigt oder eine vom AG verlangte Leistung bereits **Bausoll** nach dem abgeschlossenen Vertrag geworden ist. Dabei geht es auch um die Frage, ob und bejahendenfalls welche Prüfungs- und Hinweispflichten für **Bieter** in der **Angebotsphase** bestehen.

Versuche, diese Frage eindeutig und für alle denkbaren Fallkonstellationen zweifelsfrei zu beantworten, sind zum Scheitern verurteilt oder stoßen jedenfalls an Grenzen. Das liegt in der Natur der Sache. Denn das Wesen einer „Auslegung" ist nun einmal, dass **mehrere Ergebnisse** denkbar sind, eben weil der Vertrag unterschiedliche Verständnismöglichkeiten zulässt. Umgekehrt: Was eindeutig ist, muss nicht ausgelegt werden.

Das heißt: Das Ergebnis einer Auslegung ist eher selten zweifelsfrei richtig oder eindeutig falsch. In eine Auslegung fließen **subjektive Bewertungen** von Richtern oder Sachverständigen ein. Sachverständige spielen oftmals eine entscheidende Rolle, weil sie dem Gericht erst das notwendige (technische) Hintergrundwissen verschaffen, das erforderlich ist, um den Sachverhalt technisch überhaupt verstehen zu können. Von alldem ist in einem Urteil aber oftmals nicht mehr die Rede. Liest man gerichtliche Entscheidungen, in denen Leistungsbeschreibungen ausgelegt worden sind, könnte man meinen, das gefundene Auslegungsergebnis sei über jeden Zweifel erhaben. Manchmal wird „verschwiegen", dass monatelang gegrübelt, geprüft und abgewogen wurde, bevor man zum vermeintlich „eindeutigen" Ergebnis gekommen ist. Dabei gerät die meist relativ kurze Frist für die Bearbeitung des Angebots in Vergessenheit. Was Sachverständige oder Juristen nach langer Befassung mit technischen Vertragstexten bzw. Plänen oder einer schriftlichen technischen Regel herausfinden, muss und kann ein Bieter in der Angebotsphase oftmals eben nicht erkennen.

Das Ergebnis einer Vertragsauslegung ist also unsicher und vor Prozessbeginn schwer bis überhaupt nicht prognostizierbar, auch weil es dazu keine wirklich klare Vorschrift in der VOB/B und auch nicht im BGB gibt. **§ 1 Abs. 2 VOB/B** enthält eine **Rangfolgeregelung** zwischen einzelnen Vertragsteilen. Dabei wird der Leistungsbeschreibung der Vorrang eingeräumt. Die Leistungsbeschreibung besteht aber in der Regel selbst aus verschiedenen Bestandteilen wie einer allgemeinen Baubeschreibung zum Verständnis der Bauaufgabe, dem Leistungsverzeichnis (LV) mit Vorbemerkungen und zeichnerischen Darstellungen der Leistung (Pläne). Wie mit Widersprüchen innerhalb dieser Rangkategorie umzugehen ist, regelt die VOB/B nicht. Die **§§ 133, 157 BGB** besagen lediglich, dass der „**wirkliche Wille**" einer Erklärung zu erforschen ist und Verträge so auszulegen sind, wie „*Treu und Glauben mit Rücksicht auf die Verkehrssitte*" es erfordern. Dennoch findet die Vertragsauslegung nicht im luftleeren Raum statt. Vielmehr haben sich durch obergerichtliche Entscheidungen **Auslegungsgrundsätze** herausgebildet, die nachfolgend dargestellt werden. Im Anschluss folgen **Handlungsempfehlungen für Praktiker.**

6.2 Grundsätze der Vertragsauslegung

6.2.1 Regelungen zur Rangfolge leistungsbeschreibender Unterlagen

§ 1 Abs. 2 VOB/B legt die **Geltungsreihenfolge** der verschiedenen Vertragsbestandteile fest. An erster Stelle steht dabei die **Leistungsbeschreibung** im engeren Sinn (§ 1 Abs. 2 Nr. 1 VOB/B), zu der **sämtliche Vertragsbestandteile** gehören, welche die geschuldete Bauleistung beschreiben, beispielsweise die Baubeschreibung, das Leistungsverzeichnis mit Vorbemerkungen (§ 7b VOB/A) oder eine funktionale Baubeschreibung (§ 7c VOB/A). Sonstige Bestandteile der Leistungsbeschreibung können beispielsweise auch Pläne, Zeichnungen, ein Raumbuch oder ein Baugrund- bzw. Brandschutzgutachten oder statische bzw. sonstige Berechnungen etc. sein. Kommt es **innerhalb dieser Kategorie** „*Leistungsbeschreibung*" zu Widersprüchen oder Unstimmigkeiten, hilft die Rangfolgeregelung in § 1 Abs. 2 VOB/B von vornherein nicht weiter.

Anders wäre es bei einem **Widerspruch** zwischen der **Leistungsbeschreibung** (z. B. einem LV-Positionstext) und Angaben in **Zusätzlichen Technischen Vertragsbedingungen** (ZTV), weil hier nach der Geltungsreihenfolge die Leistungsbeschreibung als speziellere Regelung vorrangig ist (§ 1 Abs. 2 Nr. 1 und Nr. 4 VOB/B).

Eine ausdrückliche **vertragliche Rangfolgeregelung** ist zu beachten, wenn es eine gibt; aber auch sie hilft oft nur begrenzt. Denn oft ist es fraglich, ob überhaupt ein Widerspruch vorliegt. Der Begriff Widerspruch ist selbst auslegungsbedürftig. Erst wenn sich tatsächlich ein Widerspruch ergibt, der nicht durch eine Auslegung aufgelöst werden kann, greift eine vertragliche Rangfolgeregelung (BGH, Urteil vom 31.03.1991 - VII ZR 110/90). Es gilt folglich der Grundsatz: **Auslegung vor Rangfolge!** Das heißt: Nur wenn nach einer Auslegung des Vertrages mehrere gleich sinnvolle Verständnismöglichkeiten verbleiben, kommt die vertragliche Rangfolgeregelung zur Anwendung.

6.2.2 Beachtung aller Vertragsbestandteile nach dem objektiven Empfängerhorizont

Bei Widersprüchen innerhalb der Leistungsbeschreibung gilt zunächst der Grundsatz, dass eine Auslegung **aller Vertragsbestandteile** als „**sinnvolles Ganzes**" erfolgen muss (BGH, Urteil vom 01.03.1999 - VII ZR 179/98). Auch das zeigt die eingeschränkte Wirkung von vertraglichen Rangfolgeregelungen.

Im Rahmen der Auslegung kommt es auf den **objektiven Empfängerhorizont** an (OLG Düsseldorf, Urteil vom 22.11.2011 - 21 U 9/11; OLG Köln, Beschluss vom 23.12.2009 - 11 U 173/09). Danach ist nicht entscheidend, was der **Ersteller** der Leistungsbeschreibung - in der Regel der AG - möglicherweise aussagen wollte, sondern wie ein **sachkundiger Bieter**, der sorgfältig prüft und sich um ein korrektes Verständnis bemüht, die bausollbestimmenden Aussagen redlicherweise verstehen durfte.

Dabei kommt dem **Wortlaut** der Vertragsbestimmungen nach dem technischen **Verständnis** der angesprochenen **Fachleute** maßgebliche Bedeutung zu (BGH, Urteil vom 05.12.2002 - VII ZR 342/01; OLG Frankfurt, Beschluss vom 05.11.2019 - 11 Verg 94/19). Werden Begriffe verwendet, die in technischen Regelwerken (z. B. DIN-Normen) vorkommen, ist ebenfalls entscheidend, wie diese von den Fachkreisen verstanden werden. Dazu kann im Bauprozess ein Sachverständiger das erforderliche technische Wissen vermitteln.

6.2.3 Speziell vor Allgemein

Eine wichtige Auslegungsregel lautet: Die aus Sicht des verständigen Bieters **speziellere Regelung** geht der **allgemeineren Aussage** vor! Es kommt infolgedessen auf den **höheren Detaillierungsgrad** im Einzelfall an. Aus der Regel „speziell vor allgemein“ kann beispielsweise folgen, dass konkret auf ein Bauvorhaben zugeschnittenen **Vorbemerkungen** eines Leistungsverzeichnisses (LV) größeres Gewicht zukommt, als nicht genügend angepassten Formulierungen in einem **Positionstext**, der nach Standardleistungsbuch für das Bauwesen (StLB) verfasst worden ist (BGH, Urteil vom 11.03.1999 - VII ZR 179/98).

Mit der Auslegungsregel „speziell vor allgemein“ steht die praxisrelevante Frage im Zusammenhang, wie ein **Widerspruch** zwischen einer **textlichen Beschreibung der Leistung** und einem **Plan** aufzulösen ist. Dazu kann man - auch wenn Verallgemeinerungen fehl am Platz sind - vorsichtig sagen: Eher **„Text vor Plan!“** (BGH, Urteil vom 05.12.2002 - VII ZR 34/01; OLG Celle, Urteil vom 02.10.2019 - 14 U 171/18). Das gilt sowohl für Einheitspreis- als auch für Pauschalverträge. Der **Bieter** - anders als der spätere AN - darf die Vertragsbestandteile in der Angebotsphase **kalkulationsbezogen** prüfen (OLG Celle, Urteil vom 31.01.2017 - 14 U 200/15). Er ermittelt Preise für die vom AG verlangten Leistungen, regelmäßig nach dem **Wortlaut** der Leistungsbeschreibung. Ein Bieter muss **vor Vertragsabschluss** nicht alle Vertragspläne technisch durcharbeiten und mit dem Text des Leistungsverzeichnisses abgleichen oder gar **nachplanen**, solange er nach dem Wortlaut der Leistungsbeschreibung sachgerecht kalkulieren kann, weil die dortigen Aussagen **kalkulativ vollständig**, wenn auch möglicherweise technisch falsch sind. Solange nicht **greifbare Anhaltspunkte** dafür vorliegen, dem Wortlaut einer Leistungsbeschreibung zu misstrauen, muss der Bieter nicht prüfen, ob textliche Aussagen eventuell im Widerspruch zu Planaussagen stehen. Will der Ausschreibende, dass ein Plan vorrangig gelten soll, ist eine **konkrete** dahingehende **Aussage** in der **jeweiligen LV-Position** geboten, weil Rangfolgeregelungen das Problem nicht immer rechtssicher lösen (siehe oben). Das folgt auch aus § 7b Abs. 2 VOB/A, wonach für die Ausführung **maßgebende Pläne eindeutig zu bezeichnen** sind. Ist das an der **richtigen Stelle** im LV erfolgt, also dort, wo der Plan vorrangig gelten soll, dann enthält der Plan die speziellere Regelung und bestimmt das Bausoll. Sind Pläne dagegen nicht an der **passenden Stelle** in der textlichen Leistungsbeschreibung erwähnt und widersprechen sie dem Inhalt der Vertragstexte, z. B. dem LV, so geht – bei Einheitspreis- und Pauschalverträgen – der formulierte Text vor.

6.2.4 Prüfungs- und Hinweispflichten in der Angebotsphase

Obergerichte haben verschiedene Male mit Recht daraufhingewiesen, dass die in **§ 4 Abs. 3 VOB/B** geregelten Prüfungs- und Bedenkenhinweispflichten erst **nach Vertragsabschluss gelten**, also nicht schon in der **Angebotsphase für Bieter** (OLG Celle, Urteil vom 31.01.2017 – 14 U 200/15; OLG Koblenz, Urteil vom 31.03.2010 – 1 U 415/08).

Von diesem Grundsatz gibt es aber nach Auffassung zahlreicher Oberlandesgerichte und nennenswerter Teile der baurechtlichen Literatur wegen Treu und Glauben bzw. dem Gebot zu korrektem Verhalten bei Vertragsverhandlungen **Ausnahmen**, wenn einem durchschnittlich sorgfältigen Bieter – nicht dem Experten nach wochenlangem Aktenstudium – der **Fehler der Ausschreibung** förmlich „ins Auge springen" muss, weil er **offenkundig** ist (OLG Celle, Urteile vom 20.11.2019 – 14 U 191/13 und vom 31.01.2017 – 14 U 200/15; OLG Naumburg, Urteil vom 22.02.2013 – 12 U 120/12). Wenn der Bieter nachweislich positive Kenntnis von dem technischen Fehler der Ausschreibung habe (oder bei sachgerechter Prüfung haben müsste), müsse er nachfragen, wenn er Risiken vermeiden will.

Hält man diese Rechtsprechung für richtig, ernst nehmen muss sie ein Bieter, der riskante Bauprozesse vermeiden will, sowieso, sollte man bei der Beantwortung der Frage, was für einen Bieter offenkundig ist, nicht die **Primärverantwortung des AG** für die von ihm verfasste Leistungsbeschreibung aus dem Blick verlieren. Im Grundsatz darf ein Bieter, der noch dazu gar nicht weiß, ob er den Zuschlag erhält, von der Richtigkeit und Vollständigkeit auftraggeberseitiger Angaben in der Leistungsbeschreibung ausgehen. Man muss berücksichtigen, dass dem Bieter für die Angebotsbearbeitung meist nur wenige Wochen zur Verfügung stehen, wohingegen der AG und seine Spezialisten oftmals monatelang planen und ausschreiben. Auch vor diesem Hintergrund muss beurteilt werden, ob für den Bieter tatsächlich „offenkundig" war, was der Architekt bzw. die Fachplaner offensichtlich übersehen haben. Darüber hinaus muss die Beurteilung nach den **Erkenntnismöglichkeiten vor Eintritt des Mangels** oder Schadens erfolgen und nicht danach. Steht die Tiefgarage erst unter Wasser, ist es meistens einfacher, die Gründe dafür herauszufinden, als dies bei der Prüfung einer Leistungsbeschreibung der Fall ist („Wer vom Rathaus kommt, ist klüger").

Der Bieter muss nach wiederum zahlreichen Entscheidungen von Oberlandesgerichten des Weiteren nachfragen, falls das LV in dem Sinne **unvollständig** ist, dass ihm für eine sachgerechte **Kalkulation notwendige Angaben** fehlen. Auch dann müssten sich daraus ergebende Zweifelsfragen durch eine rechtzeitige **Bieteranfrage** vor Angebotsabgabe aufgeklärt werden. Kläre der Bierter eine kalkulationserhebliche Unklarheit nicht auf und kalkuliere stattdessen „ins Blaue" hinein oder sogar „spekulativ" mit der für ihn günstigsten Ausführungsvariante, stehe ihm kein Nachtragsanspruch zu, wenn es bei der Ausführung zu den zu erwartenden Erschwernissen kommt (OLG München, Urteil vom 27.04.2016 – 28 U 4738/13 Bau; OLG Koblenz, Urteil vom 29.05.2015 – 10 U 1150/14; OLG Saarbrücken, Urteil vom 14.07.2011 – 8 U 256/10).

Kommt man nach diesen Maßstäben zu einer Verletzung vorvertraglicher Prüfungspflichten, stellt sich allerdings die Frage nach den **„Sowieso-Kosten"**, das heißt, ob es nicht auch und in gleichem Umfang zu erhöhten Kosten gekommen wäre, wenn der Bieter auf den offenkundigen Fehler oder die kalkulationserhebliche Unklarheit bereits vor Vertragsschluss hingewiesen und der AG die Ausschreibung daraufhin korrigiert oder vervollständigt hätte (ähnlich: BGH, Urteil vom 08.07.1993 – VII ZR 176/91; Kammergericht, Urteil vom 28.03.2014 – 7 U 54/13). Wenn das daraufhin abgegebene Angebot höhere Preise enthalten hätte, wären sie vom AG „sowieso" zu tragen gewesen. Das ist ein Argument, das der AN geltend machen sollte, wenn der AG meint, ein Ausschreibungsfehler sei „offenkundig" gewesen und dieser Vorhalt möglicherweise begründet ist, jedenfalls nach weit verbreiteter Auffassung.

Die Leserinnen und Leser haben wahrscheinlich bemerkt, dass sich der Autor – aber auch andere – mit dieser Rechtsprechung der Oberlandesgerichte schwertun, um es zurückhaltend zu formulieren. Lehrreich zu dieser Thematik ist ein Beitrag vom ehemaligen Vorsitzenden des BGH-Bausenats, Prof. Dr. Kniffka, der in der Zeitschrift Baurecht anschaulich und verständlich erklärt, dass diese Rechtsprechung vom BGH durch zwei ältere Urteile mitverursacht worden ist, aber einige Oberlandesgerichte die zwischenzeitlich längst erfolgte Korrektur dieser Urteile durch den BGH selbst offensichtlich nicht mitbekommen haben (Kniffka, BauR 2015, S. 1893 bis 1904).

Die zentralen Aussagen lauten:

- Die Grundsätze der VOB/A für öffentliche Ausschreibungen (§ 7 Abs. 1 Nrn. 1 bis 3), wonach die Leistungen so **eindeutig** und **erschöpfend** zu beschreiben sind, dass die Preise sicher und ohne umfangreiche Vorarbeiten berechnet werden können und Bietern keine **ungewöhnlichen Wagnisse** aufgebürdet werden dürfen, gelten im Ausgangspunkt auch für **private Auftraggeber**, weil sie Ausprägungen des Grundsatzes von Treu und Glauben sind, also eines Auftraggeberverhaltens, das der Redlichkeit entspricht. Das heißt freilich nicht, dass die Ausschreibungen nicht auch klar und unmissverständlich zum Ausdruck bringen können, dass der AN eine unkalkulierbare Leistung zu einem bestimmten Preis übernehmen soll (BGH, Urteil vom 27.06.1996 – VII ZR 59/95).

- Insbesondere zwei ältere BGH-Entscheidungen sind der Grund dafür, weshalb Oberlandesgerichte den Bietern auch heute noch Aufklärungspflichten auferlegen, die mit der Auslegung des Vertrages nichts zu tun haben. In der sogenannten Universitätsbibliothekenentscheidung heißt es nämlich, der Bieter dürfe ein erkennbar lückenhaftes LV nicht einfach hinnehmen, sondern müsse sich daraus ergebende Zweifelsfragen vor Abgabe des Angebots aufklären, sonst kalkuliere er ins Blaue hinein und sei nicht schutzwürdig (BGH, Urteil vom 25.06.1987 – VII ZR 107/86). In dem Fall ging es um die Frage, ob Betonarbeiten mit Großflächenschalung durchführbar waren oder sich aus den vorliegenden Unterlagen (Entwurfsplanung und Statik) ergab, dass der Einsatz von filigraner Schalung erforderlich wird. Dazu muss ermittelt werden, welche konkreten Aussagen der Vertrag dazu aus Sicht des Bieters, der in aller Regel durch seinen **Kalkulator** repräsentiert wird, enthält. Danach kann sich der Bieter verkalkuliert haben, wenn er von einem größeren Anteil von Großflächenschalung ausgegangen ist, als aus dem Vertrag hervorgeht, oder der Vertrag überhaupt keinen solchen Anteil enthält. Hat der Bieter den Anteil von Großflächenschalung dagegen richtig nach dem Vertrag kalkuliert und wird erst durch die Ausführungsplanung ersichtlich, dass ein höherer Anteil filigraner Schalung erforderlich wird, ist der Nachtrag gerechtfertigt und hängt nicht davon ab, ob der Bieter vorher nachgefragt hat.

  Dazu passt ein aktuelles Beispiel. Ein AN soll in einem Schulgebäude nach der LV-Position 10.10 auf 9.000 m^2 asbesthaltigen Putz inklusive Farbe, Spachtelmasse und Beton entfernen und nach einer anderen Position (11.90.) 120 t Asbest entsorgen. Tatsächlich fallen über 563 t asbesthaltiger Putz an. Der AN macht zur Position 10.10 einen Nachtrag i. H. v. rund 115.000 € geltend, weil er deutlich mehr Material abgestemmt hat und nicht erkennbar gewesen sei, bis zu welcher Tiefe er den Putz abtragen musste. Das OLG Düsseldorf verneinte den Nachtragsanspruch, auch wenn der öffentliche Auftraggeber gegen Ausschreibungsgrundsätze nach § 7 VOB/A verstoßen hat (OLG Düsseldorf, Urteil vom 29.11.2022 – 21 U 71/22). Denn es musste dem AN als Spezialunternehmer klar sein, dass unbekannt war, wo sich die Kontanimierung konkret befindet, er aber zur vollständigen Beseitigung verpflichtet war. Es war also für den Bieter **klar erkennbar**, dass die Menge ungewiss ist. Das musste entweder bei der **Kalkulation** berücksichtigt werden oder es hätte eine **Rüge des Vergabeverfahrens** erfolgen müssen. Denn die Ausschreibung brachte klar zum Ausdruck, dass die nicht kalkulierbare Leistung zu einem bestimmten Preis pro m^2 erbracht werden musste. Hier gab es also gar keine kalkulationserhebliche Unvollständigkeit, sondern ein dem Bieter klar erkennbar zugewiesenes Risiko, auf das er sich einlassen kann oder nicht.

- Eine „in der Begründung fatale Fehlentscheidung" (so Kniffka a. a. O., S. 1899, rechte Spalte) traf der BGH zur Bedeutung des **Abschnitts 0.4** bzw. des **Abschnitts 4** der **DIN 18299 ff. (VOB/C)**. Der AN begehrte im Zuge einer Autobahnsanierung einen Nachtrag für ein im LV nicht ausgeschriebenes Konsoltraggerüst, weil es sich dabei nach der VOB/C um „Besondere Leistungen" handele. Der BGH wies den Anspruch mit der Begründung ab, die Gerüste seien für die Erstellung der Leistung **erkennbar notwendig** gewesen, deshalb seien sie auch von der Preisvereinbarung umfasst (BGH, Urteil vom 28.02 2002 – VII 376 /00). Das verwechselt den verpreisten Leistungsumfang mit dem vom AN geschuldeten Erfolg, wie sich bereits offensichtlich aus § 1 Abs. 4 Satz 1 VOB/B ergibt. Danach steht dem AN eine besondere Vergütung nach § 2 Abs. 6 VOB/B zu, wenn er eine nicht vereinbarte, aber **erforderliche Zusatzleistung** nach Anordnung des AG ausführt. Der BGH hat diese Entscheidung längst mit aller Deutlichkeit korrigiert, und zwar und bei nächster sich ihm bietender Gelegenheit (BGH, Urteil vom 27.06.2006 – VII ZR 202/04). Danach sind „Besondere Leistungen" nach den Abschnitten 4 der VOB/C nur Vertragsleistungen, wenn sie in der Leistungsbeschreibung besonders erwähnt sind (BGH, Urteil vom 10.04.2014 – VII ZR 144/12). Dennoch berufen sich etliche AG bis heute auf die BGH-Entscheidung aus dem Jahr 2002 und lehnen Nachträge mit der Begründung ab, eine nicht ausgeschriebene Leistung sei erkennbar notwendig gewesen, um den Leistungserfolg herbeizuführen.

- Dass der Bieter vor Vertragsabschluss Unklarheiten aufklären müsse, hat der BGH mittlerweile zweimal verneint. Nach diesen Urteilen besteht keine Auslegungsregel, wonach ein Vertrag mit einer unklaren Leistungsbeschreibung allein deshalb zu Lasten des AN auszulegen sei, weil dieser die Unklarheit vor Abgabe seines Angebots nicht aufgeklärt habe (BGH, Urteil vom 13.03.2008 – VII ZR 194/06 und BGH, Urteil vom 12.09.2013 – VII ZR 227/11).

Bleibt die Frage offen, was ein Bieter machen soll, der einerseits nicht die Chancen der Auftragserteilung durch die Verpreisung von Leistungen verringern will, die andere nicht berücksichtigt haben, andererseits aber auch kein Risiko aufgrund der hier dargestellten Rechtsprechung eingehen will, insbesondere, wenn es um potenzielle Nachtragsansprüche nennenswerten Umfangs geht. Dazu nehmen wir am Ende unter 6.3 Stellung.

6.2.5 Besondere Leistungen/Nebenleistungen nach den Abschnitten 4 der VOB/C

Wie oben ausgeführt, ist die Unterscheidung zwischen **Nebenleistungen** und **Besonderen Leistungen** in den jeweiligen Abschnitten 4 der DIN 18299 ff. (also der VOB/C) bei der Auslegung zu berücksichtigen (so der BGH in der oben besprochenen Entscheidung, BGH, Urteil vom 27.06.2006 – VII ZR 202/04), wenn diese Regelungen wegen § 1 Abs. 1 Satz 2 VOB/B gelten (vgl. 2.2.3).

Nebenleistungen sind im Rahmen der vereinbarten Vergütung geschuldet, auch wenn sie im Vertrag nicht besonders erwähnt sind. Sie rechtfertigen keine Nachträge. Dagegen müssen **Besondere Leistungen**, die im Vertrag **nicht** oder **nicht kalkulierbar** zur geschuldeten Leistung erklärt worden sind – z. B. durch Mengenangaben oder Pläne –, **besonders vergütet werden**, wenn der AG ihre Ausführung fordert. Deshalb wäre unserer Auffassung nach beispielsweise eine Klausel unzulässig, die bestimmt, dass der AN die Herstellung und das Schließen von Schlitzen und Durchbrüchen „nach den Angaben des Architekten" einzukalkulieren hat. Solche und vergleichbare Regelungen benachteiligen den AN unangemessen und sind AGB-rechtlich unwirksam (vgl. 3.4). Bieter müssen jedoch beachten, dass Besondere Leistungen nach den Abschnitten 4 der DIN 18299 ff. nicht zwingend in einer **gesonderten Position des LV** ausgeschrieben sein müssen, um Bausoll zu werden. Dafür kann ausreichen, dass sie in den **Vorbemerkungen** zum LV oder auch in **anderen Vertragsbestandteilen** kalkulierbar genannt und aus Sicht des Bieters erkennbar von ihm verlangt werden (Kammergericht, Beschluss vom 06.08.2015 – 27 U 120/14).

6.2.6 Bedeutung der Null-Abschnitte der VOB/C

Für die Auslegung maßgeblich sind oftmals auch die **„Abschnitte 0"** der **DIN 18299 ff. (VOB/C), insbesondere für öffentliche AG (vgl. § 7 Abs. 1 Nr. 7 VOB/A).** Dort sind „Hinweise für das Aufstellen der Leistungsbeschreibung" enthalten. Wenn beispielsweise Angaben zu einer Bodenkontamination nicht vorhanden sind, darf der Bieter daraus grundsätzlich den Schluss ziehen, dass ein schadstofffreier Boden auszuheben und zu entfernen ist (BGH, Urteil vom 21.03.2013 – VII ZR 122/11). Eine solche Erwähnung wäre nur ausnahmsweise entbehrlich, wenn die Bodenkontamination eindeutig und für die Bieter völlig offensichtlich ist (BGH, Urteil vom 22.12.2011 – VII ZR 67/11).

6.2.7 Bedeutung der VOB/A bei der Auslegung

Wie Leistungsbeschreibungen aufgestellt werden müssen, ist in den §§ 7 bis 7c VOB/A für öffentliche AG geregelt, allgemein und modellhaft vor allem in § 7 Abs. 1

Nr. 1 bis 3 VOB/A. Danach ist die Leistung **eindeutig** und so **erschöpfend** zu beschreiben, dass **alle Bieter** sie im **gleichen Sinn** verstehen müssen und ihre Preise sicher und ohne **umfangreiche Vorarbeiten** berechnen können. Deshalb sind alle vergütungsrelevanten Umstände festzustellen und in den Vergabeunterlagen anzugeben. Diese Aussagen können auch bei Verträgen mit privaten AG als Auslegungshilfe herangezogen werden, weil sie letztlich auf den Grundsätzen von Treu und Glauben (§ 242 BGB) bzw. redlichem Ausschreibungsverhalten des AG beruhen (siehe unter 6.2.4). Jedenfalls der öffentliche AG darf dem Bieter auch kein **„ungewöhnliches Wagnis"** auferlegen (§ 7 Abs. 1 Nr. 3 VOB/A). **Verstöße** dagegen müssen aber im Vergabeverfahren **unverzüglich gerügt** werden, weil ein Bieter, der auf eine unkalkulierbare Leistung gleichwohl ein Angebot abgegeben hat, sich nach Vertragsabschluss nicht mehr auf die VOB/A berufen kann, wenn er das Risiko „sehenden Auges" übernommen hat; denn Vergaberecht ist kein Vertragsrecht (vgl. 6.3.1). Nur ganz ausnahmsweise können auch bei eindeutigem, umfassendem Wortlaut der Leistungsbeschreibung im Einzelfall Maßnahmen zur Bewältigung völlig ungewöhnlicher und von keiner Seite zu erwartender Leistungen gegenüber einem öffentlichen Auftraggeber nicht Bausoll werden, sodass die Ausführung solcher Leistungen Nachträge rechtfertigen können (BGH, Urteil vom 11.11.1993 - VII ZR 47/93).

6.2.8 Auslegung ergibt kein eindeutiges Ergebnis

Erbringt die Auslegung ausnahmsweise kein „eindeutiges" Ergebnis, gilt: **Unauflösbare Widersprüche** gehen zulasten des **Verfassers** der Leistungsbeschreibung. Hat sie der AG erstellt, bestimmt die für den Bieter günstigere Auslegungsvariante das Bausoll (§§ 305c, 307 Abs. 1 Satz 1 BGB, vgl. 3.2; Kammergericht, Beschluss vom 21.11.2014 - Verg 22/13). Das gilt jedenfalls, wenn eine AGB-Klausel ausgelegt werden muss. Aber auch dann, wenn das AGB-Recht nicht anwendbar ist (§ 307 Abs. 3 BGB), dürften jedenfalls bei detaillierten - nicht funktionalen - Ausschreibungen verbleibende Zweifel zulasten des AG gehen (Kammergericht, Beschluss vom 21.11.2014 - Verg 22/13). Hat der AN die Probleme geschaffen, z. B. durch sein Angebot oder die von ihm erstellt Planung, gilt dasselbe umgekehrt.

6.3 Empfehlungen zum Umgang mit Unklarheiten und Widersprüchen

Es führt am Ende kein Weg daran vorbei: Das Ergebnis einer Vertragsauslegung ist oftmals unsicher und vage. Deshalb ist der Ausgang von Bauprozessen, in denen unklare Leistungsbeschreibungen ausgelegt werden müssen, in aller Regel nicht sicher vorherzusagen. Wie aber soll man mit Unklarheiten umgehen oder wie kann man sie vermeiden?

6.3.1 Ratschläge für Bieter

Der **Bieter** muss zunächst einmal den Vertrag und seine **Anlagen**, insbesondere die das Bausoll bestimmenden Anlagen, gründlich und bis zu Ende **lesen**, um Unklarheiten oder Widersprüche überhaupt erst entdecken zu können. Man darf nicht unkritisch das eigene, vielleicht gewollte, Verständnis als richtig unterstellen und sollte Zweifelsfragen mit Kollegen besprechen, gegebenenfalls auch anwaltlichen oder den Rat von Sachverständigen einholen, bevor das Angebot abgegeben wird. Häufig stellt man im Nachhinein fest, dass es besser gewesen wäre, ein **realistisches Angebot** abzugeben und den Zuschlag deshalb nicht zu erhalten, als in einem Auftrag festzustecken, den man nur bekommen hat, weil man in der Angebotsphase die Augen vor sämtlichen aus der Leistungsbeschreibung klar erkennbaren Risiken verschlossen bzw. bestehende Risiken mit einem viel zu geringen Zuschlag kalkuliert hat, um im Preiswettbewerb bestehen zu können. Wer hier auf Nachträge spekuliert, bspw. weil er bei **funktional** beschriebenen Leistungen (z. B. „Gerüst nach Wahl des AN“ oder „Wasserhaltung“) von der günstigsten Ausführungsvariante ausgegangen ist, macht im Bauprozess oft unerfreuliche Erfahrungen (LG Köln, Urteil vom 12.06.2007 - 5 O 367/06; BGH, Urteil vom 09.04.1992 - VII ZR 129/91).

Deshalb ist es wichtig, sich stets die Frage zu stellen, welche **Kosten** entstehen würden, falls die Auslegung zu einem anderen Ergebnis führt und wie hoch dieses **Risiko** ist. Sind die Kosten erheblich, zehren sie beispielsweise den kalkulierten Gewinn auf und ist ein anderes als das eigene Verständnis möglich, sollte rechtzeitig **vor Angebotsabgabe** nachgefragt und nicht auf einen unsicheren Nachtrag spekuliert werden.

Das gilt vor allem bei öffentlichen Ausschreibungen nach **VOB/A**, weil **Bieteranfragen** nach § 12a Abs. 4 VOB/A hier keine nachteiligen Folgen haben können und gegenüber allen Bietern sachgerecht beantwortet werden müssen (VK Bund, Beschluss vom 28.01.2017 - VK 2 - 129/16). Werden Unstimmigkeiten bei der Angebotsbearbeitung erkannt, muss die Bieteranfrage **rechtzeitig vor Angebotsabgabe** gestellt und nicht erst mit Abgabe des Angebots erklärt werden, wie die fragliche Aussage verstanden wurde. Denn das kann bei Vergaben nach der VOB/A zum **Angebotsausschluss** führen, weil dadurch die Vergabeunterlagen geändert worden sein können. Man muss ferner wissen: Ist der Zuschlag erfolgt, obwohl die Ausschreibung gegen Grundsätze des § 7 Abs. 1 VOB/A verstoßen hat, bedeutet das nicht, dass anstelle der ausgeschriebenen Leistung eine mit § 7 Abs. 1 VOB/A übereinstimmende Leistungsbeschreibung Vertragsinhalt wird (OLG Düsseldorf, Urteil vom 29.11.2022 – 21 U 71/22). **Vergaberecht ist kein Vertragsrecht** (BGH, Urteil vom 01.06.2017 VII ZR 49/16). Verstöße gegen die VOB/A müssen folglich im Vergabeverfahren unverzüglich gerügt und gegebenenfalls in einem Nachprüfungsverfahren angegriffen werden. Ist das nicht erfolgt, steht dem AN in der Regel kein Nachtragsanspruch zu, auch wenn der AG eine unkalkulierbare Leistung ausgeschrieben hat (BGH, Urteil vom 23.01.1997 – VII ZR 65/96). Das kann nur in seltenen Ausnahmefällen anders sein (BGH, Urteil vom 11.11.1993 – VII ZR 47/93, vgl. 6.2.7). Grundsätzlich gilt: Ergibt eine Vertragsauslegung, dass das Verständnis des Bieters von der objektiv gebotenen – oder derjenigen des zuständigen Gerichts – abweicht, hat er sich schlicht verkalkuliert. Das ist der Grund dafür, weshalb er keinen Nachtragsanspruch hat, nicht, weil er eine Unklarheit oder einen Fehler der Ausschreibung nicht vor Angebotsabgabe aufgeklärt hat. Diesen Kalkulationsfehler kann er nicht durch einen Nachtrag reparieren. Das heißt nichts anderes, als dass die von vielen Oberlandesgerichten zu Unrecht geforderte Aufklärung vor Vertragsabschluss dem Bieter genau dieses Risiko nimmt. Deshalb kann sie sinnvoll und streitvermeidend sein, wenn das Problem erkannt worden ist.

Ist die Bieteranfrage – aus welchen Gründen auch immer – unterblieben (vielleicht, weil der Kalkulator das Problem überhaupt nicht gesehen oder unterschätzt hat), muss der AN, wenn aus seiner Sicht Nachträge berechtigt sind und ganz unabhängig vom unsicheren Ergebnis einer Auslegung, in der Ausführungsphase stets darauf achten, dass die **rechtlichen Voraussetzungen** eines Nachtragsanspruchs erfüllt sind. Das heißt nach den Regelungen der VOB/B zuallererst: Er muss auf eine **wirksame Anordnung** zur Ausführung der Leistung durch einen **Vertretungsberechtigten** des AG bestehen (vgl. 7.2.2), gegebenenfalls nach einem Bedenkenhinweis gemäß § 4 Abs. 3 VOB/B. Zu einer Anordnung ist der AG wegen der **Kooperationspflichten** am Bau in jedem Fall **verpflichtet**, weil ohne eine wirksame Anordnung nicht geleistet werden muss. Schließlich muss der AN den Nachtragsanspruch beweisbar **ankündigen**, **bevor** er die Leistung ausführt (vgl. 7.2.4) bzw. nach § 650b Abs. 1 BGB ein Nachtragsangebot unterbreiten (vgl. 7.3.2.2), wenn die BGB-Nachtragsregelungen gelten.

Stellt sich dann im Nachhinein, beispielsweise in einem Eilverfahren nach § 650d BGB (vgl. 7.3.2.6) oder in einem Bauprozess, heraus, dass die Leistung bereits nach Vertrag geschuldet war, ist „nur" vergeblich geschrieben und gegebenenfalls verhandelt worden. Denn es entsteht kein Nachtragsanspruch, wenn der AG die Ausführung einer Leistung anordnet, die bereits Bausoll nach dem abgeschlossenen Vertrag geworden ist. Die Anordnung wiederholt dann nur, was der Vertrag bereits besagt. Das gilt selbst dann, wenn der AG – irrtümlich – ein Nachtragsangebot beauftragt hat. Denn nach der Rechtsprechung muss eine bereits beauftragte Leistung nicht zweimal – nach dem Vertrag und einem bestätigten Nachtragsangebot – bezahlt werden (BGH, Urteil vom 26.04.2005 – X ZR 166/04; OLG Naumburg, Urteil vom 16.12.2019 – 12 U 114/19). Bestätigt eine Vertragsauslegung dagegen den Standpunkt des Bieters, erhält er eine Nachtragsvergütung, weil er die dafür erforderlichen rechtlichen Voraussetzungen geschaffen hat und nicht auf die unsicheren Anspruchsgrundlagen in § 2 Abs. 8 Nr. 2 oder 3 VOB/B angewiesen ist (vgl. 7.2.3). Entsteht während der Bauausführung **Streit über die Berechtigung von Nachträgen,** sollte frühzeitig versucht werden, eine einvernehmliche Klärung – gegebenenfalls durch eine einstweilige Verfügung nach § 650d BGB – herbeizuführen (vgl. 7.3.2.6). Das „Aussitzen“ solcher Probleme schadet praktisch immer dem AN, weil er – außer der Drohung mit einem Bauprozess – nach Fertigstellung der Leistung über kein wirksames Druckmittel zur Durchsetzung seiner Zahlungsansprüche mehr verfügt.

6.3.2 Ratschläge für AG und Architekten/Ingenieure

Die **Anlagen** zu einem Bauvertrag sollten nummeriert, mit einem Datum versehen und nur in aktuellster Form zum Vertragsbestandteil erklärt werden. Für Streit und Unklarheiten sorgen Anlagen, die auf weitere Anlagen usw. verweisen oder das ungeprüfte „Durchstellen“ von Anlagen aus anderen Verträgen, die oft in Widerspruch zu den Regelungen des fraglichen Vertrags stehen.

Auftraggeber bzw. Architekten und Ingenieure sollten ebenso **eindeutige**, **klare** und widerspruchsfreie **Leistungsbeschreibungen** aufstellen und nicht eine Vielzahl auslegungsbedürftiger Unklarheiten schaffen. Sie sollten auch keine **unklaren** bzw. **falschen Begriffe** verwenden und bei (teil-)funktionalen Ausschreibungen klare Planungsaufgaben zuweisen sowie **Schnittstellen** definieren und eindeutig behandeln. Bei einer baubegleitenden Planung sollte kritisch hinterfragt werden, ob die (vermeintlichen) zeitlichen Vorteile nicht durch Nachträge oder Mengenerhöhungen, die häufig unvermeidliche Folgen nicht ausgereifter bzw. nicht aufeinander abgestimmter Planungen sind, gleich wieder aufgezehrt werden. Denn sowohl Nachträge als auch erhebliche Mehrmengen rechtfertigen in der Regel Ansprüche auf Bauzeitverlängerung (vgl. 9.3.1). Bei Vergaben nach der **VOB/A** müssen die **§§ 7 bis 7c**, vor allem **§ 7 Abs. 1**, beachtet werden, um zuschlagsverzögernde Rügen oder Vergabenachprüfungsverfahren von Bietern nach Möglichkeit zu vermeiden (vgl. 6.2.7). Bieteranfragen sollten sachgerecht beantwortet werden, gegebenenfalls muss die Möglichkeit einer **Verlängerung der Angebotsfrist** erwogen werden, falls die Bieter mehr Zeit benötigen, um ihr Angebot auf die neuen Informationen auszurichten (VK Bund, Beschluss vom 28.01.2017 – VK – Z 129/16).

Für die Ausführung maßgebende **Pläne** sind eindeutig zu bezeichnen und an der richtigen Stelle im Text des LV zu erwähnen (§ 7b Abs. 2 Satz 2 VOB/A, vgl. 6.2.3). Sollen **Besondere Leistungen** nach den Abschnitten 4.2 der VOB/C zur geschuldeten Leistung gehören, müssen sie für den Bieter **kalkulierbar** im Vertrag zum Bausoll erklärt werden (vgl. 6.2.5). Allgemeine Aussagen dahingehend, „*alle Besonderen Leistungen nach VOB/C sind mit den vereinbarten Preisen abgegolten*", reichen dafür nicht aus, wenn sich der AN dagegen wehrt (vgl. 3.4). Der Bauvertrag (ohne Anlagen) sollte nicht mehr als 20 Seiten haben. Je klarer und eindeutiger, umso besser. Das geht praktisch immer auf höchstens 20 Seiten. Ein AG sollte wissen, dass den AN **unangemessen benachteiligende Klauseln** in Verträgen **AGB-rechtlich unwirksam** sind, im Ernstfall also die Gefahr besteht, dass sie nicht ziehen, wenn sich der AN dagegen zur Wehr setzt (vgl. 3.2 und 3.4). Die anwaltliche Erfahrung zeigt, dass man im Sinne eines kooperativen Zusammenarbeitens auf solche und ähnliche Regelungen eher verzichten sollte. Das gilt vor allem, wenn ein partnerschaftliches Verhältnis angestrebt wird, weil die Zusammenarbeit auf längere Dauer angelegt ist und man sich nicht ständig mit juristischen Fragen wie der Wirksamkeit oder Unwirksamkeit von Vertragsklauseln beschäftigen will.

Besteht der AN bei unklarer Rechtslage auf eine **Anordnung** zur Ausführung einer Leistung, die aus dessen Sicht einen Nachtragsanspruch rechtfertigt, ist deren Erteilung **unschädlich**, solange sie keine Bausolländerung begründet (siehe oben). Dabei darf man aber zum Ausdruck bringen, dass die Anordnung unbeschadet einer späteren Prüfung der Frage erfolgt, ob die angeordnete Leistung nicht bereits nach dem abgeschlossenen Vertrag geschuldet war.

7 NACHTRÄGE

7.1 Einführung

7.1.1 Was ist Bausoll?

Das Thema „Nachträge“ gehört zu den streitträchtigsten am Bau überhaupt. Dabei geht es im Kern um die Frage, unter welchen Voraussetzungen der AN eine über den vereinbarten Vertragspreis hinausgehende Vergütung für die Erbringung zusätzlicher oder geänderter Leistungen erhält. Nachträge setzen stets voraus, dass die ausgeführte Leistung („**Bauist**“) von der vertraglich geschuldeten Leistung („**Bausoll**“) **abweicht**.

Um beurteilen zu können, ob tatsächlich eine Abweichung zwischen dem Bausoll und einer vom AG geforderten Leistung vorliegt, ist oftmals eine **Vertragsauslegung** erforderlich, insbesondere bei (teil-)funktionalen Ausschreibungen. Denn in den Vertragsbestandteilen (z. B. LV mit Vorbemerkungen, Plänen, Zeichnungen und Berechnungen etc.) können **Unstimmigkeiten, Widersprüche, Fehler** oder **Lücken** enthalten sein. Dazu wird auf das **Kapitel 6** verwiesen. Zwar schuldet der AN wegen der Erfolgsbezogenheit des Werkvertragsrechts immer eine **funktionstaugliche** (mangelfreie) Leistung, auch wenn die Vorgaben des AG dahinter zurückbleiben, aber in der Regel eben nicht, ohne dass der AG diesbezüglich eine **Anordnung** trifft und die vereinbarte **Vergütung** daraufhin entsprechend **angepasst** wird.

7.1.2 Vertragsarten/unterschiedliche Techniken der Bausollbestimmung und Vergütungsmethodik

Der AG kann ganz unterschiedliche Bausollbestimmungen treffen, beispielsweise bis ins **kleinste Detail**, oder er definiert nur den von ihm erwarteten Erfolg, was durch zielorientierte, **globale** oder auch **funktionale** Angaben erfolgen kann („eine fix und fertige Heizungsanlage“).

- Dem **Einheitspreisvertrag** – nach § 2 Abs. 2 VOB/B der Regelfall – liegt typischerweise eine detaillierte, von Architekten und Fachplanern erstellte **Ausführungsplanung** zugrunde, die in ein ebenso detailliertes Leistungsverzeichnis (LV) mit Positionen und voraussichtlich zur Ausführung kommenden Mengen- bzw. Massenangaben (Vordersätze) „übersetzt“ wird. Abgerechnet wird nach tatsächlich ausgeführter Menge gemäß Aufmaß. Was im LV **fehlt** oder nachträglich **geändert** wird, mag der AN zwar schulden (siehe oben), weil anderenfalls keine funktionstaugliche Leistung entsteht, er schuldet es aber nicht ohne eine Anordnung des AG und schon gar nicht ohne geänderte oder zusätzliche Vergütung.

- Beim **Pauschalvertrag** muss man unterscheiden: Ist lediglich die Vergütung, nicht aber das Bausoll pauschaliert worden (sogenannter **Detail-Pauschalvertrag**), wird die vereinbarte Vergütung **mengenunabhängig** abgerechnet und bezahlt. Auch hier erstellt der AG – nicht anders als beim Einheitspreisvertrag – regelmäßig die Planung bis zur Ausführungsplanung und setzt diese in einer entsprechenden Leistungsbeschreibung mit Leistungsverzeichnis um. Der häufigste Fall in der Praxis ist der, dass zunächst auf Basis eines Leistungsverzeichnisses Einheitspreise abgefragt werden und erst zu einem späteren Zeitpunkt die Vergütung pauschaliert wird. Im Regelfall ist das LV genauso konkret und ausführlich wie bei einem Einheitspreisvertrag. Es enthält vorläufige Mengen- bzw. Massenangaben (Vordersätze), wobei durch die Pauschalierungsabrede vereinbart wird, dass die **beauftragten Leistungen** mengenunabhängig, also pauschal, abgerechnet werden (Aufmaßverzicht: OLG Brandenburg, Urteil vom 22.06.2005 – 4 U 137/03). Für Nachträge gilt hier überhaupt nichts anderes als bei Einheitspreisverträgen (§ 2 Abs. 7 Nr. 2 VOB/B). Änderungen der vom AG bestimmten Leistung führen ohne irgendeine Erheblichkeitsgrenze zu einer geänderten Vergütung (OLG Bamberg, Urteil vom 01.06.2011 – 8 U 127/10). Das mit der Pauschalierung zwangsläufig verbundene **Mengenermittlungsrisiko** regelt § 2 Abs. 7 Nr. 1 Satz 2 VOB/B (vgl. 5.3.3 f.). Wenn AG mit sogenannten „Komplettheitsklauseln“ versuchen, die Risiken eigener Planung auf den AN zu verlagern, ist das bei Detail-Pauschalverträgen nach herrschender Meinung unwirksam (OLG Rostock, Urteil vom 19.05.2009 – 4 U 84/05).

- Ist neben der Vergütung auch das Bausoll pauschaliert worden, spricht man von einem **Global-Pauschalvertrag** (vgl. § 7c VOB/A: Ausschreibung mit Leistungsprogramm). In **reiner Form**, das heißt ohne jegliche auftraggeberseitige Detaillierungen einzelner Leistungen, kommt ein solcher Vertrag so gut wie nie vor. Denn damit würde der Auftraggeber alle planerischen Entscheidungen aus der Hand geben, während einem Bieter schon in der Angebotsphase erhebliche Planungskosten entstünden. Deshalb überwiegen in der Praxis **teilfunktionale Leistungsbeschreibungen**, denen oftmals AG-seitige Vor- und Entwurfsplanungen sowie eine knappe Baubeschreibung zugrunde liegen und der AN auf dieser Basis verpflichtet ist, die Ausführungsplanung zu erstellen. Gleichzeitig verpflichtet sich der AN regelmäßig zu einer kompletten und funktionstauglichen Leistung. Das Kennzeichen dieses Vertrages ist, dass **Planungsaufgaben** auf den AN übertragen werden, jedenfalls soweit der AG bestimmte Leistungen nicht selbst im Detail geplant hat. Das wiederum heißt im Kern, dass der AN – soweit er Detaillierung durch eigene Planung schuldet – auch die damit verbundenen **Risiken** übernimmt. Er hat zu leisten, was er richtigerweise zu planen gehabt hätte, um eine funktionstaugliche Leistung herzustellen, und zwar ohne dafür Nachtragsansprüche geltend machen zu können (vgl. OLG Hamburg, Urteil vom 03.03.2021 – 8 U 33/20; OLG Dresden, Urteil vom 26.02.2013 – 9 U 123/12; grundsätzlich: BGH, Urteil vom 09.04.1992 – VII ZR 129/91 (Wasserhaltung) und Urteil vom 27.06.1996 – VII ZR 59/95

(Kammerschleuse)). Im Gegenzug erhält er das Recht, die vom AG nicht geplante bzw. näher detaillierte Leistung zu bestimmen, wobei die Ausübung des **Leistungsbestimmungsrechts** lediglich *„billigem Ermessen“* (§ 315 BGB) entsprechen muss (OLG Naumburg, Urteil vom 30.07.2021 - 2 U 41/19; OLG Dresden, Urteil vom 31.08.2011 - 1 U 1682/10). Der AN bestimmt insoweit also das Bausoll. Regiert der AG in die vom AN sachgerecht getroffene Auswahlentscheidung hinein, verlangt er also Leistungen oberhalb dessen, was der AN „billigerweise“ schuldet, sind Nachtragsansprüche die rechtlich logische Konsequenz, auch beim Global-Pauschalvertrag.

- Üblicherweise gibt es auch bei Global-Pauschalverträgen mit funktionaler Leistungsbeschreibung regelmäßig Detailregelungen, die der AG vorgibt. So kann beispielsweise die Teilleistung „Fassade“ durch eine auftraggeberseitige Planung und ein Leistungsverzeichnis detailliert beschrieben, die Teilleistung „Heizung“ dagegen lediglich funktional beschrieben worden sein, sodass hierfür die Regeln des Global-Pauschalvertrages, für die Fassade dagegen diejenigen des Detail-Pauschalvertrages gelten. Das bedeutet, dass AG-seitige Detailregelungen der funktionalen bzw. globalen Regelung vorgehen und natürlich beachtet werden müssen. Sind solche Detailregelungen – in Plänen oder in leistungsbeschreibenden Texten – unvollständig oder falsch, muss der AN darauf zwar nach der ihm obliegenden Prüfungspflicht hinweisen (§ 4 Abs. 3 VOB/B), die daraufhin geänderte oder zusätzliche Leistung aber nicht ohne Nachtragsvergütung ausführen (OLG Brandenburg, Urteil vom 21.11.2018 - 4 U 19/18; OLG Köln, Beschluss vom 18.02.2019 - 11 U 59/17 und besonders anschaulich: OLG Koblenz, Urteil vom 31.03.2010 - 1 U 415/08).

7.1.3 Nachtragsregelungen in der VOB/B und im BGB

- Bis zum 01.01.2018 gab es für Nachträge nur und ausschließlich Regelungen in der VOB/B. Dort sind in **§ 1 Abs. 3** und **Abs. 4** die einseitigen **Anordnungsrechte des AG** und in **§ 2 Abs. 5** und **Abs. 6** die ebenso einseitigen **Nachtragsansprüche des AN** geregelt.

- **Für ab dem 01.01.2018 abgeschlossene Bauverträge** gelten grundsätzlich die Bestimmungen der **Reform des Bauvertragsrechts** (vgl. 1.2). Seitdem gibt es erstmals gesetzliche Nachtragsvorschriften für Bauverträge, die erheblich von der VOB/B abweichen. Nach **§ 650b Abs. 2 BGB** – eine an § 1 Abs. 3 und Abs. 4 VOB/B angelehnte Vorschrift – kann der AG unter den dort geregelten Voraussetzungen **Vertragsänderungen anordnen**.

In **§ 650c BGB** – eine mit § 2 Abs. 5 und Abs. 6 VOB/B verwandte Bestimmung – ist geregelt, nach welchen Grundsätzen die **Vergütung** bei angeordneten Vertragsänderungen **angepasst** wird und welchen Zahlungsanspruch der AN vorläufig geltend machen kann, falls eine Einigung über die Vergütungsanpassung nicht zustande gekommen ist. Zur Klärung von **Streitfragen** über Anordnungen und die Vergütungsanpassung in der Ausführungsphase sieht das Gesetz ein **gerichtliches Eilverfahren** in **§ 650d BGB** vor.

Die Nachtragsbestimmungen der VOB/B und diejenigen des BGB werden nachfolgend getrennt dargestellt. Dabei werden die **Unterschiede** zwischen den jeweiligen Regelungen aufgezeigt und herausgearbeitet, welche Teile der BGB-Regelungen auch bei VOB/B-Verträgen gelten, weil die VOB/B dazu keine Aussagen enthält und das Gesetz dann stets ergänzend gilt (vgl. 2.1).

Bei Bauverträgen, die ab dem 01.01.2018 unter Einbeziehung der VOB/B abgeschlossen wurden, stellt sich ferner die Frage, wie mit den Unterschieden zwischen den VOB/B- bzw. BGB-Nachtragsbestimmungen umzugehen ist. Manche werden es ahnen: Das hängt davon ab, ob die VOB/B „im Ganzen" vereinbart worden ist oder nicht (vgl. 3.3 und 7.4.2 f.).

7.2 Nachträge nach VOB/B

7.2.1 Einseitige, sofort zu befolgende Anordnungsrechte des AG

Die VOB/B gibt dem AG in **§ 1 Abs. 3** das Recht, die beauftragte **Leistung bauinhaltlich (qualitativ)** nach Vertragsabschluss zu **ändern**, und zwar **einseitig**, ohne dass der AN damit einverstanden sein muss. Die Formulierung in § 1 Abs. 3 VOB/B „Änderungen des Bauentwurfs" ist missglückt. Gemeint ist, dass der AG sowohl die Planung ändern darf (z. B. Kuppeldach statt Sattel- oder Flachdach), als auch zu Änderungen berechtigt ist, die keinen Eingriff in die (Entwurfs-)Planung voraussetzen (z. B. Türklinke aus Edelstahl statt aus Kunststoff oder andere Qualität des textilen Bodenbelags). Der AN **muss** die danach geänderte Leistung – sofern möglich – **sofort erbringen**, ohne dass hierfür seine Zustimmung oder eine vorherige **Preisvereinbarung** zwingend erforderlich ist (vgl. 7.2.5). Das Anordnungsrecht des AG ist weit, seine Grenze ist nur überschritten, wenn es sich nicht mehr um eine Planungsänderung, sondern um eine **Neuplanung** handelt, beispielsweise bei der Errichtung eines zusätzlichen Geschosses (BGH, Urteil vom 13.12.2001 – VII ZR 28/00).

Der AG kann auch **andere Anordnungen** erteilen, die nicht die technische Beschaffenheit des Werks, sondern die **Art der Ausführung** betreffen (Bauumstandsänderung; OLG Hamm, Urteil vom 14.10.2016 - 12 U 67/15), wie beispielsweise eine Handschachtung statt des vorgesehenen Maschineneinsatzes oder die Änderung eines bestimmten Abfuhrweges für den Erdaushub, weil die vorgesehene Straße für den Lkw-Verkehr gesperrt wurde. Ein rein **zeitliches Anordnungsrecht** (z. B. Verkürzung der Bauzeit durch Beschleunigungsanordnungen) hat der AG nach herrschender Meinung dagegen nicht, und zwar weder nach dem BGB noch nach der VOB/B (vgl. 9.3.3).

Nach **§ 1 Abs. 4 Satz 1 VOB/B** hat der AG das wiederum einseitige Recht, **zusätzliche Leistungen** zu verlangen, sofern sie **erforderlich** sind, um die Leistung funktionstauglich und den anerkannten Regeln der Technik entsprechend zu erbringen. Verlangt der AG „andere" zusätzliche - also nicht erforderliche - Leistungen, braucht der AN diese nicht auszuführen (§ 1 Abs. 4 Satz 2 VOB/B). Das gilt erst recht für „Folge- oder Anschlussaufträge", die noch nicht einmal mit dem ursprünglichen Bauentwurf in Verbindung stehen. Solche „anderen" Leistungen können dem AN nur mit seiner Zustimmung übertragen werden.

Die einseitigen **Anordnungsrechte** des AG gemäß § 1 Abs. 3 und 4 VOB/B **enden**, wenn die Leistung **„abnahmereif"** erbracht worden ist, der AG folglich zur Abnahme verpflichtet ist (OLG Hamm, Urteil vom 18.01.2019 - 12 U 54/18). Ob und wann der AG tatsächlich abnimmt, hat der AN nicht in der Hand.

Die **erste Voraussetzung für Nachtragsansprüche** ist folglich eine **Abweichung des Bauist vom Bausoll** in Gestalt einer Bauinhalts- bzw. Bauumstandsänderung (§ 1 Abs. 3 VOB/B) oder die Ausführung einer erforderlichen Zusatzleistung (§ 1 Abs. 4 Satz 1 VOB/B).

7.2.2 Die Wirksamkeit der Anordnung des AG

Die **zweite Voraussetzung ist eine wirksame Anordnung des AG** zur Ausführung der Änderungs- oder Zusatzleistungen.

Die Anordnung muss deshalb von einem **Vertretungsberechtigten des AG** erteilt worden sein, sonst ist sie „schwebend unwirksam" (§ 177 Abs. 1 BGB). Die Anordnung nach § 1 Abs. 3 und 4 Satz 1 VOB/B ist eine einseitige **Willenserklärung** des AG. Dafür gelten die gesetzlichen Regeln der **Stellvertretung**. Es wurde bereits an anderer Stelle erwähnt, dass **bauüberwachende Ingenieure** (auch **interne Bauleiter des AG**) von ganz wenigen Ausnahmen abgesehen - beispielsweise bei Notmaßnahmen wegen Gefahr im Verzug - keine „automatische" Vollmacht zur Anordnung von Nachträgen haben (vgl. 4.1.3). Die Vollmacht des bauüberwachenden Ingenieurs endet, wo das Portemonnaie des Bauherrn beginnt (OLG Frankfurt, Urteil vom 18.09.2020 – 29 U 99/17; OLG Dresden, Urteil vom 22.09.2021 – 6 U 61/05). Zwar können **Anscheins- oder Duldungsvollmachten** vorliegen, wenn der AG das Handeln eines nicht Bevollmächtigten mehrfach geduldet oder zurechenbar den Rechtsschein einer Vollmacht gesetzt hat; wer sich auf diese – unsicheren – Rechtsscheinvollmachten verlässt, verlässt auch den sichersten Weg (OLG Brandenburg, Urteil vom 08.12.2016 – 12 U 192/15). Deshalb muss stets geprüft werden, ob der Anordnende Vertretungsmacht hat. Dazu müssen die im **Vertrag vereinbarten Regelungen** gelesen und beachtet werden, wenn nicht ein Geschäftsführer des AG, der Prokurist oder derjenige die Anordnung getroffen hat, der den Vertrag für den AG abgeschlossen und unterschrieben hat. Sagt der Vertrag zur Vertretungsberechtigung des Anordnenden nichts aus, sollte stets die **Genehmigung** des Vertretungsberechtigten vor Ausführung der Leistung eingeholt werden (§ 177 Abs. 1 BGB). Dadurch kann die schwebende Unwirksamkeit der Anordnung des nicht Vertretungsberechtigten beseitigt werden. Zur Erteilung einer solchen Genehmigung sollte der AN in allen Zweifelsfällen unter kurzer Fristsetzung auffordern. Ist eine solche Fristsetzung nicht erfolgt, kann die Genehmigung nur bis zum Ablauf von zwei Wochen nach dem Empfang der Aufforderung erklärt werden; wird sie nicht erklärt, so gilt sie als **verweigert** (§ 177 Abs. 2 BGB). Es ist bei **unklaren Vertretungsverhältnissen** durchaus empfehlenswert, die Frage nach den konkret Bevollmächtigten für das Bauvorhaben gleich zu **Beginn** oder schon **vor der Ausführung** der Leistung zu stellen, also bevor ein konkreter Anlass dazu besteht und möglicherweise (vermeidbare) zeitliche Folgen durch die Klärung eintreten.

Auf eine **Anordnung** hat der AN einen **Anspruch**. Ohne wirksame Anordnung muss keine Änderungs- oder Zusatzleistung ausgeführt werden (OLG Düsseldorf, Urteil vom 20.01.2009 – 23 U 47/08). Das folgt aus den **Kooperationspflichten** beim Bauvertrag, also letztlich aus Treu und Glauben. Trifft der AG eine Anordnung innerhalb des Bausolls, steht dem AN selbstverständlich keine Nachtragsvergütung zu. Die Anordnung bestätigt dann lediglich, was aus dem Vertrag – gegebenenfalls nach einer Auslegung – bereits folgt (vgl. Kapitel 6). Selbst wenn der AG in einem solchen Fall ein Nachtragsangebot beauftragt hätte, müsste er nach der Rechtsprechung ein und dieselbe Leistung nicht zweimal bezahlen (BGH, Urteil vom 26.04.2005 – X ZR 166/04). Unterlässt der AG eine gebotene Anordnung, obwohl der AN auf deren Erteilung besteht, kann der AN die Erbringung dieser Leistungen **verweigern**. Kommt es wegen einer Verzögerung der Anordnung zu einer **Behinderung** oder **Unterbrechung** der Bauausführung, hat der AN Anspruch auf eine entsprechende **Verlängerung der Ausführungsfristen** (§ 6 Abs. 2 Nr. 1a) VOB/B) sowie auf Erstattung der behinderungsbedingten **Mehrkosten** bzw. auf **Entschädigung** (§ 6 Abs. 6 VOB/B bzw. § 642 BGB). Auch das entspricht der herrschenden Auffassung (OLG Düsseldorf, Urteile vom 02.03.2018 – 22 U 71/17 und vom 25.10.2013 – 22 U 21/13). Von der Notwendigkeit einer Anordnung zu unterscheiden ist, ob der AN auch verlangen kann, dass die Nachtragsvergütung bereits vor der Ausführung vereinbart wird (vgl. 7.2.5).

Die Übergabe **geänderter Pläne** stellt eine Anordnung dar, sogar eine schriftliche (OLG Düsseldorf, Urteil vom 20.01.2009 – 23 U 47/08). **Mündliche** oder durch **„schlüssige Erklärung“** erteilte Anordnungen sind möglich, aber wegen schwerer Beweisbarkeit gefährlich. Hier sollte der AN eine **beweisbare Aktenlage** durch eine klarstellende Nachfrage bzw. die Versendung eines **kaufmännischen Bestätigungsschreibens** schaffen (vgl. 4.2.1.4). Das gilt auch bei Anordnungen von **Behörden**, die der AG möglicherweise nicht kennt.

7.2.3 Leistungsänderungen ohne (wirksame) Anordnung

§ 2 Abs. 8 Nr. 1 VOB/B macht deutlich, dass die Ausführung von Nachtragsleistungen ohne wirksame Anordnung für den AN zum „Fiasko“ werden kann. Denn nach dem Grundsatz in § 2 Abs. 8 Nr. 1 VOB/B werden Leistungen, die der AN **ohne Auftrag** oder unter **eigenmächtiger Abweichung vom Auftrag** – also ohne wirksame Anordnung – ausführt, grundsätzlich nicht vergütet. Im Ausgangspunkt sind seine Leistungen mangelhaft, sodass er sie auf Verlangen des AG innerhalb einer angemessenen Frist zu beseitigen hat (§ 2 Abs. 8 Nr. 1 Satz 2 VOB/B).

Erbringt der AN geänderte oder zusätzliche Leistungen ohne eine wirksame Anordnung, bestehen allenfalls noch Vergütungsansprüche nach **§ 2 Abs. 8 Nr. 2 Satz 2 oder 3 VOB/B**, falls der AG die Leistung nicht anerkannt hat (§ 2 Abs. 8 Nr. 2 Satz 1 VOB/B), was eher selten vorkommt. Sich als AN auf diese **Ausnahmevorschriften** zu verlassen ist riskant. Denn nach § 2 Abs. 8 Nr. 2 Satz 2 VOB/B erhält der AN eine Vergütung nur, wenn die Leistung **notwendig** war, dem **wirklichen** oder **mutmaßlichen Willen** des AG entsprach und sie dem AG **unverzüglich** – regelmäßig spätestens vor Beginn der Ausführung – **angezeigt** wurde. Geringere Voraussetzungen enthält § 2 Abs. 8 Nr. 3 VOB/B i. V. m. den gesetzlichen Vorschriften zur Geschäftsführung ohne Auftrag (§§ 677 ff. BGB). Danach muss die Leistung lediglich **interessengemäß** (nicht zwingend notwendig) gewesen sein, aber grundsätzlich auch dem wirklichen oder mutmaßlichen Willen des AG entsprochen haben. Eine Anzeigepflicht gegenüber dem AG besteht, sobald dies „tunlich“ ist, was immer das heißen mag (§ 2 Abs. 8 Nr. 3 VOB/B i. V. m. § 681 Abs. 1 BGB). Auch wenn § 2 Abs. 8 Nr. 3 VOB/B geringere Voraussetzungen hat als § 2 Abs. 8 Nr. 2 VOB/B, unterscheiden manche Gerichte nicht zwischen diesen beiden Vorschriften. Denn aus etlichen Entscheidungen geht hervor, dass für die anordnungslos ausgeführten Leistungen doch ein „aus objektiver Sicht technisches Bedürfnis“ bestanden haben muss (Kammergericht, Urteil vom 07.09.2021 – 21 U 86/21) oder sie gar „für die Erreichung des werkvertragvertraglichen Erfolgs notwendig“ waren (OLG Jena, Urteil vom 09.01.2020 – 8 U 176/19). Selbst für § 2 Abs. 8 Nr. 3 VOB/B wird vom OLG Celle eine Anzeige gegenüber dem AG vor Ausführung der Leistung verlangt (Urteil vom 02.09.2015 – 14 U 154/13).

Es liegt auf der Hand, dass man endlos darüber streiten kann, was „notwendig“ oder „interessengemäß“ ist und ob diese Leistung tatsächlich dem „wirklichen oder mutmaßlichen Willen“ des AG entsprochen hat. Deshalb sollte sich ein AN auf diese **unsicheren Anspruchsgrundlagen**, insbesondere bei wirtschaftlich bedeutenden Nachträgen, niemals verlassen und auf eine wirksame Anordnung des AG vor Ausführung der Leistung bestehen. Darauf hat er einen Anspruch (vgl. 7.2.2). Hat der AG eine Leistung zum „Bausoll“ erklärt, kann er im Nachhinein weder bestreiten, dass die Leistung notwendig, noch dass deren Ausführung nicht interessengemäß war (OLG Schlesig, Urteil vom 29.06.2010 - 3 U 92/09).

7.2.4 Ankündigung des Nachtragsanspruchs vor Ausführung der Leistung

Neben einer wirksamen Anordnung des AG sollte **jeder Nachtragsanspruch** vor Ausführung der Leistung **angekündigt** werden, und zwar aus Beweisgründen schriftlich. Bei Ansprüchen nach § 2 Abs. 6 VOB/B ist das die **dritte** (und letzte) **Voraussetzung für Nachtragsansprüche**. Eine Ankündigung **dem Grunde nach** reicht nach der VOB/B grundsätzlich aus (OLG Hamm, Urteil vom 16.01.2017 - 17 U 11/16), es sei denn, die Nachtragsvergütung „explodiert“ bzw. ist um ein x-faches höher als die vereinbarte Vergütung, was der AG - mangels Sachkunde - möglicherweise nicht wissen konnte (OLG Köln, Urteil vom 28.01.2009 - 11 U 228/05).

Zwischen **§ 2 Abs. 5 VOB/B** und **§ 2 Abs. 6 VOB/B** besteht ein **Unterschied**, der allerdings einer sachlichen Rechtfertigung entbehrt. Denn nur § 2 Abs. 6 Nr. 1 Satz 2 VOB/B verlangt, dass der AN den Nachtragsanspruch **ankündigen** muss, **bevor** er mit der Ausführung der Leistung beginnt. Bei § 2 Abs. 5 VOB/B besteht eine solche Ankündigungspflicht dagegen nicht (OLG Hamm, Urteil vom 27.03.2019 - 12 U 66/17). Nach der früheren BGH-Rechtsprechung war das Ankündigungserfordernis bei § 2 Abs. 6 VOB/B eine zwingende Anspruchsvoraussetzung (BGH, Urteil vom 23.05.1996 - VII ZR 1145/94). Auch wenn der BGH diese Rechtsprechung zwischenzeitlich abgemildert hat und zahlreiche Ausnahmen vom vorherigen Ankündigungsgebot zulässt (BGH, Urteil vom 08.11.2001 - VII ZR 111/00), sollte sich ein AN darauf nicht verlassen und **jeden Nachtrag** vor Ausführung ankündigen. Denn die **Abgrenzung** zwischen Änderungs- und Zusatzleistungen kann im Einzelfall enorm schwierig sein (OLG Hamm, Urteil vom 27.03.2019 - 12 U 66/17). Darüber hinaus kann der AG im **Vertrag** auch regeln, dass Nachtragsansprüche immer angezeigt werden müssen, also auch bei Änderungsleistungen. Möglicherweise verlangt der AG sogar noch mehr, nämlich die Vorlage prüfbarer Nachtragsangebote. Auch wenn das in beiden Fällen nicht mehr die „VOB/B im Ganzen“ ist (vgl. 3.3.2), bestehen gegen solche ergänzenden Vertragsregelungen selbst keine AGB-rechtlichen Bedenken, weil sie mit der Rechtslage nach § 650b BGB übereinstimmen (vgl. 7.3).

Will sich der AN rechtlichen Ärger und Unwägbarkeiten einer Abgrenzung zwischen Änderungsleistungen und zusätzlichen Leistungen ersparen, sollte er **Nachtragsansprüche immer ankündigen**, dann ist er auf dem sichersten Weg und muss nicht hoffen, dass ein Gericht Ausnahmen vom Ankündigungserfordernis macht, falls es von einer zusätzlichen Leistung ausgehen sollte. Die Ankündigung sollte **schriftlich** erfolgen, damit sie im Streitfall sicher beweisbar ist.

Die Voraussetzungen für Nachtragsansprüche nach VOB/B sind somit:

- **Abweichung** zwischen dem „**Bausoll**" und dem „**Bauist**" (vgl. dazu Kapitel 6, falls der Vertrag bei Unklarheiten oder Widersprüchen bausollbestimmender Vertragsbestandteile ausgelegt werden muss)

- eine **wirksame Anordnung** des AG

- die **Ankündigung** des Vergütungsanspruchs bei erforderlichen Zusatzleistungen nach § 2 Abs. 6 Nr. 1 Satz 2 VOB/B **vor der Ausführung**

- **sonst nichts**. Denn der neue Preis „ist möglichst" (§ 2 Abs. 6 Nr. 2 Satz 2) oder „soll" vor Beginn der Ausführung vereinbart werden (§ 2 Abs. 5 Satz 2 VOB/B). Für die Geltendmachung von Nachtragsforderungen in Abschlagsrechnungen oder in der Schlussrechnung ist das aber nach allgemeiner Auffassung, insbesondere auch der des BGH, eindeutig nicht erforderlich (BGH, Beschluss vom 24.05.2012 – VII ZR 34/11). Der AN kann deshalb die Nachtragsvergütung auch ohne Einigung über deren Höhe abrechnen (vgl. 7.2.6).

7.2.5 Grundsätzlich: Kein Anspruch auf Preisvereinbarung vor Ausführung

Viele AN stellen sich die berechtigte Frage, wie sie sich verhalten sollen, wenn der AG zwar eine Nachtragsleistung (wirksam) angeordnet, vielleicht ein Nachtragsangebot sogar „**dem Grunde nach beauftragt**" hat, aber keine verbindliche Preisvereinbarung vor Ausführung der Nachtragsleistung treffen will. Man könnte meinen, dass die VOB/B danach unterscheidet, ob eine erforderliche **Zusatzleistung** oder eine **Leistungsänderung** angeordnet wurde, weil nach § 2 Abs. 6 Nr. 2 Satz 2 VOB/B der neue Preis möglichst vor der Ausführung zu vereinbaren **ist**, wohingegen er nach § 2 Abs. 5 Satz 2 VOB/B vor der Ausführung getroffen werden **soll**. Die Rechtsprechung behandelt aber beide Fälle gleich und verneint nach dem Grundsatz „rasche Vertragsdurchführung geht vor Preisgewissheit" ein Leistungsverweigerungsrecht des AN, wenn eine Preisvereinbarung nicht zu Stande kommt (OLG Dresden, Urteil vom 27.09.2016 – 6 U 1564/16; Kammergericht, Urteil vom 13.06.2017 – 21 U 24/15;

OLG Hamm, Urteil vom 22.12.2011 - 21 U 111/10). Schon gar nicht dürfen die Arbeiten komplett eingestellt werden, also auch solche Leistungen verweigert werden, die mit dem Nachtrag gar nichts zu tun haben (OLG Stuttgart, Urteil vom 17.08.2021 - 10 U 423/20). Wer das dennoch tut, „spielt mit dem Feuer" und riskiert eine Kündigung des Auftraggebers aus wichtigem Grund. Denn bereits die **wirksame Anordnung** führt nach herrschender, wenn auch nicht völlig unbestrittener Ansicht zur **Ausführungspflicht**, es sei denn, der AG **bestreitet** die Nachtragsforderung **endgültig** und **ernsthaft**, obwohl ein Anspruch besteht, weil der Nachtrag sachlich berechtigt ist. In solchen Fällen ist der AN zweifelsfrei berechtigt, die Ausführung der Nachtragsleistung zu **verweigern (BGH, Urteil vom 24.06.2004 - VII ZR 271/01).** In jüngerer Zeit sehen manche Gerichte dies teilweise anders oder jedenfalls differenzierter und leiten aus Treu und Glauben (§ 242 BGB) bzw. dem Kooperationsgebot ab, dass der AN etwa vor dem Hintergrund der zu erwartenden Erschwernisse bzw. der Höhe der in Rede stehenden Nachtragsvergütung die Leistungsaufnahme von der Zusage des AG abhängig machen könne, eine Nachvertragsvergütung zu bezahlen (OLG Hamm, Urteil vom 09.02.2023 - 24 U 77/21; OLG Düsseldorf, Urteil vom 02.03.2018 - 22 U 71/17).

Es spricht jedenfalls im Ausgangspunkt nichts dagegen, eine Einigung über die Höhe der Vergütung vor Ausführung anzustreben oder sogar explizit zu verlangen und mitzuteilen, man werde erst leisten, nachdem das Nachtragsangebot beauftragt bzw. eine Einigung erzielt wurde. Wirkt dieser „sanfte Druck" nicht, sollte der AN aber reiflich überlegen, ob er wirklich Ernst machen will, weil das riskant sein kann, insbesondere wenn eine Auslegung der Leistungsbeschreibung ergibt, dass der Nachtrag schon dem Grunde nach nicht berechtigt ist, weil es sich um eine Bausollleistung handelt (vgl. Kapitel 6). Eine andere, wesentlich weniger riskante Möglichkeit besteht darin, die Nachtragsleistung auf wirksame Anordnung hin auszuführen und den entsprechenden Vergütungsanspruch im Eilverfahren nach § 650b BGB i. V. m. § 650c Abs. 3 BGB zu klären, weil diese beiden Vorschriften nach herrschender Auffassung auch im VOB/B-Bauvertrag gelten, selbst wenn sie „im Ganzen" vereinbart worden ist (vgl. 7.3.2.5 und 7.3.2.6).

Wenn der Nachtrag dem Grunde nach unstreitig ist, also lediglich eine Preisvereinbarung fehlt, kann der AN auch eine **Sicherheit gemäß § 650f BGB** verlangen (BGH, Urteil vom 20.10.2022 - VII ZR 154/21; OLG München, Beschluss vom 04.02.2022 - 9 U 5469/21 Bau) und daraufhinweisen, dass er zur Leistungsverweigerung berechtigt ist, falls der AG die Sicherheit nicht innerhalb einer angemessen gesetzten Frist stellt (vgl. 15.4.1). Dazu ist allerdings Voraussetzung, dass er die Höhe der Nachtragsvergütung nachvollziehbar (schlüssig) darlegt.

7.2.6 Einseitige Nachtragsansprüche des AN

Da die VOB/B dem AG einseitige und falls möglich auch sofort zu befolgende Anordnungsrechte in § 1 Abs. 3 und 4 Satz 1 VOB/B gewährt, müssen die **Vergütungsansprüche** des AN genauso **einseitig**, also von einer Zustimmung oder Beauftragung des AG unabhängig sein. Genau so regelt es die VOB/B in § 2 Abs. 5 für Änderungs- und in § 2 Abs. 6 für Zusatzleistungen. **Deshalb:** Liegt eine Bauist/Bausoll-Abweichung durch eine wirksame Anordnung des AG vor, hat der AN Anspruch auf Nachtragsvergütung gemäß § 2 Abs. 5 oder 6 VOB/B, ohne dass es einer vorherigen Vergütungsvereinbarung bedarf. Bei § 2 Abs. 5 VOB/B ist es auch möglich, dass der AN eine geringere Vergütung erhält, wenn eine leistungsändernde Anordnung „nach unten" vorliegt (beispielsweise Standard- statt Marmorfliese).

7.2.7 Höhe der Nachtragsvergütung nach dem bisherigen Verständnis der VOB/B

Die Nachtragsvergütung muss nach **bisherigem Verständnis der VOB/B** auf **Basis** der verwertbaren Elemente der **Urkalkulation** ermittelt werden. Das wird als **vorkalkulatorische Fortschreibung** der Ur- bzw. Auftragskalkulation bezeichnet, falls beide identisch sind, sonst ist die Auftragskalkulation maßgebend, beispielsweise zum Mittellohn oder zu den Zuschlagssätzen für Allgemeine Geschäftskosten (AGK) sowie Wagnis und Gewinn (dazu ausführlich: Kimmich/Bach, VOB für Bauleiter, 7. Auflage, Rdnrn. 795 ff.). Dadurch soll das im Wettbewerb zustande gekommene **„Vertragspreisniveau"** auch bei Nachtragsleistungen erhalten bleiben (so beispielsweise: OLG Stuttgart, Urteil vom 10.05.2016 - 10 U 51/15; OLG Düsseldorf, Urteil vom 09.02.2016 - 21 U 100/15; OLG Brandenburg, Urteil vom 25.11.2015 - 4 U 7/14).

Bei der analogen Kostenfortschreibung kommt es nach bislang ganz herrschender Meinung folglich **nicht** auf **„übliche"** oder **„angemessene" Preise** und auch nicht unbedingt auf die **tatsächlichen Kosten**, sondern auf „die Grundlagen der Preisermittlung für die vertragliche Leistung" (§ 2 Abs. 6 Nr. 2 VOB/B) und demzufolge auf die **Auftragskalkulation** an. Dabei wurde - trotz des unterschiedlichen Wortlauts der beiden Vorschriften - nicht zwischen Änderungsleistungen nach § 2 Abs. 5 VOB/B („neuer Preis unter Berücksichtigung der Mehr- oder Minderkosten") und § 2 Abs. 6 VOB/B für erforderliche Zusatzleistungen unterschieden. Ist der Preis mit Verlust kalkuliert worden, setzte sich dieser Verlust, von eng begrenzten Ausnahmen abgesehen, im neuen Preis fort („schlechter Preis bleibt schlechter Preis"). Umgekehrt musste der AN, von wiederum wenigen Ausnahmen abgesehen, nicht auf die Vorteile einer für ihn günstigen Auftragskalkulation verzichten („guter Preis bleibt guter Preis"). Von Ausnahmen davon ist der BGH bislang hauptsächlich ausgegangen, wenn die Preisfortschreibung auf Basis der Urkalkulation zu einem schlechterdings inakzeptablen, die Grenze zur **Sittenwidrigkeit** überschreitenden Ergebnis führen würde oder die Grundsätze des **Wegfalls bzw. der Störung der Geschäftsgrundlage** eingreifen (§ 313 BGB).

Bei **§ 2 Abs. 5 VOB/B** musste an die Kalkulation der geänderten Leistung (Position) angeknüpft werden. Anhand dieser Position wurde die Kalkuation analog fortgeschrieben (BGH, Urteil vom 14.03.2013 – VII ZR 142/12). Die Heranziehung einer solchen **Bezugsposition** dient dem Zweck, das „**Vertragspreisniveau**" beizubehalten (siehe oben). Bei Zusatzleistungen nach **§ 2 Abs. 6 VOB/B** ist es denkbar, sogar wahrscheinlich, dass es eine Bezugsposition für die „neue" Leistung im LV nicht gibt, sodass nur teilweise verwertbare Kalkulationselemente (z. B. Mittellohn, Zuschlagssätze) existieren. Dann mussten, um das „Vertragspreisniveau" beizubehalten, die direkten Kosten, zu denen es keine Aussagen in der Auftragskalkulation gibt, nach „üblichen" Preisen (analog zu § 632 Abs. 2 BGB) vergütet werden, falls der Vertragspreis insgesamt der üblichen Höhe entsprach, die Zuschlagssätze nach Kalkulation. War der Vertragspreis für die beauftragte Leistung höher oder niedriger als der übliche Durchschnittsspreis, musste das bei der Bestimmung des Nachtragsanspruchs berücksichtigt werden, ganz dem Grundsatz folgend: „Guter Preis bleibt gut, schlechter Preis bleibt schlecht".

7.2.8 Die Grundsatzentscheidung des BGH vom 08.08.2019

Auch bei **Mehrmengen ohne Anordnung** des AG nach **§ 2 Abs. 3 Nr. 2 VOB/B** ist die ganz herrschende Meinung jahrzehntelang davon ausgegangen, dass für die Mehrmengen über 10 % des ausgeschriebenen Vordersatzes die ursprüngliche Kalkulation des AN maßgebend ist und ihre Einzelbestandteile unter Berücksichtigung der Mehr- oder Minderkosten fortgeschrieben werden müssen (OLG Köln, Urteil vom 30.12.2014 – 17 U 83/13; OLG Hamm, Urteil vom 13.03.2013 – 12 U 74/12). Dazu hat der **BGH** am **08.08.2019** die vielleicht wichtigste und praxisrelevanteste **Grundsatzentscheidung** zur VOB/B seit langem getroffen, nach der sehr wahrscheinlich auch in Bezug auf die Ermittlung der Vergütung für VOB/B-Nachträge „kein Stein mehr auf dem anderen bleibt" (BGH, Urteil vom 08.08.2019 – VII ZR 34/18). Im Kern hat der BGH dort entschieden, dass für die Bemessung des neuen Einheitspreises für Mengen ab 110 % die **tatsächlich erforderlichen Kosten zuzüglich angemessener Zuschläge für AGK sowie Wagnis und Gewinn** maßgeblich sind, falls die Parteien nicht im Vertrag oder auch danach eine anderweitige (wirksame) Vereinbarung für die Preisanpassung getroffen haben. Wegen der weiteren Einzelheiten zu dieser Entscheidung wird auf die Ausführungen unter 5.2.2 verwiesen.

Das Urteil gleicht einem Erdbeben. Obwohl es sich **nicht** mit VOB/B-Nachtragsansprüchen befasst, wird der BGH die dort aufgestellten Grundsätze bei nächster Gelegenheit mit **höchster Wahrscheinlichkeit** auf **§ 2 Abs. 5 VOB/B** und § 2 Abs. 7

VOB/B übertragen, weil bei diesen beiden Vorschriften ausdrücklich von „Mehr- oder Minder**kosten**" die Rede ist. Das Gleiche dürfte – trotz des Wortlauts der Vorschrift in § 2 Abs. 6 Nr. 2 VOB/B (siehe oben) – auch für erforderliche Zusatzleistungen gelten. Zwischenzeitlich haben bereits **zahlreiche Oberlandesgerichte** genau das getan (Kammergericht, Urteil vom 27.08.2019 – 21 U 160/18; OLG Düsseldorf, Urteil vom 19.12.2019 – 5 U 52/19 und OLG Brandenburg, Urteil vom 22.04.2020 – 11 U 153/18; OLG Frankfurt, Urteil vom 21.09.2020 – 29 U 171/19; OLG Köln, Urteil vom 03.02.2021 – 11 U 136/18; OLG Dresden, Urteil vom 16.06.2020 – 6 U 327/20; OLG München, Beschluss vom 24.04.2020 – 9 U 6930/19 Bau). Auch die herrschende Meinung in der baurechtlichen Literatur ist der Auffassung, dass die Grundsätze der BGH-Entscheidung vom 08.08.2019 auf beide Nachtragsfälle der VOB/B übertragen werden müssen, weil es keinen Unterschied machen kann, ob es zu Mehrmengen ohne Anordnung oder zu geänderten bzw. zusätzlichen Leistungen wegen einer Anordnung des AG gekommen ist. Es ist deshalb möglich und je nach Interessenlage auch ratsam, sich darauf zu berufen, wenn mit der vorkalkulatorischen Preisfortschreibung eine **Besser- oder Schlechterstellung** einer Vertragspartei eintreten würde.

Wie die Ermittlung der Nachtragsvergütung auf Basis tatsächlicher Kosten zuzüglich angemessener Zuschläge erfolgt, wird unter 7.3.2.4 im Rahmen der am 01.01.2018 in Kraft getretenen gesetzlichen Nachtragsvorschriften erörtert. Weshalb? Um einen Teil der Antwort vorwegzunehmen: **§ 650c Abs. 1 BGB** regelt für Nachträge genau das, was der BGH am 08.08.2019 zu Mehrmengen nach § 2 Abs. 3 Nr. 2 VOB/B entschieden hat. Sollten die Leserinnen und Leser vermuten, dass der vom BGH vorgenommene Paradigmenwechsel mit dieser Vorschrift zu tun hat, so teilen wir diese Vermutung voll und ganz. Leider kann es bei diesen allgemeinen Aussagen nicht bleiben, auch nicht im Rahmen einer Einführung zum Bauvertragsrecht. Denn es stellen sich weitere komplizierte Fragen, die bedauerlicherweise ganz überwiegend noch nicht abschließend geklärt sind, vor allem nicht durch den BGH. Wer bereits das Kapitel 3 zum Recht der Allgemeinen Geschäftsbedingungen gelesen und hoffentlich auch verstanden hat, wird ahnen, dass es nicht nur auf die Frage ankommt, ob die VOB/B im Bauvertrag vereinbart wurde, sondern ob das „im Ganzen" oder mit Abweichungen geschehen ist. Wenn diese Fragen beantwortet sind, muss darüber hinaus geklärt werden, ob die Parteien im Vertrag Regelungen zu Nachträgen bzw. zur Ermittlung der Nachtragshöhe getroffen haben bzw. treffen können und ob der AG dazu durch AGB-Klauseln berechtigt ist. Bevor auf diese Fragen näher eingegangen wird (vgl. 7.4), erläutern wir die gesetzlichen Nachtragsbestimmungen in den §§ 650b, c und d für ab dem 01.01.2018 abgeschlossene Bauverträge. Wer ausschließlich VOB/B-Verträge abschließt, sollte die nachfolgenden Seiten dennoch nicht überblättern. Denn selbst bei „lupenreinen" VOB/B-Bauverträgen, ohne die geringste Abweichung zulasten des AN, gelten nach herrschender und richtiger Auffassung Teile der gesetzlichen Bestimmungen sowieso, weil die VOB/B diese Fragen nicht bzw. nicht ausdrücklich anders regelt als das BGB (vgl. 2.1). Gibt es dagegen Abweichungen von der VOB/B (sie ist wie häufig nicht „im Ganzen" vereinbart), gelten möglicherweise die Nachtragsbestimmungen des BGB sogar vollumfänglich, weil die sofort zu befolgenden Anordnunsgrechte nach § 1 Abs. 3 und 4 VOB/B in diesem Fall AGB-widrig sind, jedenfalls nach wohl herrschender Meinung (vgl. 7.4.3).

7.3 Nachträge nach BGB

7.3.1 Gesetzliche Nachtragsvorschriften für Bauverträge

Die BGB-Nachtragsvorschriften gelten für ab dem **01.01.2018** abgeschlossene **Bauverträge**. Unter welchen Voraussetzungen ein **Bauvertrag** vorliegt, bestimmt **§ 650a BGB**. Dafür ist erforderlich, dass Arbeiten an einem **Bauwerk**, einer **Außenanlage** oder einem **Teil** davon ausgeführt werden. Davon geht die Rechtsprechung ohne Weiteres aus, wenn vereinbart wird, durch Verwendung von **Arbeit** und **Material** in Verbindung mit dem **Erdboden** eine **unbewegliche Sache** herzustellen, wiederherzustellen, zu beseitigen oder umzubauen (§ 650a Abs. 1 BGB).

- Für das Vorliegen eines Bauvertrages reicht es aus, dass Produkte **fest** mit dem Bauwerk bzw. dem Grundstück verbunden werden. Entscheidend ist die **funktionelle Verbindung** mit dem Bauwerk, die auf eine **längere Dauer angelegt** ist, beispielsweise durch Verschraubungen oder Anschlüsse. Nicht erforderlich ist, dass eine Trennung der eingebauten Stoffe zu deren Zerstörung führt. Deshalb kann eine auf einem Dach montierte Photovoltaikanlage ebenso eine Bauwerkleistung sein (BGH, Urteile vom 10.01.2019 - VII ZR 184/17 und vom 02.06.2016 - VII ZR 348/13), wie eine auf einem Betonfundament errichtete Containeranlage, die an Versorgungsleitungen angeschlossen wird (BGH, Urteil vom 30.01.1992 - VII ZR 86/90) oder ein im Erdboden verankerter Klettergarten bzw. sonstige Spielplatzgeräte. Bei einer wertenden Betrachtung liegen bei **untergeordneten Leistungen** von geringer Bedeutung, wie beispielsweise dem Anbringen einer Vorhangschiene oder eines Deckenventilators, keine Arbeiten an einem Bauwerk vor. Der BGH begründet dies oftmals mit einer am Sinn und Zweck der **Verjährungsdauer von fünf Jahren** orientierten Gesetzesauslegung gemäß § 634a BGB (BGH, Urteile vom 30.01.1992 - VII ZR 86/90 und 07.12.2017 - VII ZR 101/14, vgl. 11.3.1). Wenn fernliegend ist, dass Mängel erst später als zwei Jahre nach der Abnahme in Erscheinung treten und der Umfang der Arbeiten keinen Anspruch des AN auf eine Sicherungshypothek (§ 650e BGB) oder Bauhandwerkersicherung nach § 650f BGB (vgl. Kapitel 15) rechtfertigt, ist von einem Werk- nicht von einem Bauvertrag auszugehen. Ein Bauvertrag nach § 650a BGB setzt folglich eine auf **längere Dauer** angelegte Zusammenarbeit in Bezug auf **umfangreiche Arbeiten** voraus, die für die Herstellung, die Wiederherstellung oder die Instandhaltung eines Bauwerks von **wesentlicher Bedeutung** sind.

- **Technische Anlagen** wie beispielsweise Mess-, Steuer- und Regelungstechnik (MSR), Brandmeldeanlagen, Gepäckförderanlagen auf Flughäfen oder Förderanlagen für die Automobilproduktion sind ebenfalls als Bauwerkleistungen anzusehen, und zwar unabhängig davon, ob sie untrennbar mit dem Grundstück bzw. dem Gebäude, in dem sie untergebracht sind, verbunden wurden (BGH, Urteile vom 07.12.2017 - VII ZR 101/14 und vom 23.01.2002 - X ZR 184/99 und vom 15.05.1997 - VII ZR 287/95).

- **Reine Erdarbeiten**, die nicht der Herstellung eines Bauwerks dienen, sondern nur den Zustand von Grund und Boden verändern, z. B. isoliert beauftragte Bagger- und Planierarbeiten, gehören nicht dazu. Anders ist es beim Einbau von Schlacke, um darauf eine Bodenplatte zu gründen (OLG Köln, Urteil vom 07.02.2008 - 15 U 106/07) oder bei der Erneuerung eines Trainingsplatzes mit Rollrasen (BGH, Urteil vom 20.12.2012 - VII ZR 182/10).

- Ein Vertrag über **Instandhaltungsarbeiten** kann ein Bauvertrag über die Wiederherstellung eines Bauwerks sein, wenn die Leistungen für die **Konstruktion**, den **Bestand** oder den bestimmungsgemäßen **Gebrauch** des Bauwerks von **wesentlicher Bedeutung** sind (§ 650a Abs. 2 BGB). Dazu gehören **Wartungsverträge** für Brücken oder tragende Bauteile, aber wohl auch für **technische Anlagen** wie Klima- oder Heizungsanlagen.

- Ob **temporäre Bauhilfskonstruktionen** Bauwerkleistungen sind, wird unterschiedlich beurteilt und hängt vom Einzelfall ab. Für den wichtigen Gerüstbau würden wir das bejahen, wenn ein selbstständiger Gerüstbauvertrag vorliegt, auch wenn eine höchstrichterliche Klärung dazu fehlt (ebenso: OLG Nürnberg, Urteil vom 29.04.2021 - 13 U 2800/19 und OLG Köln, Urteil vom 26.03.1999 - 4 U 47/98). Für bauvorbereitende Rodungsarbeiten hat der BGH die Anwendbarkeit von § 648a BGB vor der Reform des Bauvertragsrechts im Jahr 2018 verneint (BGH, Urteil vom 24.02.2005 - VII ZR 86/04). Diese Entscheidung steht dem Anspruch eines Gerüstbauers unserer Auffassung nach aber nicht entgegen, weil der Aufbau, die Vorhaltung und der Abbau eines Gerüsts parallel zur Errichtung eines Bauwerks mittelbar erforderlich sind.

Auch bei einem **BGB-Bauvertrag** kann der „Besteller" - so nennt das BGB den AG im Werk- und Bauvertragsrecht - dieselben Änderungswünsche haben wie bei einem VOB/B-Bauvertrag. Die Planung kann hier so falsch oder unvollständig sein wie dort, sodass in solchen Fällen die Notwendigkeit von Änderungen bei beiden Verträgen tatsächlich gleich ist. Für **bis zum 01.01.2018 abgeschlossene BGB-Bauverträge** sah das Gesetz einseitige Anordnungsrechte des AG – wie in § 1 Abs. 3 und 4 Satz 1 VOB/B – nicht vor, sodass es eine heikle Frage war, ob und unter welchen Voraussetzungen der AG hier Änderungen „erzwingen“ konnte, falls eine Einigung mit dem AN nicht zustande gekommen ist. Die Rechtsprechung hatte – unter „Verrenkungen“ – Anordnungsrechte nach Treu und Glauben (§ 242 BGB) begründet und dem AN nach deren Ausführung eine „übliche“ Vergütung zugesprochen, falls keine Einigung über den Preis erfolgt ist (§ 632 Abs. 2 BGB).

Da dieser Zustand – übrigens 117 Jahre lang – unhaltbar war, hat der Gesetzgeber mit dem **Gesetz zur Reform des Bauvertragsrechts** endlich **gesetzliche Anordnungsrechte** des AG (§ 650b BGB) und Regeln zur **Vergütungsanpassung** eingeführt (§ 650c BGB). Diese Vorschriften weichen inhaltlich von den VOB/B-Nachtragsvorschriften ab, und zwar ganz erheblich. Weil Nachträge potenziell streitanfällig sind, wurde baubegleitend ein **einstweiliges Verfügungsverfahren** geschaffen (§ 650d BGB), um einen Baustillstand oder gar Kündigungen zu vermeiden, falls es zu Konflikten zwischen den Parteien über Nachträge kommt.

7.3.2 Die Systematik der Nachtragsbestimmungen nach BGB

7.3.2.1 Änderungsbegehren des AG

Nach § 650b Abs. 1 Nr. 1 BGB kann der AG eine ***„Änderung des vereinbarten Werkerfolgs“*** oder eine Änderung **begehren**, die zur ***„Erreichung des vereinbarten Werkerfolgs notwendig“*** ist (§ 650 Abs. 1 Nr. 2 BGB). Die Änderung ist notwendig, wenn anderenfalls keine funktionstaugliche und mangelfreie Leistung hergestellt werden kann. Das wäre beispielsweise der Fall, wenn zur Ansteuerung der Heizung ein vieradriges statt einem dreiadrigen Kabel verwendet werden muss. Ein notwendiges Änderungsbegehren wird oftmals die Konsequenz eines auftragnehmerseitigen **Bedenkenhinweises nach § 4 Abs. 3 VOB/B** sein. Davon abzugrenzen sind die zur Erreichung des vereinbarten Werkerfolgs nicht notwendigen Änderungsbegehren nach § 650b Abs. 1 Nr. 1 BGB. Im Gesetz werden diese als „Änderung des vereinbarten Werkerfolgs“ bezeichnet. Man könnte auch von „gewillkürten“ Änderungsbegehren sprechen, beispielsweise runde statt rechteckige Downlights oder Parkett statt Laminat wegen eines Mieterwechsels. Diese Unterscheidung ist im Hinblick auf das Anordnungsrecht des AG relevant, weil es in diesem Fall davon abhängt, ob dem AN die Ausführung der Leistung zumutbar ist oder nicht (dazu sogleich).

Schon durch die Formulierung *„begehrt der Besteller eine Änderung“* bringt das BGB klar zum Ausdruck, dass es keine **sofortigen** Anordnungsrechte des AG wie nach § 1 Abs. 3 und Abs. 4 VOB/B gibt. Vielmehr sollen die Vertragsparteien zuerst eine **Eini-**

gung über die **Änderung** und die **Vergütungsanpassung anstreben**, und zwar **bevor** die Leistung ausgeführt werden muss (§ 650b Abs. 1 Satz 1 BGB). Dem Anordnungsrecht des AG ist folglich eine **Verhandlungsphase** vorgeschaltet.

7.3.2.2 Nachtragsangebot des AN

Der AN ist nach Zugang des Änderungsbegehrens grundsätzlich zur Erstellung eines **Nachtragsangebots** verpflichtet (§ 650b Abs. 1 Satz 2 BGB)**,** weil anderenfalls eine Einigung über die Vergütungsanpassung nicht möglich wäre. Davon gibt es allerdings Ausnahmen, und zwar folgende:

- Die Ausführung eines **gewillkürten** – nicht notwendigen – **Änderungsbegehrens** nach § 650b Abs. 1 Nr. 1 BGB ist für den AN **unzumutbar,** beispielsweise, weil es an „Know-how" bzw. qualifiziertem (Aufsichts-)Personal fehlt. Da es hier **niemals ein Anordnungsrecht** des AG und somit auch **keine Ausführungspflicht** des AN gibt, muss er auch kein Angebot machen. Die Zumutbarkeit muss grundsätzlich der AG beweisen, es sei denn, es handelt sich um rein betriebsinterne Vorgänge beim AN (§ 650b Abs. 1 Satz 3 BGB). Das dürfte beispielsweise der Fall sein, wenn er nachweisen kann, dass es durch die gewillkürte Änderung zu einer Verlängerung der Bauzeit kommt und er nach dem vertraglich vereinbarten Fertigstellungstermin keine freien Kapazitäten hat, weil er fest vereinbarte Folgeaufträge termingerecht ausführen muss. Bei einem nicht notwendigen (gewillkürten) Änderungsbegehren, dessen Ausführung dem AN unzumutbar ist, müsste der AG folglich „frei" kündigen (§ 8 Abs. 1 VOB/B), falls er auf die geänderte Leistung nicht verzichten will, anschließend einen anderen Unternehmer beauftragen, dem gekündigten AN aber die Vergütung für die entfallene Leistung unter Abzug der ersparten Kosten bzw. eines anderweitigen Erwerbs bezahlen (vgl. 12.1.2).

- Der **AG** trägt die **Planungsverantwortung** und stellt dem AN die für die Erstellung des Nachtragsangebots notwendigen **Informationen** (geänderter Leistungsbeschrieb bzw. geänderte Planung) **nicht** zur Verfügung (§ 650b Abs. 1 Satz 4 BGB). Diese Regelung bezweckt, dass dem AN bei Änderungen der Leistung keine Planungsverpflichtungen und damit die Planungsverantwortung auferlegt werden können, die er zum Zeitpunkt des Vertragsabschlusses nicht freiwillig übernommen hat (*„Wer als AG einmal plant, plant immer"*). Das gilt sowohl bei notwendigen als auch bei gewillkürten Änderungsbegehren. An dieser Stelle soll zum ersten Mal beleuchtet werden, ob nicht mindestens Teile der neuen Nachtragsvorschriften auch im **VOB/B-Vertrag** gelten. Denn soweit die VOB/B keine andere, abschließende bzw. überhaupt keine Regelung trifft, gilt das BGB automatisch ergänzend (vgl. 2.1). Wir meinen, dass dies bei der Planungsverantwortung des AG der Fall ist, weil sich die VOB/B zu dieser Frage ausschweigt und allenfalls in § 2 Abs. 9 VOB/B regelt, dass der AN eine Vergütung für die Erbringung solcher Planungsleistungen erhält, die er nicht bereits nach dem Vertrag schuldet. Ob der AG eine solche Planung dagegen erzwingen kann, sagt die VOB/B nicht. Deshalb halten wir es für richtig, § 650b Abs. 1 Satz 4 BGB auch im VOB/B-Vertrag anzuwenden, auch wenn dazu – soweit ersichtlich – noch keine Rechtsprechung vorliegt.

- Der **AN** trägt die **Planungsverantwortung,** beispielsweise bei (teil-)funktionaler Ausschreibung (§ 650b Abs. 1 Satz 5 BGB). Dann entstehen für Leistungen, die **notwendig** sind, um den **Werkerfolg** herbeizuführen, keine Nachtragsansprüche (§ 650c Abs. 1 Satz 2 BGB), sodass der AN auch kein entsprechendes Angebot machen muss. Diese Grundaussage entspricht der Rechtsprechung zu Global-Pauschalverträgen mit (teil-)funktionaler Leistungsbeschreibung und gilt wiederum im VOB/B-Vertrag, auch wenn eine vergleichbare Bestimmung in der VOB/B dazu fehlt (vgl. 7.1.2). Die Regelung gilt in jedem Fall, wenn der AN **erkennbar** notwendige Leistungen nicht berücksichtigt oder den von Anfang an bekannten Aufwand unterschätzt hat („*Wer als AN plant, der haftet*"). Ob es auch gilt, wenn der AN **keinen schuldhaften Planungsfehler** begangen hat, weil zusätzliche oder geänderte Leistungen vor Vertragsabschluss nicht erkennbar waren, ist von der Rechtsprechung noch nicht geklärt worden. Weil der Wortlaut der gesetzlichen Vorschrift nicht differenziert, raten wir zur Vorsicht. Ist es aus Sicht des AN möglich, dass sich weitere als die im Vertrag vereinbarten Leistungen erst nach Arbeitsaufnahme, bspw. durch zerstörende Eingriffe in die Bausubstanz, als notwendig herausstellen, sollte darauf bereits bei Abgabe des **Angebots hingewiesen** und ein **Vorbehalt** in Bezug auf die Geltendmachung weiterer Forderungen für solche Leistungen erklärt und im Vertrag **vereinbart** werden.

  Achtung: Ein **Vorbehalt** ist auch notwendig, wenn in einem **Nachtragsangebot zeitabhängige Kosten** nicht berücksichtigt worden sind, weil zu diesem Zeitpunkt noch nicht feststeht, ob und wenn ja welche zeitlichen Folgen die Ausführung der Nachtragsleistung hat. Denn bereits nach der Rechtsprechung zur VOB/B gilt: Es gibt **keinen Nachtrag zum Nachtrag**, schon gar nicht, falls der AG ein Nachtragsangebot angenommen hat und dort keine bauzeitabhängigen Kosten enthalten sind (OLG Frankfurt, Urteil vom 19.12.2019 – 5 U 171/18; Kammergericht, Urteil vom 26.08.2018 – 7 U 111/17 und OLG Düsseldorf, Beschluss vom 24.07.2017 – 23 U 11/16). Ob das richtig ist oder nicht, kann dahinstehen, denn es entspricht ständiger obergerichtlicher Rechtsprechung. Ein AN, der auf dem sichersten Weg bleiben will, berücksichtigt bauzeitabhängige Kosten der Nachtragsleistung entweder bereits im Angebot oder erklärt schriftlich, dass diese dort nicht enthalten sind, und macht einen ausdrücklichen und unmissverständlichen Vorbehalt hinsichtlich der Geltendmachung dieser Kosten, falls sie nachweislich entstehen und erforderlich waren.

7.3.2.3 Anordnungsrecht des AG nach § 650b Abs. 2 BGB

Das Anordnungsrecht des AG nach § 650b Abs. 2 BGB setzt voraus, dass sich die Parteien **binnen 30 Tagen** nicht über die Änderung **geeinigt** haben, insbesondere nicht über den dafür zu zahlenden Preis auf der Grundlage des AN-seitigen Angebotes. Kommt es nicht zu einer Einigung innerhalb der Frist von 30 Tagen, kann der AG die Änderung in **Textform** anordnen (§ 650b Abs. 2 Satz 1 BGB). Dazu reicht eine einfache E-Mail (vgl. 4.2.1.3), auch wenn das nicht dem sichersten Weg entspricht. Ein Anordnungsrecht des AG für nicht notwendige Änderungen besteht aber nur, wenn die Ausführung dem AN zumutbar ist (§ 650b Abs. 2 Satz 2 BGB). Die Frist von 30 Tagen ist eine **Höchstfrist**, die selbstverständlich auch unterschritten werden kann, wenn es zeitlich vorher zu einer Einigung kommt. Die Frist beginnt mit dem **Zugang des Änderungsbegehrens** beim AN. Dem Anordnungsrecht des AG ist damit eine Einigungsphase von maximals 30 Tagen vorgeschaltet. Haben sich die Parteien über die Höhe der zu zahlenden Vergütung geeinigt, kommt es auf die Regeln zur Vergütungsanpassung nach § 650c BGB nicht mehr an (vgl. 7.3.2.4). Der AG muss dann die vereinbarte Vergütung bezahlen, es sei denn, er kann beweisen, dass die Leistung bereits aufgrund des abgeschlossenen Vertrages geschuldet und vergütet worden ist, weil der AN dann – trotz der zuvor erfolgten Einigung – dieselbe Leistung nicht ein zweites Mal bezahlt verlangen kann (BGH, Urteil vom 26.03.2005 – X ZR 166/04).

Es liegt auf der Hand, dass AG (aber auch nicht wenige Juristen) diese Vorschrift für deutlich weniger praktikabel halten als die sofortigen Anordnungsrechte ohne vorherigen Einigungsversuch nach § 1 Abs. 3 und 4 VOB/B. Als Argumente werden vor allem dadurch bedingte, überflüssige Bauablaufstörungen, aber auch „aggressive" Nachtragsangebote des AN, der den Zeitdruck des AG zu seinem Vorteil ausnutzen will, ins Feld geführt. Das muss man sicher ernst nehmen, ändert aber nichts daran, dass § 650b Abs. 2 BGB im Gesetz steht, und zwar auch deshalb, weil der Deutsche Bundestag einen Anreiz dafür schaffen wollte, **erst** gründlich und vollständig zu planen, **danach** die Leistung auszuschreiben und erst **dann** den Bauvertrag abzuschließen, also nicht baubegleitend zu planen, weil das nach Auffassung vieler Experten die „Ursünde" am Bau ist. Hinzu kommt ein weiteres: Es ist schon immer eine Besonderheit der VOB/B gewesen, dass der AG einseitig, also ohne Zustimmung bzw. Einigung mit seinem Vertragspartner, einen abgeschlossenen Vertrag ändern konnte. Diese Möglichkeit besteht bei sonstigen Verträgen grundsätzlich nicht. Diese Besonderheit behält § 650b Abs. 2 BGB auch bei, weil es dafür beim Bauvertrag ein nachvollziehbares Bedürfnis gibt, verschafft dem AN zum Ausgleich dafür aber eine echte Chance, **vor der Ausführungspflicht** den dafür geschuldeten Preis vereinbaren zu können. Bis die Einigung erfolgt ist oder die Anordnung des AG nach Ablauf von 30 Tagen erteilt wurde, besteht der Vertrag **unverändert** fort. Deshalb sollte der AN nachfragen, ob er die Ausführung der vom Änderungsbegehren betroffenen Leistung bis zur Entscheidung des AG vorläufig einstellen oder vertragsgemäß weiterarbeiten soll. Das gilt jedenfalls bei „gewillkürten" Änderungsbegehren. Verlangt der AG daraufhin eine Einstellung der Arbeiten, hat der AN einen „sicheren" Anspruch auf **Bauzeitverlängerung** und **Mehrkosten** (§ 2 Abs. 5 VOB/B oder § 642 BGB), falls es dadurch zu zeitlichen und wirtschaftlichen Folgen kommt.

Ob und unter welchen Voraussetzungen **Ausnahmen von der 30-Tage-Frist** möglich sind, muss die Rechtsprechung noch klären. Sicher ist, dass es ein sofortiges Anordnungsrecht bei **Gefahr für Leib und Leben Dritter** oder den **Bestand des Bauwerks** geben muss. Ebenso, falls der AN sich ernsthaft und endgültig weigert, überhaupt ein Nachtragsangebot vorzulegen. Ein vor Ablauf der Frist von 30 Tagen bestehendes Anordnungsrecht ist auch denkbar, falls bereits zuvor sicher feststeht, dass eine Einigung über das Angebot nicht zustande kommt, weil der AN darüber gar nicht verhandeln will oder die Verhandlungen aufgrund eines „Phantasieangebotes" vorzeitig, aber endgültig gescheitert sind. Auch das muss die Rechtsprechung noch entscheiden. **Vertragliche Modifizierungen** des § 650b BGB, speziell der 30-Tage-Frist, dürften prinzipiell zulässig und möglich sein, solange diese Änderungen nicht zu einer AGB-rechtlich **unangemessenen Benachteiligung** des AN führen (vgl. dazu 7.4.4).

7.3.2.4 Vergütungsanpassung nach § 650c BGB

Die Höhe des Vergütungsanspruchs für den **infolge** einer Anordnung des AG **vermehrten oder verminderten Aufwand** ist **nach den tatsächlich erforderlichen Kosten mit angemessenen Zuschlägen für allgemeine Geschäftskosten, Wagnis und Gewinn zu ermitteln (§ 650c Abs. 1 BGB).** Das entspricht im Ergebnis dem bereits mehrfach erwähnten BGH-Urteil vom 08.08.2019 zu Mehrmengen nach § 2 Abs. 3 Nr. 2 VOB/B und dürfte ein entscheidender Grund für die Rechtsprechungsänderung gewesen sein (vgl. 5.2.2 und 7.2.8). Diese Vorschrift durchbricht zugunsten des AN den bisher geltenden VOB/B-Grundsatz „schlechter Preis bleibt schlecht".

Der AN hat aber ein **Wahlrecht** und kann nach **§ 650c Abs. 2 BGB** zur Berechnung der Nachtragsvergütung stattdessen auf die Ansätze in einer **vereinbarungsgemäß hinterlegten Urkalkulation** zurückgreifen. Das würde zu einer Nachtragsberechnung führen, die dem bisherigen Verständnis der VOB/B entsprochen hat (vgl. 7.2.7). Nun liegt die Vermutung nahe, dass der „schlaue" AN bei unauskömmlichen oder jedenfalls knapp bemessenen Kalkulationsansätzen von der Möglichkeit des § 650c Abs. 1 BGB Gebrauch macht und bei Kalkulationsansätzen oberhalb der tatsächlich entstehenden Kosten oder unangemessen hohen Zuschlagssätzen das Wahlrecht ausübt und auf Basis der Urkalkulation abrechnet, sodass der gute Preis ein guter bleibt. Das geht aber nur, wenn der AG die Möglichkeiten des **§ 650c Abs. 2 Satz 2 BGB** nicht erkennt und geltend macht. Denn im Ausgangspunkt spricht nach dieser Bestimmung nur eine **widerlegbare Vermutung** dafür, dass die auf Basis der Urkalkulation fortgeschriebene

Vergütung der Vergütung nach § 650c Abs. 1 entspricht. Wenn es dem AG gelingt, diese Vermutung zu widerlegen, schuldet er im Ergebnis lediglich eine Vergütung in Höhe der tatsächlich erforderlichen – änderungsbedingten – Mehrkosten zuzüglich angemessener Zuschläge.

Für die Berechnung der Nachtragsleistung auf Basis tatsächlich erforderlicher Kosten nebst angemessener Zuschläge (§ 650c Abs. 1 BGB) gelten im Kern folgende Grundsätze, auch wenn viele Fragen dazu von der Rechtsprechung erst noch geklärt werden müssen: Die „Berechnungsformel" für Nachtragsansprüche lautet allgemein: **Tatsächlich erforderlichen Kosten** für die Herstellung der **geänderten Leistung abzüglich** der **hypothetischen Kosten**, die bei Ausführung der **beauftragten Leistung** entstanden wären, zuzüglich angemessener Zuschläge für AGK sowie Wagnis und Gewinn. Dadurch wird sichergestellt, dass (verdeckte) Verluste oder auch Gewinne, die bei Ausführung der beauftragten Leistung entstanden wären, betragsmäßig erhalten bleiben. Denn der AN soll durch die Änderung der Leistung nicht bessergestellt werden, als wenn er den vereinbarten Vertrag erfüllt hätte; allerdings auch nicht schlechter.

Bei **zusätzlichen Leistungen** ist die Nachtragsvergütung verhältnismäßig einfach zu ermitteln. Denn hypothetische Kosten, die bei Ausführung der vertraglichen Leistung entstanden wären, gibt es hier nicht. Es handelt sich ja gerade um eine Leistung, die der AN nach dem Vertrag nicht schuldete. Streiten kann man allenfalls über die Frage, ob die dafür geltend gemachten **Zuschlagssätze** der Angemessenheit entsprechen. Das können die Zuschlagssätze aus der **Kalkulation** sein, zwingend ist das aber nicht, so der BGH in einer Entscheidung zu § 2 Abs. 3 Nr. 2 VOB/B (Urteil vom 21.11.2019 – VII ZR 10/19, dort Rdnr. 24). Liegen die kalkulierten Ansätze unterhalb der Angemessenheit, kann der AN für die änderungsbedingten Mehrkosten angemessene Zuschläge verlangen, liegen sie darüber, erhält er in Bezug auf die tatsächlich erforderlichen Mehrkosten nur angemessene Zuschläge. Welche Zuschlagssätze angemessen sind, lässt sich nicht allgemein beantworten, sondern hängt von den konkreten Umständen des Einzelfalles ab. Können sich die Parteien darüber nicht einigen, muss ein Gericht, möglicherweise unter Einschaltung eines Sachverständigen, ermitteln, ob die geltend gemachten Zuschlagssätze innerhalb einer ortsüblichen Bandbreite liegen oder bei der Bestimmung der Höhe der angemessenen Zuschläge schätzen, was der BGH in der oben genannten Entscheidung ausdrücklich für zulässig hält. Vielfach wird darüber diskutiert, was unter ***„erforderlichen"*** Kosten zu verstehen ist. Wir meinen, dass damit lediglich vermieden werden soll, dass ein AN Mehrkosten verursacht, die bei Beachtung kaufmännischer Grundsätze vermeidbar gewesen wären. Behauptet beispielsweise ein AN, er habe für das Anbringen von Duschköpfen an der Decke statt an der Wand pro Duschkopf eine Stunde mehr gebraucht, und stellt sich in einem Prozess heraus, dass dafür allenfalls ein zeitlicher Mehraufwand von 20 Minuten begründet ist, bekommt der AN auch nur zusätzlich 20 Minuten bezahlt, im

Zweifel nach den tatsächlich entstandenen Lohnkosten, nicht unbedingt nach dem kalkulierten Mittellohnsatz. Das Gleiche gilt bei zusätzlichen Leistungen.

Bei **geänderten Leistungen** ist die Berechnung der Mehrkosten schwieriger, denn hier gibt es hypothetische Kosten, die entstanden wären, wenn es bei den im Vertrag vereinbarten Leistungen geblieben wäre. Für die Ermittlung der erforderlichen **Ist-Kosten** bei Eigenleistungen kommt es auf tatsächlich entstehende **Lohn- und Materialkosten** an, die durch entsprechende Rechnungen oder Unterlagen aus der Lohnbuchhaltung des AN nachgewiesen werden können. Ähnliches gilt für den Einsatz von **Maschinen und Geräten**, falls es änderungsbedingt zu höheren Kosten gekommen sein sollte, beispielsweise wegen einer daraus resultierenden Bauzeitverlängerung. Leistungen von **Nachunternehmern** können ebenfalls durch entsprechende Rechnungen belegt werden, jedenfalls wenn keine Anhaltspunkte dafür bestehen, dass hier ein Geschäft zulasten Dritter gemacht werden soll. Denn im Regelfall erhält auch der beauftragte Nachunternehmer von seinem Vertragspartner nur eine Vergütungsanpassung nach den Grundsätzen des § 650c Abs. 1 BGB.

Deutlich schwieriger ist dagegen die Ermittlung der **hypothetischen Kosten** der beauftragten Leistung, denn der AN muss Kosten für etwas darlegen und im Streitfall auch beweisen, was er ganz oder teilweise nicht ausgeführt hat. Entsprechen die in der **Kalkulation** enthaltenen Ansätze für die vertragliche Leistung den tatsächlich erforderlichen Kosten und kann der AN das plausibel und nachvollziehbar darlegen bzw. beweisen, ist das Problem erledigt (OLG Schleswig, Urteil vom 17.12.2020 – 7 U 21/98, vgl. 7.4.2). Im Streitfall muss ein Gericht, gegebenenfalls nach Einschaltung eines Sachverständigen, entscheiden, ob das der Fall ist oder nicht, wenn der AG erhebliche Einwendungen vorbringt. Die Differenz zwischen den tatsächlich erforderlichen Kosten und den hypothetischen Kosten wird mit angemessenen Zuschlägen für AGK sowie Wagnis und Gewinn beaufschlagt. Wenn die Kalkulation für die vertraglich geschuldete Leistung nicht den Kosten entspricht, die bei ihrer Ausführung entstanden wären, muss bei den Material- bzw. Fremdkosten auf Angebote zurückgegriffen werden, wenn sie nachvollziehbar und realistisch sind. Hilft das nicht weiter, bleibt nur die Möglichkeit, auf **Baupreisdateien** und die dort ausgewiesenen Aufwandswerte bzw. Zeitansätze Bezug zu nehmen, was allerdings nicht einfach, jedenfalls aber aufwendig sein dürfte.

7.3.2.5 Der vorläufige Zahlungsanspruch gemäß § 650c Abs. 3 BGB

Der AN hat ein **Wahlrecht** dahingehend, ob er die Nachtragsleistungen in voller Höhe oder nach **§ 650c Abs. 3 Satz 1 BGB** nur zu 80 % geltend machen will, falls eine Einigung über die zu zahlende Vergütung nicht erfolgt ist. Die Geltendmachung von 80 % nach § 650c Abs. 3 BGB setzt voraus, dass der AN dem AG vor der Durchführung der nicht im Vertrag enthaltenen Leistungen ein Angebot nach § 650b Abs. 1 BGB unterbreitet hat, hierüber innerhalb von 30 Tagen keine Einigung erzielt worden ist und der AG sodann eine Anordnung zur Ausführung in Textform getroffen hat (LG München, Urteil vom 31.08.2023 – 24 O 9551/23). Nach § 650c Abs. 3 BGB besteht dann im Ausgangspunkt ein **vorläufiger, gesetzlicher Zahlungsanspruch in Höhe von 80 %** der im Nachtragsangebot genannten Mehrvergütung, und zwar unabhängig davon, ob es sachgerecht erstellt wurde oder überhöht ist. Anders ist es nur, falls sich das Angebot ganz offensichtlich sachfremd an der Grenze zur Sittenwidrigkeit bewegt. Wenn der AG die 80 % nicht bezahlen will, muss er eine **anderslautende gerichtliche Entscheidung** in einem Eilverfahren nach **§ 650d BGB** erwirken (vgl. 7.3.2.6), wenn er einen **Zahlungsverzug** und ein daraus resultierendes **Leistungsverweigerungsrecht** des AN nach § 320 Abs. 1 BGB bzw. § 16 Abs. 5 Nr. 4 VOB/B oder gar eine **Kündigung des AN** nach § 9 Abs. 1 Nr. 2 VOB/B bzw. § 648a BGB **vermeiden** will.

Wie verhält es sich mit der **80 %-Regelung** nach § 650c Abs. 3 BGB **bei Vereinbarung** der **VOB/B**? Soweit ersichtlich, haben alle Gerichte, die darüber zwischenzeitlich entscheiden mussten, die Anwendbarkeit der Vorschrift auch im VOB/B-Vertrag bejaht, selbst wenn sie „im Ganzen" vereinbart wurde (LG München, Urteil vom 31.08.2023 – 24 O 9551/23; LG Dessau-Roßlau, Urteil vom 22.04.2022 – O 119/22; Kammergericht, Urteile vom 02.11.2021 – 27 U 120/21 und vom 02.03.2021 – 21 U 1098/20; LG Hechingen, Urteil vom 02.11.2021 – 2 O 305/21 und LG Berlin, Urteil vom 16.10.2020 – 8 O 126/20). Dem folgt der ganz überwiegende Teil der baurechtlichen Literatur. Das ist auch richtig, weil die VOB/B dazu keine Regelung enthält. Sie regelt nur das Recht auf Abschlagszahlungen ganz allgemein (§ 16 Abs. 1 Nr. 3 VOB/B). Die Konsequenz daraus ist immer dieselbe: In solchen Fällen gelten gesetzliche Regelungen „automatisch" (vgl. 2.1).

7.3.2.6 Klärung von Streitfragen im Eilverfahren nach § 650d BGB

Streitfragen zum **Anordnungsrecht** oder die **Vergütungsanpassung** können – baubegleitend – im **einstweiligen Verfügungsverfahren nach § 650d BGB** gerichtlich entschieden werden. Das ist ein vom Gesetzgeber neu geschaffenes Instrument, mit dessen Hilfe Nachtragsstreitigkeiten in einem summarischen Eilverfahren schnell geklärt werden können, ohne dass es zu mehreren Gerichtsverhandlungen, Zeugenladungen oder der Einholung von Sachverständigengutachten kommt. Aus den oben genannten Urteilen folgt ferner, dass die Möglichkeit, Streitigkeiten über Nachträge in einem gerichtlichen Eilverfahren nach § 650d BGB zu klären, auch im **VOB/B-Vertrag** besteht.

Will der AG die 80 % (vorläufig) nicht vergüten, weil das aus seiner Sicht zu einer **Überzahlung** und damit zu einem **Rückerstattungsrisiko** führt, kann er eine **anders**

lautende gerichtliche Entscheidung nach § 650d BGB herbeiführen. Diese Möglichkeit besteht auch, wenn streitig ist, ob der AG überhaupt eine Bausolländerung angeordnet hat oder sich seine Anordnung stattdessen nur auf Leistungen bezieht, die der AN schon nach dem Vertrag schuldet. In einem solchen Fall erhält der AN gar keine Nachtragsvergütung, sodass über deren Höhe auch keine Entscheidung ergehen muss. Das kann der AG in einem Eilverfahren nach § 650d BGB feststellen lassen. Ist der Nachtrag dagegen „dem Grunde nach" unstreitig und konnten sich die Parteien nur nicht über die Höhe der dafür geschuldeten Vergütung einigen, kann der AG beim zuständigen Gericht beantragen und feststellen lassen, dass der AN nicht berechtigt ist, eine Abschlagszahlung in Höhe von vorläufig 80 % des Betrages aus seinem Nachtragsangebot zu verlangen (Kammergericht, Urteil vom 02.11.2021 – 27 U 120/21).

Auch der AN kann eine **vollstreckbare Titulierung der Nachtragsforderung** im einstweiligen Verfügungsverfahren nach § 650d BGB erlangen, falls er die Leistungen nicht wegen Zahlungsverzugs des AG einstellen will (§ 320 BGB bzw. § 16 Abs. 5 Nr. 4 VOB/B) und der AG nicht seinerseits die gerichtliche Klärung im Eilverfahren betreibt (Leistungs- oder Zahlungsverfügung, Kammergericht, Urteil vom 02.11.2021 – 27 U 120/21). Die Leistungsverweigerung nach § 16 Abs. 5 Nr. 4 VOB/B oder § 320 BGB kann **riskant** sein, insbesondere, wenn der Nachtrag schon dem Grunde nach streitig ist, also nicht nur die Höhe der Vergütung. Alternativ dazu kann sich der AN auch mit einer Feststellungsverfügung begnügen. Das kommt beispielsweise in Betracht, wenn ein Nachtragsangebot (noch) nicht vorliegt oder die Nachtragsleistung noch nicht ausgeführt oder abgerechnet worden ist. Der AN lässt dann im Wege des Eilverfahrens nur klären, ob der AG eine wirksame bausolländernde Anordnung erteilt hat. Möglicherweise teilt ein Gericht seine Auffassung nicht und weist den Antrag – regelmäßig nach **einer** mündlichen Verhandlung – durch Urteil zurück. Dann kann er dagegen in Berufung gehen, muss aber bis zu einer gegebenenfalls anderen Entscheidung des Berufungsgerichts leisten und kann nicht von der 80 %-Regelung Gebrauch machen. Das ist für den AN unerfreulich und mit Kosten verbunden, aber immer noch besser, als ein „Spiel mit dem Feuer", an dem ein AN teilnimmt, wenn er die Nachtragsleistung verweigert, weil der AG den Nachtragsanspruch schon dem Grunde nach – zu Recht – zurückgewiesen hat. Denn dann riskiert der AN eine schadensersatzbegründende Kündigung des AG aus wichtigem Grund.

Umstritten ist, ob eine einstweilige Verfügung nach § 650d BGB auch noch **nach Eintritt der Schlussrechnungsreife** möglich ist. Das wird vom Kammergericht mit der nicht von der Hand zu weisenden Begründung bejaht, dass der AG eine Zahlung, die er aufgrund einer gegen ihn ergangenen Zahlungsverfügung nach § 650d BGB oder auch freiwillig geleistet hat, mit Zahlungsansprüchen des AN aus der Schlussrechnung verrechnen kann und dem AN damit die Liquidität entzieht, die ihm § 650c Abs. 3 BGB gerade verschaffen will (Kammergericht, Urteil vom 02.03.2021 – 21 O 1098/20). Die weitere Leistungserbringung wegen Zahlungsverzugs verweigern kann der AN in einem solchen Fall nicht mehr, weil die Arbeiten abgeschlossen sind. Dennoch vertritt das OLG Karlsruhe dazu explizit eine andere Auffassung und hält Eilverfahren gemäß § 650d BGB nach Fertigstellung und Eintritt der Schlussrechnungsreife nicht mehr für möglich (OLG Karlsruhe, Beschluss vom 23.09.2022 – 8 W 29/22).

Der AN kann statt Zahlung auch eine **Sicherheitsleistung** für die – berechtigte oder dem Grunde nach unstreitige – Nachtragsforderung gemäß **§ 650f BGB** geltend machen (vgl. 15.4.1). Dieses Recht besteht eindeutig auch nach Abnahme der Leistung und selbst nach einer Kündigung des Bauvertrages (vgl. 15.3.1). Das hat den Vorteil, dass es auf eventuelle Mängel oder streitige Gegenforderungen nicht ankommt und ein Gericht deshalb auch ein Hauptsacheverfahren in der Regel schnell und ohne Beweisaufnahme entscheiden kann.

7.3.2.7 Endgültige Abrechnung der Nachtragsleistung im Fall einer Zahlung nach § 650c Abs. 3 BGB

Ist aufgrund der 80 %-Regelung Zahlung geleistet worden, findet eine endgültige Abrechnung der Nachtragsleistung erst nach Abnahme und Stellung der Schlussrechnung statt **(§ 650c Abs. 3 Satz 2 BGB)**. Der AN muss eine infolge der 80 %-Regelung eingetretene **Überzahlung** nebst Zinsen in Höhe von 5 oder 9 Prozentpunkten über dem Basiszinssatz seit Erhalt der Überzahlung **zurückerstatten** (§ 650c Abs. 3 Sätze 3 und 4 BGB i. V. m. § 288 BGB).

Der AN kann den **Differenzbetrag zum Nachtragsangebot** (in der Regel 20 %) erst mit der Schlussrechnung fällig stellen. Er kann aber auch abweichend von seinem nach § 650c Abs. 1 BGB auf Kostenbasis erstellten Nachtragsangebot eine höhere als die im Angebot genannte Vergütung fordern, falls sich erst nach Ausführung der Leistung herausstellt, dass die tatsächlich erforderlichen Kosten höher waren und er sich die Geltendmachung solcher Kosten ausdrücklich **vorbehalten** hat (vgl. 7.3.2.2). Streit über Nachträge aufgrund der Schlussrechnungsprüfung des AG müssen im Normalfall in einem **regulären Bauprozess** (Hauptsacheverfahren) geklärt werden.

7.4 Welche Nachtragsvorschriften gelten bei ab dem 01.01.2018 abgeschlossenen Bauverträgen?

Viele Leserinnen und Leser des Kapitels 3 werden überrascht gewesen sein, dass vereinbarte Vertragsbedingungen, aber auch Vorschriften der VOB/B, aus AGB-rechtlichen Gründen unwirksam sein können. Schon das ist nicht so einfach zu verstehen. Noch schwieriger wird es jetzt: Wie verhält es sich mit der **AGB-rechtlichen Wirksamkeit der VOB/B-Nachtragsbestimmungen**, wenn die VOB/B nicht „im Ganzen" vereinbart worden ist? Das ist deshalb so kompliziert, weil man nicht nur danach unterscheiden muss, ob die **VOB/B** überhaupt und wenn ja **„im Ganzen"** vereinbart worden ist, sondern auch noch zu klären hat, ob und inwieweit **vertragliche Vereinbarungen** zu Nachträgen AGB-rechtlich wirksam sind. Und an dieser Stelle ein letztes Mal: Eine Vielzahl der nachfolgend behandelten Probleme würde sich „in Luft auflösen", wenn der Deutsche Vergabe- und Vertragsausschuss (DVA) endlich eine neue VOB/B verabschieden und dabei die gesetzlichen Nachtragsvorschriften und die dazu ergangene Rechtsprechung des BGH und der Oberlandesgerichte berücksichtigen würde (vgl. 7.2.8). Wann das passiert, weiß momentan niemand. Bis es soweit ist, können wir jedenfalls den interessierten Leserinnen und Lesern die folgenden Ausführungen nicht ersparen.

7.4.1 BGB-Bauvertrag ohne Einbeziehung der VOB/B

Dieser Fall ist einfach. Wenn der Vertrag ab dem 01.01.2018 abgeschlossen wurde, gelten die gesetzlichen Nachtragsbestimmungen (§§ 650b, c und d BGB), was sonst? Ob davon abweichende vertragliche Vereinbarungen durch vom Auftraggeber gestellte AGB-Klauseln zulässig sind, behandeln wir unter 7.4.4.

7.4.2 „Lupenreiner" VOB/B-Vertrag (die VOB/B ist „im Ganzen" vereinbart)

Zunächst: Hier bleibt es bei den sofort zu befolgenden Anordnungsrechten nach § 1 Abs. 3 und 4 VOB/B, weil diese Bestimmungen nicht auf ihre AGB-rechtliche Wirksamkeit hin überprüft werden können (vgl. 3.3.1). Fraglich ist dagegen, nach welchen Grundsätzen die Nachtragsvergütung zu ermitteln ist. Auch das dürfte mit der herrschenden Meinung, insbesondere den bereits zitierten Urteilen zahlreicher Oberlandesgerichte, einfach zu beantworten sein (vgl. 7.2.8). Denn danach enthält die VOB/B eine **Regelungslücke**, die im Wege der **ergänzenden Vertragsauslegung** dahin zu schließen ist, dass sich die Vergütung des AN nach den **tatsächlich erforderlichen Kosten** der Änderungs- oder Zusatzleistung zuzüglich **angemessener Zuschläge** für AGK sowie Wagnis und Gewinn bemisst, wie bei einer Ermittlung der Nachtragsvergütung gemäß § 650c Abs. 1 BGB (vgl. 7.3.2.4). Das folgert die herrschende Meinung aus dem BGH-Grundsatzurteil vom 08.08.2019 zu § 2 Abs. 3 Nr. 2 VOB/B (vgl. 5.2.2 und 7.2.8). Das dürfte mit Sicherheit für geänderte Leistungen nach § 2 Abs. 5 VOB/B gelten, weil der Wortlaut dieser Nachtragsvorschrift mit § 2 Abs. 3 Nr. 2 VOB/B übereinstimmt, aber mutmaßlich auch für Zusatzleistungen, obwohl die Bestimmung in § 2 Abs. 6 Nr. 2 VOB/B ein anderes Verständnis ermöglichen könnte. Die Oberlandesgerichte differenzieren danach aber nicht (OLG Köln, Urteil vom 03.02.2021 – 11 O 136/18; OLG Brandenburg, Urteil vom 22.04.2020 – 11 O 153/18). Der BGH hat diese Fragen noch nicht entschieden.

Zieht man für die Nachtragsberechnung beim VOB/B-Vertrag die gesetzliche Regelung in § 650c Abs. 1 BGB heran, erscheint es jedenfalls gut vertretbar, auch **§ 650c Abs. 2 BGB** für anwendbar zu halten. Danach kann der AN wahlweise auf **Basis der Urkalkulation** abrechnen, wenn sie vereinbarungsgemäß beim AG hinterlegt worden ist (vgl. 7.3.2.4). Der AG kann dagegen nach § 650c Abs. 2 Satz 2 BGB zwar einwenden, dass die tatsächlich erforderlichen Kosten niedriger sind als bei einer Preisfortschreibung auf Basis der Urkalkulation oder die kalkulierten Zuschlagssätze für AGK bzw. Wagnis und Gewinn oberhalb einer gemessenen Bandbreite liegen. Ob der AG damit durchdringt, dürfte aber oftmals fraglich sein, weil er zu den betriebsinternen Kosten des AN oder den kalkulierten Material- oder Gerätekosten in vielen Fällen wenig sagen kann, von Ausnahmen abgesehen. Auf dem Weg des § 650c Abs. 2 Satz 1 BGB kann es einem AN also gelingen, die Nachtragsvergütung gemäß Urkalkulation zu ermitteln, so wie es dem bisherigen Verständnis der VOB/B entsprach. Das wird der AN natürlich nur tun, wenn er dadurch nicht schlechter steht als bei einer Abrechnung nach tatsächlich erforderlichen Kosten zuzüglich angemessener Zuschläge. In diese Richtung weist auch eine jüngere Entscheidung des OLG Schleswig vom 17.12.2020 – 7 U 21/18. Dort heißt es, dass die VOB/B in § 2 Abs. 5 nicht regle, wie die Vergütungsanpassung vorzunehmen sei. Dann heißt es weiter, dass diese vertragliche Lücke im Rahmen der ergänzenden Vertragsauslegung zu schließen sei. Dabei könne den „*vorkalkulatorischen Kostenansätzen des AN spezielle Bedeutung*" zukommen. Wenn die Parteien im Vertrag für eine Vielzahl unterschiedlicher Leistungen Preise vereinbart haben, spreche eine „**hinreichende Wahrscheinlichkeit**" dafür, dass sie sich an diesen Preisabreden orientiert hätten. Maßgeblich sei, was die Vertragsparteien bei „*angemessener Abwägung ihrer Interessen nach Treu und Glauben als redliche Vertragspartner*" vereinbart hätten. Die kalkulierten Kosten seien ein „*Hilfsmittel*" für die Ermittlung des neuen Preises.

7.4.3 Die VOB/B ist nicht „im Ganzen“ vereinbart worden

Wie verhält es sich hier mit der AGB-rechtlichen Wirksamkeit der **sofort** zu befolgenden **Anordnungsrechte** nach **§ 1 Abs. 3 und 4 VOB/B**? Auch wenn Teile der baurechtlichen Literatur diese Vorschriften für praxistauglicher halten als § 650b Abs. 2 BGB, der für eine Anordnung des AG ein Scheitern der Einigungsbemühungen innerhalb von 30 Tagen vorsieht, führt kein Weg daran vorbei, dass die Anordnungsrechte nach § 1 Abs. 3 und 4 VOB/B wesentlich von der gesetzlichen Regelung abweichen, zumal nach § 1 Abs. 3 VOB/B auch technisch nicht erforderliche Änderungen jederzeit angeordnet werden können, ohne dass es darauf ankommt, ob ihre Ausführung für den AN zumutbar ist oder nicht. Ganz anders ist es nach § 650b Abs. 2 BGB (vgl. 7.3.2.1). Wenn der AN nach der Anordnung sofort weiterarbeiten will, um Verzögerungen und die damit verbundenen Streitfragen zu vermeiden, beispielsweise weil die Nachtragsvergütung für ihn unterhalb einer „Bagatellgrenze“ liegt oder er weiß, dass er sich mit dem AG über die Vergütung kooperativ und zeitnah einigen wird, spricht nichts dagegen, die Anordnung des AG sofort zu befolgen und sich nicht darauf zu berufen, dass sie erst nach vorherigen Preisverhandlungen, spätestens aber nach 30 Tagen, ausgesprochen werden dürfte, wie es das Gesetz in § 650b Abs. 2 BGB regelt. Die 30-Tage-Frist ist ein wesentlicher Grundgedanke zum Anordnungsrecht des AG (§ 307 Abs. 2 Nr. 1 BGB). Deshalb wird hier die Auffassung vertreten, dass die Anordnungsrechte nach § 1 Abs. 3 und 4 VOB/B einer isolierten AGB-rechtlichen Inhaltskontrolle **nicht standhalten** und **unwirksam** sind. Das ist aber umstritten. Soweit ersichtlich, gibt es hierzu nur eine gerichtliche Entscheidung, die allerdings der hier vertretenen Auffassung folgt (LG Hechingen, Urteil vom 02.11.2021 - 2 O 305/21). Selbstverständlich kann auch diese Streitfrage in einem einstweiligen Verfügungsverfahren nach § 650d BGB geklärt werden (vgl. 7.3.2.6). Bis zu einer entsprechenden Entscheidung sind beide Parteien gut beraten, Zwischenlösungen zu finden, die eine Einstellung der Leistungen oder gar eine Vertragskündigung vermeiden. Das müsste im Regelfall auch möglich sein, weil einstweilige Verfügungsverfahren in erster Instanz der bisherigen Erfahrung nach eher wenige Wochen als mehrere Monate dauern.

Wie verhält es sich mit der AGB-rechtlichen Wirksamkeit der **Nachtragssystematik** der VOB/B in **§ 2 Abs. 5 und 6 VOB/B** nach ihrem **bisherigen Verständnis**? In diesem Fall weicht § 2 Abs. 5 und Abs. 6 VOB/B wesentlich vom gesetzlichen Leitbild des § 650c Abs. 1 BGB ab, weil es nach dem Gesetz auf tatsächlich erforderliche Kosten nebst angemessenen Zuschlägen und gerade nicht auf kalkulierte Kosten ankommt. Wenn man dagegen annimmt, dass die VOB/B-Nachtragsbestimmungen eine Lücke enthalten und deshalb gar nicht regeln, dass die Nachtragskosten auf Basis der Urkalkulation ermittelt werden müssen, weicht § 2 Abs. 5 und 6 VOB/B auch nicht vom Gesetz ab und ist AGB-rechtlich wirksam. So argumentieren die Oberlandesgerichte und kommen auf diesem Weg ebenfalls zur Nachtragsermittlung auf Basis tatsächlich erforderlicher Kosten nebst angemessenen Zuschlägen (vgl. 7.2.8). Einen **Unter-**

schied gibt es aber doch, auch wenn dieser schwer zu erkennen und möglicherweise noch schwerer zu verstehen ist. Geht man nämlich von der AGB-Widrigkeit von § 2 Abs. 5 und 6 VOB/B aus – nicht von einer Regelungslücke – und ist der AG Verwender der VOB/B, entsteht für ihn im Zweifel eine besonders missliche Situation. Denn wie bereits ausgeführt, kann sich nur der Vertragspartner des Verwenders – hier also der AN – auf die AGB-Widrigkeit einer Bestimmung berufen, nicht der Verwender gegen die von ihm selbst gestellte AGB (vgl. 3.2). Wenn aber die analoge Kostenfortschreibung auf Basis der Urkalkulation für den AN zu einem günstigeren Ergebnis führt als die Abrechnung nach den tatsächlich erforderlichen Kosten („guter Preis bleibt gut"), wird sich der AG keineswegs auf die Unwirksamkeit der VOB/B-Nachtragsbestimmungen berufen. Dem AG dagegen ist die in § 650c Abs. 2 Satz 2 BGB geregelte Widerlegungsmöglichkeit versperrt. Er kann sich nicht zu seinen Gunsten auf die AGB-Widrigkeit der von ihm selbst verwendeten VOB/B berufen und somit nicht die Möglichkeit der für ihn günstigeren gesetzlichen Regelung (§ 650c Abs. 2 BGB) nutzen.

7.4.4 Abweichende vertragliche Regelungen zu Nachträgen

Aufgrund der bisherigen Ausführungen könnten insbesondere AG auf die naheliegende Idee kommen, im Vertrag Regelungen vorzusehen, die zu ihren Gunsten von den §§ 650b und 650c BGB abweichen. Das kommt sowohl bei BGB-Bauverträgen, aber auch in Betracht, wenn die VOB/B vereinbart wurde, der AG aber weiß, dass es Abweichungen von der VOB/B im Vertrag gibt (nicht „im Ganzen" vereinbart). Denn dann sind die sofort zu befolgenden Anordnungsrechte nach § 1 Abs. 3 und 4 VOB/B mutmaßlich unwirksam (siehe oben). Eine Preisfortschreibung auf Basis der Urkalkulation scheitert entweder an der geänderten Rechtsprechung, jedenfalls aber am AGB-Recht (siehe oben). Schließlich muss der AG, auch bei Vereinbarzung der VOB/B, 80 % der geltend gemachten Nachtragsvergütung bezahlen, falls der AN von der Möglichkeit des § 650c Abs. 3 BGB Gebrauch macht und der AG keine anderslautende gerichtliche Eilentscheidung nach § 650d BGB erwirkt (vgl. 7.3.2.5 und 7.3.2.6).

Weil es hier im Kern um **Fragen der Vertragsgestaltung** geht, die bei wichtigen bzw. wirtschaftlich bedeutsamen Bauverträgen nicht ohne Experten vorgenommen werden sollte, wollen wir nicht zu allen denkbaren Fragen und Einzelheiten Stellung nehmen, sondern nur Ausgangsüberlegungen anstellen. Zweifelsfrei sind **individuell ausgehandelte Bestimmungen**, die von § 650b und § 650c abweichen, bis zur Grenze der Sittenwidrigkeit (§ 138 BGB) oder den Grundsätzen einer Störung der Geschäftsgrundlage (§ 313 BGB) zulässig. Davon wird aber in der weit überwiegenden Anzahl der Fälle nicht ausgegangen werden können, weil die Voraussetzungen für ein **Aushandeln von Vertragsbedingungen** im Sinne des § 305 Abs. 1 Satz 3 BGB außerordentlich streng und praktisch nur schwer erfüllbar sind (vgl. 3.1). Handelt es sich bei den Vertragsregelungen zu Nachträgen folglich um **AGB**, muss beachtet werden, dass damit verbundene **unangemessene Benachteiligungen** zulasten des AN **unwirksam** sind (vgl. 3.2). Daraus folgt nach hier vertretener Auffassung, dass man zwar die Bestimmung in § 650b Abs. 1 BGB *angemessen* modifizieren und sehr wahrscheinlich auch von der „starren" Höchstfrist von 30 Tagen für die Einigungsbemühungen über Nachträge (§ 650b Abs. 2 BGB) abweichen darf. Die dem Anordnungsrecht des AG vorgeschaltete Verhandlungsphase aber vollständig und ausnahmslos auszuschließen und es im Ergebnis bei den sofort zu befolgenden Anordnungsrechten nach VOB/B zu belassen, dürfte dagegen AGB-rechtlich mit höchster Wahrscheinlichkeit unzulässig sein, auch wenn zu dieser Frage – soweit ersichtlich – noch keine obergerichtliche Entscheidung vorliegt.

Im Grunde gilt für **§ 2 Abs. 5 und 6 VOB/B** nichts wesentlich anderes. Eine schlichte Regelung dahingehend, dass sich die Nachtragsvergütung **stets** nach der **Urkalkulation** des AN richtet, dürfte wegen § 650c Abs. 1 BGB unwirksam sein. Denn das könnte dazu führen, dass sich Verluste auf Basis einer unauskömmlichen Kalkulation maximieren. Deshalb sind von § 650c Abs. 1 BGB abweichenden Vertragsklauseln enge Grenzen gesetzt. Man könnte dagegen ins Feld führen, dass der BGH bei § 2 Abs. 3 Nr. 2 VOB/B in seinem Urteil vom 08.08.2019 ausdrücklich zulässt, dass die Vertragsparteien sowohl bei Vertragsabschluss als auch nachträglich Maßstäbe bzw. einzelne Kriterien oder Faktoren festlegen können, nach denen im konkreten Fall der neue Einheitspreis für Mehrmengen oberhalb von 10 % bestimmt werden soll. Ob dieses Argument wirklich stichhaltig ist, erscheint jedoch zweifelhaft. Denn das BGB kennt zu Mehr- oder Mindermengen ohne Anordnung des AG gerade keine spezielle Vorschrift, sondern nur allgemeine Bestimmungen in § 138 BGB zur Sittenwidrigkeit von Vereinbarungen und zur Störung der Geschäftsgrundlage nach § 313 BGB (vgl. 5.2.5). Anders ist es dagegen bei Nachträgen wegen § 650c Abs. 1 BGB. Schon deshalb sind diese beiden Fälle nicht vergleichbar. Das schließt es aber freilich nicht aus, dass ein Gericht den vorkalkulatorischen Kostenansätzen des AN Bedeutung zukommen lässt (OLG Schleswig, Urteil vom 17.12.2020 – 7 U 21/18, vgl. 7.4.2). Dafür ist aber eine hinreichende Wahrscheinlichkeit erforderlich, dass sich redliche Vertragspartner bei der Ermittlung der Nachtragsvergütung an diesen Preisabreden orientiert hätten. Mit der Redlichkeit oder Treu und Glauben ist es aber nicht zu vereinbaren, wenn der AN durch eine vorkalkulatorische Preisfortschreibung auf Basis der Urkalkulation Nachträge nicht kostendeckend ausführen oder keine angemessenen AGK- bzw. Gewinnzuschläge erwirtschaften kann.

Auch die **80 %-Regelung** in § 650c Abs. 3 BGB darf man modifizieren, allerdings wiederum ohne den AN dadurch unangemessen zu benachteiligen. Wie sich das im Einzelfall konkret bewerkstelligen lässt, bleibt der Beratung bzw. Risikoabwägung vorbehalten.

Fazit: An den BGB-Nachtragsbestimmungen, insbesondere an § 650c BGB, führt für AG selbst bei Vereinbarung der VOB/B „im Ganzen" kein einfacher Weg vorbei. Allerdings vermeidet man in diesem Fall die Wartefrist für Anordnungen von bis zu 30 Tagen (§ 650b Abs. 2 BGB) und hat sofort zu befolgende Anordnungsrechte. Das heißt aber nicht, das man AG deshalb empfehlen sollte, nur noch die VOB/B „im Ganzen" zu vereinbaren. Denn oftmals überwiegen die Vorteile einer Abweichung die daraus resultierenden Nachteile bei Weitem (vgl. 3.3.3). Wenn vertragliche Bestimmungen zu Nachträgen vorformuliert werden, die von den gesetzlichen Nachtragsbestimmungen abweichen, sollte man nur Regelungen treffen, die den AN nicht unangemessen benachteiligen. Wenn das Risiko einer AGB-rechtlichen Unwirksamkeit bzw. ein Streit darüber vermieden werden soll, dürfen die wesentlichen Grundgedanken der §§ 650b und c BGB zwar modifiziert, aber nicht in Gänze ausgeschlossen werden. Letzteres wäre unserer Auffassung nach der Fall, wenn geregelt würde, dass der AN in jedem Fall einer Abrechnung von 80 % der Nachtragsvergütung eine gleich hohe Sicherheit durch eine Bürgschaft stellen muss.

8 STUNDENLOHN-ARBEITEN

8.1 Notwendigkeit einer ausdrücklichen Vereinbarung

8.1.1 Unterschiedliche Stundenlohnverträge

Beim Stundenlohnvertrag wird nicht die erbrachte Leistung, sondern die **aufgewendete Zeit** vergütet. Man unterscheidet danach, ob die gesamte beauftragte Leistung nach Zeitaufwand vergütet werden soll, was eigentlich nur bei kleineren Reparatur- oder Mängelbeseitigungsleistungen vorkommt, oder als Neben- bzw. Regiearbeiten Bestandteil eines Leistungsvertrages wird (angehängte Stundenlohnarbeiten). In diesem Fall muss noch danach differenziert werden, ob die Leistungen schon konkret bestimmt oder nur Stundenverrechnungssätze vereinbart worden sind. Die **VOB/B** betrachtet Stundenlohnarbeiten mit einer gewissen Skepsis. Den wechselseitigen Risiken, die mit einer Abrechnung nach Zeitaufwand verbunden sind, begegnet sie mit zwei Vorschriften in den **§§ 2 Abs. 10** und **15 VOB/B.**

Das **BGB** regelt Stundenlohnarbeiten nicht ausdrücklich. Will der AN eine Vergütung auf Stundenlohnbasis, muss er beweisen, dass es eine Stundenlohnvereinbarung gegeben hat (OLG München, Beschluss vom 04.06.2020 - 28 U 345/20 Bau). Wenn der Stundenverrechnungssatz nicht vereinbart wurde oder vom AN nicht bewiesen werden kann, erhält er eine „übliche Vergütung“ nach § 632 Abs. 2 BGB. Folglich gilt auch im BGB: Beweisbare - schriftliche - Vereinbarungen treffen, wenn Leistungen nach Zeitaufwand vergütet werden sollen.

8.1.2 Vereinbarung mit dem Vertretungsberechtigten

Stundenlohnarbeiten müssen **vor ihrem Beginn** mit einem **Vertretungsberechtigten** des AG ausdrücklich **vereinbart** werden (§ 2 Abs. 10 VOB/B). Hat der Anordnende **keine Vertretungsmacht**, muss **vor** der Ausführung der Stundenlohnarbeiten die **Genehmigung** des **Vertretungsberechtigten** eingeholt werden. Der interne Bauleiter des AG bzw. bauüberwachende Architekten oder Ingenieure haben ohne besondere Vollmacht nicht die Befugnis, Stundenlohnarbeiten nach § 2 Abs. 10 VOB/B zu vereinbaren (OLG Hamm, Urteil vom 19.06.2012 - 21 U 85/11). Sie sind hingegen aufgrund „originärer Vollmacht“ (vgl. 4.1.3) befugt, Stundenlohnzettel zu prüfen bzw. zu bescheinigen (vgl. 8.3).

Die bloße **Abzeichnung** von **Rapportzetteln** ersetzt eine **Vereinbarung** über die Bezahlung dieser Leistung nach Zeitaufwand grundsätzlich nicht (OLG Köln, Beschluss vom 16.11.2020 - 17 U 165/19). Damit wird nur bescheinigt, dass die dort aufgeführten

Arbeiten tatsächlich ausgeführt worden sind, nicht aber, dass sie allein deshalb auch nach Zeitaufwand vergütet werden (BGH, Urteil vom 24.07.2003 - VII ZR 79/02). Eine wirksame Stundenlohnvereinbarung nach § 2 Abs. 10 VOB/B liegt ebenfalls nicht vor, wenn im LV nur **allgemein** aufgeführt ist, dass sogenannte Regiestunden nach bestimmten Stundenlohnsätzen vergütet werden, ohne dass die Leistungen, die nach Zeitaufwand vergütet werden sollen, **konkret** bezeichnet worden sind (OLG Frankfurt, Urteil vom 05.12.2006 - 5 U 70/06).

Wenn (nur) die Höhe der **Stundenlohnsätze** nicht vereinbart wurde, ist die **ortsübliche Vergütung** zu entrichten (§ 15 Abs. 1 Nr. 2 Satz 1 VOB/B). Weil das ein dehnbarer Begriff ist, kann man dem AN nur empfehlen, mit der Stundenlohnvereinbarung auch die Höhe der Stundenverrechnungssätze, eventuell auch für das Aufsichtspersonal (§ 15 Abs. 2 VOB/B), zu regeln.

Hat der AN erforderliche Leistungen **ohne wirksame Stundenlohnvereinbarung** erbracht, müssen diese gemäß § 2 Abs. 8 Nr. 2 bzw. 3 VOB/B auf Basis der tatsächlich erforderlichen Kosten abgerechnet und vergütet werden (OLG München, Urteil vom 27.04.2016 - 28 U 4738/13 Bau), wenn die Voraussetzungen dieser Vorschriften gegeben sind (vgl. 7.2.3).

8.2 Anzeige, Inhalt und Übergabe der Stundenlohnzettel

Erfolgt die Ausführung der Stundenlohnarbeiten nicht unmittelbar nach ihrer Vereinbarung, muss dem AG deren Erbringung **angezeigt** werden (§ 15 Abs. 3 Satz 1 VOB/B), damit er die Möglichkeit der Prüfung hat. Die Anzeige gegenüber der örtlichen Bauleitung reicht aus, sicherer ist es daneben, auch den AG selbst zu informieren, aus Beweisgründen wie immer **schriftlich**.

Stundenlohnzettel müssen **prüfbar** sein. Deshalb sollte der AN angeben, wer in **welcher Zeit,** wo **welche** Leistungen ausgeführt hat. Bei unterschiedlich hohen Verrechnungssätzen sind auch Angaben zur **Funktion** des eingesetzten Personals (z. B. Bauhelfer, Monteur oder Systemspezialist) erforderlich. Das ist jedenfalls bei Vereinbarung der VOB/B der sicherste Weg, um Nachteile zu vermeiden. Ist für den Verbrauch von **Material**, den Einsatz von **Geräten** bzw. Maschinen oder wegen **sonstiger Kosten** (z. B. Fahrtkosten) eine besondere Vergütung vereinbart, müssen die Stundenlohnzettel auch hierzu prüfbare Angaben enthalten (§ 15 Abs. 3 Satz 2 VOB/B).

In jüngster Zeit hat der BGH die Anforderungen an die Abrechnung von Stundenlohnarbeiten deutlich abgesenkt (BGH, Beschluss vom 01.02.2023 - VII ZR 882/21). Der AN muss im Ausgangspunkt „nur" darlegen, **wie viele** Stunden mit welchen Verrechnungssätzen angefallen sind. Das setzt - so der BGH - grundsätzlich **keine Differenzierung** in der Art voraus, dass die abgerechneten Arbeitsstunden einzelnen Tätigkeiten und/oder zeitlichen Abschnitten zugeordnet werden. Danach ist es Sache des AG, eine Reduzierung der Stundenlohnvergütung dadurch zu bewirken, dass er Tatsachen vorträgt, aus denen sich ergibt, dass der AN **unwirtschaftlich** geleistet oder deutlicher: Stunden „geschunden" hat. Der BGH sagt aber auch, dass eine „detaillierte Abrechnung" vorgenommen werden muss, wenn eine solche **vereinbart** wurde. In dem der BGH-Entscheidung zugrundeliegenden Fall war die **VOB/B nicht vereinbart** worden. Deshalb sollte der AN - wenn er Ärger und Risiken vermeiden will - jedenfalls bei Vereinbarung der VOB/B Stundenlohnzettel schreiben, aus denen sich für den AG nachvollziehbar ergibt, wer wo was geleistet hat (§ 15 Abs. 3 Satz 2 VOB/B).

Die Stundenlohnzettel müssen **spätestens innerhalb einer Woche** nach Ausführung der Arbeiten übergeben werden (§ 15 Abs. 3 Satz 2 VOB/B), sonst kann der AG eine **Neuberechnung** nach einem **wirtschaftlich vertretbaren Zeitaufwand** verlangen, falls er die verspätete Vorlage der Stundenlohnzettel einwendet (**§ 15 Abs. 5 VOB/B**). Auch auf den damit verbundenen Streit sollte sich der AN erst gar nicht einlassen und die Rapporte fristgemäß übergeben. Der AN sollte im Bauvertrag nachlesen, ob eventuell sogar **kürzere Übergabefristen** vereinbart wurden und diese auch beachten, um denkbaren Einwendungen des AG aus dem Weg zu gehen.

Der AN ist ferner gut beraten, sich die Übergabe der Rapporte **quittieren** zu lassen, jedenfalls aber den **Übergabezeitpunkt zu dokumentieren.** Nach herrschender Meinung ist der bauüberwachende Architekt auch ohne ausdrückliche Vollmacht zur Entgegennahme von Stundenlohnzetteln befugt. Wer auf Nummer sicher gehen will, klärt rechtzeitig, auf welchem Weg bzw. wem die Stundenlohnzettel übergeben werden sollen, insbesondere bei umfangreicheren Stundenlohnarbeiten. Das gilt insbesondere auch für die Frage, wer zur Prüfung bzw. Bescheinigung von Stundenlohnzetteln befugt ist (siehe unten). Die Stundenlohnarbeiten müssen zeitnah, längstens nach Ablauf von **vier Wochen** seit ihrer Erbringung, **abgerechnet** werden (§ 15 Abs. 4 VOB/B).

8.3 Prüfung/Bescheinigung der Stundenlohnzettel

Der AG muss die Stundenlohnzettel **innerhalb** von **sechs Werktagen** – also innerhalb einer Woche – nach Übergabe **bescheinigen** oder **Einwendungen** gegen die dortigen Angaben vorbringen (§ 15 Abs. 3 Sätze 3 und 4 VOB/B), beispielsweise, dass die Stundenlohnzettel nicht prüfbar sind oder der AN seine Pflicht zur wirtschaftlichen Betriebsführung verletzt hat, beispielsweise weil der geltend gemachte Zeitaufwand bei ordnungsgemäßem Arbeiten geringer ausgefallen wäre, Leistungen aufgeführt wurden, deren Bezahlung nicht unter die Stundenlohnvereinbarung fällt, oder Pausenzeiten nicht berücksichtigt worden sind etc. Der Bauleiter oder der bauüberwachende Architekt des AG haben nach herrschender Meinung eine originäre **Vollmacht** zur **Prüfung** und **Bescheinigung** von Stundenlohnzetteln, weil diese ein Ersatzaufmaß darstellen und Bauüberwacher aufgrund ihrer Fachkenntnis und Sachnähe auch am besten in der Lage sind, die Stundenlohnzettel zu überprüfen. Werden Stundenlohnzettel bescheinigt, ist damit ein Anerkenntnis verbunden. Die Folge ist, dass der AG beweisen muss, dass sie unrichtige Angaben enthalten und er das bei der Bescheinigung nicht erkennen konnte (OLG Köln, Urteil vom 16.09.2008 – 24 U 167/07).

Bei **fristgemäß erhobenen Einwendungen** des AG ist der AN im Ausgangspunkt für die Richtigkeit der Angaben in seinen Stundenlohnzetteln **beweispflichtig**. Der AG muss dagegen **beweisen**, dass die nachgewiesenermaßen aufgewendete Zeit nicht **erforderlich** war, wenn er einwendet, es sei **unwirtschaftlich** gearbeitet worden, sodass die Leistungen bei gehöriger Anstrengung oder dem Einsatz qualifizierten Personals in kürzerer Zeit hätten erledigt werden können. Die **unwirtschaftliche Betriebsführung** durch den AN ist eine Pflichtverletzung, die einen Gegenanspruch begründet. Die Voraussetzungen dafür muss der AG beweisen (ebenso: BGH, Urteil vom 17.04.2009 – VII ZR 164/07; OLG Düsseldorf, Beschluss vom 23.02.2021 – 23 U 126/20). Was heißt das praktisch, wenn der AN für das Fegen einer Hoffläche zwei Stunden aufschreibt und der AG, der dabei nicht zugesehen hat, meint, die Hälfte dieser Zeit müsse sich der AN auf den Besen gestützt haben? Dass zwei Stunden gekehrt wurde, muss der AN beweisen, die Unwirtschaftlichkeit der Leistungsausführung dagegen der AG.

Nicht **fristgemäß** zurückgegebene Stundenlohnzettel gelten als **anerkannt** (§ 15 Abs. 3 Satz 5 VOB/B). Dieses Anerkenntnis führt zu einer **Umkehr der Beweislast**. Der AG müsste beweisen, dass die Angaben in den Rapporten falsch sind. Dem AG bleibt aber stets der Einwand erhalten, die Ausführung der Arbeiten sei nicht (wirksam) vereinbart worden oder die Leistungen seien bereits von im Vertrag vereinbarten Positionen des LV umfasst und nach diesen Positionen abzurechnen.

9 STÖRUNGEN IM BAUABLAUF: VERZUG, BEHINDERUNG UND UNTERBRECHUNG ODER HÖHERE GEWALT

9.1 Ursachen für Fristüberschreitungen

Fristüberschreitungen haben **Ursachen**. Die **rechtlichen Konsequenzen** hängen davon ab, wer die Überschreitung der Fristen zu **vertreten** hat bzw. wer dafür **verantwortlich** ist. Prinzipiell kommen drei Möglichkeiten in Betracht:

- Hat der AN die Fristüberschreitung zu **vertreten**, beispielsweise, weil er die vereinbarte Bauzeit nicht voll ausschöpft, da er während bestimmter Ausführungszeiten wegen anderer Verpflichtungen nicht über die erforderlichen Kapazitäten verfügt oder Mängel seiner Leistung beseitigen muss, kann er in **Verzug** geraten. **Verzug** ist ein im **BGB** definierter **Rechtsbegriff**, der stets **Verschulden** voraussetzt (**§ 286 Abs. 4 BGB**). Er setzt aber auch voraus, dass der AN eine bestimmte Leistung zu einem bestimmten Zeitpunkt erbringen muss, sonst ist die Leistung noch nicht einmal „fällig". Das heißt: Ohne **Fälligkeit** kann es keinen Verzug nach § 286 Abs. 1 BGB geben (OLG Jena, Urteil vom 26.10.2023 – 8 U 794/22). Die VOB/B enthält dazu spezielle Regelungen in § 5 (Ausführungsfristen, vgl. 9.2.1). Das **BGB** enthält vergleichbar differenzierte Regelungen für Bauverträge nicht. Dort gibt es nur eine allgemeine Bestimmung zur **Leistungszeit (§ 271 BGB)**, die grundsätzlich für alle Schuldverhältnisse gilt. Dieser Vorschrift kommt vor allem Bedeutung zu, wenn konkrete Regelungen zu Fristen im Bauvertrag fehlen oder beispielsweise wegen Behinderungen oder höherer Gewalt überholt sind (vgl. 9.2.4 f.).

  Der Verzug des AN kann drei **Rechtsfolgen** nach sich ziehen: Er kann zur Verwirkung einer **Vertragsstrafe** (falls wirksam vereinbart), zur Geltendmachung von **Schadensersatzansprüchen** (§ 6 Abs. 6 VOB/B bzw. § 280 Abs. 2 BGB) oder zur **Kündigung** des Bauvertrages **aus wichtigem Grund** gemäß § 5 Abs. 4 i. V. m. § 8 Abs. 3 VOB/B oder § 648a BGB führen (vgl. 9.2.7). Zur Vertragsstrafe gibt es Regelungen im BGB (§§ 339 bis 345), die von der VOB/B in § 11 ergänzt werden. Wichtig ist, dass eine Vertragsstrafe wirksam vereinbart werden muss und dabei in aller Regel AGB-rechtliche Grenzen beachtet werden müssen (vgl. 3.1 und 9.2.7). Der Schadensersatzanspruch wegen Verzugs ist im BGB in den §§ 280 Abs. 2 und 286 geregelt. Relevante Abweichungen zu § 6 Abs. 6 VOB/B sind vernachlässigenswert und eher akademischer Natur. Anders ist es bei einer Kündigung. Die **Kündigung des Bauvertrages** aus wichtigem Grund regelt das BGB in § 648a. Daneben gibt es noch Regelungen zum **Rücktritt vom Vertrag** in den §§ 323 bis 325 BGB. Da der Verzug des AN in der Praxis regelmäßig zur Kündigung und nicht zum Rücktritt vom Vertrag führt, gehen wir auf die Rücktrittsregelungen im BGB nicht näher ein, sondern nur, wenn es dafür einen praxisrelevanten Anlass gibt. Bei der Kündigung wegen Verzugs gibt es **Unterschiede zwischen dem BGB und der VOB/B**, die sich erheblich auswirken können. Denn § 648a BGB verlangt für eine Kündigung prinzipiell mehr als „nur" Verzug wie in § 5 Abs. 4 i. V. m. § 8

Abs. 3 VOB/B geregelt. Darüber hinaus muss dem kündigenden Teil (hier: dem AG) wegen der Pflichtverletzung die Fortsetzung des Vertragsverhältnisses bis zur Fertigstellung unzumutbar sein (vgl. 12.2.1 ff. und 9.2.7).

- Trifft den AN für die Fristüberschreitung kein Verschulden, können hierfür **Behinderungen** aus dem **Verantwortungsbereich des AG** ursächlich sein, beispielsweise nicht zur Ausführung freigegebene, inhaltlich unzureichende bzw. mangelhafte Pläne sowie fehlende Vorunternehmerleistungen oder auch die Ausführung zeitrelevanter technischer Nachträge bzw. erhebliche Mehrmengen (vgl. 9.3.1). Dabei muss danach unterschieden werden, ob der AN überhaupt keine Leistungen auf der Baustelle erbringen kann, weil es zu einer **Verschiebung** oder **Unterbrechung** der Arbeiten gekommen ist, oder ob er zwar leistet, aber unter vom Vertrag abweichenden Umständen, also verlangsamt bzw. unproduktiver als es ohne auftraggeberseitige **Behinderungen** der Fall gewesen wäre. Diese Unterscheidung ist wegen der **Dokumentationspflichten** wichtig, wenn der AN Schadensersatz- oder Entschädigungsansprüche nach § 6 Abs. 6 VOB/B oder § 642 BGB geltend machen will (vgl. 9.3.4).

  Behinderungen führen grundsätzlich zu einer **Verlängerung der Ausführungsfristen** (§ 6 Abs. 2 Nr. 1a) VOB/B) und können Nachtrags-, Schadensersatz- oder Entschädigungsansprüche des AN begründen (§ 2 Abs. 5 und 6 VOB/B bzw. § 6 Abs. 6 VOB/B oder § 642 BGB). Voraussetzung dafür sind jedoch **Behinderungsanzeigen** (§ 6 Abs. 1 VOB/B) und eine aussagekräftige **Dokumentation** der behinderungsbedingten Auswirkungen. „Mehrkostenansprüche" des AN wegen auftraggeberseitiger Behinderungen scheitern bei Gericht in der Regel nicht deshalb, weil es solche nicht gegeben hat, sondern weil der AN mangels einer **nachvollziehbaren und detaillierten Dokumentation** bzw. aufgrund eines nachlässig oder unzureichend geführten **Schriftverkehrs** seine zeitlichen und wirtschaftlichen Auswirkungen nicht **beweisen** kann. Fehlende Dokumentation ist regelmäßig nicht mehr nachholbar und führt zu meist irreparablen Nachteilen, wenn es zu gerichtlichen Auseinandersetzungen kommt.

- Wenn keine Vertragspartei für die Fristüberschreitung verantwortlich war, müssen hierfür **unabwendbare Umstände** oder **höhere Gewalt** ursächlich gewesen sein. Das führt zu einer Verlängerung der Ausführungsfristen (§ 6 Abs. 2 Nr. 1c) VOB/B), aber regelmäßig nicht zu Mehrkostenansprüchen des AN und ebenso wenig zu Ansprüchen des AG wegen Verzugs (vgl. 9.4). Die Behinderung kann auch auf **Streik** oder **Aussperrung** beruhen (§ 6 Abs. 2 Nr. 1b VOB/B), ein praktisch nicht besonders relevanter Fall.

- Es versteht sich von selbst, dass die oben genannten „Einzelursachen" jeweils zu unterschiedlichen Zeitpunkten auftreten oder sich überlagern können, es also zu einer **geteilten Verantwortlichkeit** kommen kann. Dann muss der AN besonders genau dokumentieren, weil ihn sowohl die Beweislast trifft, wenn er sich gegen einen Verzugsvorwurf des AG zur Wehr setzen möchte, als auch, wenn er Bauzeitverlängerung wegen höherer Gewalt bzw. geldwerte Ansprüche wegen Behinderungen gegen den AG geltend machen will.

9.2 Verzug des AN mit der Leistung/ Ansprüche des AG

Für Juristen versteht es sich von selbst, dass der AN nur in Verzug geraten kann, wenn er eine (Teil-)Leistung zu einem **bestimmten Zeitpunkt verbindlich** erbringen musste und dies aus Gründen, die er **zu vertreten** hat, unterblieben ist. Die Leistung muss „**fällig**" sein. Das ist die erste Voraussetzung für Verzug.

9.2.1 Ausführungsfristen nach § 5 VOB/B

Die VOB/B unterscheidet in § 5 Abs. 1 unter dem **Oberbegriff „Ausführungsfristen"** zwischen **Fristen unterschiedlicher Verbindlichkeit: Vertragsfristen** einerseits sowie **Einzelfristen**, die keine Vertragsfristen, also **Nicht-Vertragsfristen** sind, andererseits. **Vertragsfristen** sind nach § 5 Abs. 1 Satz 1 VOB/B nur solche, die im Vertrag **ausdrücklich** so bezeichnet worden sind (OLG Düsseldorf, Urteil vom 09.05.2008 – 22 U 191/07). Davon gibt es nur **zwei Ausnahmen**: Der **Beginn**- und der **Fertigstellungstermin**, die wichtigsten Fristen am Bau, sind immer verbindlich, wenn sie bereits im Vertrag oder auch nachträglich vereinbart wurden. **Zwischenfristen** sind dagegen nur verbindlich, wenn genau das, nämlich ihre Verbindlichkeit, im Vertrag ausdrücklich vereinbart worden ist. Das gilt insbesondere für die in einem **Bauzeitenplan** enthaltenen Einzelfristen (§ 5 Abs. 1 Satz 2 VOB/B).

9.2.2 Fälligkeit und Verzug bei verbindlichen Vertragsfristen

Sollen aus der Überschreitung von verbindlichen Vertragsfristen – das gilt auch für den Beginn- und den Fertigstellungstermin – **unmittelbar** rechtliche Folgen resultieren, müssen sie **kalendermäßig bestimmt** oder jedenfalls **bestimmbar** sein. In solchen Fällen gerät der AN **automatisch** in **Verzug**, wenn er die Überschreitung dieser Fristen **verschuldet** hat, also dafür verantwortlich ist (§ 286 Abs. 4 BGB). Einer

Mahnung bedarf es in diesem Fall nicht (§ 286 Abs. 2 Nr. 1 BGB). Das gilt auch bei einer sogenannten „**Ereignisfrist**" nach **§ 286 Abs. 2 Nr. 2 BGB**. Der Gesetzestext ist nur schwer verständlich. Deshalb ein Beispiel: Der AN gerät auch **ohne Mahnung** in Verzug, wenn er nach dem Vertrag verpflichtet ist, acht Wochen nach Erteilung der Baugenehmigung zu beginnen und das schuldhaft unterlässt. Er gerät hingegen nicht ohne Mahnung in Verzug, wenn es im Vertrag beispielsweise heißt: *„Fertigstellung drei Monate nach Abschluss der Rohbauarbeiten oder nach Wegfall der Behinderung durch die Firma ...*", weil sich das Ende dieser Fristen nicht ohne sonstige Hilfsmittel aus dem Kalender selbst ableiten oder mit diesem bestimmen lässt. Auch „**Circa-Termine**" reichen dafür nach allgemeiner Auffassung nicht aus (OLG Hamm, Beschluss vom 07.09.2021 - 21 U 10/20; OLG Koblenz, Urteil vom 23.04.2013 - 3 U 838/12). Wenn der AG Unwägbarkeiten mit „Ereignisfristen" vermeiden will, sollte er grundsätzlich mahnen. Das ist der sicherste Weg. Die Mahnung oder ihre Entbehrlichkeit ist also eine weitere (zweite) Verzugsvoraussetzung, neben der Fälligkeit der Leistung.

Die letzte Voraussetzung für den Verzug des AN ist für Juristen eine Selbstverständlichkeit und folgt – wie bereits erwähnt – aus § 286 Abs. 4 BGB. Kein Schuldner einer Leistung kann in Verzug geraten, wenn er die Fristüberschreitung nicht zu vertreten hat. Kürzer: ohne Verschulden niemals Verzug. Das **Verschulden** wird aber zulasten des AN **vermutet**. Er muss fehlendes Verschulden beweisen, nicht der AG die Schuld des AN an der Fristüberschreitung (BGH, Urteil vom 08.03.2001 – VII ZR 470/99). An einem Verschulden des AN fehlt es insbesondere, wenn er auftraggeberseitige Behinderungen oder höhere Gewalt bzw. unabwendbare Umstände darlegen und beweisen kann (vgl. 9.3.1 und 9.4).

Für den **Baubeginntermin** bedeutet das: Ist er im Vertrag kalendermäßig bestimmt oder bestimmbar vereinbart – beispielsweise: „Baubeginn am 09.11.2023 oder zwei Wochen nach Übergabe der Baugenehmigung" – gerät der AN, wenn er solche Fristen schuldhaft überschreitet, automatisch in Verzug, ohne dass es einer Mahnung des AG bedarf. Ist für den Beginn der Ausführung **keine Frist vereinbart**, hat der AN nach § 5 Abs. 2 Satz 2 VOB/B innerhalb von **zwölf Werktagen** – das sind zwei Wochen – nach Aufforderung zu beginnen. Dieser Beginntermin ist gemäß § 286 Abs. 2 Nr. 2 VOB kalendermäßig bestimmbar, sodass der AN wiederum automatisch in Verzug geraten kann, wenn er nicht spätestens zwei Wochen nach Aufforderung beginnt und das zu vertreten hat. Beim **Fertigstellungstermin** gelten prinzipiell keine Besonderheiten. Wenn für das Bauende eine Kalenderfrist vereinbart worden ist oder es sich um eine **Ereignisfrist** handelt, bedarf es für den Verzug keiner Mahnung. Bei **Zwischenfristen**, das gilt insbesondere für Einzelfristen in einem Bauzeitenplan (§ 5 Abs. 1 Satz 2 VOB/B), kommt es darauf an, ob diese im Vertrag als verbindlich vereinbart wurden. Dann gelten für die Mahnung bzw. deren Entbehrlichkeit keine Besonderseiten. Der AN gerät im Fall der schuldhaften Überschreitung verbindlicher Vertragszwischenfristen automatisch in Verzug, wenn er sie zu vertreten hat.

9.2.3 Fälligkeit und Verzug bei Nicht-Vertragsfristen

Sind **Fristen nicht verbindlich**, gerät der AN, selbst wenn er diese schuldhaft überschritten hat, **nicht** automatisch in Verzug. Denn hier handelt es sich um bloße **Kontrollfristen**, die Hinweis-, Warn- und Organisationsfunktion haben, aber eben **nicht verbindlich** sind.

Um in solchen Fällen den Verzug des AN herbeizuführen, muss der AG zunächst eine **Abhilfeanordnung** nach **§ 5 Abs. 3 VOB/B** erteilen. Das sollte aus Beweisgründen **schriftlich** geschehen. Nach dem **Wortlaut** dieser Vorschrift erscheint eindeutig, dass auch die schuldhafte Überschreitung von bloßen Ausführungsfristen (z. B. Bauzeitenplanfristen) eine Abhilfeanordnung rechtfertigt. Sicher ist das aber nur bei verbindlichen Vertragszwischenfristen. Wenn dagegen „nur“ eine nicht verbindliche Bauzeitenplanfrist gefährdet ist oder bereits überschritten wurde, wird der Standpunkt vertreten, dies allein reiche für eine berechtigte Abhilfeanordnung nach § 5 Abs. 3 VOB/B noch nicht aus, vielmehr müsse der AG gleichzeitig nachweisen, dass deswegen **offenbar** die **Nichteinhaltung einer verbindlichen Vertragsfrist** drohe. Wir halten das zwar nicht für richtig, raten aber unter dem Gesichtspunkt des sichersten Weges zur Vorsicht: Will der AG zur „schärfsten“ Sanktion, nämlich der Kündigung des Bauvertrages wegen Vertragsverletzung schreiten (§ 5 Abs. 4, dritte Alternative VOB/B i. V. m. § 8 Abs. 3 VOB/B), sollte er das nur tun, wenn tatsächlich und nachweislich verbindliche Vertragsfristen offenbar gefährdet oder bereits überschritten worden sind **und** ihm deswegen die **Fortsetzung des Vertragsverhältnisses nicht zumutbar** ist (vgl. 9.2.7). Hat der AN bereits mehrere unverbindliche Bauzeitenplanfristen überschritten, dürfte jedenfalls eine starke Vermutung dafür sprechen, dass deshalb auch Vertragsfristen – falls verbindlich vereinbart – überschritten werden oder zumindest ihre Einhaltung stark gefährdet ist. Nach der bislang zu § 5 Abs. 3 VOB/B veröffentlichten Rechtsprechung reicht es für eine berechtigte Abhilfeanordnung nach § 5 Abs. 3 VOB/B aus, dass eine Frist aus dem Bauzeitenplan oder eine sonstige, unverbindliche Zwischenfrist überschritten wurde oder deren Überschreitung droht (OLG Hamburg, Urteil vom 11.11.2009 – 12 U 49/09; Kammergericht, Urteil vom 15.03.2004 – 26 U 28/03). Eine Abhilfeanordnung setzt danach nicht voraus, dass die Frist schon überschritten ist. Sie kann bereits ausgesprochen werden, wenn **feststeht**, dass der AN sie ohne Verstärkung seiner Kapazitäten *„offenbar“* überschreiten wird. Das muss der AG in der Abhilfeanordnung allerdings genau begründen, also angeben, **weshalb** der AN beispielsweise zu wenig Arbeitskräfte einsetzt und dass deswegen die Ausführungsfristen nicht eingehalten werden können.

In der Abhilfeanordnung kann der AG eine **angemessene Nachfrist** setzen. Verpflichtet ist er dazu aber nicht, es sei denn, er will nach § 5 Abs. 4 VOB/B kündigen (siehe unten). Mit Zugang der Abhilfeanordnung ist die (Teil-)Leistung bzw. die Pflicht zur Abhilfe **fällig**. **Danach** kann der AG den AN durch eine **Mahnung** in Verzug setzen.

Das muss er auch, wenn er Verzugsfolgen geltend machen will, weil durch die Abhilfeanordnung erst die **Fälligkeit** der Leistung herbeigeführt wurde und eine **Mahnung** in diesem Fall **nicht entbehrlich** ist. Im Prinzip muss auch die Mahnung keine Fristsetzung enthalten, sodass es ausreicht, die Fertigstellung nach Fälligkeit schlicht anzumahnen.

> *„Da die in unserer Abhilfeanordnung vom ... gesetzte Frist fruchtlos verstrichen ist, mahnen wir die Fertigstellung der Leistung hiermit an."*

Der AG kann aber auch eine Nachfrist setzen und beispielsweise schreiben:

> *„Die in unserer Abhilfeanordnung zum ... gesetzte Frist ist zwischenzeitlich fruchtlos abgelaufen. Deshalb mahnen wir die Fertigstellung hiermit an und fordern Sie auf, die Fertigstellung der Leistung bis zum ... vorzunehmen."*

Dann gerät der AN mit Zugang der Mahnung in Verzug, immer vorausgesetzt, er hat die Fristüberschreitung zu vertreten. Will der AG nach § 5 Abs. 4 i. V. m. § 8 Abs. 3 VOB/B kündigen, weil der AN die Abhilfeanordnung nicht beachtet hat, müsste er eine angemessene Nachfrist setzen und die Kündigung unmissverständlich androhen. Von einer solchen Kündigung raten wir allerdings dringend ab, wenn nicht gleichzeitig die Voraussetzungen des § 648a BGB vorliegen. Das gilt prinzipiell auch für die beiden anderen Alternativen des § 5 Abs. 4 VOB/B, also in Fällen des Verzugs mit dem Beginn oder der Vollendung (vgl. 9.2.7 und 12.2.1.6).

9.2.4 Verzug ohne Fristvereinbarungen oder bei überholten Fristen

So wie bei Nicht-Vertragsfristen muss der AG im Prinzip auch vorgehen, wenn überhaupt **keine Einzelfristen**, insbesondere kein Fertigstellungstermin, **vereinbart** wurden oder Termine wegen **Behinderungen**, einer **Verschiebung** des Baubeginns oder **Unterbrechungen** während des Bauablaufs überholt sind (vgl. 9.2.5). Der AG kann hier **einseitig angemessene** Herstellfristen für einzelne Leistungen oder auch für die Fertigstellung der Gesamtleistung setzen, nach deren fruchtlosem Ablauf eine Abhilfeanordnung gemäß § 5 Abs. 3 VOB/B aussprechen und anschließend mahnen. Auch wenn die VOB/B nicht vereinbart ist, würden wir einem AG nach Ablauf einer einseitig gesetzten Herstellfrist sicherheitshalber raten, noch einmal eine Frist zur Herbeiführung der Fälligkeit zu setzen, auch wenn man hierbei nicht auf § 5 Abs. 3 VOB/B Bezug nehmen kann. Dass der AG die Fälligkeit der Leistung auch einseitig herbeiführen kann, leitet der BGH aus **§ 271 BGB** her, einer Vorschrift zur **Leistungszeit** ohne konkrete vertragliche Fristvereinbarung, die auch im VOB/B-Vertrag gilt (BGH, Urteil vom 08.03.2001 – VII ZR 470/99). Einseitig gesetzte Fristen sind natürlich **keine verbindlichen Vertragsfristen**, sodass es (sicherheitshalber) einer Abhilfeanordnung (siehe oben) und grundsätzlich einer Mahnung bedarf, um den AN in Verzug zu setzen. Aber Vorsicht: Im vom BGH entschiedenen Fall ging es um einen Bauträger, der 25 Monate nach Vertragsabschluss noch nicht fertig war, wobei es im Vertrag lediglich hieß, er verpflichte sich zur „unverzüglichen Fertigstellung". In diesem Fall hielt der BGH es für berechtigt, dass dem Bauträger eine Nachfrist von vier Wochen für die Fertigstellung gesetzt und anschließend der Vertrag aus wichtigem Grund gekündigt wurde. Der BGH führte dazu aus, der AN habe wegen § 271 BGB mit der Herstellung des Bauwerks *„alsbald nach Vertragsschluss zu beginnen"* (die VOB regelt diesen Fall in § 5 Abs. 2 Satz 2, vgl. 9.2.2) und die Leistung *„in angemessener Zeit zügig zu Ende zu führen"*. Es ging also nicht um Zwischenfristen für Teilleistungen. Andererseits: Wenn bei einem größeren Bauvorhaben, das ersichtlich eine lange Ausführungsdauer erfordert, ein Endfertigstellungstermin entweder nicht vereinbart worden ist oder in ferner Zukunft liegt, der AN zwar begonnen, dann aber gleich wieder aufgehört hat oder nur sporadisch arbeitet, wird man schwerlich sagen können, der AG müsse erst den Ablauf der angemessenen Fertigstellungsfrist für die Gesamtleistung abwarten, bevor er den Verzug des AN herbeiführen und gegebenenfalls eine schadensersatzbegründende Kündigung aus wichtigem Grund aussprechen darf. Es kommt auf die konkreten Umstände des Einzelfalles an, wie nahezu immer. Wenn der AG angemessene Herstellfristen für Teilleistungen gesetzt hat und der AN darauf überhaupt nicht reagiert, beispielsweise weil er sie schlicht als „nicht vereinbart" und deshalb als für ihn irrelevant zurückweist, möglicherweise sogar wochenlang überhaupt nicht arbeitet und aus diesem Grund auch die zügige Fertigstellung innerhalb angemessener Frist gefährdet ist, kann eine daraufhin erfolgte Kündigung nach § 648a BGB durchaus berechtigt sein (vgl. 9.2.7).

Den **Beweis**, dass die vom AG einseitig **gesetzte Frist unangemessen** war, muss im Streitfall der AN führen. Auch das folgt – so der BGH – aus § 271 BGB (BGH, Urteil vom 21.10.2003 – X ZR 218/01; ebenso: OLG Hamburg, Urteil vom 25.10.2009 – 6 U 253/08). Der AN muss in einem solchen Fall **reagieren** und mitteilen, dass und weshalb die vom AG einseitig gesetzt Frist nicht angemessen ist (ähnlich: OLG Hamm, Urteil vom 31.05.2007 – 24 U 150/04). Am besten ist es, er teilt gleichzeitig mit, bis wann er die Leistung herstellen kann. Das eröffnet unter Umständen Einigungsmöglichkeiten im Kompromissweg und vermeidet vorprogrammierte Rechtsunsicherheit, die zwangsläufig eintritt, wenn Gerichte über die Frage der Angemessenheit einseitig gesetzter Fristen entscheiden müssen. Auf keinen Fall darf der AN lediglich mitteilen, diese Fristen gingen ihn schon deshalb nichts an, weil er ihnen nicht zugestimmt habe oder sie im Vertrag nicht vereinbart wurden.

Vorsicht ist geboten, wenn der AG in **Baubesprechungsprotokollen** Fristen als verbindlich vereinbart bezeichnet, denen der AN in der Baubesprechung nicht zugestimmt hat und die möglicherweise sogar unangemessen kurz gewesen sind. Dann muss der AN **unverzüglich** nach Zugang des Besprechungsprotokolls **widersprechen**, will er verhindern, dass sein Schweigen eine **Genehmigung** bedeutet (Kammergericht, Urteil vom 18.09.2012 - 7 U 227/11; ähnlich: BGH, Urteil vom 27.01.2011 - VII ZR 186/09). Denn Baubesprechungsprotokolle werden von der Rechtsprechung wie **kaufmännische Bestätigungsschreiben** behandelt (vgl. 4.2.1.4).

9.2.5 Verzug bei behinderungsbedingt verschobenen Vertragsfristen

Werden verbindliche Vertragsfristen behinderungsbedingt verlängert, ist der sich daraus ergebende neue Fertigstellungstermin ohne entsprehende Vereinbarung praktisch niemals eine Frist, die sich unmittelbar aus dem Kalender ablesen oder mit dem Kalender bestimmen lässt. Der AN kommt deshalb ohne eine **Mahnung** des AG **nach Fälligkeit** der Leistung **nicht in Verzug** (BGH, Urteil vom 22.05.2003 - VII ZR 469/01). Das gilt insbesondere auch, wenn bauzeitrelevante Nachträge zu einer Verschiebung des Fertigstellungstermins geführt haben (OLG Bremen, Urteil vom 20.12.2019 - 2 U 50/18 und OLG Düsseldorf, Urteil vom 30.05.2000 - 22 U 214/99). Der AG muss also den neuen, um die Dauer der Behinderung(en) verschobenen Fertigstellungstermin nach seiner Bewertung der zeitlichen Behinderungsauswirkungen berechnen, dann ist - die Berechnung als richtig unterstellt - die Leistung fällig und danach im Abstand weniger Tage (oder täglich) „**serienmäßig**" bis zur tatsächlichen Fertigstellung **mahnen**, um zumindest irgendwann den Verzug des AN herbeizuführen. Dabei ist klar, dass Mahnungen vor Ablauf der um die Behinderungsdauer verschobenen Fertigstellungsfrist nichts nützen. Es kann also sein, dass der AG, weil er die zeitlichen Behinderungsauswirkungen falsch eingeschätzt hat, (mehrmals) vergeblich mahnt. Wird die Leistung deshalb erst später fällig als der AG angenommen hat, hilft ihm erst diejenige Mahnung, die nach der Fälligkeit ausgesprochen wurde.

9.2.6 Hinweise zur Vertragsgestaltung

Fassen wir zunächst zusammen: Ist eine verbindliche Vertragsfrist kalendermäßig bestimmt oder mit dem Kalender berechenbar („Ereignisfrist", vgl. 9.2.2), gerät der AN allein durch deren schuldhafte Überschreitung automatisch in Verzug. Hierfür bedarf es weder einer Abhilfeanordnung noch einer Mahnung. Der Baubeginn- und der Fertigstellungstermin sind auch ohne dahingehende Bezeichnung im Vertrag als Vertragsfristen verbindlich, führen aber nur zum automatischen Verzugseintritt, wenn sie kalendermäßig bestimmt oder bestimmbar sind.

Der AG ist deshalb gut beraten, wenn er schon im **Vertrag** kalendermäßig bestimmte **Beginn- und Fertigstellungstermine** regelt und darüber hinaus **wichtige Zwischenfristen** ausdrücklich als kalendermäßig bestimmte **verbindliche Vertragszwischen-**

fristen vereinbart. Mit verbindlichen Vertragszwischenfristen sollte man als AG aus AGB-rechtlichen Gründen aber eher sparsam umgehen. Es ist keineswegs empfehlenswert, alle Einzelfristen des Bauzeitenplans ausnahmslos zu verbindlichen Vertragsfristen zu erklären. Stattdessen sollte das nur für solche Fristen erfolgen, die für das **Ineinandergreifen der Leistungen unterschiedlicher Unternehmer** bzw. für den **Fortgang der Gesamtarbeit** besonders wichtig sind. Das folgt für die öffentliche Auftragsvergabe aus § 9 Abs. 2 Nr. 2 VOB/A. Dort heißt es, dass *„nur die für den Fortgang der Gesamtarbeit besonders wichtigen Einzelfristen als vertraglich verbindliche Fristen (Vertragsfristen) bezeichnet werden sollen"*. Aus AGB-rechtlichen Gründen dürfte dies auch für private AG gelten, wenn sie vermeiden wollen, dass die Klausel wegen unangemessener Benachteiligung des AN unwirksam ist (vgl. 3.2). Davon könnte man ausgehen, wenn es ohne sachliche Rechtfertigung heißt: *„alle Fristen des Bauzeitenplans sind verbindliche Vertragsfristen"*. Im Übrigen dürfte dies ein „aktives Behinderungsmanagement" des AN begünstigen.

Ist die Vereinbarung kalendermäßig bestimmter Vertragsfristen nicht möglich, weil zum Zeitpunkt der Beauftragung der Baubeginn- und damit auch der Fertigstellungstermin noch nicht feststehen, sollte der AG wenigstens **konkrete Ausführungsdauern für einzelne Leistungen**, z. B. in Werktagen, Wochen oder Monaten, regeln und dabei vereinbaren, dass das Ende einer jeweiligen Ausführungsdauer eine verbindliche Vertragszwischenfrist und das Ende der letzten Ausführungsdauer der verbindliche Fertigstellungstermin ist. Dann können die jeweiligen Fristen „mit dem Kalender" berechnet werden (§ 286 Abs. 2 Nr. 2 BGB), wenn es keine Behinderungen oder höhere Gewalt bzw. unabwendbare Umstände gegeben hat. Das ist jedenfalls deutlich besser als lediglich zu vereinbaren, dass die konkreten Fristen „baubegleitend und einvernehmlich" festgelegt werden.

9.2.7 Ansprüche des AG bei Verzug

Kann der AN seine Schuldlosigkeit für die Fristüberschreitung nicht beweisen, besteht schon allein deswegen die Gefahr, dass der AG eine Vertragsstrafe (falls vereinbart) oder Schadensersatz geltend macht (§ 6 Abs. 6 VOB/B) bzw. den Vertrag aus wichtigem Grund kündigt (§ 5 Abs. 4 i. V. m. § 8 Abs. 3 VOB/B bzw. § 648a BGB).

- Eine **Vertragsstrafe** wird häufig für den Fall des Verzugs mit der Fertigstellung vereinbart. Ihre Verwirkung setzt nicht voraus, dass dem AG ein Schaden entstanden ist. Vertragsstrafenvereinbarungen sind regelmäßig **Allgemeine Geschäftsbedingungen** (AGB). Deshalb dürfen sie bestimmte **Obergrenzen** nicht überschreiten. Derzeit sind nach der Rechtsprechung des BGH wegen Überschreitung des Fertigstellungstermins maximal 0,2 % pro Arbeitstag, höchstens aber 5 % der Schlussrechnungssumme zulässig (BGH, Urteil vom 23.01.2003 –

VII ZR 210/01). Um AGB-rechtliche Risiken zu vermeiden, sollte **einheitlich** der Begriff „Schlussrechnungssumme" verwendet und bei Vorsteuerabzugsberechtigung des AG bzw. im Fall von § 13b UStG (Umkehr der Umsatzsteuerschuldnerschaft) die Obergrenze auf die **Nettoschlussrechnungssumme** bezogen werden. **Achtung:** Vertragsstrafen für **Zwischentermine** sind zwar möglich, aber gefährlich, weil sie häufig am AGB-Recht scheitern. Man muss mindestens beachten, dass sich die Vertragsstrafe für die Überschreitung eines Zwischentermins nach dem anteiligen Wert der Bauleistung bemisst, mit welcher der AN in Verzug geraten ist und keine „Kumulierung" bei nur geringfügiger Überschreitung mehrerer Zwischenfristen um jeweils nur wenige Tage eintritt (BGH, Urteil vom 06.12.2012 – VII ZR 13/11; OLG Naumburg, Urteil vom 15.11.2011 – 1 U 51/11). Solche Vertragsstrafenregelungen sollten allenfalls von Spezialisten entworfen werden, weil ansonsten das Risiko besteht, dass die gesamte Vertragsstrafenvereinbarung, auch die für den Fertigstellungstermin, unwirksam ist.

- Ein **verzugsbedingter Schaden (§ 6 Abs. 6 VOB/B)** kann dem AG beispielsweise entstehen, wenn ein nachfolgender Unternehmer oder auch weitere Nachunternehmer berechtigterweise „Mehrkosten" (genauer: Entschädigung nach § 642 BGB) infolge einer nicht rechtzeitig fertiggestellten Vorleistung gegen ihn geltend machen, dem AG wegen der verspäteten Fertigstellung ein Mietausfallschaden entsteht oder er selbst zur Zahlung einer Vertragsstrafe gegenüber seinem Vertragspartner verpflichtet ist. Für die Höhe des Schadens ist der AG beweispflichtig. Ist der Schaden höher als die Vertragsstrafe, kann der AG letztere als „Mindestschaden" beanspruchen und den darüber hinausgehenden Betrag als Schadensersatz verlangen (§ 340 Abs. 2 BGB).

- Eine **Kündigung** nach § 5 Abs. 4 i. V. m. § 8 Abs. 3 VOB/B erfordert neben dem Eintritt des Verzugs regelmäßig den fruchtlosen Ablauf einer vom AG **angemessen gesetzten Nachfrist** für die Vertragserfüllung und eine **unmissverständliche Kündigungsandrohung** sowie eine **schriftliche Kündigungserklärung** unmittelbar nach Fristablauf gemäß § 5 Abs. 4 i. V. m. § 8 Abs. 3 VOB/B (vgl. 12.2.2). Eine **Teilkündigung** aus wichtigem Grund setzt – wie bei der Teilabnahme nach § 12 Abs. 2 VOB/B – eine in sich abgeschlossene Teilleistung voraus (§ 8 Abs. 3 Nr. 1 Satz 2 VOB/B, vgl. 12.2.2.5). Ist das nicht der Fall, muss der AG den ganzen Bauvertrag kündigen. Dagegen setzen **Teilkündigungen** nach **§ 648a Abs. 2 BGB** lediglich voraus, dass sie sich auf einen „abgrenzbaren Teil" beziehen, was eine bewusste Distanzierung des Gesetzes im Vergleich zu § 8 Abs. 3 Nr. Satz 2 VBO/B bedeutet (vgl. 12.2.1.2).

Es versteht sich von selbst, dass es insbesondere im Fall **streitiger Behinderungen** enorm **riskant** sein kann, wegen Verzugs zu kündigen. Stellt sich erst nach einem möglicherweise jahrelangen Bauprozess heraus, dass zum Zeitpunkt der

Kündigung kein Verzug vorgelegen hat, erhält der AG keinen Schadensersatz und muss auch noch eine Vergütung für die kündigungsbedingt nicht ausgeführten Leistungen nach den Regelungen in § 8 Abs. 1 Nr. 2 VOB/B oder § 648 BGB zahlen (vgl. 12.1.2). Denn die Rechtsprechung deutet eine fehlgeschlagene Kündigung des AG aus wichtigem Grund regelmäßig in eine jederzeit mögliche freie Kündigung um (vgl. 12.2.5).

Das ist schon problematisch genug und lässt über einer „Verzugskündigung" in vielen Fällen ein „Damoklesschwert" schweben. Damit enden die Probleme aber noch nicht. Denn die Kündigungsmöglichkeiten des AG wegen der in **§ 5 Abs. 4 VOB/B** geregelten Einzelfälle (Verzögerung des Ausführungsbeginns, Verzug mit der Vollendung oder Nichtbefolgung einer Abhilfeanordnung nach § 5 Abs. 3 VOB/B) können aus **AGB-rechtlichen Gründen** (höchst) problematisch bzw. **unwirksam** sein. Weshalb ist das so? Die Antwort ergibt sich aus der unter 3.3.3 ausführlich besprochenen Entscheidung des BGH zum Kündigungsgrund des AG wegen Nichtbeseitigung von Mängeln in der Ausführungsphase (**§ 4 Abs. 7 Satz 3 i. V. m. § 8 Abs. 3 VOB/B**). Diese Regelungen hat der BGH, wenn eine isolierte AGB-rechtliche Inhaltskontrolle von VOB/B-Vorschriften möglich ist (vgl. 3.3.2), wegen unangemessener Benachteiligung des AN für **unwirksam** erklärt (BGH, Urteil vom 19.01.2023 – VII ZR 34/20).

Zu den in § 5 Abs. 4 VOB/B genannten Fällen hat der BGH bisher nichts gesagt, musste er auch nicht, weil es um den Verzug gar nicht gegangen ist. Aber: Es ist nicht ausgeschlossen, sondern sogar eher naheliegend, dass der BGH mit vergleichbaren rechtlichen Erwägungen **sämtliche** der in **§ 5 Abs. 4 VOB/B** genannten drei Alternativen, die zu einer Kündigung nach **§ 8 Abs. 3 VOB/B** führen können, für **AGB-rechtlich unwirksam** erklärt, falls er darüber zukünftig entscheiden muss. Denn dort wird für die Kündigung „lediglich" auf den Verzug mit dem Beginn oder der Vollendung abgestellt, nicht auf ihre konkreten **Auswirkungen** für den jeweiligen Bauvertrag und auch nicht auf die **Zumutbarkeit** einer Fortsetzung des Vertragsverhältnisses für den AG. Mit anderen Worten: Hat der AN – sachlich unstreitig – den kalendermäßig bestimmten Baubeginntermin nur um einen Tag oder den wiederum kalendermäßig bestimmten Fertigstellungstermin nur um eine Woche schuldhaft überschritten, könnte der AG nach § 5 Abs. 4 VOB/B in beiden Fällen eine angemessene Frist zur Vertragserfüllung mit Kündigungsandrohung setzen – beispielsweise eine Woche – und im Fall des fruchtlosen Fristablaufs den Vertrag schadensersatzbegründend kündigen (§ 8 Abs. 3 Nr. 1 und 2 VOB/B). Es sind Fälle vorstellbar, in denen das im praktischen Ergebnis überhaupt keinen Sinn ergibt, weil beispielsweise auch ein Ersatzunternehmer, der schließlich erst gefunden und beauftragt werden muss, in keinem Fall früher als der gekündigte Unternehmer anfangen kann oder fertig werden würde. Freilich sind auch Fälle vorstellbar, in denen das nicht so ist, beispielsweise weil der AN erklärt, er werde beginnen, wenn er Zeit habe, wohl aber nicht mehr in diesem Jahr, die Leistungen zu Unrecht eingestellt hat und überhaupt keine Anstrengungen unternimmt, um – trotz schuldhafter Überschreitung des vereinbarten Fertigstellungstermins – die Leistung zügig zu Ende zu führen. Diese Umstände des Einzelfalls spielen nach dem reinen Wortlaut des § 5 Abs. 4 VOB/B keine Rolle. Die AGB-rechtliche Inhaltskontrolle muss sich aber nach dem Wortlaut einer Bestimmung richten und fragen, welche Konsequenzen aus ihm äußerstenfalls resultieren könnten (sogenannte kundenfeindlichste Auslegung gemäß § 350c Abs. 2 BGB). Deshalb ist vor allem auch die dritte Alternative in § 5 Abs. 4 VOB/B (Nichtbefolgung einer Abhilfeanordnung) AGB-rechtlich besonders gefährdet. Denn der **Wortlaut** der Bestimmung lässt eine Abhilfeanordnung bereits zu, wenn eine bloße Bauzeitenplanfrist schuldhaft überschritten worden ist, unabhängig davon, welche Auswirkungen dies auf möglicherweise verbindliche Vertragsfristen oder den Fertigstellungstermin hat (vgl. 9.2.3). Auch hier könnte der AG nach § 5 Abs. 4 VOB/B eine angemessene Frist zur Vertragserfüllung setzen, die Kündigung androhen und sie anschließend aussprechen. Das kann bei Lichte betrachtet und unter Berücksichtigung der aktuellen BGH-Rechtsprechung zu § 4 Abs. 7 Satz 3 i. V. m. § 8 Abs. 3 VOB/B AGB-rechtlich nicht wirksam sein. Deshalb raten wir bei Kündigungen, die der AG wegen Verzugs aussprechen will, in jedem einzelnen Fall des § 5 Abs. 4 VOB/B zur Vorsicht bzw. zur Beschreitung des sichersten Weges. Das heißt: Der AG kündigt Bauverträge wegen Verzugs nur, wenn die weiteren Voraussetzungen der **gesetzlichen Vorschriften (§ 648a i. V. m. § 314 BGB**) erfüllt sind, ihm folglich die Fortsetzung des Vertragsverhältnisses bis zur Fertigstellung **unzumutbar** ist (vgl. 12.2.1 ff.). Das gilt jedenfalls, wenn die VOB/B nicht als Ganzes vereinbart wurde (vgl. 3.3.1 f.).

9.3 Behinderung durch den AG

9.3.1 Typische Behinderungen

Die **Hauptursachen** für Behinderungen aus dem Verantwortungsbereich des AG nach § 6 Abs. 2 Nr. 1a) BGB sind:

- Das Fehlen eines **„baureifen“ Grundstücks** wegen mangelhafter oder verspäteter **Vorunternehmerleistungen**. Das ist mit Abstand die häufigste Ursache für Behinderungen in der Praxis (BGH, Urteile vom 26.10.2017 – VII ZR 16/17 und vom 21.10.1999 – VII ZR 185/98; OLG Karlsruhe, Urteil vom 27.08.2020 – 8 U 49/19).

- Nicht rechtzeitig übergebene oder mangelhafte bzw. inhaltlich unzureichende **Pläne**, insbesondere bei baubegleitender Planung (OLG Hamburg, Urteil vom 16.11.2018 – 1 U 40/17; BGH, Urteile vom 24.02.2005 – VII ZR 141/03 und vom 21.03.2002 – VII ZR 244/00).

Bei **baubegleitender Planung** kommt es häufig vor, dass die mit den Firmen vereinbarten Ausführungsfristen nicht mit denjenigen der bauplanenden Architekten/ Ingenieure **„synchronisiert"** worden sind oder konkrete Fristvereinbarungen in den Planerverträgen fehlen bzw. unzureichend sind. Es empfiehlt sich, auch dort konkrete und soweit möglich verbindliche Fristen für die jeweiligen Leistungsphasen zu vereinbaren. Dann ist es dem AG auch möglich, in den Bauverträgen Planlieferfristen zu regeln und die Ausführungsfristen darauf abzustimmen. Für den Verzug des Planers gilt grundsätzlich nichts anderes als für bauausführende Firmen. Ohne verbindliche Fristen sind Schadensersatzansprüche gegen planende Architekten bzw. Ingenieure wegen verspäteter Planung nur schwer durchsetzbar (OLG Düsseldorf, Urteil vom 04.02.2011 – 22 U 123/10)

Wurden im Bauvertrag verbindliche **Planlieferfristen nicht vereinbart** (das ist zur Streitvermeidung empfehlenswert), sollte der AN einen **Detail-Terminplan** mit danach erforderlichen **Planübergabefristen** – unter Berücksichtigung der aus seiner Sicht jeweils erforderlichen **Arbeitsvorbereitungsdauern** – erstellen und dem AG mit der Bitte um Zustimmung oder Angabe konkreter Änderungswünsche innerhalb angemessener Frist übersenden. Dann ist der AG aufgrund der Kooperationspflicht im Bauvertrag bzw. der Grundsätze von Treu und Glauben (§ 242 BGB) verpflichtet, sich zu äußern bzw. Änderungsvorschläge zu machen, wenn er die dort genannten Fristen nicht gegen sich gelten lassen will (zum Kooperationsgebot allgemein: BGH, Urteil vom 26.01.2001 – V ZR 462/99 und OLG Stuttgart, Urteil vom 17.08.2021 – 10 U 433/20). Gibt es weder vereinbarte Planlieferfristen noch zeitliche Angaben des AN, wann er bestimmte Pläne benötigt, gilt in der Bauausführungsphase **§ 3 Abs. 1 VOB/B**, der lediglich besagt, dass die für die Ausführung notwendigen Unterlagen „*unentgeltlich*" und „*rechtzeitig*" zu übergeben sind. Es liegt auf der Hand, dass man über die Frage, was im Einzelfall genau unter rechtzeitig zu verstehen ist, endlos streiten kann.

Wie **detailliert** eine vom AG beizubringende **Ausführungsplanung** sein muss, hängt von den Umständen des Einzelfalls ab und lässt sich nicht allgemein beantworten. Die Rechtsprechung geht aber davon aus, dass der Architekt im Rahmen der jeweiligen Leistungsphasen 5 der HOAI verpflichtet ist, **Ausführungsdetails umfassend** zeichnerisch darzustellen. Die Ausführungsplanung muss gerade bei **kritischen** oder **schadensträchtigen** Leistungen bis ins **kleinste Detail** gehen, sodass für den AN die Ausführung in einer **jedes Risiko ausschließenden Weise** deutlich wird (BGH, Urteil vom 18.05.2000 – VII ZR 436/98; OLG Hamm, Urteil vom 03.12.2020 – 24 U 14/20;

OLG Celle, Urteil vom 04.10.2012 – 13 U 234/11). Das kann im Einzelfall Planungen bis zum Maßstab 1 : 1 erfordern (OLG Düsseldorf, Urteil vom 16.06.2017 – 22 U 14/17). **Werkstatt**- und **Montagepläne**, die nach den Abschnitten 3 der DIN 18299 ff. Sache des AN sein können (z. B. Abschnitt 3.1.5 der DIN 18382), sind **Arbeitsvorbereitungspläne**, die auf der **Basis von Ausführungsplänen** erstellt werden und diese nicht etwa ersetzen oder ergänzen. Ist der AN der Meinung, dass die ihm übergebene Ausführungsplanung nicht die **notwendigen Angaben** enthält, muss er das dem AG mitteilen und gegebenenfalls Behinderung anzeigen. Übernimmt der AN bei fehlenden oder falschen Angaben des AG die Planung selbst, ist er für deren **Richtigkeit** und Vollständigkeit **verantwortlich** (OLG Frankfurt, Urteil vom 11.04.2022 – 29 U 155/21).

- **Zeitrelevante Nachträge** oder **erhebliche Mehrmengen**. Auch wenn Nachträge erlaubt sind, weil der AG entsprechende Anordnungsrechte hat (§ 650b Abs. 2 BGB bzw. § 1 Abs. 3 und Abs. 4 Satz 1 VOB/B), sind sie seinem **Verantwortungsbereich** zuzuordnen, wenn die Ausführung dieser Leistungen einen **zusätzlichen Zeitbedarf** erfordert (OLG Bremen, Urteil vom 20.12.2019 – 2 U 50/18). Ein Nachtragsanspruch nach § 2 Abs. 5 oder 6 VOB/B kann sich auch aus mittelbaren bauzeitlichen Auswirkungen von Nachträgen, wie etwa Gerätestillstand, ergeben (BGH, Beschluss vom 23.03.2022 – VII ZR 191/21). Bei notwendigen Anordnungen des AG zu den **Umständen der Leistungserbringung** (Handarbeit statt Maschineneinsatz, andere Zufahrt zur Baustelle etc.) mit zeitlichen Folgen kann der AN neben einer Ausführungsfristverlängerung Nachtragsansprüche gemäß § 2 Abs. 5 VOB/B („*andere Anordnungen des AG*") wegen der dadurch entstehenden Mehrkosten geltend machen. Solche Anordnungen sind erlaubt. Sind Anordnungen nicht erlaubt, beispielsweise weil der AG nach herrschender Meinung **kein** rein zeitliches Anordnungsrecht hat (vgl. 9.3.3), leistet der AN ihnen aber unter dem „Zwang der Verhältnisse" Folge, kann er ebenfalls Ansprüche nach § 2 Abs. 5 VOB/B geltend machen. **Mehrmengen** ohne Anordnung des AG können eine Ausführungsfristverlängerung und daraus resultierende Mehrkosten nur rechtfertigen, wenn beim Einheitspreisvertrag die 10 %-Grenze überschritten wird (§ 2 Abs. 3 Nr. 2 VOB/B) oder es beim Pauschalvertrag zu „erheblichen" Mengenerhöhungen nach § 2 Abs. 7 VOB/B kommt (vgl. hierzu 5.2.2 und 5.3.4, OLG Dresden, Urteil vom 09.01.2013 – 1 U 154/09).

- Eine fehlende **Baugenehmigung** oder das Fehlen **sonstiger öffentlich-rechtlicher Genehmigungen** oder Erlaubnisse, z. B. nach dem Straßenverkehrsrecht (OLG Brandenburg, Urteil vom 11.11.2021 – 12 U 79/21), sofern deren Einholung nicht vertraglich auf den AN übertragen wurde (§ 4 Abs. 1 Nr. 1 Satz 2 VOB/B).

- Verspätete Materialauswahl bzw. **Bemusterungsentscheidungen** oder die nicht rechtzeitige Freigabe nach einem Bemusterungstermin (OLG Dresden, Urteil vom 31.08.2011 – 1 U 1682/10).

Diese Aufzählung ist natürlich nicht abschließend, sie soll nur beispielhaft verdeutlichen, was die Hauptursachen für Behinderungen aus dem Risikobereich des AG nach § 6 Abs. 2 Nr. 1a) VOB/B sind. Wir besprechen nunmehr die Dokumentationspflichten des AN und anschließend die Rechtsfolgen von Behinderungen bzw. die daraus resultierenden Ansprüche des AN (vgl. 9.3.5).

9.3.2 Behinderungsanzeige und Abmeldung der Behinderung

Wenn aus **Behinderungen** rechtliche Folgen resultieren sollen, müssen sie dem **AG konkret, unverzüglich** und **schriftlich** (nicht allein per E-Mail, weil unsicher, vgl. 4.2.1.3) **angezeigt** werden (§ 6 Abs. 1 VOB/B). **Mündliche Behinderungsanzeigen** sind enorm riskant, weil sie nicht sicher beweisbar sind. Genauso unsicher ist es, Behinderungsanzeigen nur an den **bauüberwachenden Architekten** oder Ingenieur zu richten, insbesondere wenn darin gerade deren Versäumnisse aufgezeigt werden sollen. Deshalb sollte die Behinderung immer (auch) dem AG selbst angezeigt werden, gegebenenfalls mit Versendung einer Kopie an den Architekten. Das ist der sicherste Weg. Die Anzeige von Behinderungen kann auch in **Bautagesberichten** erfolgen, wenn sie ein externes Dokumentationsmittel sind, das dem AG unverzüglich zugeht. Unterschreiben muss der AG die Bautagesberichte so wenig wie eine Behinderungsanzeige. Die Unterschrift dokumentiert nur, dass er sie zur Kenntnis genommen hat.

Die Pflicht zur Anzeige von Behinderungen gilt für **alle Behinderungsursachen** ausnahmslos, auch wegen zeitrelevanter **Nachträge**. Entgegen weit verbreiteter Annahme ist es keineswegs so, dass die Ausführung geänderter oder zusätzlicher Leistungen automatisch zu einer entsprechenden Bauzeitverlängerung führt. Ist eine erforderliche Behinderungsanzeige unterblieben, müsste der AN beweisen, dass sie wegen Offenkundigkeit entbehrlich war (siehe unten). Ansonsten erhält er keine Ausführungsfristverlängerung nach § 6 Abs. 2 Nr. 1a VOB/B und riskiert Ansprüche des AG wegen Verzugs. Auch wenn die herrschende Meinung für die **Abwehr** solcher Ansprüche Behinderungsanzeigen nicht für zwingend erforderlich hält (BGH, Urteil vom 14.01.1999 – VII ZR 73/98), verschlechtert sich die Position des AN erheblich, weil er beweisen muss, dass die Fristüberschreitung nicht auf seinem Verschulden beruht (vgl. 9.2.2). **Aktivansprüche** gegen den AG (Schadensersatz oder Entschädigung) kann er ohne erforderliche Behinderungsanzeigen jedenfalls nicht geltend machen.

In der Behinderungsanzeige muss angegeben werden, **weshalb** Leistungen, die nunmehr ausgeführt werden müssten, **nicht** oder **nicht wie vorgesehen** ausgeführt werden können, obwohl der **AN leistungsbereit** ist (BGH, Urteil vom 21.10.1999 – VII ZR 185/98). In einer Behinderungsanzeige müssen der hindernde **Umstand** und die daraus resultierende nachteilige zeitliche **Wirkung** mitgeteilt werden. Nur dann ist eine Behinderungsanzeige **konkret**, sodass der AG gewarnt bzw. informiert ist und ihm die Möglichkeit gegeben wird, die Behinderung schnellstmöglich abzustellen. Eine Behinderungsanzeige dient folglich – richtig verstanden – dem Schutz des AG. Der AN sollte deshalb auch eine lediglich **drohende Behinderung** so **rechtzeitig** anzeigen, dass es dem AG unter Umständen möglich ist, sie abzuwenden, bevor zeitliche Folgen eintreten (OLG Stuttgart, Urteil vom 29.11.2011 – 10 U 58/11).

Eine Behinderungsanzeige ist nur **entbehrlich**, wenn dem Auftraggeber die Behinderungsursache und ihre konkrete zeitliche Auswirkung **offenkundig bekannt** sind (§ 6 Abs. 1 Satz 2 VOB/B). Die Offenkundigkeit muss der AN beweisen. Das ist bei vollständigen Unterbrechungen der gesamten Leistung des AN denkbar, eher nicht bei „schleichenden Behinderungen", also unproduktivem Arbeiten mit Leer- bzw. Ausfallzeiten (vgl. 9.3.4.1). Auf Offenkundigkeit sollte sich ein AN nur in wirklich eindeutigen Fällen verlassen und ansonsten Behinderungen immer schriftlich anzeigen, wenn er auf dem sichersten Weg bleiben will.

Da der AN die **Dauer der Behinderung beweisen** muss, ist es dringend empfehlenswert, dass er die Behinderung auch **abmeldet (§ 6 Abs. 3 Satz 2 VOB/B)**, nachdem beispielsweise die erforderlichen Pläne geliefert oder fehlende Vorunternehmerleistungen fertiggestellt worden sind.

9.3.3 Keine Pflicht zur Beschleunigung nach Wegfall der Behinderung

Der AN ist nach Wegfall einer Behinderung grundsätzlich nicht dazu verpflichtet, die dadurch versäumte Bauzeit durch **Beschleunigungsmaßnamen** aufzuholen (OLG Köln, Urteil vom 30.07.2013 – 24 U 179/11). Er kann folglich „Dienst nach Vorschrift" machen. Weder das BGB noch die VOB/B kennen nach herrschender Meinung ein einseitiges Anordnungsrecht des AG zur Beschleunigung bzw. zur Verkürzung der vereinbarten Bauzeit. Hat der AG jedoch ein **berechtigtes Interesse** an der Einhaltung der vereinbarten Fristen, ist dem AN die **Beschleunigung möglich und zumutbar,** und ist der AG vor Ausführung der Maßnahmen zur Vereinbarung einer **angemessenen Beschleunigungsvergütung** bereit, können sich entsprechende Mitwirkungspflichten des AN (ausnahmsweise) aus **Treu und Glauben** bzw. dem **Kooperationsgebot** bei Bauverträgen ergeben.

Davon sind **„unechte" Beschleunigungsmaßnahmen** gemäß **§ 6 Abs. 3 VOB/B** zu unterscheiden. Danach hat der AN *„alles zu tun, was ihm billigerweise zugemutet werden kann, um eine Weiterführung der Arbeiten zu ermöglichen".* Er muss also flexibel reagieren und beispielsweise den vereinbarten Bauablauf umstellen, falls Arbeiten in anderen Bereichen möglich sind. Dann darf er die Leistungen nicht insgesamt einstellen

(OLG Dresden, Urteil vom 27.09.2016 – 6 U 564/16). Das schließt aber nicht aus, dass er dadurch in der vereinbarten Ausführung behindert ist und deshalb unproduktiver leistet, sodass er Ansprüche auf Schadensersatz oder Entschädigung geltend machen kann (vgl. 9.3.5.2).

9.3.4 Weitere Dokumentationspflichten des AN

Warum unterscheiden wir in den beiden folgenden Abschnitten zwischen den **Auswirkungen** von Behinderungen? Nicht weil es dafür unterschiedliche Rechtsvorschriften gibt, sondern weil es im Hinblick auf die Dokumentationspflichten, deren Erfüllung Voraussetzung für die Geltendmachung von Schadensersatz- oder Entschädigungsansprüchen ist, einen **Unterschied** macht, ob auf der Baustelle überhaupt nicht geleistet werden konnte oder zwar Arbeiten ausgeführt worden sind, aber die Produktivität im Vergleich zu einem ungestörten Bauablauf gesunken ist, weil langsamer geleistet wurde. Nach Auffassung einiger Oberlandesgerichte gelten dieselben Dokumentationspflichten, unabhängig davon, ob Schadensersatzansprüche nach § 6 Abs. 6 VOB/B oder Entschädigungsansprüche nach § 642 BGB geltend gemacht werden (OLG Celle, Urteil vom 04.03.2020 – 7 U 334/18, OLG Düsseldorf, Urteil vom 07.06.2016 – 23 U 149/13). Wir halten das aufgrund der Rechtsprechung des BGH nicht für zutreffend, weil die beiden Ansprüche unterschiedliche Voraussetzungen und Rechtsfolgen haben (vgl. 9.3.5.2).

Eine ordnungsgemäße Dokumentation muss die **Störungsursache** nennen und ihre **Auswirkungen** baustellenbezogen, das heißt wirklichkeitsnah und nicht hypothetisch angeben. Dazu dienen vor allem bei schleichenden Behinderungen (vgl. 9.3.4.1) **Bautagesberichte**, die oftmals fehlen oder keine ausreichenden Informationen enthalten. Mit den dokumentierten Angaben muss **baubetrieblich plausibel** zu belegen sein, welche zeitlichen und wirtschaftlichen Folgen die Behinderung hatte. Nach der Rechtsprechung muss der AN bei Behinderungen den Tatbestand der Behinderung und ihre Dauer (Anfang und Ende) sowie die Anzeige der Behinderung oder ihre Offenkundigkeit, falls sie unterblieben ist, beweisen. Ferner muss er beweisen, dass der AG eine Vertragspflicht verletzt (§ 6 Abs. 6 VOB/B) oder eine notwendige Mitwirkungshandlung unterlassen bzw. nicht rechtzeitig vorgenommen hat (§ 642 BGB). Der AN muss auch beweisen, **dass** die Pflichtverletzung (oder die verspätete Mitwirkungshandlung) zu einer Behinderung geführt hat (BGH, Urteile vom 24.02.2005 – VII ZR 141/03 und VII ZR 225/03). Das alles gehört zum sogenannten **Haftungsgrund**. Hier sind **Schätzungen nicht möglich**. Deshalb muss der AN alle Tatsachen, die zum Haftungsgrund gehören, **voll** beweisen. Dagegen sind **Schätzungen** (§ 287 ZPO) zulässig, wenn bewertet werden muss, ob bzw. in welcher genauen Höhe dadurch finanzielle Nachteile oder Schäden eingetreten sind und inwieweit eine Behinderung von bestimmter Dauer zu welcher konkreten Verlängerung der Ausführungsfristen (insbesondere des

Fertigstellungstermins) geführt hat (BGH, Urteile vom 24.02.2005 - VII ZR 141/03 und VII ZR 225/03). Denn die konkreten **zeitlichen** und **wirtschaftlichen** Auswirkungen gehören zu den **Haftungsfolgen**, die - im Gegensatz zum Haftungsgrund - nicht voll bewiesen werden müssen, weil ein Gericht hier schätzen darf und schätzen muss, wenn zumindest baubetrieblich plausible Darlegungen des AN dazu erfolgt sind (so bereits ausdrücklich: BGH, Urteil vom 20.02.1986 - VII ZR 286/84). Das ist gerade bei Fällen, in denen zwar gearbeitet wurde, aber langsamer („schleichende Behinderung"), eine erhebliche Erleichterung für den AN.

9.3.4.1 Verlangsamung/"schleichende Behinderung"

Die Anzeige von Behinderungen ist in „Verlangsamungsfällen" nur ein **Teil der Dokumentationspflichten** des AN. Denn sie muss am **Beginn** der Behinderung erfolgen und kann schon denklogisch keine Angaben zu den **konkreten zeitlichen, aber auch wirtschaftlichen Folgen** enthalten, die erst anschließend eintreten bzw. bewertet werden können. Das gilt immer dann, wenn zwar gearbeitet worden ist, aber unter vom Vertrag abweichenden Umständen und der Einsatz der Produktionsmittel deshalb unproduktiv war. Dass der AN auch in solchen Fällen eine Entschädigung erhält, ist der Sache nach unstreitig (Kammergericht, Urteil vom 16.02.2018 - 21 U 66/16).

Der AN sollte bei unproduktivem Arbeiten am Ende eines **jeden Arbeitstages**, an dem es zu Behinderungen in Gestalt einer „Verlangsamung" gekommen ist, in **aussagekräftigen Bautagesberichten** erfassen, welches Personal welche Arbeiten in welchen Bereichen oder Bauabschnitten ausgeführt hat und zu welchen nennenswerten Leer- bzw. Wartezeiten es dabei aus welchen Gründen gekommen ist. Daraus können plausible „Ist-Abläufe" erstellt und mit den „Soll-Abläufen" verglichen werden, falls ein Gericht das auch bei Ansprüchen nach § 642 BGB verlangen sollte. Der AN sollte ferner durch **tägliche** oder zumindest **zeitnahe Aufmaße** dokumentieren, welche Leistungen - trotz der Behinderungen - erbracht worden sind. Das hilft enorm, wenn es um die Frage geht, welche Nachteile durch die Behinderungen eingetreten sind, weil dann oftmals ein Vergleich zwischen einer gestörten und einer ungestörten Leistungserbringung möglich ist. Bei größeren Bauvorhaben dürfte es dem Bauleiter schwerfallen, diese Dokumentationspflichten neben seiner eigentlichen Tätigkeit zu erfüllen. Deshalb sollte rechtzeitig erwogen werden, zusätzliche personelle Ressourcen, beispielsweise einen baubetrieblichen Sachverständigen, zur Erstellung der Dokumentation oder ihrer Überprüfung heranzuziehen.

Eine an der **Wirklichkeit des tatsächlichen Bauablaufs** orientierte Dokumentation ist deshalb so wichtig, weil die VOB/B in § 6 Abs. 4 lediglich regelt, dass die Ausführungsfristverlängerung *„nach der Dauer der Behinderung"* berechnet wird. Das kann wörtlich allerdings nur bei vollständigen Unterbrechungen oder Verschiebungen der

Leistungserbringung gelten, nicht aber bei schleichenden Behinderungen („stop and go"). Denn hier ist geleistet worden, wenn auch weniger. Steht beispielsweise einem Fliesenleger der AG-seitig zu stellende Bauaufzug an insgesamt zehn Arbeitstagen nicht zur Verfügung, kann man schlecht sagen, der vereinbarte Fertigstellungstermin verschiebe sich deshalb um zwei Wochen, obwohl die Behinderung tatsächlich so lange „dauerte". Dass der AN, dessen Mitarbeiter während dieser Zeit ständig durch das Treppenhaus gelaufen sind, länger brauchte und höhere Kosten hatte, ist klar, nur wie viel Zeit genau und welche Nachteile dadurch konkret entstanden sind, ist meistens schwer oder gar nicht darzulegen, wenn eine zeitnahe, aussagekräftige Dokumentation mit plausiblen Angaben dazu fehlt, sodass auch nicht geschätzt, sondern letztlich nur „geraten" werden kann. Gibt es dagegen aussagekräftige Bautagesberichte, muss eben nicht mehr auf die Stunde oder den Tag genau belegt werden, dass die Behinderungen exakt die geltend gemachten zeitlichen und wirtschaftlichen Folgen hatten. Denn das kann und muss ein Gericht schätzen, wenn der Grund der Haftung bewiesen ist (BGH, Urteile vom 30.01.2020 - VII ZR 33/19 und vom 24.02.2005 - VII ZR 225/03; Kammergereicht, Urteile vom 16.02.2018 - 21 U 66/16 und vom 10.01.2017 - 21 U 14/16).

9.3.4.2 Unterbrechung oder Verschiebung der Leistung

Bei einer vollständigen **Unterbrechung** der Leistungen sind die Dokumentationspflichten einfacher zu erfüllen als bei unproduktivem Arbeiten. Das gilt sowohl, wenn die bereits aufgenommene Tätigkeit behinderungsbedingt komplett eingestellt werden musste, als auch, wenn mit der Leistung erst gar nicht zum vereinbarten Termin begonnen werden konnte, es folglich zu einer **Verschiebung** der Leistungen gekommen ist. Im Vergleich zu Verlangsamungsfällen ist es einfach, während dieser Zeit den „Ist-Ablauf" nachzuweisen, eben weil überhaupt nicht gearbeitet werden konnte. Deshalb braucht es auch keine Bautagesberichte, um die zeitlichen Folgen von Unterbrechungen oder Verschiebungen durch eine „bauablaufbezogene Darstellung" zu beweisen (OLG Braunschweig, Urteil vom 16.06.2017 - 8 U 59/16; Kammergericht, Urteil vom 10.01.2017 - 21 U 14/16). Dennoch muss der AN auch hier detailliert und nachvollziehbar dokumentieren, **welche Produktionsmittel wann** hätten eingesetzt werden sollen, in welchen **Zeiträumen** das wegen **Annahmeverzugs** des AG nicht möglich war und weshalb er diese Produktionsmittel nicht **anderweitig produktiv** einsetzen konnte (BGH, Urteil vom 30.01.2020 - VII ZR 33/19; OLG Düsseldorf, Beschluss vom 05.09.2022 - 23 U 116/21 und Urteil vom 16.08.2019 - 22 U 140/06). Setzt der AN, z. B. bei länger andauernden Unterbrechungen, seine Produktionsmittel (oder einen Teil davon) an anderen Bauvorhaben ein, sollte auch das dokumentiert werden (Listen mit Namen der Mitarbeiter, der Geräte/Maschinen etc.). Wenn der AN Entschädigung nach § 642 BGB verlangt, muss er sowohl bei Verlangsamungsfällen (siehe oben), als auch bei Unterbrechungen/Verschiebungen, versuchen, seine

Produktionsmittel (Aufsichtspersonal, gewerbliche Arbeitskräfte, Geräte/Maschinen sowie Teile der Baustelleneinrichtung) nach Möglichkeit anderweitig produktiv einzusetzen oder beweisen, weshalb das nicht oder nur zu schlechteren Konditionen möglich war (vgl. 9.3.5.2). Je wahrscheinlicher ein „anderweitiger Erwerb" oder eine anderweitige Erwerbsmöglichkeit ist, desto genauer und detaillierter müssen die Angaben sein (BGH, Beschluss vom 15.03.2023 – VII ZR 150/22).

Nach Wegfall einer Unterbrechung/Verschiebung steht dem AN eine **angemessene Zeitspanne** zu, bevor er die Arbeiten **wieder aufnehmen** muss (§ 6 Abs. 4 VOB/B). Wie lange diese Frist genau ist, hängt von den konkreten Umständen, insbesondere der Auslastung des AN oder der dazu eventuell getroffenen Vereinbarung mit dem AG ab. Ohne besondere Umstände wird man sich jedenfalls bei längeren Unterbrechungen an der **12-Tage-Frist** nach **§ 5 Abs. 2 Satz 2 VOB/B** orientieren können, auch wenn im Einzelfall durchaus längere Wiederaufnahmefristen in Betracht kommen, wenn der AN nachweist, dass er aufgrund anderer Verpflichtungen nicht früher beginnen kann.

9.3.5 Rechtsfolgen von Behinderungen/Ansprüche des AN

9.3.5.1 Ausführungsfristverlängerung

Sind Behinderungen eingetreten und ordnungsgemäß angezeigt worden, führt das – automatisch – zu einer **Verlängerung der Ausführungsfristen** (**§ 6 Abs. 2 Nr. 1 VOB/B**). Das ist die erste Rechtsfolge von Behinderungen und führt zum **Ausschluss des Verzugs**, wenn **deshalb** vereinbarte Fristen überschritten werden (zweite Rechtsfolge von Behinderungen). Auch diese Folge ist wichtig, weil damit alle auf einem Verzug des AN beruhenden Ansprüche des AG **entfallen** (vgl. 9.2.7). Wichtig ist ferner, dass es auf ein Verschulden des AG im Rahmen des Bauzeitverlängerungsanspruchs nach § 6 Abs. 2 Nr. 1a VOB/B nicht ankommt. Dafür reicht ein Umstand aus dem Risiko- bzw. Einflussbereich, also der Sphäre des AG (OLG Düsseldorf, Urteil vom 28.02.2014 – 22 U 112/13). Eine Ausführungsfristverlängerung mit der Folge, dass Verzug bei Fristüberschreitungen ausscheidet, erhält der AN auch bei höherer Gewalt oder anderen für ihn unabwendbaren Umständen (§ 6 Abs. 2 Nr. 1c VOB/B, vgl. 9.4).

9.3.5.2 Der Schadensersatz- und Entschädigungsanspruch nach § 6 Abs. 6 VOB/B bzw. § 642 BGB

Die dritte Rechtsfolge von Behinderungen ist eine wirtschaftliche. Denn der AN hat unter den Voraussetzungen des § 642 BGB Entschädigungsansprüche. Hat der AG eine schuldhafte Pflichtverletzung begangen, bestehen – wahlweise neben § 642 BGB – Schadensersatzansprüche nach § 6 Abs. 6 VOB/B bzw. nach den §§ 280,

286 BGB. Bei Anordnungen des AG mit zeitlichen Auswirkungen, beispielsweise bei Nachträgen, muss der AN auch die zeitlichen Folgen – höhere BGK – nach § 2 Abs. 5 oder Abs. 6 VOB/B bzw. § 650c Abs. 1 BGB geltend machen (BGH, Beschluss vom 23.03.2022 – VII ZR 191/21).

9.3.5.2.1 *Pflichtverletzung oder Mitwirkungshandlung*

Weil der **Schadensersatzanspruch** des AN wegen Behinderungen eine **schuldhafte Pflichtverletzung** des AG voraussetzt (§ 6 Abs. 6 VOB/B) und **Nachtragsansprüche** nur bei **Anordnungen** des AG mit zeitlichen Folgen in Betracht kommen (§ 2 Abs. 5 oder 6 VOB/B), gab es früher Haftungslücken, wenn die Voraussetzungen dieser beiden Anspruchsgrundlagen nicht vorlagen. Denn der BGH war lange Zeit der Meinung, diese Lücke könne **nicht** durch den **Entschädigungsanspruch** gemäß **§ 642 BGB** geschlossen werden. Denn diese Vorschrift sei im VOB/B-Vertrag nicht anwendbar, weil § 6 Abs. 6 VOB/B und § 2 Abs. 5 bzw. 6 VOB/B die finanziellen Folgen von Behinderungen abschließend regelten (BGH, Urteil vom 27.06.1985 – VII ZR 23/84).

Diese Rechtsprechung hat der BGH im Jahr 1999 ausdrücklich aufgegeben und entschieden, dass **§ 642 BGB neben § 6 Abs. 6 VOB/B** auch in **VOB/B-Verträgen anwendbar** ist (BGH, Urteil vom 21.10.1999 – VII ZR 189/98). Seit dem Jahr 2006 ist der Entschädigungsanspruch in der VOB/B auch ausdrücklich geregelt (§ 6 Abs. 6 Satz 2 VOB/B). Er setzt nach dieser Vorschrift aber ebenfalls eine Behinderungsanzeige oder ihre Entbehrlichkeit wegen Offenkundigkeit voraus. Vor allem bei fehlenden Voruntemehmerleistungen – der Hauptursache für Behinderungen – kann der Nachunternehmer seit diesem Urteil Entschädigung nach § 642 BGB verlangen. Schadensersatz nach § 6 Abs. 6 VOB/B erhält er in solchen Fällen nicht, weil der BGH – seit dem Jahr 1985 und bis heute – meint, **Mitwirkungshandlungen** nach § 642 BGB wie ordnungsgemäße Vorunternehmerleistungen seien nur dann eine selbstständige **vertragliche (Neben-)Pflicht** des AG, wenn die Vertragsauslegung dies (ausnahmsweise) ergäbe (BGH, Urteile vom 27.06.1985 – VII ZR 23/84 und vom 27.11.2008 – VII ZR 2006/06 sowie vom 26.10.2017 – VII ZR 16/17). Die Mitwirkung des AG bei der Durchführung eines Bauvorhabens sei anderenfalls weder eine Vertragspflicht noch eine selbstständige Nebenpflicht, sondern diene letztlich seinen eigenen Interessen. Das dürfte der BGH, falls keine verbindlichen Planlieferfristen vereinbart wurden (vgl. 9.3.1), auch im Fall verspätet übergebener **Pläne** so sehen, obwohl § 3 Abs. 1 VOB/B besagt, dass die für die Ausführung notwendigen Unterlagen – also auch Pläne – **rechtzeitig** zu übergeben sind. Damit greifen § 6 Abs. 6 VOB/B bzw. §§ 280, 286 BGB bei zwei Hauptursachen von Behinderungen nicht ein, was egal wäre, wenn § 642 BGB **alle Folgen** der Behinderung erfassen würde, was er laut BGH aber gerade nicht tut (vgl. 9.3.5.2.2). Deshalb: ohne schludhafte Pflichtverletzung kein Schadensersatz nach § 6 Abs. 6 VOB/B, aber – seit 1999 – Entschädigung nach § 642 BGB. Diese BGH-Rechtsprechung ist umstritten und wird von der herrschenden Meinung abgelehnt. Die Praxis muss sie aber hinnehmen und beachten.

Der Entschädigungsanspruch nach § 642 BGB hat in Folge der BGH-Entscheidung aus dem Jahr 1999 den Schadensersatzanspruch des AN nach § 6 Abs. 6 VOB/B – auch in Fällen, in denen ausnahmsweise eine schuldhafte Vertragspflichtverletzung vorlag – nahezu vollständig verdrängt, weil dafür nur eine unterlassene bzw. verzögerte Mitwirkungshandlung des AG sowie dessen **Annahmeverzug** erforderlich ist und die Höhe des Anspruchs auf Basis der vereinbarten **Vergütung** ermittelt wird (§ 642 Abs. 2 BGB). Wegen der **Bedeutung dieses Anspruchs**, dessen Einzelheiten nach wie vor umstritten sind, befassen wir uns mit dieser Vorschrift ausführlich, auch weil der BGH in jüngerer Zeit die Voraussetzungen und Rechtsfolgen des Entschädigungsanspruchs präzisiert hat.

9.3.5.2.2 *Entschädigung (nur) für die Dauer des Annahmeverzugs*

Im Ausgangspunkt steht danach fest: § 642 BGB gewährt dem AN eine angemessene **Entschädigung** dafür, dass er während der **Dauer des Annahmeverzugs** seine **Produktionsmittel** (z. B. Personal, Geräte und die Baustelleneinrichtung) vereinbarungsgemäß **bereitgehalten** hat, aber diese wegen der **unterlassenen Mitwirkungshandlung** des AG nicht oder nicht so produktiv einsetzen konnte, wie es ihm anderenfalls möglich gewesen wäre (BGH, Urteile vom 26.10.2017 – VII ZR 16/17 und vom 30.01.2020 – VII ZR 33/19). Zum Annahmeverzug und seinen Voraussetzungen kommen wir später, das ist vergleichsweise unproblematisch. Anders ist es in Bezug auf die Frage, welchen **Zeitraum** der Entschädigungsanspruch umfasst.

Lange Zeit war die herrschende Meinung, dass der Entschädigungsanspruch auch **alle wirtschaftlichen Folgen** umfasst, die **durch** den Annahmeverzug entstanden, aber erst **danach** eingetreten sind, wie beispielsweise gestiegene Lohn- oder Materialkosten. Letzteres hat sich seit dem **BGH-Urteil** vom **26.10.2017** geändert. Denn der BGH hat dort entschieden, dass § 642 BGB dem AN **nur** eine Entschädigung dafür gewährt, dass er **während der Dauer** des AG-seitigen **Annahmeverzugs** seine Produktionsmittel bereitgehalten hat, nicht aber Mehrkosten erfasst, die erst **nach dessen Beendigung, nämlich** bei Ausführung der verschobenen Werkleistung, weiter anfallen. Dafür könnte der AN zwar **Schadensersatz verlangen, aber** nur, wenn die Voraussetzungen des § 6 Abs. 6 VOB/B vorliegen, also im Fall einer schuldhaften Vertragspflichtverletzung des AG. Daran soll es laut BGH aber gerade fehlen, wenn ein Vorunternehmer seine Leistungen nicht rechtzeitig erbringt. Dann liege nur eine **Obliegenheitsverletzung** vor, die gerade keine Schadensersatzansprüche (§ 6 Abs. 6 VOB/B bzw. §§ 280, 286 BGB) begründe (siehe oben). Der BGH spricht noch die Möglichkeit an, eine **Lohn- und Stoffpreisgleitklausel** im Vertrag zu vereinbaren, was vor der Corona-Pandemie und dem Krieg in der Ukraine aber eher selten der Fall war (vgl. 16.3.3). Der BGH erwähnt als letzte Möglichkeit für einen Zahlungsanspruch **§ 313 BGB (Störung der Geschäftsgrundlage)**, verneint dessen Voraussetzungen aber schon wegen der Geringfügigkeit des geltend gemachten Betrags (knapp über € 7.000) und der hohen Hürden, die diese Vorschrift für eine Vergütungsanspassung aufstellt (vgl. 16.2.2).

Auch diese BGH-Rechtsprechung wird von erheblichen Stimmen in der baurechtlichen Literatur abgelehnt (vgl. dazu Kimmich/Bach, VOB für Bauleiter, 7. Aufl., Rdnrn. 1238 ff.). Denn sie kann zu einer erneuten **Haftungslücke** führen, wenn wirtschaftlich nachteilige Folgen erst nach Wegfall der Behinderung bzw. des Annahmeverzugs entstehen, wie es bei gestiegenen Lohn- und Materialkosten, aber auch bei einer Verschiebung von Leistungen in eine **ungünstigere Jahreszeit** der Fall sein kann (§ 6 Abs. 4 VOB/B). Eine entsprechende Ausführungsfristverlängerung bekommt der AN hier zweifellos, denn er musste bei Vertragsabschluss damit nicht rechnen (vgl. § 6 Abs. 2 Nr. 2 VOB/B, vgl. 9.4.3), aber für die dadurch verlängerte Ausführungszeit und die höheren Kosten wird er nach § 642 BGB nicht entschädigt, weil diese Mehrkosten wiederum erst nach **Beendigung** des Annahmeverzugs entstanden sind. Ein schlechterdings unerträgliches Ergebnis.

Ein weiteres Problem kann bei „schleichenden Behinderungen" entstehen (vgl. 9.3.4.1). Sind die Arbeiten nicht vollständig unterbrochen, sondern werden die Vorleistungen anderer Gewerke nur so schleppend erbracht, dass der AN zwar weiterarbeiten kann, aber sein Personal reduzieren muss, laufen die Baustellengemeinkosten trotzdem in voller Höhe weiter. So muss der AN etwa weiterhin einen Bauleiter vor Ort einsetzen, auch wenn er statt 20 Mitarbeiter nur zehn Mitarbeiter sinnvoll beschäftigen kann. Betrachtet man den Bauleiter als „eingesetzte Ressource" (Produktionsmittel), ist festzustellen, dass dieser 50 % weniger produktiv ist als bei voller Besetzung der Baustelle. Für **diesen** Produktivitätsverlust **während** des teilweisen Annahmeverzugs des AG kann der AN unstreitig eine Entschädigung verlangen, aber eben nur **so lange**, wie der Annahmeverzug andauert. Kann der AN irgendwann wieder mit vollem Personal arbeiten, wird sich oftmals gleichwohl die ursprünglich vereinbarte Bauzeit verlängern, weswegen der AN zusätzliche Baustellengemeinkosten hat, die er aber nach § 642 BGB nicht erstattet verlangen kann, weil auch diese erst nach dem Ende des Annahmeverzugs entstehen.

Im Ergebnis – so der BGH – muss sich der AN entscheiden, ob die zu erwartenden Mehrkosten nach dem Ende des Annahmeverzugs so erheblich sind, dass er nicht bereit ist, diese zu tragen. In diesem Fall kann eine **Kündigung** gemäß **§ 643 BGB** bzw. **§ 9 Abs. 1 Nr. 1 VOB/B** in Betracht kommen (vgl. 12.3.3.1 f.). Jedenfalls heißt es in dem BGH-Urteil vom 26.10.2017, dass das Kündigungsrecht des AN nach § 643 BGB entbehrlich wäre, wenn der AN nach § 642 BGB ohnehin eine vollständige Entschädigung für alle infolge des Annahmeverzugs des AG entstandenen Mehrkosten verlangen könnte. Und ferner wörtlich: „*Der Unternehmer kann den Vertrag gemäß § 643 BGB wegen des Annahmeverzugs des Bestellers kündigen und damit die sich aus einer erwarteten Lohn- oder Matereialpreissteigerung ergebenden Nachteile vermeiden*" (dort Rdnr. 34). Diese Möglichkeit gegenüber dem AG anzudeuten, wird bei Verhandlungen die Position des AN jedenfalls nicht verschlechtern und zumindest eine Einigung im Vergleichswege erleichtern. Denn der AG weiß ja genau, dass er im Fall einer Kündigung die zu erwartenden oder schon eingetretenen Preiserhöhungen auch dem Ersatzunternehmer zahlen müsste (vgl. 12.3.3.6).

9.3.5.2.3 *Voraussetzungen des Annahmeverzugs*

Im Zusammenhang mit § 642 BGB bzw. den BGH-Urteilen ist ständig vom **„Annahmeverzug"** des AG die Rede. Was heißt das und wie führt der AN ihn herbei? Um eine Entschädigung geltend zu machen, muss der AN den AG in **Annahmeverzug** setzen. Der Annahmeverzug setzt nach **§ 293 BGB** voraus, dass der AG die ihm **angebotene Leistung** nicht annimmt. Das erfordert, dass der AN zum fraglichen Zeitpunkt leisten darf, dazu auch imstande ist und seine Leistung **angeboten** hat (§§ 293 ff. BGB). Für ein wörtliches **Angebot der Leistung** (§ 295 BGB) genügt bereits, dass der AN sein **Personal** auf der Baustelle **zur Verfügung hält** (BGH, Urteil vom 19.12.2002 – VII ZR 440/01). Zieht der AN Personal oder sonstige Produktionsmittel ab, sollte er dem AG vorher mitteilen, dass er leistungsbereit ist und seine **Leistung** auch **tatsächlich** und ausdrücklich **anbieten (§ 294 BGB)**, aus **Beweisgründen** wie immer **schriftlich.** Dieses Angebot kann mit der Behinderungsanzeige verbunden werden. Zwei separate Schreiben sind nicht notwendig.

9.3.5.2.4 *Kriterien für die Berechnung des Entschädigungsanspruchs*

Die Frage, welchen **Inhalt** der Entschädigungsanspruch nach § 642 BGB hat, insbesondere wie er zu **bemessen** ist, hat der **BGH** neben dem bereits erwähnten Urteil in einer weiteren **Entscheidung vom 30.01.2020 – VII 33/19** behandelt. Der amtliche Leitsatz lautet:

> *„§ 642 BGB erfordert eine **Abwägungsentscheidung** des Tatrichters auf der Grundlage der in § 642 Abs. 2 BGB genannten Kriterien. Dabei ist die angemessene Entschädigung im Ausgangspunkt an den auf die **unproduktiv bereitgehaltenen Produktionsmittel entfallenden Vergütungsanteilen einschließlich der Anteile für Allgemeine Geschäftskosten sowie für Wagnis und Gewinn zu orientieren.**" (Hervorhebung durch den Verfasser)*

Aus den Entscheidungsgründen dieses Urteils folgt im Einzelnen: Für die **Höhe der Entschädigung** ist die **vereinbarte Vergütung** – nicht die tatsächlichen Kosten – für die nutzlos bereitgehaltenen **Produktionsmittel** (z. B. Personal, Geräte und Maschinen sowie die allgemeine Baustelleneinrichtung) maßgebend, und zwar unter Einschluss der **hierauf** entfallenden Anteile für Allgemeine Geschäftskosten (AGK) sowie für Wagnis und Gewinn. Danach kommt es auf die **Ur- bzw. Auftragskalkulation** des AN an, für deren **Richtigkeit** im Ausgangspunkt eine **Vermutung** streitet. Der AG müsste, wenn der AN dazu nachvollziehbar vorgetragen hat, das Gegenteil beweisen. Der AN muss folglich **jedes nutzlos vorgehaltene Produktionsmittel** benennen und den darauf entfallenden **Vergütungsanteil** ermitteln, wozu er auf die in der **Urkalkulation** ausgewiesenen Einzelkosten der Teilleistung bzw. Baustellengemeinkosten zurückgreifen muss. Liegt eine Urkalkulation mit hierfür verwertbaren Angaben nicht vor, muss der AN nachträglich eine plausible Kalkulation erstellen. Die so ermittelten Kosten werden mit dem Deckungsbeitrag für Allgemeine Geschäftskosten sowie Wagnis und Gewinn nach der Kalkulation des AN beaufschlagt. Für infolge des Annahmeverzugs ersparte Aufwendungen einschließlich der darauf entfallenden Anteile für AGK sowie Wagnis und Gewinn erhält der AN selbstverständlich keine Entschädigung. Der Anspruch nach § 642 BGB unterliegt – im Gegensatz zu § 6 Abs. 6 VOB/B – der **Umsatzsteuer** (BGH, Urteil vom 24.01.2008 – VII ZR 280/05).

Die Entschädigung soll angemessen sein. Sie darf der Höhe nach **geschätzt** werden (§ 287 ZPO). Denn die Vorschrift sieht *„keine exakte Berechnung vor, sondern gewährt dem Richter einen **Ermessensspielraum**"*, so der BGH in der oben genannten Entscheidung wörtlich.

Es muss ferner geprüft werden, ob der AN seine **Produktionsmittel** während des Annahmeverzugs **anderweitig produktiv eingesetzt hat** oder einsetzen **konnte**. Dabei ist es unerheblich, ob die anderweitige Einsatzmöglichkeit auf einem sogenannten **echten Füllauftrag** beruhte, also einem Auftrag, der nur **wegen** des Annahmeverzugs angenommen und ausgeführt werden konnte, weil der AN bis zur Kapazitätsgrenze ausgelastet war (ausdrücklich **anders** als bei einer **freien Kündigung des AG** nach § 8 Abs. 1 VOB/B, vgl. dazu 12.1.2.3). Wenn ein AN behinderungsbedingt freigewordenes Personal auf anderen Baustellen einsetzt und deshalb dort möglicherweise früher fertig wird, **muss** er daraus **nicht unbedingt** einen wirtschaftlichen Vorteil ziehen, wenn er im Anschluss keine Folgeaufträge hat. Das Gleiche gilt, wenn mögliche Ausweichbaustellen personell bereits ausreichend besetzt sind und zusätzliche Mitarbeiter dort eher stören als nützen würden. In solchen Fällen kann der AN vorbringen, dass zwar ein **anderweitiger Einsatz** stattgefunden hat, dieser aber **nicht produktiv** war. Diesen Einwand hat der BGH ausdrücklich zugelassen. Denn – so der BGH – der anderweitige Einsatz muss „**produktiv**" gewesen sein. Eindeutig ist auch, dass der AN vorbringen kann, er habe sein Personal etc. zwar anderweitig und auch produktiv eingesetzt, aber zu **schlechteren Konditionen**. Das Kammergericht hat in diesem Zusammenhang entschieden, dass der AN seine Produktionsmittel bei Annahmeverzug des AG nicht in jedem Fall **unbegrenzt** gegen Entschädigung vorhalten darf, also quasi mit „laufendem Taxameter". Der AN hat die Vorhaltung von Produktionsmitteln auf **Anordnung des AG zu beenden**, wenn ein anderweitiger – produktiver – Einsatz möglich ist. Denn durch die Behinderung wird dem AN kein Freibrief erteilt, seine Geräte oder sein Personal auf Kosten des AG unbegrenzt lange auf der Baustelle zu „parken". Zum Abzug ist der AN aber nur verpflichtet, wenn ein **produktiver**, anderweitiger **Einsatz** in Frage kommt (KG, Urteil vom 28.04.2020 – 21 U 76/19). Das gilt auch für gewerbliche Arbeitskräfte und das Aufsichtspersonal.

Die **Darlegungs- und Beweislast** für die Höhe des Entschädigungsanspruchs trägt der AN. Er muss darlegen, welche konkreten Produktionsmittel wann hätten eingesetzt werden sollen, in welchen Zeiträumen das aufgrund des Annahmeverzugs nicht möglich war und weshalb ein Ausweicheinsatz auf anderen Baustellen während dieser Zeit nicht in Betracht gekommen ist. Falls es keinen vereinbarten Terminplan gibt, ist die baubetrieblich plausible Terminplanung des AN maßgeblich. Das sind die Voraussetzungen für einen Entschädigungsanspruch nach der aktuellen Rechtsprechung des BGH. Die oft übertriebenen Anforderungen von Oberlandesgerichten, die auch für § 642 BGB eine **„bauablaufbezogene Darstellung"** jeder einzelnen Behinderung und einen Vergleich von Soll- und Ist-Abläufen verlangen (z. B. OLG Brandenburg, Urteil vom 18.02.2016 – 12 U 222/14; OLG Frankfurt, Urteil vom 23.07.2013 – 6 U 122/12), lassen sich aus den beiden BGH-Entscheidungen jedenfalls nicht ableiten. Erforderlich ist stattdessen eine nachvollziehbare, detaillierte Dokumentation der **nutzlosen Vorhaltung von Produktionsmitteln** und der jeweiligen **Zeiträume**, in denen das der Fall war (OLG Köln, Beschluss vom 23.06.2022 – 19 U 237/21). Das macht erneut deutlich, wie wichtig es für den AN ist, die nutzlose Bereithaltung von Produktionsmitteln **präzise** und **zeitnah** zu dokumentieren.

9.3.6 Berechnung des Entschädigungsanspruchs anhand von Beispielen

9.3.6.1 Verschiebung oder Unterbrechung der Leistung

Ein **instruktives Beispiel** zur Berechnung des Entschädigungsanspruchs bei einer **Verschiebung** der Leistungen liefert eine Entscheidung des **OLG Karlsruhe** vom 27.08.2020 – 8 U 49/19. Der AN sollte **Parkettarbeiten** in einer Schule vom **09.05.2016** bis zum **08.07.2016** ausführen, konnte während dieses Ausführungszeitraums aber wegen zu hoher Restfeuchte des Estrichs nicht arbeiten. Tatsächlich wurden die Leistungen in der Zeit vom **13.09.2016** bis zum **16.02.2017** erbracht. Für den Zeitraum des Annahmeverzugs bekam der AN eine Entschädigung in Höhe von knapp € 43.000 (brutto) zugesprochen.

Bei der Berechnung des Entschädigungsanspruchs ging es zunächst um die „produktionslos“ vorgehaltenen **gewerblichen Arbeitskräfte**. Nach einer Zeugenvernehmung ging das OLG Karlsruhe davon aus, dass der AN für die Ausführung der Leistung ca. 1.600 Stunden beim Einsatz von vier Arbeitskräften veranschlagt hatte. Dass dieser Ansatz unrealistisch war, wurde vom AG nicht behauptet und war auch nicht ersichtlich, er ergab sich aus der Kalkulation des AN. Nach den Aufzeichnungen des AN, die von einem Zeugen bestätigt wurden, konnten die vier Mitarbeiter insgesamt 500 Stunden auf anderen Baustellen – produktiv – eingesetzt werden. Von den verbleibenden 1.100 Stunden hat das OLG Karlsruhe im Wege der Schätzung (§ 287 ZPO) berücksichtigt, dass circa ein Viertel dieser Zeit produktiv für die Erledigung interner Aufgaben aufgewendet wurde (Werkzeugreinigung, Aufräum- und Inventurarbeiten). Die verbleibenden 825 Stunden wurden mit dem Kalkulationslohn für diese Arbeitskräfte in Höhe von € 26,47/Stunde (Mittellohn zuzüglich Sozialkosten) entschädigt. Für die Vorhaltung des **Bau- und Projektleiters** wurde ein Entschädigungsanspruch nur deshalb verneint, weil der als Zeuge befragte Bauleiter vor Gericht aussagte, dass er in der fraglichen Zeit zwar etwas weniger als vorher gearbeitet habe, gleichwohl aber samstags immer im Büro gewesen sei. Daraus zog das OLG Karlsruhe den Schluss, dass der Bauleiter während des Annahmeverzugs voll ausgelastet war. Die **Baustellengemeinkosten** wurden mit einem Zuschlag von 19 % auf die Lohnkosten kalkuliert. Im Prozess wurde angegeben, welcher Anteil davon auf die vergeblich vorgehaltenen Werkzeuge entfiel (€ 5.650). Dem folgte das OLG Karlsruhe, ohne genauere Berechnungen zu verlangen, weil es die Angaben des AN dazu für „**plausibel**“ hielt, also letztlich wiederum im Wege einer Schätzung. Dabei kam es nicht darauf an, dass die Geräte (Bandschleifmaschinen, Kappsägen, Unterflursägen etc.) direkt auf der Baustelle vorgehalten worden sind. Es reichte aus, dass sie für das konkrete Bauvorhaben bereitgehalten wurden und in der fraglichen Zeit nicht anderweitig eingesetzt werden konnten, was der AN durch eine glaubhafte Zeugenaussage bewiesen hat. Die sich daraus ergebenden Ansprüche wurden mit den kalkulierten **Zuschlägen** für **Allgemeine Geschäftskosten** sowie **Wagnis** und **Gewinn** beaufschlagt (gemäß Kalkulation: 38 % für AGK auf den Kalkulationslohn sowie weitere 9 % auf den Kalkulationslohn für Wagnis und Gewinn.) Die kalkulierten Zuschläge von insgesamt 47 % machten für die „produktionslosen“ 825 Stunden noch einmal über € 10.000 aus (825 Stunden × 26,47 = € 21.837 × 47 % = € 10.263).

Die Entscheidung macht aber auch deutlich, weshalb **Haftungslücken** entstehen können, auch wenn es in dem konkreten Fall darum nicht ging, weil der AN keine Mehrkosten nach Beendigung des Annahmeverzugs geltend gemacht hatte. Denn der AN führte die Leistungen nicht in gut zwei Monaten – wie vereinbart – aus, sondern brauchte dafür mehr als doppelt so lange (siehe oben). Dadurch sind mutmaßlich höhere Baustellengemeinkosten und unter Umständen auch gestiegene Lohn- und Materialkosten entstanden, die aber nach der BGH-Rechtsprechung nicht von § 642 BGB erfasst werden, sondern allenfalls unter Schadensersatzgesichtspunkten geltend gemacht werden könnten. Auch das hätte dem AN in diesem Fall allerdings nicht geholfen. Den Grund dafür kennen wir bereits: Der AG hat zwar eine Mitwirkungshandlung unterlassen – rechtzeitg fertiggestellte Vorunternehmerleistung – aber damit keine Vertragspflicht schuldhaft verletzt, so jedenfalls der BGH. Der Fall macht aber auch deutlich, dass bei Verschiebungen der Leistung – das Gleiche würde für die Unterbrechung bereits begonnener Leistungen gelten – eine „konkrete bauablaufbezogene Darstellung“, wie sie häufig von Gerichten „stereotyp“ verlangt wird, nicht erforderlich ist (ebenso: OLG Braunschweig, Urteil vom 15.06.2017 - 8 U 59/16; Kammergericht, Urteile vom 10.01.2017 - 21 U 14/16 und vom 12.02.2008 - 21 U 155/06). Genau so haben es im geschilderten Fall auch das OLG Karlsruhe sowie die Vorinstanz gesehen (LG Mosbach, Urteil vom 18.04.2019 - 2 O 232/17).

9.3.6.2 Verlangsamung/unproduktives Arbeiten

Ob eine bauablaufbezogene Dokumentation bei „Verlangsamungsfällen“ – also unproduktiver Leistungsausführung – erforderlich ist, hat der BGH in der Entscheidung vom 26.10.2017 ausdrücklich offengelassen. Wir meinen, dass hier grundsätzlich nichts anderes gelten kann als bei Verschiebungen oder Unterbrechungen. Kann beispielsweise ein AN in der vereinbarten Ausführungszeit von vier Monaten wegen ständiger „schleichender Behinderungen“ nur 70 % der Gesamtleistung ausführen, erwirtschaftet er 30 % der kalkulierten Vergütungsanteile für die von ihm vorgehaltenen Produktionsmittel nicht. Ergibt sich aus seiner Kalkulation, dass er beispielsweise 4.000 Stunden (= 100 %) gebraucht hätte, müssen 1.200 unproduktive Stunden (= 30 %) entschädigt werden, falls er nicht gewerbliche Arbeitskräfte abgezogen und anderweitig produktiv eingesetzt hat (oder einsetzen konnte). So verhält es sich prinzipiell auch mit dem Bauleiter bzw. den auf der Baustelle eingesetzten Geräten und Maschinen bzw. der sonstigen Baustelleneinrichtung (Container, Bauzaun, Mannschaftswagen etc.). Dazu kommen wiederum Zuschläge für AGK sowie Wagnis und Gewinn nach den kalkulierten Vergütungsanteilen für die unproduktiv bereitgehaltenen Produktionsmittel. Es versteht sich von selbst, dass sich allein aus den Behinderungsanzeigen der Produktivitätsabfall um 30 % nicht nachweisen lässt. Dazu sind Angaben in den jeweiligen Bautagesberichten erforderlich, die eine Schätzung auf plausibler Grundlage ermöglichen müssen. Mathematisch exakte Nachweise kann man dafür aber nicht verlangen. Weiß ein Gericht nicht, wie es schätzen soll, muss es von Amts wegen einen Sachverständigen hinzuziehen (BGH, Urteil vom 25.02.2005 – VII ZR 2005/03). In den Bautagesberichten sollten stets nennenswerte Leer- oder Wartezeiten und die Gründe dafür angegeben werden. Ebenso, wenn es wegen der Behinderung zu einem Wechsel des Arbeitsplatzes oder zu Wartezeiten gekommen ist, weil der geänderte Bauablauf erst intern bzw. mit dem AG besprochen werden musste. Das Gleiche gilt, wenn Material oder Gerät deswegen erst zeitaufwändig beschafft werden musste.

In solchen Fällen kann es hilfreich sein, auf Ausführungszeiträume zu verweisen, in denen es möglicherweise keine Behinderungen gab. Legt beispielsweise ein Estrichleger anhand eines **ungestörten Bauabschnitts** oder aufgrund von **Erfahrungswerten** auf anderen Baustellen in einem ersten Schritt nachvollziehbar und plausibel dar, dass er in einem Zeitraum von 10 Arbeitstagen gemäß dem vereinbarten Terminplan 2.000 m^2 Estrich hergestellt hat, an dem fraglichen Bauabschnitt behinderungsbedingt aber nur 1.500 m^2 herstellen konnte, kann möglicherweise noch nicht einmal ein Sachverständiger auf den Quadratmeter genau ermitteln, ob die gesunkene Produktivität tatsächlich und einzig und allein auf den „schleichenden" Behinderungsgründen beruhte. Wenn aber aussagekräftige Bautagesberichte vorliegen, kann er schätzen. War im Beispielsfall ein Ausweicheinsatz des Personals oder der Werkzeuge und Maschinen an anderen Baustellen nachweislich nicht möglich, hat der AN im Grunde genommen nur Materialkosten erspart, sodass der Entschädigungsanspruch für die nicht ausgeführten 500 m^2 Estrich der hierfür vereinbarten Vergütung unter Abzug des Materialkostenanteils entspricht.

9.4 Höhere Gewalt oder andere für den AN unabwendbare Umstände

9.4.1 Allgemeines

Basiert eine Fristüberschreitung auf **höherer Gewalt** oder anderen für den AN **unabwendbaren Umständen**, hat der AN in jedem Fall einen Anspruch auf **Verlängerung der Ausführungsfristen (§ 6 Abs. 2 Nr. 1c) VOB/B**). Das hat zur Folge, dass der AN, falls er Fristen aus diesen Gründen überschreitet, weder Vertragsstrafe noch Verzugsschadensersatz schuldet, geschweige denn aus wichtigem Grund gekündigt werden kann. Auch hierfür ist aber grundsätzlich eine **Behinderungsanzeige** erforderlich, es sei denn, es liegt beweisbare Offenkundigkeit nach § 6 Abs. 1 Satz 2 VOB/B vor (vgl. 9.3.2).

9.4.2 Höhere Gewalt

Unter höherer Gewalt versteht man ein **betriebsfremdes, von außen** durch elementare Naturkräfte auf das Werk einwirkendes Ereignis, das **objektiv unvorhersehbar** ist, nicht dem **Risikobereich** einer Vertragspartei zugeordnet werden kann und auch durch **äußerste Sorgfalt** nicht abwendbar ist. Dazu zählen beispielsweise ein Erdbeben, ein Vulkanausbruch, der den Flugverkehr beeinträchtigt, weshalb Material nicht rechtzeitig auf der Baustelle eintrifft, oder auch ein Hochwasser in einem normalerweise nicht hochwassergefährdeten Gebiet. Von höherer Gewalt konnte man seit der Einordnung der **Corona-Epidemie** durch die Weltgesundheitsorganisation (WHO) vom 11.03.2020 als Pandemie zwar **begrifflich** ausgehen, auch wenn es wegen der Rechtsfolgen auf die konkreten **Umstände des Einzelfalls** ankommt (Kammergericht, Urteil vom 24.05.2022 - 21 U 156/21). So ist es auch mit den zeitlichen und wirtschaftlichen Folgen des **Ukraine-Kriegs** (vgl. dazu Kapitel 16).

9.4.3 Für den AN unabwendbare Umstände

Entgegen landläufiger Meinung führt „Schlechtwetter" nicht allgemein, sondern nur ausnahmsweise zu einer Ausführungsfristverlängerung wegen unabwendbarer Umstände (LG Hamm, Urteil vom 16.02.2017 - 21 O 19/16). Kann aufgrund des während der vereinbarten Ausführungszeit **üblichen Wetters** nicht oder nur mit geringerer Produktivität gearbeitet werden, ist das grundsätzlich **keine Behinderung** im Rechtssinn (**§ 6 Abs. 2 Nr. 2 VOB/B**). Dadurch werden die Ausführungsfristen also nicht verlängert, sodass der AN in Verzug geraten kann, wenn er trotz normalen Wetters, das er möglicherweise nicht berücksichtigt hatte, vereinbarte Vertragsfristen überschreitet (vgl. 9.2.2). Die VOB/B unterstellt den Vertragspartnern damit grundsätzlich, dass die **übliche Witterung** bei der Vereinbarung von Fristen im Vertrag bereits **berücksichtigt** wurde. Das wird von AN oftmals übersehen. Schlechtwettertage führen nur zu einer Ausführungsfristverlängerung, wenn sie **außergewöhnlich** sind. Nur dann liegen „unabwendbare Umstände" im Sinne des § 6 Abs. 2 Nr. 1c) VOB/B vor. Davon gibt es aber **Ausnahmen**: Bei „Tagesbaustellen" ohne Zeitpuffer, bei denen durchgearbeitet werden muss, um die vereinbarten Fristen zu erfüllen, kann auch **normales Wetter** zu einer **Behinderung** führen. Kann beispielsweise bei Gleisbaumaßnahmen in Sperrpausen, die auf nur wenige Tage beschränkt sind, witterungsbedingt nicht gearbeitet werden, verlängern sich die Ausführungs- oder Vertragsfristen auch dann, wenn das Wetter während der vereinbarten Bauzeit üblich war (LG Karlsruhe vom 14.11.2014 - 14 O 25/14).

Unstreitig ist auch, dass ein AN, der nur **behinderungsbedingt** in eine **ungünstigere Jahreszeit** kommt, einen zeitlichen „Zuschlag" für eine solche Verschiebung verlangen kann, selbst wenn das Wetter im späteren Ausführungszeitraum üblich war (§ 6 Abs. 4 VOB/B). Denn ein Erd- oder Gerüstbauer, der im August Arbeiten ausführen sollte, muss nicht damit rechnen, dass er sie behinderungsbedingt erst im Dezember erbringen kann. Für die durch die längere Ausführungszeit entstehenden Mehrkosten wird er aber nicht entschädigt (§ 642 BGB), weil sie erst nach Beendigung des Annahmeverzugs anfallen (vgl. 9.3.5.2.2). Anders wäre es nur, wenn die Verschiebung auf einer schuldhaften Vertragspflichtverletzung des AG beruhte. Dann könnte er Schadensersatz nach § 6 Abs. 6 VOB/B verlangen.

9.4.4 Außergewöhnliche Witterung als unabwendbarer Umstand

Unter den Begriff der unabwendbaren Umstände fallen nur solche Ereignisse, die **objektiv unabwendbar** und nach menschlicher Erfahrung **unvorhersehbar** sind, sodass ihre Auswirkungen trotz Anwendung aller Sorgfalt nicht vermieden werden können. Dazu zählen nach der Rechtsprechung **Witterungseinflüsse**, mit denen bei Abgabe des Angebotes oder zum Zeitpunkt des Vertragsabschlusses **normalerweise nicht gerechnet** werden musste, beispielsweise eine außergewöhnlich lange Periode mit Frost, Eis und Schnee in Brandenburg im Januar und Februar 2010, die sogar deutlich über den Durchschnittswerten der zurückliegenden 30 Jahre lag (BGH, Urteil vom 20.04.2017 - VII ZR 194/13), aber auch ein Sturm, der in der aufgetretenen Stärke nur circa alle 20 Jahre vorkommt. Um das beurteilen zu können, muss im Zweifel beim Deutschen Wetterdienst in Erfahrung gebracht werden, wie sich die Mittelwerte am Ort der Baustelle in den zurückliegenden Jahrzehnten dargestellt haben. Auch bei außergewöhnlichen Witterungsverhältnissen muss der AN **Behinderung** nach § 6 Abs. 1 VOB/B **anzeigen**.

Neben einem Anspruch auf Verlängerung der Ausführungsfristen nach § 6 Abs. 2 Nr. 1c) VOB/B erhält der AN allerdings **keinen Ausgleich** wegen der dadurch eintretenden wirtschaftlichen Nachteile. Ein **Nachtragsanspruch** nach § 2 Abs. 5 oder 6 VOB/B scheidet aus, weil der AG bei einer witterungsbedingten Behinderung regelmäßig keine **Anordnung** trifft. Anders wäre es beispielsweise nur, wenn der AG besondere Schutzmaßnahmen oder den Einsatz anderer Baustoffe verlangen würde, die auch bei außergewöhnlicher Witterung verwendet werden können. Dass **Schadensersatzansprüche** des AN nach § 6 Abs. 6 VOB/B ausscheiden, versteht sich von selbst, weil der AG das Wetter nicht zu vertreten hat. Der **Entschädigungsanspruch** nach **§ 642 BGB** scheidet nach der Rechtsprechung des BGH ebenfalls aus (BGH, Urteil vom 20.04.2017 - VII ZR 194/13). Denn es sei, vorbehaltlich abweichender Vereinbarungen im Bauvertrag, die eher selten sein dürften, **keine dem AG obliegende Mitwirkungshandlung**, während der Bauausführungsphase außergewöhnlich **ungünstige Witterungseinflüsse** in Form von Frost, Eis oder Schnee etc., mit denen nicht gerechnet werden musste, **abzuwehren**.

Wird die Ausführung durch ungewöhnliche Witterungseinflüsse oder auch aus anderen Gründen für voraussichtlich längere Dauer **unterbrochen**, kann der AN die ausgeführten Leistungen und bestimmte Kosten abrechnen (§ 6 Abs. 5 VOB/B). Dauert die **Unterbrechung** oder auch eine **Verschiebung** der Leistungen länger als **drei Monate**, können beide Vertragsparteien den Vertrag nach § 6 Abs. 7 VOB/B kündigen (vgl. 12.4).

10
ABNAHME

10.1 Begriff und Bedeutung der Abnahme

10.2 Wirkungen der Abnahme

10.3 Abnahmeverweigerung

10.4 Rechtsfolgen der Abnahmeverweigerung

10.5 Formen der Abnahme

10.6 Zustandsfeststellung bei Verweigerung der Abnahme

10.1 Begriff und Bedeutung der Abnahme

10.1.1 Einseitige Willenserklärung des AG

In diesem Kapitel geht es um die **privatrechtliche Abnahme** zwischen AG und AN, nicht um behördliche Rohbau- oder Schlussabnahmen. Die Abnahme ist **Dreh- und Angelpunkt** im Werk- und Bauvertragsrecht. Für den AN ist sie von besonders grundlegender Bedeutung. Die Abnahme wird in den **§§ 640** und **641 BGB** geregelt, **ergänzende** Bestimmungen finden sich in **§ 12 VOB/B**.

Die Abnahme ist eine **einseitige Willenserklärung** des AG, durch die er die erbrachte Leistung als **vertragsgemäß** billigt. Zur Erklärung der Abnahme ist grundsätzlich nur der AG selbst oder ein dazu **bevollmächtigter Vertreter** berechtigt. Letzteres ist weder bei bauleitenden Architekten/Ingenieuren noch bei internen Bauleitern des AG „automatisch" der Fall. Denn die originäre Vollmacht des Architekten umfasst nicht die Befugnis zur Erklärung der Abnahme für den AG (OLG Hamburg, Urteil vom 25.09.2019 - 4 U 26/18).

Weil die Abnahme einseitig vom AG erklärt wird, ist es zu ihrer Wirksamkeit nicht erforderlich, dass der AN das Abnahmeprotokoll unterschreibt. Tut er es dennoch, muss sichergestellt werden, dass dort **keine ungewollten vertragsändernden Regelungen**, beispielsweise zur **Verlängerung von Gewährleistungsfristen** oder **Anerkenntnisse** in Bezug auf ungeprüfte Mängelrügen, enthalten sind, die dem AN möglichweise „untergeschoben" werden. Denn dabei kann es sich um wirksame Vertragsänderungen handeln (BGH, Urteil vom 27.09.2018 - VII ZR 45/17; OLG Bamberg, Urteil vom 26.06.2018 - 5 U 99/15; OLG München, Beschluss vom 07.04.2021 - 9 U 7047/20 Bau). Besteht der AG auf einer Unterschrift, kann der AN durch einen Zusatz wie „zur Kenntnis genommen" oder „Teilnahme bestätigt" zum Ausdruck bringen, dass mit seiner Unterschrift keine vertragsändernden Vereinbarungen oder Anerkenntnisse verbunden sind.

10.1.2 Voraussetzung für die Abnahme

Die Erklärung der Abnahme ist eine **gesetzliche Hauptpflicht** des AG (§ 640 Abs. 1 BGB). Dazu ist es nicht erforderlich, dass die Leistung zwingend vollständig, also zu 100 %, fertiggestellt ist und ebenso wenig, dass sie keine Mängel aufweist (OLG Köln, Urteil vom 28.10.2020 - 17 U 44/16). Für die Verpflichtung des AG zur Erklärung der Abnahme reicht es aus, dass die Leistung keine **wesentlichen Mängel** aufweist oder **im Wesentlichen fertiggestellt** ist. Das setzt voraus, dass ihr **bestimmungsge-**

mäßer Gebrauch nicht in nennenswertem bzw. für den AG unzumutbarem Maß eingeschränkt sein darf (vgl. 10.3).

10.1.3 Abnahme auch nach Kündigung des Vertrages erforderlich

Eine Abnahme muss grundsätzlich auch nach einer **Vertragskündigung** erfolgen, unabhängig davon, welche Partei sie ausgesprochen hat. Sonst treten die mit der Abnahme verbundenen Rechtswirkungen nicht ohne Weiteres ein (BGH, Urteil vom 11.05.2006 - VII ZR 146/04). Für die Abnahmereife kann es naturgemäß nur auf die bis zum Kündigungszeitpunkt erbrachten Leistungen ankommen.

Eine Abnahme ist - beim ungekündigten wie beim gekündigten Bauvertrag - ausnahmsweise nur dann **entbehrlich**, wenn der AN die Abnahmereife nicht mehr herbeiführen kann, beispielsweise weil der AG die ihm angebotene Mängelbeseitigung endgültig und ernsthaft verweigert, nach Kündigung ein Hausverbot erteilt oder - statt Mängelbeseitigung - eine Wertminderung oder Schadensersatz statt der Leistung verlangt (BGH, Urteil vom 22.09.2005 - VII ZR 117/03). Dann entsteht ein sogenanntes **Abrechnungsverhältnis**, das zur Saldierung der wechselseitigen Ansprüche auch ohne Abnahme führt (OLG Brandenburg, Urteil vom 08.11.2018 - 12 U 25/16).

10.2 Abnahmewirkungen

Die **Abnahmewirkungen** sind für den AN allesamt **günstig.** Deshalb muss vor allem er an der - beweisbaren - Durchführung der Abnahme interessiert sein und die entsprechenden Schritte zur Erlangung der Abnahmeerklärung in die Wege leiten. Die wichtigsten Wirkungen der Abnahme sind:

- **Fälligkeit der Schlussrechnung** (§ 641 Abs. 1 BGB). Das gilt auch beim VOB/B-Vertrag. Mit der Abnahme bzw. „Abnahmereife“ endet die Möglichkeit, Ansprüche auf **Abschlagszahlung** gerichtlich geltend zu machen. Klagt der AN auf Zahlung der Schlussrechnung und hat der AG die Abnahme zu Recht verweigert, wird die **gesamte** Klageforderung, unabhängig von der Höhe der Mängelbeseitigungskosten, als **derzeit unbegründet abgewiesen.**

- Da der Vertrag mit der Abnahme **erfüllt** ist und die Gewährleistungsphase beginnt, kann der Vertrag danach nicht mehr gekündigt werden. Der AG ist nach der

Abnahme auch nicht mehr berechtigt, Änderungs- oder Zusatzleistungen (§ 650b BGB bzw. § 1 Abs. 3 und Abs. 4 VOB/B) anzuordnen, die der AN ausführen muss.

- **Beginn der Verjährung für Mängelansprüche** (§ 634a Abs. 2 BGB/§ 13 Abs. 4 Nr. 3 VOB/B). Das gilt auch bei einer **Teilabnahme** nach § 12 Abs. 2 VOB/B (vgl. 10.5.6), nicht aber bei einer Zustandsfeststellung nach § 650g BGB oder § 4 Abs. 10 VOB/B (vgl. 10.6).

- **Gefahrübergang** (§ 12 Abs. 6 VOB/B i. V. m. § 7 VOB/B). Das betrifft sowohl die **Leistungs-** als auch die **Vergütungsgefahr**. Bei Beschädigung oder Zerstörung vor der Abnahme muss der AN nochmals auf seine Kosten leisten (Leistungsgefahr), passiert das nach der Abnahme, kann er trotzdem die Vergütung für diese Leistung verlangen (Vergütungsgefahr).

Der Übergang der Vergütungsgefahr auf den AG **vor der Abnahme** ist an strenge Voraussetzungen geknüpft (§ 12 Abs. 6 i. V. m. § 7 VOB/B). Nach § 7 VOB/B kommt es dazu nur in Fällen „**höherer Gewalt**" oder „anderer, **objektiv unabwendbarer Umstände**" (OLG Düsseldorf, Urteil vom 31.05.2002 - 9 U 94/01; OLG Jena, Urteil vom 29.10.1997 - 2 U 417/97). Unter höherer Gewalt versteht man von außen auf das Bauwerk einwirkende Ereignisse, die objektiv unvorhersehbar sind (z. B. Krieg oder Aufruhr). Unter objektiv unabwendbare Umstände fallen nur Ereignisse, die der AN trotz aller Sorgfalt nicht abwenden kann wie z. B. völlig ungewöhnliche Witterungsverhältnisse (vgl. 9.4.4). Ein unabwendbarer Umstand kann auch vorliegen, wenn der AG einen **Nebenunternehmer** beauftragt hat, dessen Leistung auch bei ordnungsgemäßer Durchführung **zwangsläufig** zu einer **Beschädigung** der bereits durch den AN ausgeführten Leistung führen musste (OLG Naumburg, Urteil vom 30.11.2000 - 2 U 104/00). Ist das nicht der Fall, weil der Nebenunternehmer die Leistungen schuldhaft beschädigt oder zerstört hat, kann der AN die Abtretung des Schadensersatzanspruchs seines Auftraggebers gegen den schädigenden Drittunternehmer verlangen und die nochmalige Erbringung seiner Werkleistung bzw. die Beseitigung der Schäden von einer solchen Abtretung des Schadensersatzanspruchs abhängig machen (OLG Hamm, Urteil vom 25.09.2001 - 21 U 108/00).

Das **geringste Eigenverschulden** des AN, insbesondere wenn er Sicherungs- und Schutzmaßnahmen, beispielsweise gegen Diebstahl, unterlassen (vgl. § 4 Abs. 5 VOB/B) oder Verkehrssicherungspflichten verletzt hat, schließt unabwendbare Umstände aus (OLG Jena, Urteil vom 29.10.1997 - 2 U 417/97). Der AN muss beweisen, dass er **alle möglichen Vorkehrungen zum Schutz der Leistungen** getroffen hat, das schädigende Ereignis aber dennoch unabwendbar war. Die Voraussetzungen für einen Gefahrübergang vor Abnahme nach § 7 VOB/B sind also streng, noch strenger sind sie allerdings nach den §§ 644 und 645 BGB. Deshalb ist § 7 VOB/B in Wirklichkeit eine auftragnehmerfreundliche Regelung. Wenn der AG die Abnahme zu

Unrecht verweigert, gerät er in Annahmeverzug, möglicherweise auch in Schuldnerverzug. Dazu ist vieles streitig und ungeklärt (vgl. 10.4). Sicher ist dagegen, dass die Vergütungsgefahr in solchen Fällen auf den AG übergeht (§ 644 Abs. 1 Satz 2 BGB).

- **Umkehr der Beweislast** für Mängel. **Bis** zur Abnahme ist der AN für die Mangelfreiheit der Leistung beweispflichtig, **danach** der AG (OLG München, Urteil vom 30.01.2018 - 28 U 105/17 Bau; BGH, Beschluss vom 06.02.2014 - VII ZR 160/12). **Ausnahme**: Der AG hat den Mangel bereits bei der Abnahme gerügt und sich seine Gewährleistungsansprüche vorbehalten. Hinsichtlich der vorbehaltenen Mängel bleibt es bei der Beweislast des AN für die Mängelfreiheit (BGH, Urteil vom 23.08.2008 - VII ZR 64/07). Der AG muss wissen, dass die Abnahmewirkungen auch bei der Erklärung von Mängelvorbehalten eintreten. Will er die Abnahme verweigern, muss er das unmissverständlich zum Ausdruck bringen. Ansonsten gilt: Auch eine Abnahme unter Mängelvorbehalt ist eine Abnahme (OLG Hamm, Urteil vom 02.10.2013 - 12 U 5/13).

- Verlust der verschuldenunabhängigen **Mängelansprüche nach § 640 Abs. 3 BGB,** wenn der AG **offenkundige Mängel** bei der Abnahme nicht gerügt und sich seine Ansprüche **vorbehalten** hat (OLG Hamburg, Urteil vom 03.05.2022 - 4 U 13/21). Das gilt auch beim VOB/B-Vertrag. Der Verlust von Mängelansprüchen setzt **positive Mangelkenntnis** des AG voraus, fahrlässige Unkenntnis schadet nicht, weil der AG nicht zur akribischen Suche nach Mängeln verpflichtet ist (Kammergericht, Urteil vom 20.01.2012 - 6 U 89/08). Der fehlende, aber notwendige Vorbehalt führt dazu, dass der AG seinen Mängelbeseitigungsanspruch bzw. den Anspruch auf Erstattung der Ersatzvornahmemehrkosten und den Minderungsanspruch verliert, nicht aber den verschuldensabhängigen Schadensersatzanspruch nach § 634 Nr. 4 BGB bzw. § 13 Abs. 7 VOB/B (vgl. 11.2.2.7). Ob dieser Schadensersatzanspruch neben Mangelfolgeschäden auch die Kosten einer Mängelbeseitigung durch Ersatzunternehmer umfasst, ist streitig (bejahend: OLG Köln, Beschluss vom 01.12.2021 - 16 U 115/21; verneinend: OLG Schleswig, Urteil vom 18.12.2015 - 1 U 125/14). Mängelbeseitigungskosten trotz Kenntnis des AG vom Mangel und dennoch unterbliebenem Vorbehalt zu gewähren, begründet unserer Auffassung nach einen Wertungswiderspruch und entbehrt einer sachlichen Logik. Wenn der AG das Werk trotz des Mangels akzeptiert, also als vertragsgerecht billigt, kann er später nicht das Geld für die Beseitigung ebenjenes Mangels verlangen.

- Verlust des **Vertragsstrafenanspruchs**. Der AG muss sich die Geltendmachung der Vertragsstrafe bei der Abnahme vorbehalten (§ 11 Abs. 4 VOB/B). Die Frist zur Erklärung des Vorbehalts kann aber im Vertrag verlängert werden (längstens bis zur Fälligkeit der Schlussrechnung). Schon damit ist die VOB/B aber nicht mehr „im Ganzen“ vereinbart (vgl. 3.3.2).

10.3 Abnahmeverweigerung wegen wesentlicher Mängel

Der AG ist zur Abnahme **verpflichtet**, wenn die Leistung fertiggestellt ist und keine **wesentlichen Mängel** aufweist (**§ 12 Abs. 3 VOB/B bzw. § 640 Abs. 1 Satz 2 BGB**). Wann genau von der Wesentlichkeit eines Mangels auszugehen ist, hängt von den **Umständen des Einzelfalls,** insbesondere von dessen Auswirkungen auf die **Gebrauchstauglichkeit** bzw. die bestimmungsgemäße **Benutzbarkeit** der Leistung, aber auch von der **Sicherheitsrelevanz** des Mangels ab (OLG Köln, Urteil vom 18.11.2015 - 11 U 33/15; OLG Hamm, Urteil vom 26.11.2002 - 12 U 112/02; BGH, Urteil vom 25.01.1996 - VII ZR 26/95).

Kann die Leistung in Benutzung genommen werden, ohne dass damit **nennenswerte Beeinträchtigungen** oder **Gefahren** für Leib und Leben Dritter verbunden sind, dürfte es einem AG normalerweise **zumutbar** sein, die Abnahme zu erklären, die Mängel im Protokoll aufzuführen und anschließend seine Mängelansprüche zu verfolgen und den AN nicht mit den Nachteilen einer Abnahmeverweigerung zu belasten (OLG München, Urteil vom 15.01.2008 - 13 U 4378/07 Bau).

In streitigen Fällen, die „auf der Kippe" stehen, sollte der AG die Abnahme tendenziell eher verweigern, weil er sich damit in der Regel keinen rechtlichen Nachteil einhandelt. War die Abnahmeverweigerung unberechtigt, treten die Abnahmewirkungen zwar möglicherweise rückwirkend ein (vgl. 10.4). Hat er abgenommen, geschieht das aber selbst dann, wenn der Mangel tatsächlich wesentlich war. Dem AN ist zu raten, in solchen Fällen die Mängel schnellstmöglich zu beseitigen und anschließend noch einmal - unter erneuter Fristsetzung - zur Erklärung der Abnahme aufzufordern. War die Abnahmeverweigerung - entgegen der Auffassung des AN - berechtigt, ersetzt die Mängelbeseitigung allein nicht zwingend die Abnahmeerklärung des AG. Unmittelbar nach der Verweigerung der Abnahme sollte der AN eine Zustandsfeststellung nach § 650g BGB verlangen (vgl. 10.6).

Oft ist fraglich, ob eine **fehlende** oder **unvollständige Dokumentation** eine Abnahmeverweigerung rechtfertigt. Das kann bei fehlenden Revisionsplänen durchaus der Fall sein, wenn diese für eine fachgerechte und zielorientierte **Wartung** und **Instandhaltung** erforderlich sind (OLG Hamm, Urteil vom 17.06.2008 - 19 U 152/04). Fehlen dagegen Unterlagen von geringerer Bedeutung, z. B. Ersatzteillisten oder Bedienungsanleitungen, reicht das für eine Abnahmeverweigerung nicht aus (OLG Stuttgart, Beschluss vom 25.01.2010 - 10 U 119/09). Am besten ist es, der AN bereitet die Abnahme sorgfältig vor, kümmert sich rechtzeitig um die im Vertrag vereinbarten bzw. die in den Abschnitten 3 der VOB/C (DIN 18299 ff.) genannten Dokumentationsunterlagen (z. B. Abschnitt 3.6 der DIN 18379), um Streit über eine Abnahmeverweigerung nach Möglichkeit zu vermeiden. Welche Möglichkeiten der AN bei einer Abnahmeverweigerung hat, egal ob sie berechtigt ist oder nicht, wird unter 10.4 und 10.6 behandelt.

10.4 Rechtsfolgen der Abnahmeverweigerung

Die Rechtsfolgen einer Abnahmeverweigerung sind umstritten. Sie hängen davon ab, ob die Abnahme **vorläufig** oder **endgültig** und **zu Recht** oder **zu Unrecht** verweigert wurde. Sicher ist, dass bei **endgültiger** und **ernsthafter Abnahmeverweigerung** durch den AG ein **Abrechnungsverhältnis** eintritt und damit auch die **Abnahmewirkungen**, weil der AN die Mängel in diesem Fall nicht mehr beseitigen kann und ihm deshalb die Herstellung der Abnahmereife unmöglich gemacht wird (BGH, Urteil vom 19.01.2017 - VII ZR 193/15).

Verweigert der AG die Abnahme nur **vorläufig** – er lässt eine Mängelbeseitigung zu –, aber zu **Unrecht**, weil die gerügten Mängel nicht wesentlich sind, was allerdings der AN beweisen muss, gerät der AG nicht nur in **Annahmeverzug** mit der Folge des **vorzeitigen Gefahrenübergangs** nach § 644 Abs. 1 Satz 2 BGB (vgl. 10.2), sondern auch in **Schuldnerverzug** (§§ 280, 286, BGB). Denn die Erklärung der Abnahme ist eine **gesetzliche Hauptpflicht des AG** nach § 640 Abs. 1 BGB, mit der er in Verzug geraten kann. Gleiches gilt beim VOB/B-Vertrag. Das ist zwar streitig, aber richtig, jedenfalls gut vertretbar, weil der AG ansonsten durch Nennung irgendwelcher Mängel den Eintritt aller Abnahmewirkungen – beliebig oft – durch vertragswidriges Verhalten auf unbestimmt lange Zeit hinausschieben könnte. Dazu ist aber **Voraussetzung**, dass der AN eine angemessene Frist zur Erklärung der Abnahme gesetzt (ca. innerhalb von zwei Wochen nach Fertigstellung) und der AG die Abnahme objektiv zu Unrecht verweigert hat, weil **kein wesentlicher Mangel** vorlag. Dann treten die Abnahmewirkungen bereits mit der unbegründeten Abnahmeverweigerung ein.

Unstreitig ist, dass ein AN, der sich einer Abnahmeverweigerung ausgesetzt sieht, nicht erst auf Erklärung der Abnahme klagen muss, sondern unmittelbar seinen Zahlungsanspruch aus der Schlussrechnung gerichtlich geltend machen kann (OLG Nürnberg, Beschluss vom 17.05.2021 – 13 U 365/21). Aber: Stellt sich im Prozess heraus, dass die Abnahmeverweigerung berechtigt war, wird der gesamte Zahlungsanspruch – unabhängig von der Höhe der Mängelbeseitigungskosten – als derzeit unbegründet abgewiesen. Denn hier kann die Vergütung nicht fällig werden (§ 641 Abs. 1 BGB). Der AN sollte in kritischen Fällen entweder die Mängel vorher beseitigen oder – falls die Mängel streitig sind – den Anspruch hilfsweise auf Abschlagszahlung stützen (BGH, Urteil vom 15.06.2000 – VII ZR 30/99).

Wiederum unstrittig ist, dass eine **berechtigte, vorläufige Abnahmeverweigerung** wegen eines tatsächlich wesentlichen Mangels weder zum Gefahrübergang, noch zum Eintritt einer anderen Abnahmewirkung führt, weil der AG hier weder in Schuldner- noch in Annahmeverzug gerät.

10.5 Formen der Abnahme

10.5.1 Ausdrückliche Abnahme

Ist keine förmliche Abnahme vereinbart, kann der AG die Abnahme auch **ausdrücklich**, aber **formlos**, also mündlich, erklären. Ob die Abnahme tatsächlich erklärt worden ist bzw. welchen Inhalt die Abnahmeerklärung hatte, ist bei mündlichen Erklärungen im Zweifel aber schwer nachweisbar.

10.5.2 Konkludente (stillschweigende) Abnahme

Ein Verhalten des AG, das als eine Billigung der Leistung anzusehen ist, gilt als „konkludente" Abnahme. Ob eine solche vorliegt, ist allerdings oft streitig, weil man ein Verhalten des AG unterschiedlich beurteilen kann (OLG München, Beschluss vom 17.05.2021 – 28 U 744/21 Bau; BGH, Urteil vom 20.02.2014 – VII ZR 26/12). Die vollständige und rügelose **Zahlung der Schlussrechnung** kann in der Regel als konkludente Abnahme angesehen werden (OLG Stuttgart, Beschluss vom 06.02.2018 – 10 U 118/17).

10.5.3 Förmliche Abnahme (§ 12 Abs. 4 VOB/B)

Wie der AN nach vertragsgemäßer Fertigstellung der Leistung vorgehen sollte, hängt im Ausgangspunkt davon ab, ob die **VOB/B** vereinbart wurde und ob bereits im **Vertrag** eine **förmliche Abnahme** nach **§ 12 Abs. 4 VOB/B** verlangt wird oder nicht. Die förmliche Abnahme ist bei gewerblichen Bauverträgen der Regelfall. Ist sie nicht im Vertrag vereinbart, hat dennoch jede Vertragspartei auch nach Fertigstellung das

Recht, eine förmliche Abnahme zu verlangen und auf ihre Kosten einen Sachverständigen hinzuzuziehen (§ 12 Abs. 4 Nr. 1 Sätze 1 und 2 VOB/B).

Förmliche Abnahme nach § 12 Abs. 4 Nr. 1 VOB/B bedeutet, dass beide Vertragspartner **anwesend sind und** über die Abnahme ein **Protokoll** angefertigt wird, das (nur) vom AG unterschrieben werden muss. In die Niederschrift sind **Vorbehalte** wegen bekannter Mängel und Vertragsstrafen, aber auch etwaige Einwendungen des AN aufzunehmen. Dem AN ist, wenn er gerügte Mängel oder die vorbehaltene Vertragsstsrafe nicht für berechtigt hält, dringend zu raten, solches im Abnahmeprotokoll schriftlich anzumerken, auch wenn ein Fehlen solcher Einwendungen in der Regel kein Anerkenntnis bedeutet. Eine förmliche Abnahme kann in **Abwesenheit des AN** durchgeführt werden, wenn der Termin vereinbart war oder der AG mit angemessener Frist dazu eingeladen hatte (§ 12 Abs. 4 Nr. 2 VOB/B). Ist eine **förmliche Abnahme** bereits im Vertrag vereinbart, **sollte der AN** sie **gleich** im Anschluss nach Fertigstellung der Leistung ohne aus seiner Sicht wesentliche Mängel **innerhalb angemessener Frist** ausdrücklich **verlangen** (regelmäßig binnen 12 Werktagen nach § 12 Abs. 1 VOB/B). Denn wegen der für ihn allesamt günstigen Rechtsfolgen der Abnahme ist es vor allem in seinem Interesse, dass sie der AG schnellstmöglich erklärt. Die **Aufforderung** zur Abnahme muss aus Beweisgründen **schriftlich** erfolgen.

Eine **stillschweigende** (konkludente) Abnahme kann bei Vereinbarung einer förmlichen Abnahme im Vertrag nur ausnahmweise vorliegen, wenn der AG durch ein nach **außen** in Erscheinung getretenes **Verhalten** zu **erkennen** gibt, dass er die Leistung als vertragsgemäß billigt, z. B. indem er die Schlussrechnung anstandslos bezahlt oder die Werkleistung über eine „längere" Zeit nutzt und keine Partei auf die förmliche Abnahme zurückkommt. Dann geht die Rechtsprechung möglicherweise auch bei Vereinbarung einer förmlichen Abnahme davon aus, dass auf deren Durchführung einvernehmlich verzichtet wurde (OLG Frankfurt, Beschluss vom 25.03.2020 – 13 U 198/18; OLG Karlsruhe, Urteil vom 10.05.2019 – 15 U 57/18). Das ist natürlich nicht, was der AN erhoffen oder gar anstreben darf, weil die für ihn günstigen Abnahmewirkungen dann unter Umständen erst mit monatelanger Verspätung eintreten. Deshalb sollte der AN nach abnahmereifer Fertigstellung der Leistung zur Erklärung der Abnahme innerhalb angemessener Frist auffordern (siehe oben). Das gilt bei Vereinbarung der VOB/B jedenfalls dann, wenn die fiktiven Abnahmeformen nach § 12 Abs. 5 VOB/B vertraglich ausgeschlossen wurden (dazu sogleich).

10.5.4 Fiktive Abnahme nach § 12 Abs. 5 VOB/B

Sieht der VOB/B-Bauvertrag keine förmliche Abnahme nach § 12 Abs. 4 VOB/B vor und wird sie nach Fertigstellung auch von keiner Partei verlangt, kommen die in **§ 12 Abs. 5 Nr. 1 und 2 VOB/B** geregelten **fiktiven Abnahmen** in Betracht. Diese Abnahmeformen sind eine Besonderheit der VOB/B und auftragnehmerfreundliche Vorschriften, weshalb sie im Vertrag auch meistens abbedungen werden. Geschieht das, ist die **VOB/B** allerdings nicht mehr „**im Ganzen**“ vereinbart (vgl. 3.3.2). Geregelt sind zwei Fälle der fiktiven Abnahme:

- Wird von **keiner Partei** eine Abnahme verlangt (und sieht nicht bereits der Bauvertrag die förmliche Abnahme vor), gilt die Leistung mit **Ablauf von 12 Werktagen** nach **schriftlicher Mitteilung** über die Fertigstellung als abgenommen (§ 12 Abs. 5 Nr. 1 VOB/B). Die Zusendung der **Schlussrechnung** steht einer Fertigstellungsanzeige gleich. Das gilt selbst dann, wenn wesentliche Mängel vorgelegen haben sollten, was allerdings streitig ist.

- Hat der AG die Leistung oder eine abnahmefähige Teilleistung (vgl. 10.5.6) **in Benutzung genommen**, gilt die Abnahme nach Ablauf von **6 Werktagen** nach Beginn der Benutzung als erfolgt, wenn nicht die förmliche Abnahme im Vertrag vereinbart wurde und keine Partei eine ausdrückliche Abnahme verlangt (§ 12 Abs. 5 Nr. 2 Satz 1 VOB/B). Die Benutzung von Teilen der baulichen Anlage zur **Weiterführung der Arbeiten** gilt nicht als Abnahme (§ 12 Abs. 5 Nr. 2 Satz 2 VOB/B). Wie bei § 12 Abs. 5 Nr. 1 VOB/B ist die Abnahmereife auch hier keine Voraussetzung für den Eintritt der fiktiven Abnahme oder Teilabnahme, was aber wiederum streitig ist.

- Kommen fiktive Abnahmen nach § 12 Abs. 5 VOB/B in Betracht, muss der AG entweder vor Ablauf der jeweiligen Fristen eine förmliche Abnahme verlangen oder **fristgemäß Vorbehalte** wegen bekannter Mängel und der Vertragsstrafe **erklären** (§ 12 Abs. 5 Nr. 3 VOB/B), anderenfalls droht ihm der Verlust von Ansprüchen (vgl. 10.2, dort am Ende).

AN meinen oft, die bloße Nutzung einer Werkleistung ersetze - auch bei Vereinbarung einer förmliche Abnahme - stets die Abnahmeerklärung des AG. Das ist ein Irrtum. Denn die **Nutzung** kann durchaus „**unter dem Zwang der Verhältnisse**“ erfolgt sein, z. B. weil eine Mietwohnung wegen Kündigung aufgegeben werden musste. Findet hier die vereinbarte förmliche Abnahme nicht statt, geht die Rechtsprechung in aller Regel frühestens nach zwei bis drei Monaten von einer „stillschweigenden Abnahme“ aus, wenn der AG die Schlussrechnung ohne nennenswerte Kürzungen bezahlt hat (OLG Karlsruhe, Urteil vom 10.05.2019 - 15 U 57/18; OLG Düsseldorf, Urteil vom 18.12.2018 - 22 U 93/18). Die Frist kann aber auch länger sein, beispielsweise bei technischen Anlagen. Nur dann kann ausnahmsweise angenommen werden, dass der AG kein Interesse an der Durchführung der förmlichen Abnahme hat und darauf stillschweigend verzichtet wurde (vgl. 10.5.3).

Das OLG Jena hat beispielsweise entschieden, dass die Berufung auf eine fehlende förmliche Abnahme treuwidrig ist, wenn das Bauwerk jahrelang genutzt wurde (OLG Jena, Urteil vom 25.05.2005 - 4 U 159/02). Deshalb: Bei vereinbarter förmlicher

Abnahme im Vertrag muss nach Fertigstellung, soweit aus Sicht des AN keine wesentlichen Mängel oder Restleistungen vorliegen, ein **Abnahmeverlangen unter Fristsetzung** erfolgen (vgl. dazu nachfolgend 10.5.5). Nur wenn die VOB/B vereinbart ist und der Vertrag keine förmliche Abnahme vorsieht, kann der AN von der Abnahmeaufforderung absehen, lediglich Fertigstellung anzeigen bzw. die Schlussrechnung übersenden (§ 12 Abs. 5 Nr. 1 VOB/B) oder, wenn der AG die Leistung gleich nach der Fertigstellung nutzt, abwarten, ob die im § 12 Abs. 5 Nr. 2 VOB/B genannte Frist von einer Woche – bei der Fertigstellungsanzeige beträgt die Frist zwei Wochen – abläuft.

10.5.5 Abnahmefiktion nach § 640 Abs. 2 BGB neue Fassung

Für alle ab dem **01.01.2018** abgeschlossenen **Bau- und Werkverträge** hat der Gesetzgeber statt des vormals geltenden § 640 Abs. 1 Satz 3 BGB eine neue, für den AN allerdings nur auf den ersten Blick sinnvolle Abnahmefiktion geschaffen. Diese Bestimmung gilt auch bei VOB/B-Verträgen, weil sie andere Voraussetzungen hat als § 12 Abs. 5 Nr. 1 und 2 VOB/B.

Schweigt der AG zu einem Abnahmeverlangen des AN unter angemessener Fristsetzung (ca. innerhalb von zwei Wochen nach Fertigstellung), treten sämtliche Abnahmewirkungen nach **§ 640 Abs. 2 BGB fiktiv** ein. Das gilt – unstreitig – selbst dann, wenn **wesentliche Mängel** vorgelegen haben sollten. **Verbraucher** müssen vom AN auf diese Rechtsfolge in **Textform** hingewiesen werden (§ 640 Abs. 2 Satz 2 BGB). Will der AG den Eintritt der Abnahmewirkungen verhindern, muss er innerhalb der vom AN angemessen gesetzten Frist die Abnahme unter Angabe **mindestens eines konkreten Mangels verweigern**. Pauschale Abnahmeverweigerungen ohne Nennung wenigstens eines konkreten Mangels verhindern den Eintritt der Abnahmewirkungen nicht. Ein Rechtsverlust bezüglich weiterer, nicht angezeigter Mängel tritt nicht ein.

Ob der genannte **Mangel wesentlich** oder **unwesentlich** ist, spielt nach dem Wortlaut des § 640 Abs. 2 BGB dagegen keine Rolle (herrschende Meinung, LG Nürnberg-Fürth, Urteil vom 03.05.2021 – 12 O 6673/20). Das ist ein **gesetzgeberischer Fehlgriff** und birgt die Gefahr, dass der AG die Abnahmeverweigerung mit **irgendeinem**, folglich auch einem unwesentlichen Mangel begründen kann und allein dadurch den Eintritt der Abnahmewirkungen nach § 640 Abs. 2 BGB verhindert. Nur wenn er **keinen** konkreten Mangel nennt, treten die Abnahmewirkungen (fiktiv) ein. Die Grenze dürfte der offensichtliche Rechtsmissbrauch sein, der nach wiederum herrschender Meinung ein eher seltener Ausnahmefall ist. Dadurch kann folgendes **Problem** entstehen: Der AG rügt zwar einen Mangel und verweigert vorläufig die Abnahme, dieser ist aber objektiv nicht wesentlich. **Später** tritt dann tatsächlich ein wesentlicher Mangel in Erscheinung, der zur Abnahmeverweigerung berechtigt und vom AG deshalb „nachgeschoben“ wird. Dieses **Nachschieben von Mängeln** ist nach herrschender

Auffassung zulässig. **Ergebnis**: Kein Eintritt der Abnahmewirkungen nach § 640 Abs. 2 BGB – der AG hat nicht geschwiegen – und nach herrschender Meinung auch nicht wegen Verzugs mit der Erklärung der Abnahme (§ 640 Abs. 1 BGB), weil die Abnahmeverweigerung nicht endgültig, sondern nur vorläufig erklärt wurde (vgl. 10.4).

Die herrschende Auffassung ist unbefriedigend, weil AG oftmals in Kenntnis, dass bei der Abnahme keine wesentlichen Mängel vorliegen, die Abnahme bewusst auch unterhalb der Schwelle der Wesentlichkeit verweigern, danach abwarten, ob sich in den ersten Wochen oder Monaten nach Inbenutzungnahme der Werkleistung wesentliche Mängel zeigen und diese dann „nachschieben" (siehe oben). Folgt man dagegen der hier vertretenen Auffassung, nach der auch eine vorläufige, aber zu Unrecht erfolgte Abnahmeverweigerung neben dem Annahmeverzug mit der Folge des Gefahrübergangs (unstreitig, vgl. 10.4) wegen § 640 Abs. 1 BGB zum Schuldnerverzug und damit zum Eintritt **sämtlicher** Abnahmewirkungen führt (streitig), ist das Problem entschärft. Der AN hat aber auf jeden Fall das Recht, eine **Zustandsfeststellung nach § 650g BGB** zu verlangen (vgl. 10.6). Davon sollte er bei einer Abnahmeverweigerung auch stets Gebrauch machen, unabhängig davon, welcher Auffassung man zum Eintritt aller Abnahmewirkungen bei unberechtigter Abnahmeverweigerung folgt. Denn deren Durchführung schadet dem AN in keinem Fall.

10.5.6 Teilabnahme nach § 12 Abs. 2 VOB/B

Teilabnahmen für in **sich abgeschlossene Leistungen** sind nach **§ 12 Abs. 2 VOB/B** grundsätzlich möglich, werden aber **vertraglich** oftmals **ausgeschlossen**, was AGB-rechtlich zulässig ist. Dadurch ist die **VOB/B** aber **nicht** mehr **„im Ganzen"** vereinbart (vgl. 3.3.2). Im BGB ist ein **Anspruch** auf Teilabnahmen nicht vorgesehen, sie müssen folglich zwischen den Parteien vereinbart werden (§ 641 Abs. 1 Satz 2 BGB). Die Teilabnahme nach § 12 Abs. 2 VOB/B führt zu denselben Rechtswirkungen wie eine „normale" Abnahme. Der Begriff des „in sich abgeschlossenen" Teils der Leistung wird von der Rechtsprechung – wie bei § 8 Abs. 3 Nr. 2 Satz 1 VOB/B – eng ausgelegt (OLG Düsseldorf, Urteil vom 08.12.2022 – 5 U 232/21, vgl. 12.2.2.5). Die abnahmefähige Teilleistung muss funktional abtrennbar, abschließend prüfbar und selbstständig gebrauchsfähig sein.

Leistungsteile innerhalb eines Gewerks, beispielsweise die Parkettverlegung oder der Einbau von Fenstern, Türen etc. im 2. OG, sind grundsätzlich nicht teilabnahmefähig, es sei denn, sie werden räumlich oder zeitlich getrennt erbracht, wie es beispielsweise der Fall ist, wenn eine fertiggestellte Wohnung oder ein Gebäudeteil bereits von Nutzern/Mietern bezogen wird (ähnlich: BGH, Urteil vom 20.08.2009 – VII ZR 212/07). Auch der Rohbau kann nur einheitlich abgenommen werden. Wenn dagegen beispielsweise die Heizungs- und Sanitäranlage in einem Auftrag vergeben werden und die Heizung nach Fertigstellung in Benutzung genommen werden kann, liegen funktional trenn- und selbstständig nutzbare, somit teilabnahmefähige Leistungen vor.

Eine „**technische Teilabnahme**" gibt es nach der VOB/B schon seit Jahren nicht mehr. Stattdessen kennt die VOB/B in § 4 Abs. 10 die **Zustandsfeststellung** von Teilen der Leistung in der **Bauausführungsphase** (10.6.5). Das hat mit einer rechtsgeschäftlichen Teilabnahme nach § 12 Abs. 2 VOB/B oder der Zustandsfeststellung nach § 650g BGB aber nichts zu tun (vgl. 10.6.).

10.5.7 Häufige Abnahmeklauseln im Nachunternehmervertrag

Nicht selten heißt es in Nachunternehmerverträgen, ein Nachunternehmer könne die Abnahme seiner Leistung erst verlangen, wenn der Bauherr nach Gesamtfertigstellung des Bauvorhabens durch den Hauptauftragnehmer die **Abnahme** erklärt habe. Damit sollen in gestuften Vertragsverhältnissen die jeweiligen Abnahmezeitpunkte synchronisiert werden, um beispielsweise zu vermeiden, dass der Generalunternehmer für erbrachte Nachunternehmerleistungen die Gefahr tragen muss oder seine Mängelansprüche gegen die Nachunternehmer bereits verjährt sind, während er aufgrund der später erfolgten Abnahme noch in der Gewährleistungsverpflichtung steht. Solche und ähnliche Klauseln sind nach allgemeiner Auffassung wegen **unangemessener Benachteiligung** des Nachunternehmers nach § 307 BGB **unwirksam** (BGH, Urteil vom 18.01.2001 - VII ZR 247/98, vgl. 3.4). Unwirksam ist es AGB-rechtlich auch, den Beginn der Gewährleistung daran zu knüpfen, dass „alle" Mängel ordnungsgemäß beseitigt worden sind (Kammergericht, Uteil vom 08.04.2014 - 27 U 105/13), weil nach dem Gesetz ein Abnahmeverlangen schon berechtigt ist, wenn nur unwesentliche Mängel vorliegen (§ 640 Abs. 1 Satz 2 BGB).

10.6 Zustandsfeststellung bei Verweigerung der Abnahme

10.6.1 Allgemeines

Mit der **Reform des Bauvertragsrechts** hat der Gesetzgeber für ab dem 01.01.2018 abgeschlossene **Bauverträge** – nicht für alle Arten von Werkverträgen – eine Regelung in **§ 650g BGB** geschaffen, um die Konsequenzen, die entstehen, wenn der AG die Abnahme wegen unwesentlicher Mängel vorläufig verweigert und später gegebenenfalls wesentliche Mängel „nachschiebt", abzumildern (vgl. dazu 10.5.5).

Verweigert der AG nach **Fertigstellung der Leistung** die Abnahme, hat der AN das Recht auf eine **Zustandsfeststellung**. Diese Vorschrift gilt allgemeiner Auffassung nach auch für alle ab dem 01.01.2018 abgeschlossenen **VOB/B-Bauverträge**, weil sie nicht in Konkurrenz zu **§ 4 Abs. 10 VOB/B** steht. Diese Vorschrift hat inhaltlich einen anderen Regelungsbereich und andere Rechtsfolgen (vgl. 10.6.5).

10.6.2 Gemeinsame Zustandsfeststellung

Verweigert der AG die Abnahme, hat er auf Verlangen des AN an einer **gemeinsamen Zustandsfeststellung** innerhalb einer ihm dazu angemessen gesetzten Frist, **ca. binnen einer Woche** nach Abnahmeverweigerung, teilzunehmen (**§ 650g Abs. 1 BGB**). Das **Zustandsfeststellungsprotokoll** soll mit dem **Datum** der Anfertigung versehen und muss von **beiden** Vertragspartnern **unterschrieben** werden. Ob eine **„Teilzustandsfeststellung"** bei in sich abgeschlossenen Teilen der Leistung (zum Begriff vgl. 10.5.6) verlangt werden kann, ist unklar und von der Rechtsprechung noch nicht entschieden worden. Wir meinen, dass nichts dagegen, sondern nach der in § 650g Abs. 3 BGB zum Ausdruck gekommenen Interessenlage vielmehr alles dafür spricht, weshalb der AN diesen Weg auch beschreiten sollte, falls in sich abgeschlossene Teilleistungen vorliegen und der AG die Teilabnahme wegen wesentlicher Mängel verweigert oder Teilabnahmen vertraglich ausgeschlossen werden. Nimmt der AG nicht teil, sollte der AN die „Teilzustandsfeststellung" einseitig vornehmen und protokollieren wie bei § 650g Abs. 2 BGB (dazu sogleich). Einen Nachteil handelt sich der AN durch ein solches Vorgehen in keinem Fall ein, möglicherweise kommt er nur nicht in den Genuss der erstrebten Vorteile, falls man der hier vertretenen Auffassung nicht folgt.

10.6.3 Einseitige Zustandsfeststellung

Nimmt AG an einer gemeinsamen Zustandsfeststellung nicht teil, ohne dafür **wichtige Gründe** zu haben und zu nennen, hat der AN das Recht, die Zustandsfeststellung **einseitig** vorzunehmen (**§ 650g Abs. 2 BGB**). Voraussetzung dafür ist der fruchtlose Ablauf einer vom AN dafür **angemessen gesetzten Frist** von circa einer Woche. Der AN muss die einseitige Zustandsfeststellung mit Angabe des Tages der Anfertigung protokollieren, unterschreiben und dem AG eine Abschrift zur Verfügung stellen. Mit **wichtigen Gründen** sollte man gerade bei „Urlaub, Krankheit oder anderen dringenden Aufgaben, also keine Zeit" eher zurückhaltend umgehen, um den Zweck der Zustandsfeststelung nicht zu erschweren oder gar zu vereiteln. Jedenfalls ein professioneller AG muss dafür sorgen, dass schnell eine für die Zustandsfeststellung geeignete Person zur Verfügung steht. Verweigert der AG dem AN den Zutritt zur Baustelle, treten unserer Auffassung nach die Rechtsfolgen des § 650g Abs. 3 BGB ebenfalls ein. Das kann man aus einer analogen Anwendung von § 648a Abs. 4 Satz 2 BGB bzw. § 162 Abs. 1 BGB ableiten.

10.6.4 Zweck und Rechtsfolgen der Zustandsfeststellung

Werden **offenkundige Mängel** im Zustandsfeststellungsprotokoll **nicht angegeben,** ist dem AG jedoch die Leistung verschafft worden (er hat die Sachherrschaft bzw. die Möglichkeit der Nutzung), wird **vermutet**, dass solche Mängel zeitlich **nach** der Zustandsfeststellung entstanden und **vom AG zu vertreten** sind (**§ 650g Abs. 3 Satz 1 BGB**). **Ausnahme:** Der Mangel kann **seiner Art nach** nicht vom AG (oder auch Dritten) verursacht worden sein (beispielsweise: Verwendung eines falsches Fabrikats). Das folgt aus § 650g Abs. 3 Satz 2 BGB. Offenkundig ist ein Mangel, wenn der AG ihn bei einer ordnungsgemäßen Zustandsfeststellung hätte entdecken können. Dabei kommt es auch auf die Fachkunde des AG an. Mängel, die sich erst durch eine zerstörerische Bauteilöffnung oder möglicherweise erst nach einer bestimmten Testphase (Heizungs- und Lüftungsanlage) feststellen lassen, sind nicht offenkundig. Wegen des Gesetzeszwecks darf man aber schon eine gründliche und eingehende Untersuchung bzw. Prüfung verlangen.

Damit **bezweckt** die Zustandsfeststellung eine **Beweissicherung** des Zustands der Leistung nah am Zeitpunkt einer berechtigten oder unberechtigten Abnahmeverweigerung. Sie will verhindern, dass der AN für danach eingetretene Beeinträchtigungen seiner Leistung haften muss, weil er wegen einer möglicherweise berechtigten Abnahmeverweigerung noch die Gefahr trägt (§ 644 Satz 1 BGB bzw. § 7 VOB/B).

Die **Zustandsfeststellung** bewirkt eine **Beweislastumkehr**, wenn der AG einen offenkundigen Mangel rügt, der im Zustandsfeststellungsprotokoll nicht angegeben wurde.

Dann muss er beweisen, dass dieser schon zum Zeitpunkt der Zustandsfeststellung vorhanden war. Die **Verjährungsfrist für Mängelansprüche** wird durch sie aber nicht in Lauf gesetzt. Auch weitere **Abnahmewirkungen** sind mit der Zustandsfeststellung nicht verbunden. War der AG mit der Erklärung der Abnahme in Verzug, weil er sie zu Unrecht verweigert hat, und kann der AN das beweisen, ist die Gefahr bereits nach § 644 Abs. 1 Satz 2 BGB auf ihn übergegangen (vgl. 10.4). Der AN sollte im Fall einer Abnahmeverweigerung und ganz unabhängig von der gegebenenfalls streitigen Frage ihrer Berechtigung stets eine gemeinsame Zustandsfeststellung binnen kurzer Frist verlangen und sie einseitig vornehmen, falls der AG daran nicht mitwirkt. Es kommt unserer Auffassung nach in Betracht, den AG schon mit der Aufforderung zur Durchführung der förmlichen Abnahme im selben Termin gleichzeitig (vorsorglich) zu einer gemeinsamen Zustandsfeststellung nach § 650g Abs. 1 BGB aufzufordern, falls er die Abnahme verweigern sollte. Das spart doppelte Wege und führt zur schnellstmöglichen Beweissicherung. Der AG sollte einseitige Zustandsfeststellungen vermeiden, also auf Verlangen des AN mitwirken, wenn er verhindern will, dass es der AN allein in der Hand hat, ob er einen offenkundigen Mangel erkennt und ins Protokoll aufnimmt.

10.6.5 Zustandsfeststellung nach § 4 Abs. 10 VOB/B

Die **„technische Abnahme"** gibt es in der VOB/B nicht mehr. Dafür sieht **§ 4 Abs. 10 VOB/B (Zustandsfeststellung)** vor, dass Teile der Leistung, die durch die **weitere Ausführung** der Prüfung und Feststellung **entzogen** werden, gemeinsam von AG und AN auf ihren Zustand hin untersucht werden sollen. Das Ergebnis ist schriftlich niederzulegen. Das ist im Rahmen einer baubegleitenden Qualitätskontrolle auch absolut sinnvoll. Die Zustandsfeststellung nach § 4 Abs. 10 VOB/B steht nicht in **Konkurrenz** zu § 650g BGB, da sie weder ein Abnahmeverlangen noch eine vom AG verweigerte Abnahme voraussetzt. Sie soll unter den genannten Voraussetzungen gerade vor Fertigstellung stattfinden. Eine Zustandsfeststellung nach § 4 Abs. 10 VOB/B führt nicht zu den Rechtsfolgen einer Abnahme oder Teilabnahme.

Nach richtiger Auffassung hat sie aber eine **Beweislastumkehr** zur Folge, wenn der AG nachträglich bzw. erst bei der Abnahme Mängel behauptet, die im Protokoll nicht genannt worden sind, obwohl er sie bei der Zustandsfeststellung hätte erkennen müssen. Das ist mit der Rechtsfolge nach § 650c Abs. 3 BGB vergleichbar. Bleibt der AG der Zustandsfeststellung nach § 4 Abs. 10 VOB/B ohne wichtige Gründe fern, kann und sollte der AN sie – wie bei § 650g Abs. 2 BGB (vgl. 10.6.3) – einseitig vornehmen und dem AG das schriftliche Ergebnis, gegebenenfalls mit einer Fotodokumentation, zusenden. Auch dann trifft den AG die Beweislast, wenn er erst bei der Abnahme Mängel rügt, es sei denn, diese Mängel hätten bei einer Zustandsfeststellung nicht erkannt werden können, weil sie nicht offenkundig waren.

11
MÄNGEL

11.1 Mangelbegriff
(§ 13 Abs. 1 BGB)

11.2 Mängelansprüche
(§ 13 Abs. 5 bis 7 VOB/B, §§ 634, 637 und 641 Abs. 3 BGB)

11.3 Verjährung der Mängelansprüche
(§ 13 Abs. 4 VOB/B/§ 634a BGB)

11.4 Prüfungs- und Bedenkenhinweispflicht des AN
(§ 4 Abs. 3 VOB/B i. V. m. § 13 Abs. 3 VOB/B)

11.5 Gesamtschuldnerische Haftung

11.1 Mangelbegriff

Wir konzentrieren uns in diesem Kapitel auf die Vorschriften der **VOB/B (§ 13)**, denn der **Mangelbegriff** nach **§ 633 Abs. 2 BGB** unterscheidet sich von dem der VOB/B praktisch nicht. Bei den Mängelansprüchen des AG gehen wir auf BGB-Bestimmungen aber immer dort ein, wo dies aufgrund ihrer ergänzenden Geltung im VOB/B-Vertrag erforderlich ist.

Der AN hat dem AG seine Leistung **zum Zeitpunkt der Abnahme** mangelfrei zu verschaffen. Nach **§ 13 Abs. 1 VOB/B** ist die Leistung frei von Mängeln, wenn sie

- die **vereinbarte Beschaffenheit** aufweist und
- den **anerkannten Regeln** der Technik entspricht.

Ist **keine Beschaffenheit vereinbart**, ist die Leistung mangelfrei,

- wenn sie sich für die **vertraglich vorausgesetzte Verwendung**, ansonsten
- für die **gewöhnliche Verwendung** eignet und eine **Beschaffenheit** aufweist, die bei solchen Leistungen **üblich** ist und die der AG deshalb **erwarten** kann.

11.1.1 Vereinbarte Beschaffenheit

Ob eine Leistung mangelhaft ist, hängt primär davon ab, welche Eigenschaften bzw. welche Beschaffenheit sie nach den Vereinbarungen der Parteien haben soll. Das ist die **subjektive Seite** des Mangelbegriffs. **Beschaffenheitsvereinbarungen** erfolgen typischerweise in der Leistungsbeschreibung, insbesondere im Leistungsverzeichnis. Solche Beschaffenheitsvereinbarungen können sich auf bestimmte Fabrikate, Maße, Farben oder die Festigkeit von Materialien, aber beispielsweise auch auf eine Fugenbreite bei Pflasterarbeiten, beziehen.

ACHTUNG: Einseitige Änderungen der vereinbarten Beschaffenheit durch den AN führen grundsätzlich zur Mangelhaftigkeit der Leistung, unabhängig davon, ob dadurch **gleichzeitig** eine **Wert**- oder **Gebrauchsbeeinträchtigung** eintritt oder der AG einen Nachteil erleidet. Auch nur **geringfügige Abweichungen** rechtfertigen grundsätzlich den Mangelvorwurf (BGH, Beschluss vom 30.07.2015 - VII ZR 70/14).

Das gilt vor allem, wenn bestimmte **Fabrikate** von Herstellern ohne den Zusatz *„oder gleichwertig bzw. ähnlich"* ausgeschrieben und vereinbart wurden. Dann begründet der Einbau anderer Fabrikate prinzipiell einen Mangel, ohne dass es darauf ankommt, ob dadurch die Gebrauchstauglichkeit gemindert wird. Mit anderen Worten: Der AN kann dem AG nicht einseitig etwas aufzwängen, was dieser nicht bestellt hat. Ausnahmen davon sind allenfalls möglich, wenn die ausgeführte Leistung technisch mindestens gleich- oder sogar hochwertiger ist, der AN durch seine Verwendung nichts gespart und der AG objektiv keinen nachvollziehbaren Grund dafür hat, auf die vereinbarte Soll-Beschaffenheit zu bestehen (OLG Frankfurt, Urteil vom 16.05.2013 – 15 U 251/11). Auch in **Plänen** können Beschaffenheitsvereinbarungen enthalten sein. Werden sie erst **baubegleitend** vom AG übergeben und ändern sie aus Sicht des AN das vertragliche **Bausoll**, hat er **Nachtrags**- und gegebenenfalls auch **Bauzeitverlängerungsansprüche**. Der AN muss die ihm *„für die Ausführung übergebenen Unterlagen“ im Übrigen* auch daraufhin prüfen (§ 3 Abs. 3 Satz 2 VOB/B), ob sie Unstimmigkeiten bzw. entdeckte oder vermutete Mängel enthalten und bejahendenfalls Bedenken gemäß § 4 Abs. 3 VOB/B anmelden (vgl. 11.4).

11.1.2 Anerkannte Regeln der Technik

Nach § 13 Abs. 1 VOB/B muss die Leistung den **zum Zeitpunkt der Abnahme** geltenden anerkannten Regeln der Technik entsprechen, in erster Linie also den **DIN-Vorschriften** oder auch **DIN-Normen**, insbesondere den **DIN 18299 ff.** (VOB/C, vgl. 2.2.3). DIN-Normen sind private technische Regeln mit Empfehlungscharakter, die hinter den anerkannten Regeln der Technik zurückbleiben oder sogar noch darüber hinausgehen können (OLG Düsseldorf, Urteil vom 09.02.2023 – 5 U 227/21; BGH, Urteil vom 14.05.1998 – VII ZR 184/97). Die Bedeutung **schriftlicher technischer Regelwerke** (neben DIN-Normen z. B. auch VDI-Richtlinien, die Flachdachrichtlinie oder die ZTV Asphalt-StB etc.) besteht darin, dass ihre **Richtigkeit vermutet** wird (OLG Hamm, Urteil vom 14.08.2019 – 12 U 164/08). Das hat zur Folge, dass ein AN, der gegen Vorgaben in solchen Regelwerken verstoßen hat, **beweisen** müsste, dass sie zum Zeitpunkt der Fertigstellung die anerkannten Regeln der Technik **nicht mehr zutreffend** wiedergeben, beispielsweise weil sie veraltet sind. Das gilt auch, wenn der AN beweisen kann, dass mit einem fachkundigen AG bewusst eine Ausführung vereinbart wurde, die hinter den Anforderungen einer DIN-Vorschrift zurückbleibt (OLG Düsseldorf, Urteil vom 09.02.2023 – 5 U 227/21) Kann der AN das nicht beweisen, bestehen Mängelansprüche des AG unabhängig davon, ob bereits ein Mangel oder Schaden in Erscheinung getreten ist. Umgekehrt kann ein AG, trotz Beachtung von Vorgaben in DIN-Normen durch den AN, Mängelansprüche geltend machen, wenn er beweisen kann, dass sie zum Zeitpunkt der Abnahme nicht mehr dem Stand der anerkannten Regeln der Technik entsprachen, weil sich die anerkannten Regeln der Technik weiterentwickelt haben, ohne dass bereits eine neue DIN-Norm existiert (BGH, Urteil vom 04.06.2009 – VII ZR 54/07).

Neben schriftlichen technischen Regelwerken gibt es auch **ungeschriebene** anerkannte Regeln der Technik. Solche liegen vor, wenn sie sich in der technischen Wissenschaft als **theoretisch richtig** erwiesen sowie in der **Praxis dauerhaft bewährt** haben und diese beiden Merkmale von der überwiegenden Anzahl der **technischen Fachleute** bestätigt werden (OLG Hamm, Urteil vom 14.08.2019 – 12 U 73/18; BGH, Urteil vom 21.11.2013 – VI ZR 275/12). Entspricht die Leistung diesen Voraussetzungen nicht, führt wiederum allein das zu ihrer Mangelhaftigkeit, auch wenn damit keine Gebrauchsbeeinträchtigung verbunden oder bereits ein Schaden am Bauwerk aufgetreten ist. Wird eine Leistung, die hinter den anerkannten Regeln der Technik zurückbleibt, vereinbart, muss der AN darauf in verständlicher Art hinweisen, insbesondere wenn sein AG nicht fachkundig ist (OLG Düsseldorf, Urteil vom 16.06.2017 – 22 U 14/17).

Auch **Herstellerrichtlinien von Fachverbänden** können Vorgaben zur Erbringung der Leistung nach den anerkannten Regeln der Technik enthalten, wenn sie richtig und dauerhaft praxisbewährt sind oder für die **Sicherheit** der Ausführung Nowendiges beschreiben (OLG Hamm, Urteil vom 02.09.2015 – 12 U 99/14; OLG Frankfurt, Urteil vom 15.06.2012 – 2 U 205/11). Der Vertrag kann auch die Einhaltung von Herstellervorgaben oder Richtlinien vorsehen, die lediglich Komfortstandards beschreiben. Dann gelten sie als Beschaffenheitsvereinbarung und müssen vom AN ebenfalls beachtet werden. Weichen dortige Angaben jedoch von den anerkannten Regeln der Technik ab, gehen letztere den Richtlinien von Herstellern vor, sodass die Leistung trotz deren Beachtung mangelhaft sein kann. Bejahendenfalls muss der AN daraufhinweisen (vgl. § 4 Abs. 3 VOB/B).

Ändern sich die anerkannten Regeln der Technik zwischen **Vertragsschluss** und **Abnahme**, ist der AN grundsätzlich zur Einhaltung der anerkannten Regeln der Technik **zum Zeitpunkt der Abnahme** verpflichtet (§ 13 Abs. 1 Nr. 1 Satz 1 VOB/B). Man verlangt von einem AN, dass er die für seine Leistungen einschlägigen anerkannten Regeln der Technik kennt und sich diesbezüglich auch während der Bauführungsphase auf dem Laufenden hält. Deshalb muss der AN auf eine solche Änderung **hinweisen** und den AG über die damit verbundenen Konsequenzen bzw. Risiken umfassend **informieren (BGH, Urteil vom 14.11.2017 – VII ZR 65/14)**. Das gehört zu seinen **Prüfungspflichten** nach § 4 Abs. 3 VOB/B. Den entsprechenden **Hinweis** muss der AN beweisen, weshalb er **schriftlich** erfolgen sollte. Dieselben Grundsätze gelten für **Planungsleistungen** von Ingenieuren. Auch sie müssen zum Zeitpunkt der Abnahme den anerkannten Regeln der Technik entsprechen, sodass ein unmissverständlicher und deutlicher Hinweis erfolgen muss, falls der AG eine verbindliche Planungsvorgabe macht, nach der das geplante Bauwerk schon im Moment seiner Errichtung nicht mehr den anerkannten Regeln der Technik entspricht oder falls sich Regeln während der Bauzeit ändern (OLG Düsseldorf, Urteil vom 09.02.2023 – 5 U 227/21; OLG Dresden, Urteil vom 09.06.2010 – 1 U 745/09). Verzichtet der AG auf die Einhaltung der neuen anerkannten Regeln der Technik, beispielsweise aus Zeit- oder Kostengründen, ist die Leistung nicht mangelhaft. Auch für eine dahingehende Entscheidung des AG ist der AN beweispflichtig. Besteht der AG dagegen auf die Einhaltung der neuen Regeln, hat der AN **Nachtragsansprüche**, falls die Ausführung aufwändiger ist, und gegebenenfalls auch einen Anspruch auf **Bauzeitverlängerung**, wobei er dem AG den zeitlichen Mehrbedarf nach § 6 Abs. 1 VOB/B **anzeigen** muss (vgl. 9.3.2).

11.1.3 Vertraglich vorausgesetzte oder gewöhnliche Verwendung/ funktionaler Mangelbegriff

Ist **keine Beschaffenheit vereinbart**, so ist die Leistung frei von Mängeln, wenn sie sich für die vertraglich vorausgesetzte, ansonsten für die gewöhnliche Verwendung eignet, also **funktionstauglich** ist. Der Wortlaut des § 13 Abs. 1 VOB/B kann zu Missverständnissen verleiten. Denn die Funktions- oder Verwendungstauglichkeit der Leistung ist vom AN auch dann geschuldet, wenn die Beschaffenheitsvereinbarung unzureichende oder falsche Angaben enthält, weil der BGH in ständiger Rechtsprechung von einem **funktionalen Mangelbegriff** ausgeht (BGH, Urteil vom 07.02.2019 - VII ZR 274/17; BGH, Urteil vom 08.11.2007 - VII ZR 183/05). Das bedeutet, dass eine Leistung, die sowohl die vereinbarte Beschaffenheit aufweist als auch den anerkannten Regeln der Technik entspricht, dennoch mangelhaft ist, wenn sie sich nicht für die nach dem Vertrag vorausgesetzte oder die gewöhnliche Verwendung eignet, also nicht funktionstauglich ist (OLG München, Beschluss vom 25.01.2021 - 28 U 4343/20 Bau; OLG Celle, Urteil vom 01.03.2019 - 8 U 188/18; OLG Düsseldorf, Urteil vom 26.03.2013 - 23 U 87/12).

Das gilt auch und gerade dann, wenn die fehlende Funktionstauglichkeit darauf beruht, dass die vom AG **beauftragte Leistung unzureichend** ist. Ist die Funktionstauglichkeit mit der im Vertrag vereinbarten Beschaffenheit bzw. den Vorgaben des AG nicht zu erreichen, schuldet sie der AN wegen der **Erfolgshaftung** im Bauvertragsrecht dennoch. Das Abarbeiten des Leistungsverzeichnisses genügt im Zweifel nicht, wenn damit keine funktionstaugliche Leistung erreicht werden kann. Denn die im Bauvertrag ausdrücklich vereinbarte Leistungspflicht des AN wird von seiner Herstellungspflicht, die dahin geht, ein gebrauchstaugliches Werk zu erbringen, überlagert (OLG Hamburg, Urteil vom 16.07.2020 - 8 U 61/19). So ist es beispielsweise, wenn mit einer Keller- oder Dachabdichtung nach einem bestimmten vertraglich vereinbarten System die dauerhafte Trockenheit des Kellers nicht erreicht werden kann oder ein vereinbarter sechsfacher Luftwechsel nicht ausreicht, um die erforderliche Luftqualität in einem Fitnessstudio sicherzustellen (OLG Zweibrücken, Urteil vom 12.03.2013 - 8 U 31/11). Dann ist die Leistung mangelhaft, wenn der AN das erkennen musste und eine Bedenkenmitteilung nach § 4 Abs. 3 VOB/B unterblieben ist. Das gilt auch, wenn die ausgeführte Leistung auf der Planung des AG bzw. dessen Architekten oder Fachplanern beruhte, es sei denn, der AN darf auf die größere Fachkunde des

Planers vertrauen und der Fehler ist nicht „völlig offenkundig" (OLG Köln, Beschluss vom 22.02.2016 - 11 U 106/15; OLG Brandenburg, Urteil vom 22.12.2015 - 4 U 26/12). Der Anspruch des AG wird in solchen Fällen aber stets unter dem Gesichtspunkt der „Sowiesokosten" um denjenigen Betrag gekürzt, um den die Bauleistung bei ordnungsgemäßer Ausführung von vornherein teurer gewesen wäre (OLG Düsseldorf, Urteil vom 26.03.2019 - 23 U 90/18; BGH, Urteil vom 13.09.2001 - VII ZR 392/00).

Der AN schuldet die Funktionstauglichkeit im Ausgangspunkt auch unabhängig von der Höhe der vereinbarten Vergütung, also auch bei *„Billiglösungen" (BGH, Urteil vom 11.11.1999 - VII ZR 403/08)*. Der AN muss die in Auftrag gegebene Leistung gerade in solchen Fällen dahingehend **prüfen**, ob sie geeignet ist, das Werk in der für den vorgesehenen oder gewöhnlichen Verwendungszweck entsprechenden Weise zu erbringen. Ist das nicht der Fall, muss er den AG darauf nach § 4 Abs. 3 VOB/B **hinweisen** und dessen Entscheidung einholen (vgl. 11.4). Hat der AN seiner Hinweispflicht entsprochen und ändert der AG daraufhin die Leistung durch eine entsprechende Anordnung, bedeutet das selbstverständlich nicht, dass der AN dadurch notwendig werdende **Änderungs**- oder **Zusatzleistungen**, die erforderlich sind, um die Funktions- bzw. Gebrauchstauglichkeit herzustellen, auf eigene Kosten erbringen muss. Der damit verbundene Aufwand ist unter den Voraussetzungen des § 2 Abs. 5 oder Abs. 6 VOB/B bzw. der §§ 650b und c BGB **nachtragsfähig**.

11.2 Mängelansprüche des AG

11.2.1 Mängelansprüche vor der Abnahme

Ist ein **BGB-Vertrag** ohne Einbeziehung der VOB/B abgeschlossen worden, kann der AG Mängelbansprüche nach § 634 BGB grundsätzlich erst **nach der Abnahme** geltend machen (BGH, Urteil vom 19.01.2017 - VII ZR 301/13). Mängelrechte vor der Abnahme bestehen nach diesem Urteil ausnahmsweise nur dann, wenn der AN das Werk als fertiggestellt zur Abnahme anbietet, obwohl mehrere Nachbesserungsversuche gescheitert sind und der AG daraufhin nur noch einen Vorschuss in Höhe der Mängelbeseitigungskosten verlangt (§ 634 Nr. 2 BGB), die Vergütung mindert (§ 634 Nr. 3 BGB) oder Schadensersatz geltend macht (§ 634 Nr. 4 BGB), er also nicht mehr (Nach-)Erfüllung des Vertrages verlangen kann, weil das Vertragsverhältnis dann in ein Abrechnungsverhältnis übergegangen ist.

Im **VOB/B-Vertrag** gilt **§ 4 Abs. 7 Satz 1 VOB/B**. Danach muss der AN Mängel schon während der Bauausführung beseitigen. Nach § 4 Abs. 7 Satz 3 VOB/B kann der AG den ganzen Bauvertrag schadensersatzbegründend kündigen (§ 8 Abs. 3 VOB/B), wenn der AN der Pflicht zur Beseitigung des Mangels – trotz Kündigungsandrohung – nicht innerhalb einer ihm angemessen gesetzten Frist nachkommt. Dazu hat der BGH am 19.01.2023 – VII ZR 34/20 allerdings eine enorm praxisrelevante und wichtige Entscheidung getroffen, die unter 3.3.3 bereits ausführlich besprochen wurde. Zum Verständnis an dieser Stelle deshalb nur noch einmal das Wesentlichste: Ist die VOB/B nicht „als Ganzes" vereinbart worden, halten **§ 4 Abs. 7 Satz 3** sowie das darauf Bezug nehmende Kündigungsrecht in **§ 8 Abs. 3 Nr. 1 Satz 1 erste Variante VOB/B** bei Verwendung der VOB/B durch den AG einer AGB-rechtlichen Inhaltskontrolle nicht stand, weil sie den AN **unangemessen benachteiligen** und deshalb **unwirksam** sind. Was folgt daraus für das Mangelbeseitigungsverlangen nach § 4 Abs. 7 Satz 1 VOB/B? Man weiß es nicht. Wir meinen, dass **diese Bestimmung** „AGB-fest" ist, weil es durchaus sinnvoll sein kann, Mängel frühzeitig zu beseitigen, beispielsweise weil sie durch die nachfolgenden Unternehmer verdeckt werden oder diese wegen mangelhafter Vorunternehmerleistungen an der ordnungsgemäßen Ausführung ihrer Leistung hindern. Was aber tun, wenn der AN dem Mängelbeseitigungsverlangen nicht Folge leistet? Dann muss man als AG über eine **Kündigung** oder **Teilkündigung** nach **§ 648a Abs. 1 oder 2 BGB** nachdenken (vgl. 12.2.1). Der BGH lässt **Kündigungen** aus wichtigem Grund gemäß § 648a BGB ausdrücklich zu. In diesem Zusammenhang heißt es in der Entscheidung, dass eine mangelhafte Werkleistung in der Ausführungsphase ein wichtiger Grund sein **kann**, wenn **weitere Umstände hinzutreten**, die eine **Unzumutbarkeit der Vertragsfortsetzung** für den AG begründen. Ein berechtigtes Interesse des AG, die Fertigstellung durch den AN nicht mehr abwarten zu müssen, könne sich etwa aus der **Ursache**, der **Art**, dem **Umfang** oder den **Auswirkungen** des Mangels ergeben. **Schlussfolgerung**: Der AG, der einen so verstanden wichtigen Grund für die Mängelbeseitigung in der Ausführungsphase geltend machen kann, sollte in diesen Fällen Mängel nach § 4 Abs. 7 Satz 1 VOB/B rügen, gegebenenfalls auch unter Fristsetzung mit Kündigungsandrohung, diese aber nur aussprechen, wenn ihm die Fortsetzung des Vertragsverhältnisses ohne Beseitigung der Mängel im Sinne des § 648a BGB nicht zumutbar ist. Eine **Kündigung wegen irgendwelcher Mängel** ist nach § 4 Abs. 7 Satz 3 VOB/B aufgrund der BGH-Entscheidung eindeutig nicht mehr möglich, wenn die VOB/B nicht „im Ganzen" vereinbart worden ist.

Für den AG kann es sich empfehlen, im Vertrag zu regeln, dass eine Ersatzvornahme nach Ablauf einer angemessen gesetzten Frist auch ohne Kündigung zulässig ist oder Teilkündigungen möglich sind, selbst wenn keine in sich abgeschlossenen Teile der Leistung vorliegen. Aus AGB-rechtlichen Gründen ist es auch hier erforderlich, das (Teil-)Kündigungsrecht oder die Ersatzvornahme ohne Kündigung auf Fälle zu **begrenzen**, in denen ein **wichtiger Grund** für die Mängelbeseitigung vorliegt.

Nach **§ 4 Abs. 7 Satz 2 VOB/B** muss der AN, wenn er den Mangel zu vertreten – verschuldet – hat, darüber hinaus Schadensersatz leisten. Auch das halten wir nicht für

AGB-widrig. Tritt ein Wasserschaden ein, weil eine Leitung undicht ist, muss der AN folglich nicht nur die Leitung nachbessern, sondern auch die Folgeschäden, die an anderen Gewerken entstanden sind, ersetzen. Zu den Folgeschäden dürften auch solche gehören, die auf der Mängelbeseitigung beruhen, beispielsweise Mietausfallschäden, insbesondere wenn der AN die Nachbesserung verzögert hat oder gar unterlässt.

Auch eine **Minderung** dürfte unter den in § 13 Abs. 6 VOB/B genannten Voraussetzungen - ausnahmsweise - möglich sein. Aus § 4 Abs. 7 VOB/B folgt das aber nicht. § 13 Abs. 6 VOB/B ist erst nach der Abnahme anwendbar, sodass man zu diesem Ergebnis im VOB/B-Vertrag nur gelangen kann, wenn der AG keine Mängelbeseitigung zulässt oder sie der AN endgültig und ernsthaft verweigert, weil dann - insoweit - ein Abrechnungsverhältnis vorliegt (vgl. 11.2.1)

11.2.2 Mängelansprüche nach der Abnahme

11.2.2.1 Mängelbeseitigung

Es versteht sich von selbst, dass der AN Mängel seiner Leistung beseitigen muss, wenn der AG das vor Ablauf der Verjährungsfrist für Mängelansprüche **schriftlich** verlangt (**§ 13 Abs. 5 Nr. 1 VOB/B** bzw. **§ 634 Nr. 1 BGB**). Die Nacherfüllungspflicht des AN umfasst nicht nur die eigentlichen Mängelbeseitigungsleistungen, sondern auch alle dazu erforderlichen **Vor- und Nacharbeiten**, beispielsweise notwendige Renovierungsarbeiten an Bodenbelägen oder Tapeten.

Für eine Mängelrüge des AG reicht die **konkrete Beschreibung der äußeren Erscheinungsformen** des Mangels aus, **Mängelursachen** müssen nicht genannt werden. Pauschale Angaben („Ihre Leistung ist mangelhaft") genügen dagegen nicht (BGH, Urteil vom 05.06.2014 - VII ZR 276/13). Auch eine **Verortung** des Mangels kann erforderlich sein, wenn Unklarheiten darüber bestehen, wo genau der Mangel in Erscheinung getreten ist (OLG Brandenburg, Beschluss vom 19.11.2008 - 12 W 52/08).

Über die konkreten **Maßnahmen** zur Mängelbeseitigung - das „wie" - entscheidet der AN, solange dadurch ein mangelfreies Werk entsteht (OLG Düsseldorf, Urteil vom 23.10.2015 - 22 U 57/15). Lehnt der AG solche Mängelbeseitigungsmaßnahmen ab, weil er eine andere Ausführung will und geht er zur Ersatzvornahme über, nachdem der AN das abgelehnt hat, bleibt er auf den Kosten sitzen, weil der AN in diesem Fall mit der Mängelbeseitigung nicht im Verzug ist. Der AG muss aber keine technisch riskante Lösung akzeptieren (BGH, Urteil vom 05.05.2011 - VII ZR 28/10).

Eine mündliche Mängelrüge ist zwar wirksam, sie sollte aus Beweisgründen aber **schriftlich** erfolgen. Die VOB/B regelt in **§ 13 Abs. 5 Nr. 1 Satz 2** eine **Besonder-**

heit, die zwingend eine **schriftliche Mängelrüge** veraussetzt. Denn dadurch kann die **Verjährung** für **diese Mängel** um bis zu zwei Jahre **verlängert** werden. Das geht aber nur ein einziges Mal (BGH, Urteil vom 05.07.1990 – VII ZR 164/87). Soll das erreicht werden, ist eine Mängelrüge nur per **einfacher E-Mail** besonders riskant, weil nach wie vor umstritten ist, ob damit die erforderliche Schriftform gewahrt wird (vgl. 4.2.1 und 11.3.3.2). Die **Verlängerung der Verjährung** nach § 13 Abs. 5 Nr. 1 Satz 2 VOB/B greift auch, wenn die in der schriftlichen Mängelrüge genannten **Symptome** des Mangels nur an einigen Stellen aufgetreten sind, während ihre **Ursache** in Wahrheit das gesamte oder weitere Teile des Gebäudes erfasst, sie dort aber erst nach der Mängelrüge und nach Ablauf der vereinbarten Gewährleistungsfrist in Erscheinung getreten sind (BGH, Beschluss vom 24.08.2016 – VII ZR 41/14; OLG Stuttgart, Urteil vom 23.11.2016 – 3 U 65/16). Die Regelung ist nach herrschender Auffassung „AGB-fest", auch wenn die VOB/B nicht als Ganzes vereinbart wurde (OLG Düsseldorf, Urteil vom 09.03.2010 – 21 U 46/09).

11.2.2.2 Untersuchungskosten bei unberechtigter Mängelrüge

Die aus Sicht des AN unberechtigte Mängelrüge ist ein „*Dauerbrenner*" und sorgt immer wieder für Streit. Der BGH hat dazu entschieden, dass der AG nicht vorab zu klären braucht, ob der Mangel tatsächlich in den Verantwortungsbereich des AN fällt. Bleibt das ungewiss, darf der AG Mängelansprüche geltend machen. Der AN hat nach der Rechtsprechung des BGH auch keinen Anspruch darauf, dass der AG **vor der Mängelbeseitigung** erklärt, er werde für die **Untersuchungskosten** aufkommen, falls sich die Mängelrüge als unberechtigt herausstellen sollte (BGH, Urteil vom 02.09.2010 – VII ZR 110/09).

Der AN kann zum einen auf die Unbegründetheit der Mängelrüge spekulieren, weil er die Ersatzvornahmekosten nur bezahlen muss, wenn der AG im Prozess den **Beweis** der Mangelhaftigkeit zum Zeitpunkt der Abnahme führen kann. Denn mit der Abnahme kehrt sich die Beweislast für die Mangelhaftigkeit der Leistung um, falls der Mangel nicht schon bei der Abnahme gerügt worden ist (vgl. 10.2). Er kann zum anderen erklären, er werde die Untersuchungskosten geltend machen, falls sich die Unbegründetheit der Mängelrüge vor Ort herausstellen sollte. Wenn der AG dem nicht widerspricht, kann darin unter Umständen eine stillschweigende Zusage der Kostenübernahme liegen (OLG Karlsruhe, Urteil vom 13.05.2003 – 17 U 193/02; OLG Koblenz, Beschluss vom 04.03.2015 – 3 U 1042/14). Widerspricht der AG, muss der AN entscheiden, ob er das Risiko eingehen will und eventuell mit hohen Ersatzvornahmekosten belastet wird, falls doch Mängel seiner Leistung vorliegen und er sich nicht vor Ort ein eigenes Bild gemacht hat.

11.2.2.3 Zurückbehaltungsrecht mit Druckzuschlag

Wir besprechen **§ 641 Abs. 3 BGB** unter den Mängelansprüchen, obwohl es sich dabei im juristischen Sinn nicht um einen Gewährleistungsanspruch handelt, sondern ein **Leistungsverweigerungsrecht** des AG begründet, wenn Leistungen mangelhaft sind. Die VOB/B sagt zu diesem Recht des AG kein Wort, auch nicht bei den Zahlungsansprüchen in § 16. Daraus folgt: Diese Vorschrift ist selbstverständlich und unbestritten auch bei **VOB/B-Verträgen** anwendbar. Der AG ist **nicht verpflichtet**, seinen Mängelbeseitigungsanspruch aktiv zu verfolgen oder gar zur Ersatzvornahme überzugehen. Verlangt der AN Zahlung von Abschlagsrechnungen oder der Schlussrechnung (nach Abnahme), kann der AG stattdessen ein **Zurückbehaltungs- oder Leistungsverweigerungsrecht** – „*in der Regel*" in Höhe des **Doppelten** der voraussichtlichen Mangelbeseitigungskosten (sogenannter **Druckzuschlag** nach **§ 641 Abs. 3 BGB**) – geltend machen.

Maßgeblich für die Höhe des Zurückbehaltungsrechts sind die **voraussichtlichen Kosten** der Mängelbeseitigung, nicht der vereinbarte Preis für die Herstellung der mangelfreien Leistung. Nach der Rechtsprechung des BGH ist nicht der AG für die Höhe des einbehaltenen Betrages **beweispflichtig**, sondern der AN dafür, dass er unangemessen hoch ist. Deshalb kann der AG auch den gesamten noch ausstehenden Werklohn wegen vorhandener Mängel einbehalten (BGH, Urteil vom 06.12.2007 – VII ZR 125/06). Wenn der AN meint, dass trotz des doppelten Druckzuschlags noch eine Restvergütung auszuzahlen sei, muss er das beweisen. Der AG kann in begründeten Fällen, z. B. notorische Unzuverlässigkeit des AN, auch mehr als das Doppelte einbehalten, weil § 641 Abs. 3 BGB ausdrücklich regelt, dass der angemessene Einbehalt *„in der Regel" das Doppelte* der für die Beseitigung des Mangels erforderlichen Kosten beträgt. Das Recht des AG auf den Druckzuschlag **entfällt**, wenn er sich mit der ordnungsgemäß angebotenen Nachbesserung in **Annahmeverzug** befindet. In diesem Fall steht ihm nur ein **einfacher** Mängeleinbehalt zu (OLG Karlsruhe, Urteil vom 24.02.2015 – 8 U 117/12).

Die Bestimmung in § 641 Abs. 3 BGB gilt unabhängig davon, ob der AN eine **Vertragserfüllungsbürgschaft** oder – nach Abnahme – eine **Sicherheit für Mängelansprüche** gestellt hat. Der AG ist weder in der Ausführungsphase noch nach Abnahme verpflichtet, eine solche Sicherheit bei der Ausübung seines Zurückbehaltungsrechts zu berücksichtigen, wenn der AN Zahlung verlangt, aber seine Leistung Mängel aufweist.

11.2.2.4 Ersatz- bzw. Selbstvornahme

Der AG ist zur Ersatz- oder Selbstvornahme berechtigt, wenn der AN die Mängel nicht innerhalb einer vom AG **angemessen gesetzten Frist** beseitigt hat (**§ 13 Abs. 5**

Nr. 2 VOB/B bzw. § 637 Abs. 1 BGB). Wann eine gesetzte Frist angemessen ist, bestimmt sich nach den konkreten Umständen des Einzelfalls. Grundsätzlich ist eine Frist angemessen, die dem AN unter Beachtung von Art, Umfang und Schwierigkeit die ordnungsgemäße Mängelbeseitigung bei zügiger Durchführung ermöglicht. Das OLG Düsseldorf geht noch weiter und meint, es sei diejenige Frist angemessen, die ein AN „**unter größten Anstrengungen**" benötigt, um den Mangel ordnungsgemäß zu beheben (OLG Düsseldorf, Urteil vom 10.05.2016 – 21 U 180/15). Eindeutig ist, dass die Mangelbeseitigungsfrist wesentlich kürzer bemessen sein kann als die ursprüngliche Zeit, die der AN zur Herstellung der Leistung hatte. Klar ist auch, dass es bei der Bemessung der Frist auf die Schwere bzw. Auswirkungen des Mangels ebenso ankommen kann, wie auf die Frage, ob die vorherrschende Witterung eine ordnungsgemäße Mängelbeseitigung zulässt.

Auch wenn der Ablauf *einer* angemessenen Frist ausreicht, sollte der AG sicherheitshalber eine **Nachfrist** setzen oder den AN bereits in der ersten Mängelrüge um eine **Mitteilung** bitten, bis wann die Mängelbeseitigung erfolgen wird, falls die Frist aus dessen Sicht zu kurz bemessen ist. Das kann der AG um den Hinweis ergänzen, dass er von der Angemessenheit der gesetzten Frist ausgeht, falls keine anderslautende Mitteilung erfolgt. Der AN sollte auch im Fall einer objektiv zu kurz gesetzten Frist stets reagieren und mitteilen, bis wann er die Mängelbeseitigung vornimmt oder die Mängelbeseitigung jedenfalls innerhalb angemessener Frist durchführen. Denn eine zu kurz gesetzte Frist ist nicht bedeutungslos, an ihrer Stelle läuft „automatisch" eine angemessene Frist. Wichtig: Nach fruchtlosem Ablauf einer angemessenen Frist ist der AG nicht mehr verpflichtet, ihm angebotene Mängelbeseitigungsmaßnahmen anzunehmen. Der AN kann folglich nicht mehr gegen den Willen des AG nachbessern (BGH, Urteil vom 25.02.2003 – VII ZR 338/01).

Es empfiehlt sich dringend, dem AN **eine bestimmte Frist zur Mängelbeseitigung** (z. B. „innerhalb von zwei Wochen" oder „bis zum ...") zu setzen und **nicht** nur zum **Beginn** mit der Mängelbeseitigung oder gar nur zur Stellungnahme zu den Mängeln aufzufordern oder ein Mängelbeseitigungskonzept vorzulegen. Das reicht im Regelfall nicht aus (BGH, Urteil vom 22.02.2006 – VII ZR 84/05). Nur ausnahmsweise dürfte der Ablauf einer Beginnfrist für die Mängelbeseitigung ausreichend sein, insbesondere wenn der für die Mängelbeseitigung erforderliche Zeitraum nicht bzw. nur schwer eingeschätzt werden kann oder erheblich ist, weshalb dem AG ein Abwarten bis zum Ablauf der Mängelbeseitigungsfrist nicht zugemutet werden kann (LG Heidelberg, Urteil vom 23.01.2014 – 3 S 20/13; OLG Stuttgart, Urteil vom 23.11.2006 – 13 U 53/06). Auch die Aufforderung, einen Mangel „unverzüglich" zu beseitigen, kann nur ausnahmsweise eine angemessene Fristsetzung nach § 13 Abs. 5 Nr. 2 VOB/B sein (OLG Stuttgart, Urteil vom 20.12.2022 – 10 U 96/22). Führt der AG eine Ersatz- oder Selbstvornahme durch, **ohne** dass eine angemessene Frist fruchtlos verstrichen ist, bleibt er auf den Kosten sitzen, selbst wenn der Mangel unstreitig ist und der AN den mit der Mängelbeseitigung verbundenen Aufwand erspart hat (OLG Düsseldorf, Urteil vom 11.10.2013 – 22 U 81/13; BGH, Urteil vom 23.02.2005 – VII ZR 100/04). Ausnahmen davon bestehen nur, wenn der AN die Mängelbeseitigung **endgültig** und **ernsthaft** verweigert hat oder sie dem AG im konkreten Fall **unzumutbar** ist (OLG Koblenz, Urteil vom 27.04.2004 – 3 U 625/03). Fraglich ist, ob der AG **mehrere Nachbesserungen** zulassen muss. Das ist streitig und hängt von den Umständen des Einzelfalles ab (verneinend: OLG Bremen, Urteil vom 24.02.2005 – 5 U 35/04; bejahend: OLG Köln, Beschluss vom 13.02.2015 – 11 U 126/14; OLG Karlsruhe, Urteil vom 29.11.2013 – 13 U 80/12). Will der AG kein Risiko eingehen, sollte er wenigstens noch einmal unter Fristsetzung zur Mängelbeseitigung auffordern, es sei denn, die erste Nachbesserung war derart untauglich, dass das Vertrauen des AG in die Leistungsfähigkeit seines Vertragspartners erschüttert ist.

Falls die Mängelrüge nur **mündlich** erfolgt ist, sollte der AG vor Durchführung der Ersatzvornahme noch einmal **schriftlich** innerhalb angemessener Frist zur Mängelbeseitigung auffordern, weil er die Mängelrüge und den fruchtlosen Ablauf einer angemessen gesetzten Frist beweisen muss. Ist die **Verantwortung** für den Mangel **streitig, weil dafür mehrere Ursachen aus unterschiedlichen Verantwortungsbereichen in Betracht kommen,** muss der AG **Beweise** vor der Ersatzvornahme **sichern**, weil er **nach Abnahme** für den Mangel **beweispflichtig** ist (vgl. 10.2) und ein Sachverständiger im Rahmen eines Gerichtsprozesses diese Frage nicht mehr klären kann, wenn die fragliche Leistung durch einen Ersatzunternehmer beseitigt worden ist. Geht das nicht, sollte der AG erwägen, statt der Ersatzvornahme einen Vorschussanspruch gemäß § 637 Abs. 3 BGB geltend zu machen, diesen gegebenenfalls einklagen und frühestens nach einer vom Gericht angeordneten und durchgeführten Beweisaufnahme durch einen Sachverständigen zur Ersatzvornahme schreiten (vgl. 11.2.2.5)

Die aufgewendeten **Mängelbeseitigungskosten** müssen vom AG im Streitfall ebenfalls bewiesen und deshalb prüfbar **dokumentiert werde**n. Insbesondere bei Beauftragung des Ersatzunternehmers im **Stundenlohn** muss auf **aussagekräftige Rapporte** geachten werden, damit geprüft werden kann, ob der geltend gemachte Zeitaufwand tatsächlich der Mängelbeseitigung diente und erforderlich war. Reine Zeiterfassunsbögen, aus denen sich nur die jeweils geleisteten Stunden ergeben, ohne dass angegeben wird, welche konkreten Leistungen in der fraglichen Zeit ausgeführt worden sind, reichen dafür nicht. Die **Kosten der Mangelbeseitigung** dürfen deutlich höher sein als diejenigen des AN, der die Mängel nicht fristgemäß beseitigt hat. Der AG muss grundsätzlich **keine besonderen Anstrengungen** unternehmen, um den preisgünstigsten Ersatzunternehmer zu finden, vielmehr darf er ein Unternehmen seines Vertrauens beauftragen und er darf den sichersten Weg der Mängelbeseitigung wählen (OLG Düsseldorf, Urteil vom 19.07.2011 – 21 U 76/09; OLG Schleswig, Urteil vom 10.09.2010 – 14 U 184/06). Eine Grenze besteht aber dort, wo kaufmännische Grundsätze bewusst missachtet und entgegen den Geboten von Treu und Glauben unnötig hohe Mängelbeseitigungskosten verursacht worden sind (OLG Celle, Urteil vom 04.08.2016 - 13 U 104/12).

11.2.2.5 Vorschussanspruch

Der AG kann anstelle des Anspruchs auf Kostenerstattung nach durchgeführter Ersatz- oder Selbstvornahme auch einen **Vorschussanspruch** in Höhe der **voraussichtlichen Mängelbeseitigungskosten** geltend machen (**§ 637 Abs. 3 BGB**). Dieses Recht besteht zweifelsfrei auch bei Vereinbarung der **VOB/B**, weil dieser Anspruch dort nicht geregelt ist. Die Geltendmachung eines Kostenvorschusses kommt insbesondere bei **unklarer Verantwortlichkeit** für den Mangel in Betracht, wenn keine „Gefahr im Verzug" besteht. Denn durch eine Ersatzvornahme können Beweise verloren gehen oder vernichtet werden, sodass der AG - nach Abnahme - in Beweisnot geraten kann (siehe oben).

Die voraussichtlichen Mängelbeseitigungskosten können grundsätzlich **geschätzt** werden, an die Darlegung zur Anspruchshöhe stellt der BGH keine allzu strengen Anforderungen, weil es sich um einen **vorläufigen Anspruch** handelt, über den nach seiner Verwendung **abgerechnet** werden muss (BGH, Urteil vom 22.02.2001 - VII ZR 115/99). Reicht der geltend gemachte Vorschuss nicht aus, besteht eine Nachschusspflicht des AN (BGH, Urteil vom 25.09.2008 - VII ZR 204/07). Der Anspruch umfasst alle Kosten, die im Rahmen der erforderlichen Nachbesserung anfallen, einschließlich der notwendigen Vor- und Nacharbeiten (OLG Karlsruhe, Urteil vom 01.03.2005 - 17 U 41/04), nicht aber solche Maßnahmen, um die das Werk auch bei ordnungsgemäßer Ausführung von vornherein teurer geworden wäre, weil mit den beauftragten Leistungen nicht die erforderliche Funktionstauglichkeit herbeigeführt werden kann (vgl. 11.1.3). Das sind **Sowieso-Kosten** (OLG Brandenburg, Urteil vom 29.08.2013 - 12 U 183/12). Der Vorschuss muss innerhalb einer angemessenen Frist **verwendet** werden, sonst besteht ein Rückzahlungsanspruch. Starre Fristen gibt es dafür nicht. Es kommt auf die Fachkunde des AG und die Schwierigkeit bzw. den Umfang der Mängelbeseitigungsmaßnahmen an. Der BGH ist bei der Bemessung der Frist großzügig (BGH, Urteil vom 14.01.2010 - VII ZR 108/08). Über die erfolgte **Verwendung des Vorschusses** muss der AG nach durchgeführter Mängelbeseitigung innerhalb angemessener Frist **abrechnen**. Tut er das nicht, ist er wiederum zur **Rückzahlung** des Vorschusses verpflichtet (BGH, Urteil vom 14.01.2010 - VII ZR 108/08).

11.2.2.6 Ausnahmsweise: Minderung der Vergütung

Wenn die Beseitigung eines Mangels für den AG **unzumutbar** (OLG Dresden, Urteil vom 24.02.2002 - 15 U 77/01) oder die Mängelbeseitigung unmöglich ist (BGH,

Urteil vom 08.05.2014 – VII ZR 203/11) oder sie **einen unverhältnismäßig hohen Aufwand** erfordern würde, kann der AG – anstelle der Mängelbeseitigung – eine Minderung der Vergütung verlangen (**§ 13 Abs. 6 VOB/B, § 638 BGB**). Ein AN sollte sich aber davor hüten, vorschnell die Mängelbeseitigung wegen unverhältnismäßig hoher Kosten zu verweigern. Die Rechtsprechung hält das grundsätzlich nur dann für möglich, wenn der AG objektiv **kein berechtigtes Interesse** an einer ordnungsgemäßen Vertragserfüllung hat und sein Mängelbeseitigungsverlangen vor dem Hintergrund der dadurch entstehenden Kosten deshalb einen Verstoß gegen Treu und Glauben darstellt (BGH, Urteile vom 29.06.2006 – VII ZR 86/05 und vom 10.11.2005 – VII ZR 64/04; OLG Dresden, Urteil vom 02.02.2017 – 10 U 672/12). Insbesondere bei **Schallschutzmängeln** im Wohnungsbau kann der AG – unabhängig von der Höhe der dafür erforderlichen Kosten – immer Maßnahmen verlangen, die einen ordnungsgemäßen Schallschutz gewährleisten. So verhält es sich grundsätzlich auch bei Mängeln, welche die Gebrauchs- oder Funktionstauglichkeit beeinträchtigen oder sich negativ auf die „Lebensdauer“ des Bauwerks bzw. der Leistung auswirken.

Eine Minderung kann bei **optischen Mängeln** in Betracht kommen, wenn es sich um ein nicht repräsentatives Bauwerk, beispielsweise eine Fabrikhalle handelt, unter Umständen aber nicht bei einem „*5-Sterne-Hotel*“ (OLG Celle, Urteil vom 19.12.2013 – 6 U 73/13; OLG Frankfurt, Urteil vom 01.10.2004 – 24 U 194/03). Eine Minderung ist ausnahmsweise auch möglich, wenn eine mangelhaft ausgeführte Heizungsanlage zwar zu geringfügig höheren Energiekosten führt, diese aber über die Lebenszeit der Heizung in keinem Verhältnis zu den erforderlichen Mängelbeseitigungskosten stehen (OLG Oldenburg, Urteil vom 11.11.2014 – 8 U 140/09; BGH, Beschluss vom 18.07.2013 – VII ZR 231/11). Wenn der AN die Mängelbeseitigung wegen unverhältnismäßig hoher Kosten zu Recht verweigert hat, wird die **Minderung** danach berechnet, in welcher **prozentualen Höhe** die vereinbarte Gesamtvergütung durch den Mangel beeinträchtigt ist, nicht nach den voraussichtlichen Mängelbeseitigungskosten (BGH, Urteil vom 09.01.2003 – VII ZR 181/00; BGH, Urteil vom 11.10.2012 – VII ZR 179/11). Lässt sich ein solcher Wert nicht ermitteln, kann es unter Umständen auch darauf ankommen, welchen Aufwand der AN durch die Ausführung der mangelhaften Leistung erspart hat (BGH, Urteil vom 09.01.2003 – VII ZR 181/00). Im Streitfall muss der Minderwert vom Gericht geschätzt werden.

11.2.2.7 Schadensersatz

Der Schadensersatzanspruch des AG nach **§ 13 Abs. 7 VOB/B** setzt in allen Varianten **stets** ein **Verschulden** des AN (Vorsatz oder Fahrlässigkeit) voraus (ebenso: §§ 634 Nr. 4, 280 Satz 2 BGB). Dieses Verschulden wird allerdings **vermutet**, der AN ist für fehlendes Verschulden **beweispflichtig**, falls er sich darauf berufen will. Der BGH hat fehlendes Verschulden eines Installateurs, der auf Empfehlung des Herstellers asbestfaserfreie Flanschdichtungen verwendet hat, die ein Jahr später wegen eines Materialfehlers gebrochen sind und einen Wasserschaden in Höhe von ca. € 75.000 verursacht haben, bejaht (BGH, Urteil vom 12.12.2001 – X ZR 192/00). Ein eigenes Verschulden des Installateurs lag nicht vor, weil die Aushärtung der Flanschdichtungen nicht vorhersehbar war. Für ein Verschulden des Herstellers musste der AN nicht einstehen, weil er nicht sein Erfüllungsgehilfe war (§ 278 BGB), sodass auch eine Haftung für fremdes Verschulden ausschied.

In **§ 13 Abs. 7 Nr. 1 bis 3 VOB/B** wird nach der **Schwere** des auftragnehmerseitigen **Verschuldens** einerseits und der dadurch eingetretenen **Rechtsgutverletzung** andererseits differenziert: Kommt es zu einer Verletzung des **Lebens** oder der **Gesundheit**, ist der AN uneingeschränkt schadensersatzpflichtig (§ 13 Abs. 7 Nr. 1 VOB/B). Das Gleiche gilt, wenn der AN den Schaden **vorsätzlich** oder **grob fahrlässig** verursacht hat (§ 13 Abs. 7 Nr. 2 VOB/B). Im Übrigen ist dem AG der Schaden an der **baulichen Anlage** zu ersetzen, wenn ein **wesentlicher Mangel** vorliegt, der die **Gebrauchsfähigkeit erheblich beeinträchtigt** (§ 13 Abs. 7 Nr. 3 Satz 1 VOB/B). Einen darüber hinausgehenden Schaden hat der AN gemäß § 13 Abs. 7 Nr. 3 Satz 2 VOB/B zu erstatten, wenn der Mangel auf einem Verstoß gegen die erkannten Regeln der Technik beruht oder in dem Fehlen einer vertraglich vereinbarten Beschaffenheit besteht oder er den Schaden durch eine Versicherung hätte decken können. Darunter fällt beispielsweise der wegen einer Mängelbeseitigung erforderliche Hotelaufenthalt eines Mieters bzw. eine Mietminderung, die der AG wegen des Mangels hinnehmen musste (OLG Brandenburg, Urteil vom 05.03.2014 – 4 U 134/09; OLG Karlsruhe, Urteil vom 10.08.2011 – 7 U 62/10). Der Schadensersatzanspruch umfasst auch **sämtliche Kosten**, die für eine ordnungsgemäße Werkherstellung erforderlich sind, einschließlich der dafür erforderlichen **Vor- und Nacharbeiten.**

Lässt der AG einen **Mangel nicht beseitigen**, kann er seinen Schaden nicht (mehr) nach den **fiktiven Mängelbeseitigungskosten** berechnen. Der BGH hat in einer Grundsatzentscheidung vom 22.02.2018 seine bis dahin anders lautende Rechtsprechung aufgegeben (BGH, Urteil vom 22.02.2018 – VII ZR 46/17). Diese Rechtsprechung gilt für alle ab dem 01.01.2002 geschlossenen Werk- und Bauverträge (BGH, Urteil vom 19.12.2019 – VII ZR 6/19); sie gilt nach dem für das Kaufrecht zuständigen 5. Senat beim Abschluss von Kaufverträgen aber nicht (BGH, Urteil vom 12.03.2021 – V ZR 33/19). Wenn der AG das Werk behält und den Mangel **nicht beseitigen** lässt, kann er seinen Schaden (§ 13 Abs. 7 Nr. 3 VOB/B bzw. § 634 Nr. 4 BGB) folglich nicht nach den voraussichtlichen Mängelbeseitigungskosten geltend machen, sondern muss im Wege einer **Vermögensbilanz** die Differenz zwischen dem **hypothetischen Wert** der mängelfreien Leistung und dem **tatsächlichen Wert** der mangelbehafteten Leistung ermitteln. Alternativ dazu kann der Schaden auch von der vereinbarten Vergütung ausgehend nach dem Minderwert des Werks wegen des nicht beseitigten Mangels bemessen werden. Dabei sind Schätzungen zulässig. Hat der AG das mängelbehaftete Werk veräußert, ohne dass zuvor eine Mängelbeseitigung vorgenommen wurde, kann der Schaden nur nach dem konkreten, mängelbedingten Mindererlös berechnet werden. Dieselben Grundsätze gelten im Verhältnis des AG gegenüber dem **Architekten** bei Planungs- oder Bauüberwachungsfehlern, die sich im Bauwerk bereits verwirklicht haben. Auch hier scheiden Schadensersatzansprüche des AG in Höhe der fiktiven Mängelbeseitigungskosten aus, wenn er den Mangel nicht beseitigen lässt (BGH, Urteil vom 22.02.2018 - VII ZR 46/17).

Hat die vertragswidrige Ausführung eine **verringerte Verwertbarkeit** des Gebäudes zur Folge, muss der AN dem AG, **trotz ordnungsgemäßer Mängelbeseitigung**, den sogenannten **merkantilen Minderwert** ersetzen (BGH, Urteile vom 06.12.2012 - VII ZR 84/10 und vom 09.01.2003 - VII ZR 181/10). Dafür ist Voraussetzung, dass eventuelle Kaufinteressenten im Vergleich zu einer von Anfang an vertragsgemäßen Ausführung ein geringeres Vertrauen in die Qualität des Bauwerks haben. Die Höhe des Anspruchs kann, gegebenenfalls nach Einholung eines Sachverständigengutachtens, vom Gericht geschätzt werden. Zwischenzeitlich gibt es eine Reihe von Urteilen, die Ansprüche wegen merkantilen Minderwerts bejaht haben, beispielsweise wenn Undichtigkeiten im Dachbereich beseitigt wurden, eine vollständige Überprüfung der durchgeführten Arbeiten aber nicht möglich war (OLG Stuttgart, Urteil vom 08.02.2011 - 12 U 74/10) oder bei anfangs mangelhafter Abdichtung eines Kellers, nach Auffassung des OLG Hamm ein geradezu „klassischer Fall" eines merkantilen Minderwertes (OLG Hamm, Urteil vom 10.05.2010 - 17 U 92/09). Wir meinen, dass ein merkantiler Minderwert nur ausnahmsweise in Betracht kommen sollte. Das heißt: Wenn die Mängelbeseitigung nachweislich ordnungsgemäß durchgeführt wurde und zukünftige Mängel praktisch ausgeschlossen sind bzw. kein Käufer daraus vernünftigerweise eine Verringerung des Verkehrswertes ableiten kann, gibt es auch keinen merkantilen Minderwert (in diese Richtung: OLG Hamburg, Urteil vom 03.02.2016 - 302 O 365/14).

11.3 Verjährung der Mängelansprüche

11.3.1 Verjährung nach BGB

Das BGB regelt die Verjährung der Mängelansprüche in **§ 634a BGB**. Sie beträgt

- **fünf Jahre** für **Bauwerke** oder für Planungs- und Überwachungsleistungen hierfür (§ 634a Abs. 1 Nr. 2 BGB)

  und

- **zwei Jahre** für **sonstige Werkleistungen**, die keine Bauwerkleistungen sind (§ 634a Abs. 1 Nr. 1 BGB).

Dem Begriff „Bauwerk" in § 634a Abs. 1 Nr. 2 BGB sind wir schon einmal in § 650a BGB begegnet, sodass auf die dortigen Ausführungen verwiesen wird (vgl. 7.3.1). Sollte in Einzelfällen **zweifelhaft** sein, ob Bauwerkleistungen vorliegen, kommt es nach weit verbreiteter Ansicht gerade bei der Frage, ob die Verjährungsfrist zwei oder fünf Jahre beträgt, darauf an, ob das **spezifische Risiko** des **späten Auftretens** oder der **späten Erkennbarkeit** von Mängeln die fünfjährige Verjährungsfrist rechtfertigt (so zum Beispiel: BGH, Urteile vom 07.12.2017 - VII ZR 101/14 und vom 20.12.2012 - VII ZR 182/10). Die zweijährige Verjährungsfrist für sonstige Werkleistungen nach § 634a Abs. 1 Nr. 1 BGB gilt beispielsweise für Arbeiten an einem Grundstück. Dazu gehören reine Erdarbeiten, deren Zweck allein in der Veränderung des Zustands von Grund und Boden besteht. Die zweijährige Verjährungsfrist gilt auch für Landschaftsbauarbeiten nach DIN 18320 oder für isoliert beauftragte Bagger- bzw. Planierungsarbeiten (OLG Düsseldorf, Urteil vom 15.05.2012 - 23 U 118/11). Dagegen verjähren Erdarbeiten im Zusammenhang mit der Errichtung von Gebäuden in fünf Jahren (vgl. 7.3.1). Kleinere Reparaturen an einer Heizungs- oder Sanitäranlage bzw. das bloße Anstreichen von Wänden und Decken bzw. Fenstern sind keine Bauwerk-, sondern sonstige Werkleistungen.

Nach der Rechtsprechung ist die Vereinbarung **längerer Verjährungsfristen** von bis zu zehn Jahren - sowohl beim BGB- als auch beim VOB/B-Vertrag - zulässig, selbst in AGB. Das gilt aber nur für besonders **haftungsträchtige** Bauwerkleistungen mit der **Gefahr von Spätschäden,** beispielsweise bei der Abdichtung von Flachdächern, Mauerwerken oder dem Fußboden bzw. Dach eines Hallenbades (OLG Stuttgart, Urteil vom 17.10.2017 - 10 U 55/17; BGH, Urteil vom 09.05.1996 - VII ZR 259/94; OLG Köln, Urteil vom 28.07.2016 - VII U 179/15). Eine Verlängerung der Verjährungsfrist von deutlich über fünf Jahren für **sämtliche** Leistungen, also auch für solche, bei denen nicht die Gefahr der späten Erkennbarkeit von Mängeln besteht, ist dagegen

AGB-rechtlich unwirksam. Die Grenze dürfte hier bei maximal fünf Jahren und sechs Monaten liegen (OLG Köln, Urteil vom 04.01.2021 – 17 U 165/19).

11.3.1.1 Verjährung bei arglistig verschwiegenen Mängeln

Eine Besonderheit gilt bei **arglistig verschwiegenen Mängeln**. Das setzt voraus, dass der AN den Mangel bei der Abnahme **kannte** und ihn gleichwohl nicht **offenbart** hat, obwohl er dazu wegen der Bedeutung bzw. Schwere des Mangels verpflichtet gewesen wäre (bewusste Böswilligkeit). Die Beweislast für beides trägt der AG. Den in der Praxis so häufig verwendeten Begriff **„verdeckter" Mangel** kennt im Zusammenhang mit der Verjährung von Mängelansprüchen weder das BGB noch die VOB/B. Arglist erfordert deutlich mehr als die Nichterkennbarkeit eines Mangels. Sie kann beispielsweise vorliegen, wenn der AN bewusst von der Baubeschreibung abweicht und das Kellergeschoss nicht als weiße Wanne, sondern stattdessen eine schwarze Wanne herstellt (OLG Celle, Urteil vom 26.03.2008 – 7 U 89/07). Das arglistige Verschweigen eines Mangels wird in Bauprozessen eher selten bejaht, weil der **Beweis der Arglist** nur schwer zu führen ist (Kammergericht, Urteil vom 09.10.2015 – 21 U 74/14; OLG München, Beschluss vom 29.09.2014 – 28 U 4245/13 Bau). Tritt ein tatsächlich arglistig verschwiegener Mangel erst nach Ablauf der fünfjährigen Verjährungsfrist in Erscheinung und hatte der AG zuvor keine Mangelkenntnis, verlängert sich die Verjährung für solche Mängelansprüche auf maximal **zehn Jahre**, wobei diese Frist mit der Abnahme der Leistung beginnt (**§ 634a Abs. 3 BGB** i. V. m. § 199 Abs. 3 Nr. 1 BGB). Das gilt auch bei **VOB/B-Verträgen**. Weil die zur Arglist geltenden Vorschriften nicht gerade leicht durchschaubar sind, dazu folgendes **Beispiel:** Die Abnahme erfolgte am **20.10.2015**. Der AG stellte erst am **25.10.2020** einen arglistig verschwiegenen Mangel fest, der vorher trotz aller Sorgfalt nicht erkennbar war. Aufgrund der gesetzlichen Regelung in § 634a Abs. 3 Satz 2 BGB endet die Verjährung frühestens mit Ablauf von fünf Jahren, also am **20.10.2020**, was dem AG nichts nützt. Wegen § 199 Abs. 3 Nr. 1 BGB tritt die Verjährung aber erst mit Ablauf von 10 Jahren seit der Abnahme, also erst am **20.10.2025** ein, sodass der AG in diesem Fall noch Gewährleistungsansprüche geltend machen kann.

11.3.1.2 Verjährung bei Organisationsverschulden

Weil eine Arglist vorsätzliches Handeln voraussetzt und oft nur schwer nachweisbar ist, hat der BGH die längere Verjährungsfrist von bis zu zehn Jahren auch angewendet, wenn der AN in seinem Betrieb nicht durch **organisatorische Maßnahmen** sichergestellt hat, dass Mängel vor Abnahme im Rahmen von **Qualitätskontrollen** entdeckt werden (BGH, Urteile vom 30.11.2004 – X ZR 43/03 und vom 13.03.1992 – VII ZR 5/01). Der AN darf sich also nicht bewusst unwissend halten. Das gilt auch für Leistungen seiner **Nachunternehmer** (OLG Celle, Urteil vom 06.11.2005 - 6 U 58/05). Voraussetzung für ein Organisationsverschulden ist aber, dass der Mangel bei richtiger Organisation erkannt worden wäre. Dafür ist der AG beweispflichtig. Davon kann auch bei gravierenden Mängeln, Planungsfehlern oder unzutreffenden technischen Einschätzungen aber nicht ohne Weiteres ausgegangen werden (BGH, Urteil vom 27.11.2008 - 206/06). Die Indizwirkung schwerer Mängel darf nicht überspannt werden. Deshalb ist die Haftung des AN wegen eines Organisationsverschuldens wiederum die **Ausnahme** und keinesfalls die Regel.

11.3.1.3 Hemmung der Verjährung durch Verhandlungen

Nach **§ 203 BGB** kann es zu einer **Hemmung** der Verjährung durch **Verhandlungen** kommen. Das bedeutet, dass die Frist, während der die Verjährung gehemmt ist, der vereinbarten Verjährungsfrist hinzugerechnet wird. Das ist beispielsweise der Fall, wenn zwischen den Parteien **schwebende Verhandlungen** über einen Mangel stattfinden. Die Verjährung tritt in diesem Fall frühestens **drei Monate** nach dem Ende der Hemmung ein (§ 203 Satz 2 BGB). Verhandlungen i. S. d. § 203 BGB setzen einen **beiderseitigen Meinungsaustausch** voraus. Es genügt nicht, dass der AG Mängelansprüche geltend macht, der AN darauf aber nicht oder ablehnend reagiert (BGH, Urteil vom 26.10.2006 - VII ZR 194/05). Kommt es zu Verhandlungen, endet die Hemmung, wenn ein Vertragspartner sie abbricht oder deren Fortsetzung verweigert. Schwierig wird es, wenn die Verhandlungen stillschweigend „einschlafen". In solchen Fällen dürfte es darauf ankommen, innerhalb welcher Frist man eine Reaktion erwarten kann. Dafür dürften im Regelfall zwei Wochen in Betracht kommen.

11.3.1.4 Neubeginn der Verjährung durch Anerkenntnis

Erkennt der AN einen Mangel **an**, beginnt die Verjährung in Bezug auf diesen Mangel von vorn (**§ 212 BGB**). § 212 BGB gilt auch bei Vereinbarung der VOB/B. Das bedeutet, dass die **vereinbarte** Verjährungsfrist noch einmal neu zu laufen beginnt (BGH, Urteil vom 13.01.2009 - VII ZR 15/04). Werden **umfangreiche Mängelbeseitigungsarbeiten** nach entsprechender Aufforderung vom AN kommentar- bzw. widerspruchslos erbracht, geht die Rechtsprechung in der Regel von einem Anerkenntnis aus. Will der AN das verhindern, sollte er Mängelbeseitigungsleistungen ausdrücklich nur **„aus Kulanz"** bzw. **„ohne Anerkennung einer Rechtspflicht"** erbringen (BGH, Beschluss vom 23.08.2012 - VII ZR 155/10 und OLG Jena, Urteil vom 09.04.2008 - 4 U 1100/06).

11.3.1.5 Hemmung der Verjährung durch gerichtliche Maßnahmen

Neben einer Hemmung durch schwebende Verhandlungen tritt eine Hemmung der Verjährung beispielsweise auch ein, wenn ein Anspruch **klageweise** geltend gemacht wird (§ 204 Abs. 1 Nr. 1 BGB), durch Zustellung eines gerichtlichen **Mahnbescheids** (§ 204 Abs. 1 Nr. 3 BGB) oder durch einen Antrag auf Durchführung eines **selbstständigen Beweisverfahrens** (§ 204 Abs. 1 Nr. 7 BGB).

11.3.2 Verjährung nach VOB/B

11.3.2.1 Regelverjährung (§ 13 Abs. 4 VOB/B)

Nach **§ 13 Abs. 4 Nr. 1 VOB/B** beträgt die Verjährungsfrist **vier Jahre** für **Bauwerke und zwei Jahre** für **sonstige Werkleistungen** sowie für die vom Feuer berührten Teile von Feuerungsanlagen (zum Begriff Bauwerk vgl. 11.3.1 und 7.3.1). Für feuerberührte und abgasdämmende Teile von industriellen Feuerungsanlagen beträgt die Verjährungsfrist **ein Jahr**. Diese Verjährungsfristen gelten nach dem ausdrücklichen Wortlaut der Vorschrift aber nur, wenn im Vertrag keine davon **abweichenden Verjährungsfristen vereinbart** wurden. Solche Vereinbarungen sind bis zur Grenze von fünf Jahren und sechs Monaten für alle Bauwerkleistungen zulässig, sie führen aber nach herrschender Meinung dazu, dass die VOB/B nicht mehr „im Ganzen" vereinbart worden ist (vgl. 3.3.2). Auch darüber weit hinausgehende Verjährungsfristen von bis zu zehn Jahren für **bestimmte haftungskritische Leistungen** können AGB-rechtlich zulässig sein, wenn die Gefahr von **Spätschäden** besteht (vgl. 11.3.1).

Bei Teilen von **maschinellen** und **elektrotechnischen** bzw. **elektronischen Anlagen**, bei denen die **Wartung** Einfluss auf die Sicherheit und Funktionsfähigkeit hat (z. B. Aufzugsanlagen Rolltreppen, Anlagen der Gebäudetechnik oder Gefahrenmeldeanlagen etc.), beträgt die **Verjährungsfrist zwei Jahre,** wenn der AN **nicht** mit der **Wartung beauftragt** wurde, andernfalls bleibt es bei der Regelverjährung von **vier Jahren (§ 13 Abs. 4 Nr. 2 VOB/B**). Die vierjährige Verjährungsfrist setzt voraus, dass der **Errichter** der Anlage, nicht irgendjemand, mit der Wartung beauftragt wurde. Voraussetzung der Verkürzung der Verjährung auf zwei Jahre ist aber, dass der AN die Wartung zu üblichen Konditionen anbietet, damit aber nicht beauftragt wird. Mit dieser Regelung soll ein Streit darüber vermieden werden, ob ein Mangel auf vertragswidriger Ausführung oder unzureichender Wartung beruht. Will der AG – unabhängig von der Beauftragung mit der Wartung – längere Verjährungsfristen, muss er das **ausdrücklich** im Vertrag regeln, insbesondere, wenn neben wartungsbedürftigen Anlagen auch andere Bauleistungen geschuldet sind. Dann muss der AG beispielsweise vereinbaren, dass „***abweichend von § 13 Abs. 4 Nr. 1 und 2 VOB/B***" die Verjährungsfrist für Mängelansprüche fünf Jahre beträgt (OLG Koblenz, Beschluss vom 13.01.2014 – 3 U 827/13).

Das ist – wie bei § 13 Abs. 4 Nr. 1 VOB/B – zulässig, hat aber dieselben Konsequenzen bezüglich der Vereinbarung der „VOB/B im Ganzen“ (siehe oben).

Die Verjährungsfrist **beginnt** mit der Abnahme der gesamten Leistung, für *„in sich abgeschlossene Teile der Leistung“* (§ 12 Abs. 2 VOB/B) beginnt sie mit der Teilabnahme (§ 13 Abs. 4 Nr. 3 VOB/B).

11.3.2.2 Verlängerung der Verjährung durch schriftliche Mängelrüge

Eine **schriftliche Mängelrüge** kann nach **§ 13 Abs. 5 Nr. 1 Satz 2 VOB/B** eine die vereinbarte **Verjährungsfrist um bis zu zwei Jahre verlängernde Wirkung** haben (vgl. 11.2.2.1). Wird bei einer vereinbarten Verjährungsfrist von fünf Jahren ein Mangel beispielsweise vier Jahre und sechs Monate nach der Abnahme schriftlich gerügt, endet die Verjährungsfrist bezüglich dieses Mangels erst zwei Jahre danach – also nach sechseinhalb Jahren – und ist damit länger als die gesetzliche Verjährungsfrist von fünf Jahren nach § 634a Abs. 1 Nr. 2 BGB. Das gilt aber nur für die **erste schriftliche Mängelrüge**. Diese muss dem AN vor Ablauf der Verjährungsfrist beweisbar zugehen. Ob dafür eine schriftliche Mangelrüge durch eine „einfache E-Mail“ ausreicht, ist streitig (verneinend: OLG Jena, Urteil vom 26.11.2015 – 1 U 209/15; bejahend: OLG Köln, Urteil vom 22.06.2016 – 16 U 145/15). Der AG sollte, wenn er Mängelrügen, die der Verlängerung der Verjährung dienen sollen, insbesondere kurz vor Ablauf der Verjährungsfrist, diese auf mehreren Wegen parallel versenden (vgl. 4.2.1.3). Will er AG den sichersten Weg gehen, muss er die Mängel klageweise geltend machen, weil nicht ausgeschlossen werden kann, dass ein Gericht die Vorschrift für AGB-rechtlich unwirksam erklärt, wenn die VOB/B nicht im Ganzen vereinbart wurde (OLG Halle, Urteil vom 08.07.2005 – 1 S 68/05).

11.3.2.3 Verjährung für Mängelbeseitigungsleistungen

Während der Durchführung von Mängelbeseitigungsleistungen ist die Verjährungsfrist gehemmt. Die „tickende Verjährungsuhr“ wird dadurch angehalten. Diese Hemmung endet nach **§ 13 Abs. 5 Nr. 1 Satz 3 VOB/B** erst mit der **Abnahme der Mängelbeseitigungsleistung** oder der endgültigen Abnahmeverweigerung durch den AG (BGH, Urteile vom 16.05.2013 – VII ZR 63/11 und vom 29.05.2008 – VII ZR 32/07). Die Abnahme von Mängelbeseitigungsleistungen kann auch „stillschweigend“ erfolgen. Wenn der AN die damit verbundenen Unwägbarkeiten vermeiden will, sollte er ausdrücklich die **Abnahme der Mängelbeseitigungsleistung** unter angemessener Frist (circa eine Woche) verlangen. Die bloße **Freimeldung des Mangels** genügt dafür nicht, jedenfalls nicht, wenn der sicherste Weg beschritten werden soll (OLG Dresden, Urteil vom 31.08.2010 – 5 U 923/06). Reagiert der AG auf ein Abnahmeverlangen unter Fristsetzung nicht, liegt in der Regel eine stillschweigende oder fiktive Abnahme vor, die nach Fristablauf zum Lauf der zweijährigen Verjährungsfrist führt.

11.3.2.4 Praktischer Umgang mit Verjährungsfragen bei zweifelhafter Rechtslage

Die Ausführungen und Beispiele zur Verjährung der Mängelansprüche machen deutlich, dass es in bestimmten Fällen **hoch kompliziert** sein kann, den Ablauf der Verjährungsfrist **sicher** zu bestimmen. Das gilt insbesondere, wenn Mängelbeseitigungsleistungen erbracht wurden, deren Abnahme fraglich ist (§ 13 Abs. 5 Nr. 1 Satz 3 VOB/B), eine Arglist des AN in Betracht kommt, Verhandlungen wegen der Mängel stattgefunden haben (§ 203 BGB) oder ein Anerkenntnis (§ 212 BGB) vorliegen kann. In solchen Fällen sollte der AN **anwaltlichen Rat** einholen, bevor er sich möglicherweise zu Unrecht auf eine Verjährung beruft und Ersatzvornahmekosten riskiert.

11.3.3 Verjährung der Mängelansprüche beim Kauf von Baustoffen

Baustoffe sind Sachen, die nach ihrer **Art** und ihrem **Verwendungszweck** für ein **Bauwerk** verwendet worden sind (beispielsweise: Fliesen, Heizungskessel, Downlights, Fliesen, Fenster, Frostschutzschicht etc.). Haben Baustoffe die Mangelhaftigkeit des Bauwerks **verursacht**, so beträgt die gesetzliche Gewährleistungsfrist schon seit dem Jahr 2002 **fünf Jahre** seit **Übergabe** der Baustoffe (**§ 438 Abs. 1 Ziffer 2 b) BGB**). Diese Verjährungsfrist kann in AGB des Verkäufers nicht wirksam verkürzt werden (LG Köln, Urteil vom 02.07.2007 - 91 U 87/06; OLG Naumburg, Urteil vom 21.05.2010 - 10 U 60/08). Die **Beweislast** für die Mangelhaftigkeit des Baustoffs im Zeitpunkt der Übergabe trägt der Käufer. Für ab dem **01.01.2018** abgeschlossene **Kaufverträge** über **Baustoffe** hat nunmehr jeder Käufer - auch der gewerbliche - neben dem Nacherfüllungsanspruch einen vom Verschulden des Verkäufers unabhängigen Anspruch auf Ersatz der erforderlichen **Aus- und Einbaukosten** (**§ 439 Abs. 3 BGB neue Fassung**).

Zum Erhalt aller Mängelansprüche ist jedoch die Beachtung der **kaufmännischen Untersuchungs- und Rügepflichten** nach **§ 377 Abs. 1 HGB** erforderlich. Die Untersuchung muss in einem Zeitraum von **maximal drei Tagen nach Lieferung** erfolgen, wenn der Käufer keine Risiken eingehen will. Sie ist auf solche Mängel auszurichten, die bei Beachtung verkehrsüblicher Sorgfalt zu erkennen sind, eine „rundum-Untersuchung" ist nicht erforderlich (BGH, Urteil vom 06.12.2017 - VIII ZR 245/16). Werden beispielsweise Lampen oder Fliesen in fest verschlossenen Kartons geliefert, sollte mindestens eine stichprobenartige Untersuchung stattfinden und auch dokumentiert werden. Hat der Käufer im Rahmen der Untersuchung einen Mangel festgestellt, so muss er diesen wiederum „unverzüglich" rügen. Die hierfür geltenden Fristen sind noch kürzer als bei der Untersuchung der Ware. Regelmäßig muss die

Rüge binnen **ein oder höchstens zwei Tagen** nach der Feststellung des Mangels erfolgen (OLG Brandenburg, Urteil vom 12.12.2012 - 7 U 102/11). Treten **ursprünglich verdeckte Mängel** erst **später in Erscheinung**, muss der Käufer sie sodann unverzüglich rügen (§ 377 Abs. 3 HGB). Auch damit sollte der Käufer nicht länger als zwei Tage warten, wenn er vermeiden will, seine Mängelansprüche zu verlieren. Denn genau das ist die Rechtsfolge einer unterlassenen bzw. nicht unverzüglich erfolgten Untersuchung bzw. Rüge (OLG Nürnberg, Urteil vom 11.10.2005 - 9 U 804/05; OLG Dresden, Urteil vom 07.10.1999 - 7 U 1972/99). Wenn der Käufer die **Untersuchungs**- und **Rügepflicht verletzt** hat, gilt die Ware als **genehmigt**, sodass sämtliche Gewährleistungsansprüche gegen den Verkäufer verloren gehen können (**§ 377 Abs. 2 und 3 HGB**).

11.4 Prüfungs- und Bedenkenhinweis-pflichten des AN

11.4.1 Mängelursachen aus dem Verantwortungsbereich des AG

§ 4 Abs. 3 VOB/B ist eine der **bedeutsamsten Einzelbestimmungen** der gesamten VOB/B. Die Beachtung der Prüfungs- und Bedenkenhinweispflichten ist deshalb eine **wichtige Aufgabe** für den Bauleiter des AN. Der richtige Umgang mit § 4 Abs. 3 VOB/B kann erhebliche wirtschaftliche Folgen haben; Fehler können irreparabel sein. Das gilt auch für AG, welche die Bedeutung eines Bedenkenhinweises oftmals verkennen bzw. falsch oder nicht reagieren.

Jeder AN muss prüfen, ob er nach den **auftraggeberseitigen Vorgaben** zur Erbringung der Leistung (z. B. den Beschaffenheitsvereinbarungen und Bausollbestimmungen im Vertrag) ein mangelfreies Werk erstellen kann. Denn dafür haftet er aufgrund der Erfolgsbezogenheit des Bau- und Werkvertragsrechts verschuldensunabhängig (funktionaler Mangelbegriff, vgl. 11.1.3). Das gilt im Ausgangspunkt selbst dann, wenn der AG bzw. seine Erfüllungsgehilfen (z. B. Planer) oder Vorunternehmer für den Mangel (mit-)verantwortlich sind.

Prüfungspflichten bestehen nach § 4 Abs. 3 VOB/B in Bezug auf

- **Angaben** des AG zur **Leistungsausführung** (beispielsweise in Plänen, Angaben im LV oder in Wärmebedarfsberechnungen, Brandschutzgutachten etc., auch bei **Anordnungen des AG**).

- Vorgeschriebene oder vom AG beigestellte **Stoffe oder Bauteile** (der AN hat keine Wahl).

- **Vorleistungen anderer Unternehmer**, auf die der AN mit seiner Leistung **funktional** aufbaut und die folglich in einem technischen Zusammenhang mit der Vorarbeit bzw. mit ihr in Berührung stehen. Das gilt auch für Eigenleistungen des AG.

Im Prinzip ist es so: Basiert ein Mangel auf den oben beschriebenen Ursachen, ist der AN für diese Mängel verantwortlich, wenn er seine Prüfungs- und Bedenkenhinweispflicht verletzt hat. Konnte bzw. musste er den Mangel aus dem Verantwortungsbereich Dritter nicht erkennen, haftet er auch nicht, weil er in diesem Fall nicht gegen § 4 Abs. 3 VOB/B verstoßen hat (OLG Dresden, Urteil vom 23.09.2022 – 23 U 1625/21; OLG Hamm, Urteil vom 19.04.2016 – 24 U 48/15). Weil die Bestimmung in § 4 Abs. 3 VOB/B Konkretisierungen des Grundsatzes von Treu und Glauben sind, gelten sie auch bei **BGB-Verträgen**, in denen die VOB/B nicht vereinbart worden ist (OLG Düsseldorf, Urteil vom 08.07.2013 – 5 U 142/12; BGH, Urteil vom 08.11.2007 – VII ZR 183/05).

11.4.2 Umfang der Prüfungspflichten

Der **Umfang der Prüfungspflichten** hängt von den **Umständen des Einzelfalls,** beispielsweise auch davon ab, ob der AN als Spezialunternehmer auftritt und deshalb besondere Sachkunde für sich in Anspruch nimmt. Grundsätzlich erwartet man aber von jedem AN mindestens das auf dem **aktuellem Stand** befindliche **branchenübliche Normalwissen** (OLG Brandenburg, Urteil vom 22.12.2015 – 4 U 26/12; OLG Düsseldorf, Urteil vom 26.03.2013 – 23 U 87/12). Ein durchschnittlich sachkundiger AN muss zwar nicht nachplanen und darf sich deshalb grundsätzlich auf planerische Angaben von Sonderfachleuten (Objekt- bzw. Fachplaner) verlassen. Zu meinen, die Prüfungs- und Bedenkenhinweispflichten entfielen alleine und stets deshalb, weil der AG als professionelles Bauunternehmen selbst bzw. seine Planer sachkundig sind oder überlegenes Wissen haben, kann aber fatal sein (OLG Düsseldorf, Urteil vom 02.12.2022 – 22 U 113/22). Man kann die Rechtsprechung dazu in etwa wie folgt zusammenfassen: Ist die „vorgesehene Art der Ausführung“ von Architekten oder Fachplanern erarbeitet worden (Leistungsverzeichnisse, Pläne, Berechnungen etc.), darf sich der AN im Ausgangspunkt auf die dortigen Aussagen verlassen, weil er nicht klüger sein muss. Das gilt aber nur, soweit diese nicht **„offensichtlich“** unzutreffend sind (OLG Köln, Beschluss vom 22.02.2016 – 11 U 106/15; OLG Bamberg, Urteil vom 17.04.2013 – 3 U 127/12; BGH, Urteil vom 18.01.2001 – VII ZR 457/98). Wenn ein Fehler von Objekt- oder Fachplanern dem AN also förmlich „ins Auge springen“ muss, besteht eine Bedenkenhinweispflicht, die natürlich nur erfüllt werden kann, wenn die entsprechenden Vorgaben auf solche Fehler hin untersucht worden sind. Ob in einem konkreten Einzelfall davon ausgegangen wird, dass der jeweilige AN den Fehler hätte erkennen müssen, ist in Bauprozessen oftmals nur durch Einschaltung von Sachverständigen, die dem Gericht das notwendige technische Fachwissen vermitteln, zu beantworten.

Man wird sagen können, dass die Prüfungspflichten am stärksten hinsichtlich des vom AG beigestellten oder bindend vorgeschriebenen **Materials** (Stoffe oder Bauteile) sind, weil man dem AN auf diesem Gebiet die größte Sachkunde unterstellt. Es entlastet den AN nicht, wenn der AG einen Baustoff bzw. ein Produkt vorschreibt, das generell geeignet ist, bei dem aber ein „Ausreißer" durch einen Produktionsfehler im Einzelfall den Mangel verursacht hat (BGH, Urteil vom 14.03.1996 - VII ZR 34/95). Geringer sind sie bei **Vorleistungen anderer Unternehmer**, weil der AN solche Leistungen oftmals nicht selbst erbringt und man deshalb keine vertieften Fachkenntnisse verlangen kann. Wenn die Leistung des Vorunternehmers aber die Grundlage für die Leistung des AN bildet bzw. er mit seinen Arbeiten auf diesen aufbaut, muss er grundsätzlich prüfen, ob die Vorleistung geeignet ist (BGH, Urteil vom 30.06.2011 - VII ZR 109/10). Die Grenzen der Prüfungspflicht ergeben sich unter dem Gesichtspunkt der Zumutbarkeit. Auch hier kommt es entscheidend auf die Erkennbarkeit des Mangels für einen fachkundigen AN unter Beachtung branchenüblichen Normalwissens an. Im Normalfall wird man nicht mehr verlangen können als eine Prüfung durch Befühlen, Nachmessen und normale Belastungsproben. Besondere Sachkunde in Bezug auf die Vorleistung muss sich ein AN auch nicht über Sachverständige oder sonstige fachkundigere Dritte verschaffen (OLG Dresden, Urteil vom 06.10.2015 - 9 U 272/15). Am geringsten sind die Prüfungspflichten, soweit es um die vom AG **vorgesehene Art der Ausführung** geht, weil das im Regelfall zu dessen Planungsverantwortung gehört und er mit der Planung und Ausschreibung der Leistung regelmäßig Architekten oder Fachingenieure beauftragt hat (siehe oben). Anders ist es natürlich, wenn der AG ein technischer Laie ist und keine Planer für ihn tätig geworden sind. Ansonsten besteht für Planung und Ausschreibung eine **Primärverantwortlichkeit** des AG. Das ist aber kein „Freifahrschein". Sobald ein Planungsfehler „offenkundig" ist oder eine erforderliche Planung - ganz oder teilweise - fehlt (OLG Düsseldorf, Urteil vom 08.04.2016 - 22 U 164/15), muss der AN entsprechende Bedenken anmelden, wenn er nicht für Mängel (mit-)haften will, die auf fehlender oder mangelhafter Planung bzw. Ausschreibung basieren. Wichtige Hinweise für die Prüfungspflichten, auch in Bezug auf Vorleistungen Dritter, finden sich häufig in den **Abschnitten 3** der **DIN 18299 ff.** (VOB/C). Die Hinweispflichten sind dort aber nicht abschließend beschrieben, sondern nur beispielhaft aufgezählt (vgl. 2.2.3).

Die **Richtschnur für Praktiker** ist zusammengefasst: Der AN muss das **aktuelle Fachwissen**, das man von seinem Unternehmen in der betreffenden Branche erwarten kann, beachten und anwenden. Dabei muss er **Prüfmethoden** einsetzen, die ihm **zugänglich** sind und **vertraut** sein müssen. Der AN ist dagegen grundsätzlich nicht verpflichtet, technische Versuche durchzuführen oder Sachverständige mit der Prüfung zu beauftragen. Im Zweifel gilt: Lieber einmal zu viel als einmal zu wenig hinweisen. Die Hinweispflicht besteht nicht erst, wenn man sich ganz sicher ist, dass die Vorgaben zu einer mangelhaften Leistung oder einem Schaden führen. Die VOB/B spricht von „Bedenken" nicht von „Gewissheit". Die Anmeldung fachlich unbegründeter Bedenken stellt deshalb keine Pflichtverletzung des AN dar (OLG Hamm, Urteil vom 24.05.2012 - 21 U 95/11; OLG Schleswig, Urteil vom 01.09.2004 - 9 U 38/03).

11.4.3 Inhaltliche und formelle Voraussetzungen eines Bedenkenhinweises

Der Hinweis muss **konkret** erfolgen (wogegen und weshalb) und vor allem auch Angaben zur **Tragweite seiner Nichtbefolgung** enthalten. Gerade Letzteres wird häufig vernachlässigt, was die komplette Wertlosigkeit der Mitteilung zur Folge haben kann. Dem AG müssen die **nachteiligen Folgen** und die sich daraus ergebenden **Gefahren** bzw. Risiken **konkret** und für ihn **verständlich** mitgeteilt werden (OLG Düsseldorf, Urteil vom 02.12.2022 - 22 U 113/22; OLG Brandenburg, Urteil vom 29.07.2021 - 12 U 230/20; OLG Schleswig, Urteil vom 24.05.2019 - 1 U 71/18). **Verbesserungsvorschläge** schuldet der AN nach § 4 Abs. 3 VOB/B dagegen nicht (OLG Koblenz, Urteil vom 08.10.2020 - 6 U 1945/19). Dem AN sind solche Lösungsvorschläge grundsätzlich auch nicht zu empfehlen, weil er, falls der AG sie befolgt, für die Richtigkeit seines Vorschlags haftet. Besonders wichtig ist, dass der AN seine Bedenken und die Folgen der Nichtbeachtung des Hinweises so darlegt, dass **sein Vertragspartner** die Mitteilung versteht, auch wenn dieser einen Fachmann mit der Bauüberwachung beauftragt hat, der über technisches Fachwissen verfügt. Denn die Konsequenzen eines Bedenkenhinweises treffen den AG. Falls die Mitteilung technische Kenntnisse verlangt, über die der AG möglicherweise nicht verfügt, oder sich der AN nicht sicher ist, ob er sich verständlich ausgedrückt hat, sollte er in dem Schreiben ausdrücklich **anbieten**, die Zusammenhänge noch einmal gesondert zu **erläutern** oder **Rückfragen** zu beantworten, falls dem AG die Tragweite des Bedenkenhinweises nicht vollständig klar geworden sein sollte. Schließlich empfiehlt sich die Mitteilung, dass man von der Verständlichkeit der gemachten Angaben ausgehe, falls innerhalb der im Schreiben konkret gesetzten Frist keine gegenteilige Äußerung erfolgt.

Bedenken müssen **unverzüglich** angezeigt werden, also möglichst so rechtzeitig, dass der AG den Hinweis prüfen und reagieren kann, ohne dass allein durch eine Antwort innerhalb einer angemessen Reaktionszeit bereits Verzögerungen oder gar eine Unterbrechung der Leistungserbringung eintreten. Der AN sollte im Bedenkenhinweisschreiben ausdrücklich eine **angemessene Frist** zur **Beantwortung** setzen und mitteilen, dass er die Leistungen anderenfalls **wie vereinbart** ausführen wird, falls keine anderslautende Anordnung innerhalb der Frist oder eine Bitte um längeres Zuwarten erfolgt. Denn: **Das Schweigen des AG** ist **keine Zustimmung** zum Bedenkenhinweis und kann deshalb auch **keine Anordnung** zur Ausführung geänderter oder zusätzlicher Leistungen darstellen. Es wäre also falsch, wenn der AN mitteilen würde, er werde alle notwendigen Leistungen zur Herbeiführung der Mängelfreiheit erbringen, falls sich der AG bis zum Fristablauf nicht geäußert hat.

Die Mitteilung muss **schriftlich** erfolgen. Bedenkenhinweise nur per E-Mails zu versenden ist nicht empfehlenswert, weil unsicher (vgl. 4.2.1.3). Mündliche Bedenkenhinweise kommen in die Nähe einer „Todsünde“, weil sie meistens nicht beweisbar sind. Wir wollen freilich nicht verschweigen, dass es Gerichtsentscheidungen gibt, nach denen auch mündliche Hinweise reichen können, wenn der AN hieb- und stichfest beweisen kann, dass sie eindeutig, inhaltlich klar, vollständig und erschöpfend bzw. unverzüglich erfolgt sind (OLG Brandenburg, Urteil vom 29.07.2021 - 12 U 230/20; OLG Schleswig, Urteil vom 18.07.2018 - 12 U 8/18). Wer sich darauf verlässt, ist aber kilometerweit vom sichersten Weg abgegangen.

Bedenken müssen gegenüber dem **Vertragspartner** angezeigt werden (OLG Brandenburg, Urteil vom 16.10.2012 - 11 U 102/11). Eine Durchschrift an den Architekten/Ingenieur schadet nicht. Die alleinige Übersendung an Dritte (z. B. bauüberwachende Architekten) reicht im Zweifel aber nicht aus, vor allem dann nicht, wenn es um Bedenken gegen von diesen erstellte Leistungsbeschreibungen oder von diesen erteilte Anordnungen zur Ausführung der Leistung geht, insbesondere, wenn sich diese Dritten den Bedenken verschließen (OLG Düsseldorf, Urteil vom 02.12.2022 - 22 U 113/22)

11.4.4 Die Reaktion des AG

Die Reaktion des AG auf einen Bedenkenhinweis kann **unterschiedlich** ausfallen:

Reagiert der AG nicht, ist er für die Folgen einer möglicherweise mangelhaften Leistung allein verantwortlich (OLG Stuttgart, Beschluss vom 21.11.2016 - 10 U 71/16). Der AN muss in diesen Fällen grundsätzlich **vertragsgemäß weiterarbeiten** (§ 4 Abs. 1 Nr. 4 VOB/B, OLG Frankfurt, Urteil vom 05.08.2022 - 21 U 84/21; OLG Köln, Beschluss vom 16.10.2014 - 11 U 47/14; OLG Hamm, Urteil vom 24.05.2012 - 21 U 95/11). Nur in Ausnahmefällen kann etwas anderes gelten. Wenn der AG beispielsweise auf begründete Bedenken des AN überhaupt nicht eingeht, eine erbetene Haftungsfreistellung ohne jede Begründung ablehnt und es mit einer an Sicherheit grenzenden Wahrscheinlichkeit zu einem erheblichen Mangel bzw. Schaden kommt, kann nach Treu und Glauben ein Leistungsverweigerungsrecht des AN bestehen (OLG Dresden, Urteil vom 29.06.2022 - 22 U 1698/20; OLG Düsseldorf, Urteil vom 02.03.2018 - 22 U 71/17). Der AN muss - wiederum von Ausnahmen wegen Treu und Glauben (siehe oben) oder Ansprüche Dritter abgesehen (siehe unten) - auch weiterarbeiten, wenn der AG die Bedenken ausdrücklich **zurückweist** und auf eine Ausführung, wie vertraglich vereinbart, besteht. Empfehlenswert dürfte es dennoch sein, die Bedenken schriftlich zu wiederholen und daraufhinzuweisen, dass man für die ausgeführte Leistung keine Haftung übernehme. Das ist die Rechtsfolge eines Bedenkenhinweises, für deren Eintritt es keiner ausdrücklichen Haftungsfreistellung des AG bedarf (vgl. 11.4.5).

Aber: Bei **Gefahr für Leib und Leben** Dritter oder bei einem **Verstoß gegen öffentlich-rechtliche Vorschriften** (beispielsweise die Bauordnung des jeweiligen Bundeslandes, die EnEV etc.) oder bei einem Verstoß gegen die erteilte Baugenehmigung **muss** der AN die Erbringung der fraglichen Leistung **verweigern** (§ 4 Abs. 1 Nr. 4 VOB/B), weil ihm anderenfalls Ansprüche Dritter bzw. von Behörden drohen (OLG Hamm, Urteil vom 24.05.2012 – 21 U 95/11; OLG Karlsruhe, Urteil vom 20.07.2004 – 17 U 262/16). Ein Bedenkenhinweis schützt vor Mängelansprüchen des AG, aber nicht vor dem Staatsanwalt, Ansprüchen von zu Schaden gekommenen Personen oder dem zuständigen Bauamt.

Erteilt der AG auf die Bedenkenanzeige hin eine **Anordnung**, muss erneut geprüft werden, ob diese aus Sicht des AN geeignet ist, seine Bedenken auszuräumen, anderenfalls muss ein nochmaliger Bedenkenhinweis erfolgen. Ferner muss geprüft werden, ob – wie häufig – die Anordnung des AG zu **Nachtragsansprüchen** wegen geänderter oder zusätzlicher Leistungen führt. Dann sollte ein Nachtragsangebot erstellt (§ 650b Abs. 1 BGB) oder jedenfalls die Geltendmachung von Nachtragsansprüchen unverzüglich angekündigt werden. Das ist zwingend notwendig bei erforderlichen Zusatzleistungen wegen § 2 Abs. 6 Nr. 1 Satz 2 VOB/B, aber auch bei § 2 Abs. 5 VOB/B dringend zu empfehlen (vgl. 7.2.4). Gleichzeitig können dadurch **bauzeitverlängernde Folgen** eintreten, falls die Nachtragsleistungen zeitrelevant sind. Wenn dem so ist: **Behinderung** anzeigen (§ 6 Abs. 1 VOB/B) und gegebenenfalls bereits im Nachtragsangebot **zeitabhängige Kosten** berücksichtigen. Ist das (noch) nicht möglich: Ausdrücklich einen **Vorbehalt** der Nachforderung erklären. Ansonsten ist der AN mit der späteren Geltendmachung bauzeitabhängiger Kosten ausgeschlossen („kein Nachtrag zum Nachtrag“, vgl. 7.3.2.2).

11.4.5 Rechtsfolge eines Bedenkenhinweises

In **§ 13 Abs. 3 VOB/B** ist die **Rechtsfolge** eines ordnungsgemäßen Bedenkenhinweises geregelt; sie ist nicht (mehr) überraschend. Hat der AN die Verpflichtungen nach § 4 Abs. 3 VOB/B sachgerecht befolgt, ist er von jeglicher **Mängelhaftung** gegenüber dem AG frei. § 13 Abs. 3 VOB/B ist folglich eine **Enthaftungsvorschrift**, deren Voraussetzungen **beweisen** muss, wer sich auf sie beruft (OLG Düsseldorf, Urteil vom 06.10.2017 – 22 U 41/17; BGH, Urteil vom 08.11.2007 – VII ZR 183/05). Die Vorschrift greift im Ergebnis auch, wenn der AN den Fehler oder den Mangel **nicht erkennen konnte** bzw. nicht erkennen musste. Dann ist er auch ohne Bedenkenhinweis von der

Haftung frei (OLG Dresden, Urteil vom 23.09.2022 – 23 U 1625/21). Hat der AN gegen seine Bedenkenhinweispflicht verstoßen (oder kann er die sachgerechte Mitteilung nicht beweisen), ist er hingegen für den Mangel zumindest **(mit-)verantwortlich**, vgl. dazu den folgenden Abschnitt.

11.5 Gesamtschuldnerische Haftung

Ein **Gesamtschuldverhältnis** besteht beim Bauvertrag grundsätzlich dann, wenn mehrere Schuldner zur ganzen Leistung verpflichtet sind, der Gläubiger die Leistung aber nur einmal fordern kann (§ 421 BGB) oder **mehrere Schädiger** aufgrund verschiedener Verträge für **denselben Schaden** verantwortlich sind. Im Bauvertragsrecht können im Zusammenhang mit mangelhaften Leistungen **drei praxisrelevante Fallkonstellationen** zu einer gesamtschuldnerischen Haftung zwischen dem ausführenden AN und bauplanenden oder bauüberwachenden Architekten/Ingenieuren sowie zwischen Unternehmern, die mangelhaft geleistet haben, führen. Besondere Bedeutung hat eine gesamtschuldnerische Haftung immer dann, wenn einer der Schuldner **insolvent** ist. Dann haften der oder die anderen Gesamtschuldner für dessen Ausfall.

11.5.1 Planungsfehler des AG/unterbliebener Bedenkenhinweis des AN

Wenn ein Planungsfehler vorliegt, den der AN nach § 4 Abs. 3 VOB/B hätte erkennen müssen, liegt zwar prinzipiell ein Gesamtschuldverhältnis zwischen dem AN und dem Planer vor, das aber Besonderheiten aufweist. Denn der AG muss sich das Verschulden seiner Erfüllungsgehilfen nach den §§ 254, 278 BGB wie eigenes Verschulden zurechnen lassen. Dass Objekt- bzw. Fachplaner Erfüllungsgehilfen des AG im Rahmen der Planungsverpflichtung des AG sind, ist unstreitig (BGH, Urteil vom 24.02.2005 – VII ZR 328/03). Hier haftet der AN im Verhältnis zum AG aber nur **quotal** in Höhe seines **Mitverschuldensanteils** (Verstoß gegen § 4 Abs. 3 VOB/B) gesamtschuldnerisch mit dem Planer.

Bei der quotalen Aufteilung der Verantwortlichkeit muss berücksichtigt werden, dass in diesem Fall der Planer **Primärverursacher** ist und sein Fehler „den Stein erst ins Rollen" brachte. Dem AN kann man „nur" den Vorwurf machen, diesen fremden Fehler nicht erkannt oder den erforderlichen Hinweis nicht den Vorgaben des § 4 Abs. 3 VOB/B entsprechend mitgeteilt zu haben. Die Höhe der quotalen Mithaftung des AN ist abhängig von der **Schwere seines Verstoßes** und liegt zwischen circa 1/4 und 1/3. Sie kann im Ausnahmefall sogar bei 100 % liegen, wenn der AN den Planungsfehler positiv erkannt hat. In diesem Fall kann sein Verschulden so schwerwiegend sein, dass ein auftraggeberseitiges Mitverschulden dahinter vollständig zurücktritt. Davon ist aber nur in wirklich eng begrenzten Ausnahmefällen auszugehen (Kammergericht, Urteil vom 09.01.2015 – 7 U 227/03; BGH, Urteil vom 11.10.1990 – VII ZR 228/98). Der Normalfall dürfte sein, dass der AN den Planungsfehler fahrlässig nicht erkannt hat. Dann haftet er höchstens in Höhe eines Drittels der für die Beseitigung des Mangels erforderlichen Kosten (OLG Köln, Urteil vom 28.11.2019 – 7 U 166/18; OLG München, Urteil vom 20.12.2016 – 9 1430/16 Bau). Nur in dieser Höhe besteht eine Gesamtschuldnerschaft mit dem Planer (OLG Karlsruhe, Urteil vom 13.03.2007 – 17 U 304/05).

Der AN ist dennoch vollumfänglich zur Erbringung der Mängelbeseitigung verpflichtet. Er kann aber gegen den AG in Höhe des Mitverschuldensanteils, der auf den Architekten/Ingenieur entfällt (beispielsweise 2/3), einen **Zuschussanspruch** in entsprechender Höhe geltend machen, dessen **Besicherung** verlangen und darf die Mängelbeseitigung verweigern, wenn der AG dem nicht Folge leistet (BGH, Urteil vom 13.09.2001 – VII ZR 392/00). Dann kommt er mit der Mängelbeseitigung auch nicht in Verzug, sodass er die Kosten einer dennoch erfolgten Ersatzvornahme nicht erstatten muss. Zur **Sicherung dieses Zuschussanspruchs** kann der AN **vor Ausführung der Mängelbeseitigung** beispielsweise eine **Bürgschaft oder die Hinterlegung** des entsprechenden Betrags auf einem **Treuhandkonto** verlangen (OLG München, Urteil vom 27.02.2018 – 9 U 3595/16 Bau). Da die Frage, wie hoch die jeweiligen Verursachungsbeiträge im konkreten Einzelfall sind, nicht mit einer „Patentformel“ beantwortet werden kann, sollten Anwälte und im Zweifel auch Sachverständige – möglichst ein gemeinsamer – eingeschaltet werden, bevor irreparable wirtschaftliche Schäden für eine Vertragspartei entstehen. Wenn der AG Mängelbeseitigung verlangt, diese aber eine neue, **mangelfreie Planung** erfordert, müssen der AG bzw. der Planer, der in diesem Zusammenhang dem AG gegenüber gewährleistungspflichtig ist, diese natürlich liefern (OLG München, Urteil vom 20.12.2016 – 9 U 1430/16 Bau). Nimmt der AG den Planer wegen dessen Planungsfehler auf Schadensersatz in Anspruch, kann dieser nicht einwenden, der Mangel wäre bei Befolgung der Prüfungs- und Bedenkenhinweispflicht nach § 4 Abs. 3 VOB/B vermieden worden (OLG Schleswig, Urteil vom 19.01.2007 – 14 U 199/04). Er kann allerdings im Innenverhältnis der Gesamtschuldner den Haftungsanteil gegen den AN geltend machen, der quotal auf diesen entfällt (OLG Karlsruhe, Urteil vom 13.03.2007 – 17 U 304/05).

11.5.2 Ausführungsfehler des AN/Überwachungspflichtverletzung des Architekten

In dieser Fallkonstellation ist es der **AN**, der die mangel- bzw. schadensbegründende **Primärursache** gesetzt hat. Dem Bauüberwacher kann man „lediglich“ vorwerfen, dass er den Fehler bei ordnungsgemäßer Wahrnehmung seiner Pflichten hätte erkennen und vermeiden können. Deshalb trägt der AN im Verhältnis zum Bauüberwacher im Regelfall eine deutlich höhere Haftungsquote von ca. 75 %. Aber auch hier können die **Haftungsquoten** nach der **Schwere** des jeweiligen **Verschuldens** schwanken (OLG Koblenz, Urteil vom 19.03.2004 – 8 U 397/03). Ist der AN insolvent, haftet der Bauüberwacher gegenüber seinem Vertragspartner wegen des Prinzips der gesamtschuldnerischen Haftung jedoch in voller Höhe.

Der AG muss sich in dieser Fallkonstellation den Mitverschuldensanteil des Bauüberwachers gegenüber dem AN **nicht anspruchskürzend zurechnen** lassen, weil der AG zur Bauüberwachung nicht verpflichtet ist. Ein bauüberwachender Ingenieur ist also kein Erfüllungsgehilfe des AG nach § 278 BGB (BGH, Urteil vom 22.06.2004 – 2 U 225/03). Deshalb besteht auch **kein Zuschussanspruch** des AN gegenüber dem AG in Höhe des architektenseitigen Mitverschuldensanteils. Das heißt: Der AN ist zur Beseitigung des Mangels verpflichtet und kann erst im Anschluss daran die auf den Architekten/Ingenieur entfallende Haftungsquote (z. B. 25 %) diesem gegenüber geltend machen (Gesamtschuldnerausgleich nach § 426 BGB). Das dürfte aber nur möglich sein, wenn schadensgeneigte Arbeiten ausgeführt worden sind, die in besonderem Maße überwachungsbedürftig waren (OLG Stuttgart, Urteil vom 19.11.2015 – 2 U 56/15; OLG Düsseldorf, Beschluss vom 21.11.2014 – 22 U 141/14). Nimmt der AG in dieser Fallkonstellation den Architekten in Anspruch, haftet dieser nur, wenn der AG **zuvor** den bauausführenden Unternehmer **erfolglos** zur Mangelbeseitigung aufgefordert hat (**§ 650t BGB**). Das gilt allerdings erst für ab dem **01.01.2018** abgeschlossene Architekten- bzw. Ingenieurverträge.

Abschließend einige **Hinweise für Bauüberwacher zum Umfang und zur Intensität ihrer Überwachungsverpflichtungen**: Der bauüberwachende **Architekt** oder Ingenieur ist zur genauen Überprüfung besonders **schadensträchtiger Baudetails** verpflichtet, beispielsweise Abdichtungs-, Isolierungs- sowie Dach- bzw. Dachdeckerarbeiten etc. (OLG Koblenz, Urteil vom 20.12.2012 – 1 U 926/11; OLG Dresden, Urteil vom 26.08.2010 – 10 U 178/07; BGH, Urteil vom 06.07.2000 – VII ZR 82/98). Nur **handwerkliche Selbstverständlichkeiten** bedürfen keiner Überwachung, sondern lediglich einer Endprüfung nach Ausführung der Arbeiten, insbesondere, wenn diese durch den weiteren Baufortschritt verdeckt werden (OLG Köln, Urteil vom 13.04.2022 – 11 U 22/21; Kammergericht, Urteil vom 15.02.2006 – 24 U 29/05). Die Bauüberwachungsverpflichtungen sind nach der Rechtsprechung außerordentlich **weitgehend**, die Haftung des Architekten/Ingenieurs ist deshalb der Regelfall, handwerkliche Selbstverständlichkeiten sind eher die **Ausnahme**.

Hinzu kommt, dass die Rechtsprechung nach dem **Beweis des ersten Anscheins vermutet**, dass der bauüberwachende Ingenieur seine Aufsichtspflicht schuldhaft verletzt hat, wenn es zu Mängeln oder Schäden gekommen ist (BGH, Urteil vom

16.05.2002 - VII ZR 81/00). Deshalb muss er sich vom Verschuldensvorwurf entlasten und **beweisen**, dass er seine Pflichten beachtet hat und den Fehler dennoch nicht erkennen konnte oder - bei handwerklichen Selbstverständlichkeiten - nicht erkennen musste (OLG Dresden, Urteil vom 25.06.2009 - 10 U 1559/07). Um einen solchen Beweis führen zu können, ist eine **aussagekräftige Dokumentation** durch ein **Bautagebuch** notwendig, aus dem sich ergeben muss, **wann** und **von wem** Anweisungen zur ordnungsgemäßen Ausführung der Leistung erteilt wurden und **wer** zu welchen **Zeitpunkten überprüft** hat, ob diese auch beachtet worden sind. Im Übrigen ist das Führen eines Bautagebuchs Teil der **geschuldeten Leistung** im Rahmen der Leistungsphase 8 der HOAI. Das Fehlen des Bautagebuchs berechtigt den Auftraggeber deshalb zur **Minderung des Honorars** für diese Leistungsphase, beispielsweise um einen Prozentpunkt, selbst wenn es nicht zu Mängeln gekommen sein sollte (BGH, Urteil vom 28.07.2011 - VII ZR 65/10).

11.5.3 Haftung des AN wegen mangelhafter Vorleistung anderer Unternehmer

Ist die Leistung des AN mangelhaft, weil er die Untauglichkeit einer von Dritten erbrachten Vorleistung vorwerfbar nicht erkannt bzw. keine Bedenken nach § 4 Abs. 3 VOB/B angezeigt hat, ist der AN für die eigene mangelhafte Leistung verantwortlich, grundsätzlich aber nicht für die mangelhafte Vorleistung. Es besteht im Regelfall keine „volle“ gesamtschuldnerische Haftung zwischen Vor- und Nachunternehmern. Das gilt, wenn die **verschiedenen Leistungsbereiche** in technischer Hinsicht eindeutig **voneinander getrennt** betrachtet werden können, beispielsweise der Bodenbelag entfernt werden muss, weil der Estrich Unebenheiten oder Risse aufweist, die der Parkettverleger erkennen konnte. Der Estrichleger muss als Vorarbeit das Parkett beseitigen und anschließend wieder einbauen (erforderliche Nacharbeit). Wenn der Parkettleger den Mangel der Vorleistung erkennen musste, aber gegen § 4 Abs. 3 VOB/B verstoßen hat, haftet er für die Erneuerung seiner Leistung (Parkettverlegung) neben dem Estrichleger gesamtschuldnerisch. Für die mangelhafte Vorleistung haftet der Estrichleger allein.

Ausnahmsweise kann der AG jeden der beteiligten AN wegen der ganzen verfehlten Leistung als Gesamtschuldner in Anspruch nehmen, wenn sich die **Leistungsbereiche** im Rahmen der erforderlichen Nachbesserung in technischer Hinsicht **nicht voneinander trennen**, also nur einheitlich beseitigen lassen (OLG Düsseldorf, Urteil vom 20.10.2015 - 22 U 57/15). Dann haften beide zu 100 %. Nach erfolgter Mängelbeseitigung kann der AN, der die Mängelbeseitigung vorgenommen hat, vom mitverantwortlichen AN einen Ausgleich verlangen, der dessen Haftungsquote entspricht (BGH, Urteil vom 26.06.2003 - VII ZR 126/02).

12
KÜNDIGUNG DES BAUVERTRAGES

12.1 Kündigung durch den AG ohne Grund

12.1.1 Allgemeines

Der AG kann den Bauvertrag vom Zeitpunkt des Vertragsabschlusses bis zur Fertigstellung **jederzeit** – ohne Angabe von Gründen – kündigen. Diese Kündigung bezeichnet man auch als **„freie Kündigung"** (vgl. **§ 8 Abs. 1 VOB/B** bzw. **§ 648 BGB**). Praxisrelevante Unterschiede zwischen § 8 Abs. 1 VOB/B und § 648 BGB gibt es, anders als bei Kündigungen mit wichtigem Grund gemäß § 648a BGB bzw. § 8 Abs. 3 VOB/B wegen Vertragsverletzung, nicht. Möglich ist auch die freie **Teilkündigung** von Leistungen, die nicht in sich abgeschlossen sind, beispielsweise die Kündigung der Parkettarbeiten im 6. Geschoss oder einzelner Leistungspositionen aus dem Vertrag. Die Kündigung bedarf der **Schriftform** (§ 8 Abs. 6 VOB/B). Beim BGB-Vertrag ergibt sich das seit dem 01.01.2018 aus § 650h BGB. Eine Kündigung per einfacher E-Mail ist deshalb nicht möglich (vgl. 4.2.1.3).

Nach einer freien Kündigung kann der AN die bereits **erbrachten Leistungen** nach den vereinbarten Preisen abrechnen (§ 8 Abs. 1 Nr. 2 Satz 1 VOB/B). Das versteht sich von selbst. Da der AN eine solche Kündigung aber weder verursacht hat noch verhindern kann, soll er im wirtschaftlichen Ergebnis durch die Kündigung nicht schlechter stehen, als wenn er den Vertrag vollständig erfüllt hätte. Deshalb steht ihm für Leistungen, die er kündigungsbedingt nicht mehr erbringen konnte, **entweder** die vereinbarte Vergütung unter Abzug der durch die Nichtausführung konkret ersparten Kosten und eines eventuell anderweitigen Erwerbs (§ 8 Abs. 1 Nr. 2 Satz 2 VOB/B bzw. § 648 Satz 2 BGB) **oder** – ohne Nachweis – **pauschal 5 %** der Vergütung für die nicht erbrachten Leistungen zu (§ 648 Satz 3 BGB). Letzteres gilt auch beim VOB/B-Vertrag.

Weil die Feststellung der **Mängelfreiheit** sowie die **Abgrenzung** zwischen erbrachten und nicht erbrachten Leistungen im Falle der Kündigung schwierig werden können, insbesondere bei einer Fortführung der **Arbeiten** durch Dritte, hat der AN neben einem Anspruch auf **Abnahme** auch einen Anspruch auf ein **gemeinsames Aufmaß** der bis zum Kündigungszeitpunkt erbrachten Leistungen gemäß **§ 8 Abs. 7 VOB/B**. Nach der BGH-Rechtsprechung ist die Abnahme grundsätzlich auch bei einer Auftraggeberkündigung **Voraussetzung** für die **Fälligkeit** des Werklohnanspruchs, es sei denn, es liegt ein „Abrechnungsverhältnis" vor (vgl. 10.1.3). Der AN sollte deshalb eine angemessene **Frist zur Abnahme** (circa binnen zwei Wochen nach Kündigung) und zum **gemeinsamen Aufmaß** setzen. Die Frist kann kürzer sein, wenn der AG Ersatzunternehmer beauftragen will, weil das die Leistungsabgrenzung erschweren kann.

Reagiert der AG nicht, treten die Abnahmewirkungen nach § 640 Abs. 2 BGB analog ein (vgl. 10.5.4). Die fiktiven Abnahmeformen nach § 12 Abs. 5 VOB/B scheiden bei Kündigungen grundsätzlich aus. Der AN ist zur **einseitigen Aufmaßnahme** berechtigt, wenn der AG trotz entsprechender Aufforderung nicht mitwirkt. Die Beweislast trägt dann der AG, falls er die vom AN einseitig festgestellten Mengen bestreiten will und eine spätere Klärung nicht mehr oder nur noch durch zerstörerische Eingriffe möglich ist (vgl. 13.2).

Ein **Ausschluss** der Abrechnungsfolgen nach einer freien Kündigung in AGB ist nach der Rechtsprechung **unwirksam** (vgl. 3.4.2). Das gilt insbesondere für eine Klausel, nach der im Fall einer freien Kündigung nur ein Anspruch auf Bezahlung der erbrachten Leistungen besteht.

12.1.2 Die Abrechnung nach freier Kündigung

12.1.2.1 Zweigeteilte Abrechnung getrennt nach ausgeführten und kündigungsbedingt nicht erbrachten Leistungen

Nach der obergerichtlichen Rechtsprechung gelten bei der **freien Kündigung** folgende Abrechnungsgrundsätze:

Der AN muss in der Regel eine **zweigeteilte Abrechnung** vornehmen, also im Anschluss an die **erbrachten Leistungen**, die nach den vereinbarten Preisen vergütet werden (**erster Teil**), jene aufführen, die **kündigungsbedingt entfallen** sind (**zweiter Teil**). Im zweiten Teil muss er prüfbar darlegen, welche **Kosten** durch die Kündigung **tatsächlich erspart** worden sind bzw. ob und falls ja, welcher anderweitig anrechnungspflichtige Erwerb durch sogenannte **Füllaufträge** erzielt worden ist (vgl. 12.1.2.3). Das bezeichnet man als Abrechnung „von unten". Sie ist der Regelfall zur Herbeiführung einer prüfbaren Schlussrechnung. Nur ausnahmsweise ist eine Abrechnung „von oben" zulässig. Fehlen bis zur Fertigstellung nur noch **geringfügige Leistungen** von nicht deutlich mehr als 5 %, kann der AN lediglich die nicht erbrachten Leistungen bewerten und von der vereinbarten Gesamtvergütung abziehen (BGH, Urteil vom 16.10.2014 – VII ZR 176/12).

12.1.2.2 Abzug der tatsächlich ersparten Kosten

Abzuziehen sind die **tatsächlich ersparten Kosten**, jedenfalls wenn diese höher oder niedriger sind als die kalkulierten Kosten (BGH, Urteil vom 22.09.2005 – VII ZR 63/04). Dazu muss der AN konkrete und nachvollziehbare Angaben machen. Die pauschale Aussage, er habe keine Aufwendungen erspart, genügt jedenfalls nicht, wenn der AG zum Ausdruck bringt, er wolle die Abrechnung anhand einer nachvollziehbaren, **vertragsbezogenen Abrechnung** prüfen (BGH, Urteil vom 24.03.2011 – VII ZR 135/10). Entsprechen die tatsächlichen Kosten der **Kalkulation** bzw. gibt es keine **konkreten Hinweise** für eine **andere Kostenentwicklung**, kann der Kostenabzug nach Maßgabe der Kalkulation erfolgen (OLG Düsseldorf, Urteil vom 27.08.2021 – 21 U 267/20 und BGH, Urteil vom 08.01.2015 – VII ZR 6/14). Dass es im Fall einer Abweichung zwischen kalkulierten und tatsächlichen Kosten auf die tatsächlich ersparten Kosten ankommt, ist deshalb richtig, weil den Abrechnungsfolgen des § 648 Satz 2 BGB bzw. § 8 Abs. 1 Nr. 2 VOB/B das Prinzip zugrunde liegt, den AN durch eine freie Kündigung wirtschaftlich nicht besser (aber auch nicht schlechter) zu stellen, als er im Fall einer vollständigen Vertragserfüllung gestanden hätte.

Zu den ersparten Aufwendungen können **Lohnkosten** gehören, wenn sie infolge der Kündigung nicht mehr anfallen. Das ist nicht der Fall, wenn sie nicht kurzfristig **abbaubar** sind, weil der AN sein fest eingestelltes Personal nicht kündigt, was er selbstverständlich auch nicht muss (BGH, Urteil vom 28.10.1999 – VII ZR 328/99). Ob er das durch die Kündigung freigewordene Personal anderweitig einsetzen kann, betrifft die Frage, ob er damit einen anrechnungspflichtigen Füllauftrag ausführen konnte (vgl. 12.1.2.3). **Baustellengemeinkosten** (BGK) können erspart sein, wenn sie wegen der Kündigung entfallen. Das betrifft in erster Linie zeitabhängige Kosten wie Miete von Containern, Kränen etc. Auch bei eigenen Geräten/Maschinen, die kündigungsbedingt kürzer vorgehalten werden müssen, kommt es darauf an, ob sie anderweitig im Rahmen eines konkreten Füllauftrages eingesetzt werden konnten. Ob **Material**- bzw. **Stoffkosten** erspart wurden, hängt davon ab, ob bereits bestelltes oder angefertigtes Material in absehbarer Zeit auf **anderen Baustellen** verwendet werden kann, was bei speziell für das Bauvorhaben hergestelltem Material eher selten der Fall sein dürfte, bei Standardmaterial möglicherweise schon. Kann Material – gegebenenfalls mit Stornokosten – an Lieferanten zurückgegeben werden, muss das erfolgen. Der AG kann verlangen, dass ihm Material, dass er wegen nicht anderweitiger Verwendungsmöglichkeit bezahlen soll, zur Verfügung gestellt wird, damit er es selbst benutzen kann (OLG Köln, Urteil vom 27.02.2004 – 11 U 103/03). **Nachunternehmerkosten** sind wiederum nur erspart, soweit sie nicht anfallen. Der frei gekündigte AN muss seine Nachunternehmer normalerweise ebenfalls frei kündigen. Auch die gekündigten Nachunternehmer haben neben einem Anspruch auf Bezahlung der ausgeführten Leistungen Ansprüche wegen der kündigungsbedingt nicht erbrachten Leistungen nach den hier dargestellten Grundsätzen. Was der AN danach – berechtigterweise – an seine Nachunternehmer bezahlen muss, ist selbstverständlich nicht erspart.

Falls mit einheitlichen **Zuschlagssätzen** auf die Herstellkosten kalkuliert wurde (AGK sowie Wagnis und Gewinn), muss keine differenzierte Darstellung bei den Einzelpositionen erfolgen, bei unterschiedlich kalkulierten Einheitspreisen dagegen schon. **Allgemeine Geschäftskosten (AGK)** und der **kalkulierte Gewinn** werden regelmäßig nicht eingespart und können deshalb in voller Höhe geltend gemacht werden, es sei denn, es liegt ein anrechnungspflichtiger Füllauftrag vor (BGH, Urteile vom 24.03.2016 – VII ZR 201/15 und vom 30.09.1999 – VII ZR 206/98).

Bei einem frei gekündigten **Einheitspreisvertrag** kann der AN im zweiten Teil der Abrechnung auf die **Vordersätze des Leistungsverzeichnisses (LV)** zurückgreifen, es sei denn, diese sind falsch. Ist die Menge, die bei vollständiger Erfüllung des Vertrages nach den Plänen auszuführen gewesen wäre (z. B. 500 m^2), höher als der Vordersatz im LV (z. B. 450 m^2) und hat der AN bis zum Kündigungszeitpunkt 350 m^2 geleistet, kann er diese Menge nach dem vereinbarten Einheitspreis abrechnen und erhält für 150 m^2 – nicht für 100 m^2 – die vereinbarte Vergütung abzüglich ersparter Kosten bzw. eines anderweitigen Erwerbs durch eventuelle Füllaufträge. Das gilt auch umgekehrt: Wenn die Vordersätze im LV zu hoch waren (z. B. 500 m^2 nach LV, auszuführen sind aber nur 450 m^2 nach den Plänen), kommt es im zweiten Teil der Abrechnung auf diejenige Menge an, die tatsächlich kündigungsbedingt entfallen ist (hier: 100 m^2), falls der AN bis zur Kündigung 350 m^2 geleistet hat. Zu den Besonderheiten des **Pauschalvertrages** kommen wir unter 12.1.2.4.

12.1.2.3 Abzug eines anderweitigen Erwerbs/Füllauftrag

Von einem **anrechnungspflichtigen Füllauftrag** ist nur auszugehen, wenn der AN zum Zeitpunkt der Kündigung bis zur **Kapazitätsgrenze ausgelastet** war und deshalb den neuen Auftrag ohne die erfolgte Kündigung nicht hätte annehmen können. War der AN stattdessen in der Lage, unabhängig davon weitere Aufträge auszuführen, sind diese nicht als Füllaufträge anzusehen und deshalb bei der Ermittlung der Vergütung nicht zu berücksichtigen (Sowieso-Aufträge). Um dem AG den Beweis für einen höheren anderweitigen Erwerb zu ermöglichen, muss der AN zur Auftragslage bzw. zur Auslastung seines Betriebes konkrete Angaben machen. Der AG kann aber nicht verlangen, dass der AN seine gesamte **Geschäftsstruktur** offenlegt, um ihm eine Beurteilung zu ermöglichen, welche Aufträge der AN auch ohne die Kündigung hätte erlangen und ausführen können (BGH, Urteil vom 15.03.2023 – VII ZR 152/22). Grundsätzlich reicht es aus, wenn sich der AN zu einem anderweitigen Erwerb **wahrheitsgemäß, nachvollziehbar** und **widerspruchsfrei** erklärt. Je wahrscheinlicher ein anderweitiger Erwerb ist, umso ausführlicher müssen die Angaben sein. Aus den Umständen kann sich eine **erhöhte Darlegungslast** des AN ergeben, wenn es beispielsweise nach Art und Dauer des gekündigten Teils naheliegt, dass das Personal anderweitig beschäftigt worden ist (BGH, Beschluss vom 15.03.2023 – VII ZR 150/22). Wenn der AG Angaben bestreiten will, die diesen Kriterien entsprechen, trägt er für seine Behauptungen – höherer anderweitiger Erwerb – die **Beweislast** (BGH, Urteil vom 21.12.2000 – VII ZR 467/99). Gleiches gilt, falls der AG behaupten will, der AN habe eine anderweitige Erwerbsmöglichkeit böswillig unterlassen. Erteilt der AG dem gekündigten AN ausdrücklich einen so bezeichneten „Ersatzauftrag“ oder erbringt der AN eine sogenannte „Leistung anstatt" (Lärmschutzwand aus Betonteilen anstelle von Erdarbeiten für einen Lärmschutzwall), liegt regelmäßig ein anrechnungspflichtiger Füllauftrag vor.

12.1.2.4 Besonderheiten beim gekündigten Pauschalvertrag

Auch beim gekündigten **Detail-Pauschalvertrag** (zum Begriff vgl. 5.3.1) ist eine **zweigeteilte Abrechnung** wie beim gekündigten Einheitspreisvertrag erforderlich. Für den ersten Teil der Abrechnung (erbrachte Leistungen) ist regelmäßig ein Aufmaß erforderlich, dessen **Kosten zulasten des AG** gehen, weil der AN nach Vertrag keine Mengenermittlung schuldete und durch die (freie) Kündigung nicht schlechter gestellt werden soll. Die erbrachten Leistungen müssen nach der vertraglich vereinbarten Vergütung bezahlt werden. Da es aber nur einen Preis, nämlich die Pauschalsumme, gibt, muss die geschuldete Vergütung für die erbrachte Leistung in ein **Verhältnis** zur beauftragten Gesamtleistung gesetzt und auf Basis der Auftragskalkulation abgerechnet werden (BGH, Urteil vom 18.04.2002 – VII ZR 164/01). Falls dem Pauschalpreis ein Einheitspreisangebot zugrunde lag, kann die Vergütung für die erbrachte Leistung auf dieser Grundlage ermittelt werden, notfalls muss der AN nachträglich eine Aufschlüsselung vornehmen, die nachvollziehbar und plausibel ist (BGH, Urteil vom 11.02.1999 – VII ZR 91/98). Ein Pauschalierungsnachlass müsste berücksichtigt werden.

Im **zweiten Teil der Rechnung** müssen diejenigen Mengen berücksichtigt werden, die kündigungsbedingt entfallen sind („Soll-Mengen"). Diese können höher oder niedriger sein als die im LV genannten Vordersätze. Lautet der Vordersatz für eine Vertragsleistung beispielsweise 1.000 m^2 und beträgt die Vergütung dafür € 10.000, hätten nach den Plänen aber tatsächlich 1.300 m^2 ausgeführt werden müssen, wäre der Preis bei vollständiger Erfüllung – wegen des Mengenermittlungsrisikos – auf € 7,69/m^2 gesunken (€ 10.000 : 1.300m^2). Deshalb kann der AN, der bis zur Kündigung z. B. 700 m^2 geleistet hat, dafür nur € 5.384,62 (700 m^2 x € 7,69) verlangen. Im zweiten Teil – entfallene Leistungen – ist von 600 m^2 auszugehen. Hierfür erhält der AN eine Vergütung in Höhe von € 4.615 (600 m^2 x € 7,69) abzüglich ersparter Kosten und steht damit im Ergebnis so, wie er bei vollständiger Erfüllung gestanden hätte. Ist der Vordersatz im LV (z. B. 1.300 m^2) bei einer vereinbarten Vergütung von € 13.000 (€ 10/m^2 x 1.300 m^2) höher als die Menge, die nach den Plänen auszuführen gewesen wäre (z. B. 1.000 m^2), hätte der AN bei vollständiger Vertragserfüllung € 13/m^2, nicht € 10/m^2, erwirtschaftet. Er rechnet folglich bei bis zur Kündigung geleisteten 700 m^2 im ersten Teil der Rechnung € 9.100 (700 m^2 x € 13) ab und erhält für 300 m^2 im zweiten Teil € 3.900 (300 m^2 x € 13) abzüglich ersparter Kosten. Damit steht er im Ergebnis wiederum so, wie er bei vollständiger Erfüllung gestanden hätte.

Beim gekündigten **Global-Pauschalvertrag** (zum Begriff vgl. 5.3.1) ist im Ausgangspunkt ebenfalls eine zweigeteilte Abrechnung vorzunehmen, wobei ein differenziertes Aufmaß mit Einheitspreisen nach der Rechtsprechung des BGH nicht zwingend notwendig ist. Denn hier fehlt es regelmäßig an Vordersätzen und entsprechenden Einheitspreisen im Angebot des AN bzw. im Vertrag. Eine für den AG prüfbare, **gewerkebezogene Aufgliederung** kann ausreichen, falls sie Angaben enthält, die es dem AG ermöglichen, dagegen Einwendungen vorzubringen (BGH, Urteile vom 11.02.1999 - VII ZR 91/98 und vom 18.04.2002 - VII ZR 164/01). Fehlt eine aussagekräftige Kalkulation, darf bzw. muss sie im Nachhinein plausibel aufgestellt und der zweigeteilten Abrechnung zugrunde gelegt werden (BGH, Urteil vom 13.07.2006 - VII ZR 68/05). Der AN muss dabei das **Verhältnis** der erbrachten Leistung zur vereinbarten Gesamtleistung darlegen. Für die bis zur Kündigung ausgeführte Leistung erhält er eine Teilpauschale, die auf Basis seiner Kalkulation dem Verhältnis der erbrachten Teilleistungen zur geschuldeten Gesamtleistung entsprechen muss (OLG Köln, Urteil vom 05.02.2013 - 24 U 75/12). Von dem Vergütungsanteil, der auf die nicht ausgeführten Leistungen entfällt, muss der AN wiederum nur die tatsächlich ersparten Kosten bzw. einen anderweitigen Erwerb durch Füllaufträge abziehen. Im Übrigen muss zwischen der Prüfbarkeit einer Schlussrechnung und ihrer sachlichen Richtigkeit unterschieden werden (BGH, Urteil vom 26.10.2000 - VII ZR 99/99). Wenn der AG nur Einwendungen gegen die sachliche Richtigkeit der Abrechnung erhebt, muss ein Gericht in die Sachprüfung eintreten und darf den Anspruch nicht einfach wegen „Unprüfbarkeit" der Schlussrechnung zurückweisen (Kammergericht, Urteil vom 14.06.2013 - 7 U 124/12).

12.1.2.5 Abrechnung von 5 % nach § 648 Satz 3 BGB

Das Gesetz sieht im Fall einer freien Kündigung durch den AG eine einfache Abrechnungsmöglichkeit für den AN vor. Denn nach § 648 Satz 3 BGB spricht eine **Vermutung** dafür, dass dem AN **5 %** der vereinbarten Vergütung zustehen, die auf den noch **nicht erbrachten Teil** der Leistung entfällt. Will der AG dagegen einwenden, die ersparten Kosten oder der anderweitige Erwerb sei höher, ist er hierfür beweispflichtig. Die erleichterte Abrechnungsmöglichkeit nach § 648 Satz 3 BGB gilt auch beim **VOB/B-Vertrag**.

12.2 Kündigung durch den AG aus wichtigem Grund oder wegen Vertragsverletzung des AN (§ 648a BGB, § 8 Abs. 3 VOB/B)

12.2.1 Kündigung aus wichtigem Grund nach § 648a BGB

Dieser Kündigungsvorschrift kommt wegen der aktuellen **BGH-Rechtsprechung** erhebliche Bedeutung zu (vgl. 3.3.3 und 12.2.1.6).

12.2.1.1 Grundsätze des § 648a BGB und Anwendbarkeit von § 314 BGB

Für ab dem 01.01.2018 abgeschlossene Werk- und Bauverträge besteht für **beide Vertragsparteien** ein Kündigungsrecht aus wichtigem Grund, falls der kündigenden Partei die **Fortsetzung des Vertragsverhältnisses bis zur Fertigstellung des Werks nicht zugemutet** werden kann. Das setzt regelmäßig voraus, dass das Verhalten oder die Vertragsverletzung einer Partei von solchem Gewicht ist, dass das Vertrauensverhältnis nachhaltig gestört oder die Erreichung des Vertragszwecks gefährdet ist (BGH, Urteil vom 23.05.1996 – VII ZR 140/95). Wenn der wichtige Grund in der **Verletzung einer Pflicht aus dem Vertrag** besteht, muss dem Vertragspartner, der Pflichten vertragswidrig verletzt hat, eine **Frist zur Abhilfe** gesetzt werden. Das folgt aus § 648a Abs. 3 BGB, der auf § 314 Abs. 2 BGB verweist. Läuft diese Frist fruchtlos ab, besteht das Recht zur Kündigung, falls ein wichtiger Grund vorliegt. Auch wenn § 314 Abs. 2 BGB nicht ausdrücklich eine **Kündigungsandrohung** verlangt, sollte sie sicherheitshalber ausgesprochen werden. Jedenfalls muss der Vertragspartei klar vor Augen geführt werden, dass Konsequenzen folgen werden. Im Fall einer Kündigungsandrohung – sicherster Weg – kann der AG nach ergebnislosem Fristablauf immer noch entscheiden, ob er tatsächlich kündigen will oder nicht. Kündigt er, muss er das **schriftlich** tun (§ 650h BGB). Eine einfache E-Mail reicht dafür nicht (vgl. 4.2.1).

Die Kündigung kann gemäß § 314 Abs. 3 BGB nur **innerhalb einer angemessenen Frist** nach Kenntniserlangung vom Kündigungsgrund ausgesprochen werden. Wann eine „angemessene" Überlegungsfrist abläuft, hängt von den Umständen des Einzelfalles ab. Länger als zwei Wochen sollte ein AG, der nichts riskieren will, aber nicht abwarten. Hat er wegen Vertragspflichtverletzung unter Fristsetzung – erfolglos – Abhilfe verlangt, muss er die Kündigung, wenn er das will, wieder innerhalb einer angemessenen Frist aussprechen, zwei Wochen dürften dafür zu lang sein, insbesondere wenn Verhandlungen zwischen den Parteien stattgefunden haben oder der AN nach Fristablauf unbeanstandet weitergearbeitet hat (BGH, Urteil vom 28.10.2004 – VII ZR 18/03). **Entbehrlich** ist eine **Frist** zur Abhilfe bei Vertragsverletzungen nur, wenn der AN die Leistung „ernsthaft und endgültig" verweigert oder besondere Umstände vorliegen, beispielsweise weil die fristgerechte Leistung für den AG wesentlich ist, was er dem AN vor Vertragsabschluss auch mitgeteilt hat (§ 314 Abs. 2 Sätze 2 und 3 i. V. m. § 323 Abs. 2 Nr. 1 und 2 BGB). Davon sollte aber nur in wirklich eindeutigen Fällen ausgegangen werden. Grundsätzlich ist bei Vertragsverletzungen also eine angemessene Frist zur Abhilfe erforderlich. Ist sich der AG unsicher, welche konkrete Abhilfefrist er setzen soll, kann er eine aus seiner Sicht angemessene Frist setzen und dabei ausdrücklich um eine Mitteilung bitten, falls die Frist aus Sicht des AN unangemessen kurz sein sollte und dabei gleichzeitig mitzuteilen, bis wann er Abhilfe schaffen wird.

12.2.1.2 Teilkündigungen aus wichtigem Grund

Die Kündigung kann sich nach **§ 648a Abs. 2 BGB** auf einen „**abgrenzbaren Teil**" der geschuldeten Leistung beziehen. Das ist eindeutig ein Unterschied zu § 8 Abs. 3 Satz 2 VOB/B, weil danach die Teilkündigung nur auf einen „in sich abgeschlossenen Teil der vertraglichen Leistung beschränkt werden kann" (vgl. 12.2.2.5). Abgrenzbarkeit liegt bereits vor, wenn der gekündigte AN ohne Beeinträchtigung durch einen Ersatzunternehmer die von ihm noch geschuldeten Leistungen erbringen kann.

12.2.1.3 Abnahme und Feststellung des Leistungsstands

Eine **Abnahme** ist auch bei einer Kündigung aus wichtigem Grund erforderlich, es sei denn, es liegt ein „Abrechnungsverhältnis" vor, weil der AG keine Mängelbeseitigung will, sondern stattdessen Schadensersatz verlangt oder die Vergütung mindert (vgl. 10.1.3). Nach **§ 648a Abs. 4 Satz 1 BGB** kann jede Vertragspartei von der anderen verlangen, dass sie an einer **gemeinsamen Feststellung des Leistungsstandes** mitwirkt. Wenn eine Vertragspartei die Mitwirkung verweigert oder einem vereinbarten Termin ohne wichtigen Grund fernbleibt, trifft sie die Beweislast, wenn sie den Leistungsstand zum Zeitpunkt der Kündigung bestreiten will. Das gilt auch, wenn eine Partei innerhalb einer von der anderen Partei angemessen gesetzten Frist nicht an der Feststellung des Leistungsstandes mitwirkt (§ 648a Abs. 4 Sätze 2 und 3 BGB).

12.2.1.4 Abrechnungsgrundsätze

Kündigt der AG aus wichtigem Grund, erhält der AN nur eine **Vergütung** für die **erbrachte Teilleistung**, die er wie bei einer freien Kündigung prüfbar darlegen und abrechnen muss (**§ 648a Abs. 5 BGB**). Aus **§ 648a Abs. 6 BGB** ergibt sich, dass bei einer Kündigung aus wichtigem Grund Schadensersatz verlangt werden kann (vgl. 12.2.4.1).

12.2.1.5 Was ist ein wichtiger Grund?

Die Kardinalfrage ist natürlich, wann für den AG ein **„wichtiger" Kündigungsgrund** vorliegt. Das Gesetz sagt dazu, es komme unter Berücksichtigung aller Umstände des Einzelfalls darauf an, ob dem kündigenden Teil die Fortsetzung des Vertragsverhältnisses bis zur Fertigstellung **nicht zugemutet** werden kann. Das sind durchaus dehnbare Begriffe. Der AG hat bei schweren Vertragsverletzungen, in der Regel durch ein schuldhaftes Verhalten des AN, das Kündigungsrecht, wenn entweder das **Vertrauensverhältnis** nachhaltig gestört oder der **Vertragszweck** ernsthaft gefährdet ist (OLG Dresden, Urteil vom 17.11.2000 - 6 U 349/20; BGH, Urteil vom 08.03.2012 - VII ZR 118/10; BGH, Urteil vom 20.08.2009 - VII ZR 212/07). Besonders präzise sind diese Aussagen immer noch nicht. Deshalb versuchen wir es mit Beispielen, schicken aber voraus, dass Verallgemeinerungen fehl am Platze sind und jeder Einzelfall für sich betrachtet werden muss. Der AG muss insbesondere wissen, dass er eine freie Kündigung ausgesprochen hat, wenn wichtige Kündigungsgründe nicht vorliegen. Denn die Rechtsprechung deutet eine fehlgeschlagene Kündigung aus wichtigem Grund im Regelfall in eine jederzeit mögliche freie Kündigung um (vgl. 12.2.5).

Wenn ein AN den Vertrag ohne wichtigen Grund kündigt, beispielsweise weil er sich verkalkuliert hat oder die Arbeiten unberechtigt einstellt und die Baustelle räumt, um Druck auf die Zahlung einer unbegründeten Nachtragsforderung auszuüben, dürfte am wichtigen Grund kein Zweifel bestehen (BGH, Urteil vom 05.07.2001 - VII ZR 201/99; OLG Frankfurt, Urteil vom 27.02.2017 - 29 U 166/16; OLG Stuttgart, Urteil vom 30.01.2018 - 10 U 84/17). Gleiches dürfte gelten, wenn der AN die Leistungen durch „Schwarzarbeiter" ausführen lässt oder sehenden Auges von einer Baugenehmigung abweicht (OLG Bamberg, Beschluss vom 08.05.2019 - 4 U 125/18). Wenn der AN bei **terminkritischen Baustellen** fortgesetzt weder zu Baubesprechungen erscheint, noch auf Schreiben oder Anrufe reagiert, kann das ein wichtiger Kündigungsgrund sein (OLG München, Beschluss vom 26.06.2014 - 27 U 1002/14). Sicher **kein wichtiger Grund** ist es, wenn der AN - auch mehrfach und technisch unbegründet - Bedenken gegen die vorgesehene Ausführung nach § 4 Abs. 3 VOB/B mitteilt (OLG Schleswig, Beschluss vom 10.11.2021 - 12 U 159/20) oder bei einer berechtigten Bedenkenanzeige die Gewährleistung ablehnt, falls ihn der AG zur Weiterarbeit auffordern sollte. Auch die nur zeitweise unzureichende Ausstattung der Baustelle mit Produktionsmitteln wie Arbeitskräften, Geräten etc. reicht nicht (OLG Dresden, Urteil vom 17.11.2020 - 6 U 349/20).

Wie ist es, wenn sicher feststeht, dass der AN eine **Vertragsfrist** schuldhaft überschreitet? Beispiel: Es steht fest, dass wegen verspäteter Materialbestellung oder weil der AN entschieden hat, nicht durchgehend, sondern nur zeitweise zu arbeiten, der Fertigstellungstermin für den Einbau der Türen oder Fenster etc. um drei Wochen überschritten wird. Reicht das aus? Schließlich ist der AN, wenn der Fertigstellungstermin kalendermäßig bestimmt oder bestimmbar war, am Tag nach dem Fristablauf im Verzug, und zwar automatisch, wenn es keine Behinderungen oder höhere Gewalt gegeben hat (vgl. 9.2.2). Wir meinen: Eher nicht. Es müsste schon feststehen, dass dem AG die Fortsetzung des Vertragsverhältnisses wegen Verzugs nicht zumutbar ist (OLG Celle, Beschluss vom 18.11.2020 – 4 U 37/20). Lässt der AG die Fenster oder Türen hingegen nach einer Kündigung durch einen Ersatzunternehmer einbauen und geht das im Ergebnis auch **nicht schneller**, kann von einer Unzumutbarkeit nicht die Rede sein.

12.2.1.6 Die Bedeutung des § 648a BGB für Kündigungen nach § 8 Abs. 3 VOB/B

Jetzt sind wir an einem springenden Punkt. Denn nach **§ 5 Abs. 4 i. V. m. § 8 Abs. 3 VOB/B** ist eine schadensersatzbegründende Kündigung nach Eintritt des Verzugs berechtigt, wenn zuvor eine angemessene Frist mit Kündigungsandrohung (beispielsweise eine Woche) fruchtlos verstrichen ist. Man könnte meinen, dass es dann auf § 648a BGB und die Frage der „Unzumutbarkeit" überhaupt nicht ankommt. Sicher ist das aber allenfalls, wenn die **VOB/B „im Ganzen"** vereinbart worden ist (vgl. 3.3.3). Denn wir hatten dort ausführlich dargelegt, dass der BGH § 4 Abs. 7 Satz 3 i. V. m. § 8 Abs. 3 Nr. 1 VOB/B für AGB-rechtlich unwirksam erklärt hat, wenn es Abweichungen von der VOB/B gab, sie also nicht „im Ganzen" vereinbart wurde. Wieso erwähnen wir dieses Urteil an einer Stelle, wo es um eine Verzugskündigung und nicht um eine solche wegen Nichtbeseitigung von Mängeln geht (§ 4 Abs. 7 Satz 3 VOB/B)? Aus einem hoffentlich einleuchtenden Grund: Niemand kann momentan sicher sagen, ob der BGH nicht auch den gesamten **§ 5 Abs. 4 VOB/B** für **AGB-widrig** erklären würde, falls er darüber entscheiden müsste. Wir halten das nicht nur für denkbar, sondern sogar für wahrscheinlich (vgl. 12.2.2 und 9.2.7). Wenn das der BGH oder zuvor Instanzgerichte so entscheiden sollten, können auch „Verzugskündigungen" nach § 5 Abs. 4 in Verbindung mit § 8 Abs. 3 VOB/B nur noch wirksam ausgesprochen werden, wenn die VOB/B „im Ganzen" vereinbart wurde oder die Voraussetzungen des § 648a BGB vorliegen. Deshalb haben wir diese Vorschrift ausführlich besprochen. Denn der **vorsichtige AG** wird sich zukünftig auf keinen einzigen in der VOB/B genannten Grund für eine Vertragsverletzungskündigung berufen, wenn er die VOB/B nicht „im Ganzen" vereinbart hat. Bei der Beurteilung dieser Frage sollte er allerdings vorsichtig sein und Rechtsrat einholen. Denn ganz häufig gibt es Änderungen der VOB/B, die der AG nicht einmal ahnt, weil sie unbewusst im Vertrag enthalten sind, beispielsweise in Vorbemerkungen zum LV, die ein Planer formuliert hat, der möglicherweise gar nicht weiß, welche Konsequenzen damit verbunden sein können.

12.2.2 Die Kündigung nach § 8 Abs. 3 VOB/B

12.2.2.1 Die Kündigungsgründe wegen Vertragsverletzung

Bei Vertragsverletzungen des AN hat der AG **Kündigungsrechte** nach **§ 8 Abs. 3 VOB/B**. Solche Fälle liegen nach der VOB/B vor, **wenn**

- der AN **Mängel** nicht innerhalb einer ihm vom AG angemessen gesetzten Frist mit **Kündigungsandrohung** beseitigt (**§ 4 Abs. 7 Satz 3 VOB/B**). Dazu ist bereits alles gesagt. Diese Kündigungsmöglichkeit besteht für den AG zukünftig nur noch, wenn er als Verwender der VOB/B keine Änderungen von ihrem Inhalt vorgenommen hat. Ist das nicht der Fall, kann er nur unter den Voraussetzungen des § 648a BGB kündigen, wenn der AN Mängel in der Ausführungsphase nicht beseitigt. Das erfordert allerdings mehr als die bloße Nichtbeseitigung von Mängeln (dazu ausführlich 3.3.3).

- der AN den **Beginn** der Ausführung **verzögert**, mit der **Vollendung** in **Verzug** gerät (**§ 5 Abs. 4 VOB/B**) oder er einer berechtigten **Abhilfeanordnung** des AG nicht Folge leistet (**§ 5 Abs. 3 VOB/B**, vgl. 9.2.3). Auch hier muss stets eine **angemessene Frist** für die Vertragserfüllung gesetzt und die **Kündigung angedroht** werden. Die Kündigung wegen „Verzugs" hat in der Praxis erhebliche Bedeutung. Unter welchen Voraussetzungen der AN in Verzug gerät, wird unter 9.2 ausführlich erläutert. Der AG muss aber auch in Fällen, in denen der **Verzug** des AN **eindeutig** ist, **vorsichtig** sein. Den Grund dafür haben wir oben bereits genannt. Wenn die VOB/B nicht „im Ganzen" vereinbart wurde, sind alle drei Kündigungsgründe in § 5 Abs. 4 VOB/B AGB-rechtlich gefährdet, und zwar ganz erheblich (vgl. auch 9.2.7). Denn es reicht – wie oben ausgeführt – für den Verzug mit dem Beginn oder der Fertigstellung bereits aus, dass der AN diese Termine um einen Tag überschreitet, wenn keine Behinderungen oder höhere Gewalt vorgelegen haben und der Beginn- oder Fertigstellungstermin kalendermäßig bestimmt oder wenigstens bestimmbar ist. Dann könnte der AG nach § 5 Abs. 4 VOB/B eine angemessene Frist zur Vertragserfüllung mit Kündigungsandrohung setzen und nach fruchtlosem Fristablauf kündigen (§ 8 Abs. 3 Nr. 1 VOB/B). Die Frage, ob ihm diese Kündigung tatsächlich Vorteile verschafft oder nicht, weil ein Ersatzunternehmer die Leistungen auch nicht schneller erbringen kann, spielt dabei keine Rolle. Wenn er wegen der Fristüberschreitung an der Leistung bzw. ihrer Fertigstellung nachweislich überhaupt kein Interesse mehr hat, kann natürlich ein Fall des § 648a BGB vorliegen (vgl. 12.2.1.5). Auch bei der dritten Möglichkeit des § 5 Abs. 4 VOB/B, der Nichtbeachtung einer Abhilfeanordnung nach § 5 Abs. 3 VOB/B, gilt das Gleiche. Diese Kündigungsmöglichkeit ist AGB-rechtlich wahrscheinlich die kritischste von allen (vgl. 9.2.7). Wer als AG kein Risiko eingehen will, sollte nicht allein deshalb kündigen, sondern nur, wenn das zu einem wichtigen Grund nach § 648a BGB führt.

- der AN **unzulässigerweise Nachunternehmer** einsetzt (§ 4 Abs. 8 VOB/B). Auch wenn wir Gefahr laufen, uns zu wiederholen: Selbst wenn der AN Leistungen ohne vorherige **Zustimmung** des AG nicht im eigenen Betrieb ausführt, obwohl sein **Betrieb** auf derartige Leistungen **eingerichtet** ist, raten wir von einer Kündigung nach § 4 Abs. 8 Satz 3 i. V. m. § 8 Abs. 3 VOB/B dringend ab, selbst wenn eine Frist zur Beendigung dieses Nachunterenehmereinsatzes mit Kündigungsandrohung fruchtlos verstrichen ist. Das gilt wiederum dann, wenn die VOB/B nicht „im Ganzen" vereinbart wurde. Denn nach dem Wortlaut der Bestimmung kommt es nicht darauf an, ob der „unzulässige" Nachunternehmer pünktlich und handwerklich einwandfrei arbeitet oder sich beruflich mit anderen Leistungen beschäftigt, also völlig inkompetent oder unzuverlässig ist. Letzterenfalls steht § 648a BGB zur Verfügung. Man darf den AN in einem solchen Fall aber durchaus auf die Regelungen in § 4 Abs. 8 i. V. m. § 8 Abs. 3 VOB hinweisen und fragen, weshalb er hier unerlaubte Nachunternehmer eingesetzt hat, ob er davon wirtschaftlich nicht erheblich profitiert und „geteilte Freude, doppelte Freude" ist. Lässt sich der AN trotz einer Kündigungsandrohung auf Preisdiskussionen nicht ein, würden wir aus den oben genannten Gründen von einem Ausspruch der Kündigung abraten, es sei denn, es liegt ein sonstiger wichtiger Grund nach § 648a BGB vor.

12.2.2.2 Angemessene Fristsetzung mit Kündigungsandrohung

Darüber hinaus muss bei allen Kündigungen nach der VOB/B wegen Vertragsverletzung grunsätzlich eine **angemessene Frist** zur ordnungsgemäßen Vertragserfüllung mit **unmissverständlicher Kündigungsandrohung** fruchtlos verstrichen sein. Die Nachfristsetzung ist nur **ausnahmsweise** entbehrlich, beispielsweise weil der AN die Leistung endgültig und ernsthaft verweigert. Die Fristsetzung mit Kündigungsandrohung sollte aus Beweisgründen **schriftlich** erfolgen. Deshalb darf ein AG, wenn er nach § 8 Abs. 3 BGB kündigen will, in keinem Fall lediglich schreiben: „*... müssen Sie mit einer Kündigung rechnen.*" oder „*... behalten wir uns eine Kündigung vor.*" Das würde unweigerlich zu einer freien Kündigung nach § 8 Abs. 1 VOB/B führen (vgl. 12.2.5).

12.2.2.3 Zeitpunkt und Erklärung der Kündigung

Die Kündigung muss nach Ablauf der Frist „schnell", am besten **unverzüglich** und vorallem **schriftlich** (§ 650h BGB, § 8 Abs. 6 VOB/B), ausgesprochen werden. Lässt sich der AG nach Fristablauf auf weitere Verhandlungen mit dem AN ein oder nimmt er widerspruchslos weitere Leistungen entgegen, hat er sein Kündigungsrecht im Zweifel „verwirkt“ und müsste erneut eine Kündigungsandrohung mit Nachfristsetzung aussprechen, wenn er noch immer kündigen will.

12.2.2.4 Abnahme, Aufmaß bzw. Feststellung des Leistungsstands

Der AN muss auch nach einer Kündigung gemäß § 8 Abs. 3 VOB/B die Abnahme der bis zum Kündigungszeitpunkt erbrachten Leistungen verlangen, es sei denn, es ist ein „Abrechnungsverhältnis“ eingetreten (vgl. 10.1.3). Das folgt aus § 8 Abs. 7 VOB/B. Nach dieser Vorschrift kann und sollte er auch ein Aufmaß bezüglich der von ihm ausgeführten Leistungen verlangen. Wirkt der AG daran nicht mit, gilt § 648a Abs. 4 BGB auch beim VOB/B-Vertrag (vgl. 12.2.1.3).

12.2.2.5 Teilkündigung wegen Vertragsverletzung

Die Kündigung kann auf einen **in sich abgeschlossenen Teil der Leistung** beschränkt werden (**§ 8 Abs. 3 Nr. 1 Satz 2 VOB/B**). Nach der Rechtsprechung muss die teilgekündigte Leistung aber „funktionell“ **in sich abgeschlossen** sein – wie bei der **Teilabnahme** nach § 12 Abs. 2 VOB/B –, was bei Leistungsteilen innerhalb eines Gewerks grundsätzlich nicht der Fall ist (vgl. 10.5.6). Die VOB/B-Regelung zur Teilkündigung aus wichtigem Grund ist praxisfremd und sollte dringend reformiert werden. § 648a Abs. 2 BGB verlangt dagegen nur abgrenzbare Leistungen (vgl. 12.2.1.2). Gegenwärtig kann man dem AG im VOB/B-Vertrag nur raten, entweder den gesamten Bauvertrag zu kündigen oder mit dem AN eine einvernehmliche Teilvertragsaufhebung zu vereinbaren und auch die daraus resultierenden Folgen zu regeln, wenn er das Risiko vermeiden will, dass eine unwirksame Teilkündigung aus wichtigem Grund in eine freie Kündigung nach § 8 Abs. 1 VOB/B umgedeutet wird (vgl. 12.2.5).

12.2.3 Weitere Kündigungsmöglichkeiten nach VOB/B

- Der AG kann nach **§ 8 Abs. 2 Nr. 1 VOB/B** kündigen, wenn
  - der AN seine **Zahlungen einstellt**,
  - von ihm (dem AN selbst) oder zulässigerweise vom AG oder einem anderen Gläubiger das **Insolvenzverfahren** beantragt ist,
  - das Verfahren **eröffnet** oder
  - die Eröffnung mangels Masse **abgelehnt** wird.

Mit diesem Kündigungsrecht können sich in bestimmten Einzelfällen schwierige, für Praktiker allerdings nicht besonders wissenswerte Rechtsfragen verbinden. Man wird insgesamt sagen können, dass eine insolvenzbedingte Kündigung des AG – auch unter AGB-rechtlichen Gesichtspunkten – nur sicher ist, wenn der AN selbst die Eröffnung des Insolvenzverfahrens beantragt hat oder keinerlei Zweifel an seiner Zahlungseinstellung bestehen, beispielsweise weil er das selbst gegenüber dem AG oder in einem Rundschreiben erklärt hat (BGH, Urteil vom 07.04.2016 – VII ZR 56/15). Im Zweifel ist es sicherer, den AN weiterarbeiten zu lassen und erst zu kündigen, wenn ein wichtiger Grund vorliegt, beispielsweise eine Arbeitseinstellung mit Räumung der Baustelle. Ist ein **Insolvenzverfahren** bereits **eröffnet**, hat der AG bis dahin aber noch nicht gekündigt, muss er den **Insolvenzverwalter** wegen § 103 InsO zu einer Erklärung auffordern, ob dieser die **Vertragserfüllung** wählt oder nicht. Unterlässt er das und kündigt gleich, liegt eine freie Kündigung vor (OLG Dresden, Urteil vom 23.06.2023 – 22 U 2617/22; BGH, Urteil vom 14.09.2017 – IX ZR 261/15).

§ 8 Abs. 2 Nr. 2 VOB/B regelt, dass der AN nur eine Vergütung für die erbrachten Leistungen verlangen kann und dem AG ein Schadensersatzanspruch wegen Nichterfüllung des Vertrages zusteht, mit dem er gegen restliche Vergütungsansprüche des AN aufrechnen kann. Da sich bei einer Kündigung nach § 8 Abs. 2 VOB/B schwierige insolvenzrechtliche Fragen stellen können, sollte der AG in allen Zweifelsfällen fachlichen Rat einholen, bevor er zu Unrecht von einem insolvenzbedingten Kündigungsgrund ausgeht und am Ende möglicherweise nur eine freie Kündigung ausgesprochen hat (vgl. 12.2.5).

- Auch die durch die **VOB/B 2016** neu geregelten Kündigungsgründe in **§ 8 Abs. 4 und Abs. 5,** die überwiegend nur **öffentliche Bauaufträge oberhalb** der **EU-Schwellenwerte** betreffen (vgl. 2.2.1), spielen in der Praxis keine nennenswerte Rolle und werden deshalb hier nicht näher behandelt.

12.2.4 Rechtsfolgen einer Kündigung nach § 648a BGB oder § 8 Abs. 3 VOB/B

12.2.4.1 § 648a Abs. 5 und 6 BGB

War die Kündigung des AG aus wichtigem Grund berechtigt, erhält der AN nur eine anteilige Vergütung für die bis zum Kündigungszeitpunkt **erbrachte Leistung** (§ 648a Abs. 5 BGB). Eine zweigeteilte Abrechnung des AN ist in diesem Fall überflüssig, weil er bezüglich der kündigungsbedingt entfallenen Leistungen keine Ansprüche geltend machen kann. Stattdessen erhält der AG nach § 648a Abs. 6 BGB **Schadensersatz**, wenn der AN die Kündigung, in aller Regel die Pflichtverletzung, zu **vertreten** hat (§ 280 Abs. 1 Satz 2 BGB). Hat der AN den Kündigungsgrund nicht zu vertreten, dürfte schon der für die Kündigung erforderliche wichtige Grund fehlen, sodass der AG dann eine freie Kündigung ausgesprochen hat (vgl. 12.2.5).

Steht dem AG ein Schadensersatzanspruch zu, kann er mit diesem gegen einen Werklohnanspruch des AN aufrechnen oder einen Anspruch wegen Restfertigstellungsmehrkosten durch Beauftragung von Ersatzunternehmern, auch als Vorschussanspruch, geltend machen. Hier gelten keine Besonderheiten im Vergleich zur VOB/B, sodass wir wegen der Einzelheiten des Schadensersatzanspruchs auf den nachfolgenden Abschnitt verweisen. Da der AG Mehrkosten der Fertigstellung beweisen muss, ist es auch in seinem Interesse, mit dem AN ein **gemeinsames Aufmaß** zu nehmen, damit später eine **Leistungsabgrenzung** erfolgen kann (§ 648a Abs. 4 BGB).

Der AG sollte ferner Folgendes beachten: Hat er zu Recht gekündigt, weil der AN wichtige Mängel nicht beseitigt hat, und treten nach der Kündigung andere, **neue Mängel** auf, muss der AG deren Beseitigung unter Fristsetzung verlangen, weil er anderenfalls riskiert, auf den Beseitigungskosten dieser Mängel sitzen zu bleiben (OLG Düsseldorf, Urteil vom 23.01.2018 – 21 U 11/17). Das gilt auch, wenn der AG wegen Verzugs aus wichtigem Grund gekündigt hat. Denn der AN hat grundsätzlich das Recht, die an der bis zur Kündigung ausgeführten Leistung vorhandenen Mängel oder danach neu auftretende zu beseitigen, es sei denn, der AN hat die Mängelbeseitigung ernsthaft und endgültig verweigert oder sie ist für den AG aufgrund der Umstände, die zur Kündigung geführt haben, unzumutbar. In Zweifelsfällen dürfte es sicherer sein, eine angemessene Frist zur Mängelbeseitigung zu setzen und erst nach deren fruchtlosem Ablauf zur Ersatzvornahme überzugehen.

12.2.4.2 § 8 Abs. 3 Nr. 2 und 3 VOB/B

Wenn der AG den Vertrag nach § 8 Abs. 3 Nr. 1 VOB/B wirksam gekündigt hat, kann er anschließend **Schadensersatz wegen Nichterfüllung** des Vertrages geltend machen, wenn die weitere Ausführung für ihn kein Interesse mehr hat (**§ 8 Abs. 3 Nr. 2 Satz 2 VOB/B**). Wir weisen aber sicherheitshalber noch einmal daraufhin, dass eine berechtigte Kündigung wegen Vertragsverletzung nach § 8 Abs. 3 Nr. 1 VOB/B rechtssicher nur vorliegen dürfte, wenn neben den dort geregelten Voraussetzungen die VOB/B „im Ganzen" vereinbart worden ist (vgl. 12.2.1.6). Der AG kann stattdessen den noch nicht erbrachten Teil der Leistung zulasten des AN durch Dritte ausführen lassen (**§ 8 Abs. 3 Nr. 2 Satz 1 VOB/B**). Hat der AG einen Ersatzunternehmer zu höheren Kosten beauftragt, kann er diese **Restfertigstellungsmehrkosten** ebenso verlangen wie **weitere** kündigungsbedingt entstandene **Schäden** (z. B. einen Mietausfall). In Höhe der voraussichtlichen Mehrkosten hat der AG einen **Kostenvorschussanspruch** auf Grundlage der mit dem Ersatzunternehmer vereinbarten Vergütung (OLG Dresden, Urteil vom 31.07.2012 – 5 U 1192/11). Mit diesem Anspruch ist auch eine Aufrechnung gegen Vergütungsansprüche des gekündigten AN möglich. Der AN erhält bei einer wirksamen Kündigung nach § 8 Abs. 3 VOB/B stets nur die vereinbarte Vergütung für die **erbrachten Leistungen**, aber keinen Ausgleich für die kündigungsbedingt entfallenen Leistungen, wie es bei einer freien Kündigung nach § 8 Abs. 1 VOB/B der Fall wäre.

Der AG kann nach **§ 8 Abs. 3 Nr. 3 VOB/B** gegen Zahlung einer angemessenen Vergütung die vorhandene **Baustelleneinrichtung** (z. B. Geräte oder Gerüste) sowie bereits angelieferte **Stoffe** und **Bauteile** in Anspruch nehmen. Nach **§ 8 Abs. 3 Nr. 4 VOB/B** hat der AN einen Anspruch auf Zusendung einer Aufstellung über die kündigungsbedingten Mehrkosten sowie anderer Ansprüche, die binnen zwölf Werktagen nach Abrechnung mit dem Drittunternehmer vorzulegen ist.

12.2.5 Umdeutung einer fehlgeschlagenen Kündigung aus wichtigem Grund

Erklärt der AG eine Kündigung aus wichtigem Grund und bestehen diese Gründe objektiv nicht, liegt in der Regel eine **freie Kündigung** nach § 648 BGB bzw. § 8 Abs. 1 VOB/B vor. Denn die Rechtsprechung **deutet** eine fehlgeschlagene Kündigung aus wichtigem Grund grundsätzlich in eine jederzeit mögliche freie Kündigung **um** (BGH, Urteil vom 24.07.2003 - VII ZR 218/02; OLG München, Urteil vom 10.12.2019 - 28 U 1575/17 Bau).

Das gilt auch, wenn **formelle Kündigungsvoraussetzungen** (z. B. angemessene Nachfristsetzung mit Kündigungsandrohung) fehlen. Will der AG seine Kündigung nicht als freie Kündigung verstanden wissen, muss er das ausdrücklich so erklären (BGH, Urteil vom 24.07.2003 - VII ZR 218/02). Dann allerdings stellt sich die Frage, was geschieht, wenn der AN die Pflichtverletzung bestreitet und weiterarbeiten will. Das muss der AG entweder zulassen oder doch auf seiner Kündigung bestehen. Dann aber führt an den Abrechnungsfolgen des § 648 Satz 2 BGB bzw. § 8 Abs. 1 Nr. 2 VOB/B kein Weg vorbei, falls keine wichtigen Kündigungsgründe vorlagen.

Deshalb muss der AG vor Ausspruch einer Kündigung nach § 8 Abs. 3 VOB/B oder aus sonstigem wichtigen Grund (§ 648a BGB) kritisch - gegebenenfalls unter Einholung anwaltlichen Rats - prüfen, ob tatsächlich wichtige Gründe und die formellen Kündigungsvoraussetzungen vorliegen. Anderenfalls erhält er keinen Schadensersatz und schuldet dem AN auch noch eine Vergütung nach den Grundsätzen einer freien Kündigung. Dass dieses **Risiko** in besonderem Maße bei **Kündigungen nach § 8 Abs. 3 VOB/B** besteht, haben wir bereits an anderen Stellen ausführlich erläutert (vgl. 3.3.3, 9.2.7 und 12.2.1.6).

12.3 Kündigung durch den AN

12.3.1 Allgemeines

Auf ca. 50 Kündigungen des AG kommt maximal eine, die von AN ausgesprochen wird. Das liegt in erster Linie daran, dass dem AN - anders als dem AG - **kein „freies" Kündigungsrecht** zusteht. Deshalb können wir hier weitgehend nicht auf obergerichtliche Urteile verweisen, wie es bei Kündigungen des AG der Fall ist. Der AN muss also aufpassen: Seine unwirksame Kündigung beendet den Vertrag nicht. Die Kündigungserklärung bzw. die Weigerung, sich von einer Kündigung ohne wichtigen Grund zu distanzieren, begründet eine Vertragsverletzung, die den AG zu einer „Gegenkündigung" aus wichtigem Grund berechtigt (Landgericht Berlin, Urteil vom 12.02.2007 - 105 O 114/05; BGH, Urteil vom 04.07.1996 - VII ZR 1127/93).

12.3.2 Kündigung aus wichtigem Grund nach § 648a BGB

Auch der AN kann nach § 648a BGB den Vertrag aus wichtigem Grund kündigen, wenn ihm die Fortsetzung des Vertragsverhältnisses bis zur Fertigstellung unzumutbar ist. Besteht der wichtige Grund in einer **Pflichtverletzung** des AG, muss auch er eine **Frist zur Abhilfe** setzen (§ 648a BGB i. V. m. § 314 Abs. 2 BGB). Für den AN gilt hier nichts anderes als umgekehrt für den AG (vgl. 12.2.1.1). Auch wenn eine **Kündigungsandrohung** nach dem Wortlaut des § 648a BGB nicht erforderlich ist, empfiehlt es sich dennoch, eine solche mit der Frist zur Abhilfe zu verbinden. Das ist sicherer, wenn der AN nach Fristablauf tatsächlich kündigen will, was **schriftlich** und zeitnah erfolgen müsste (§ 650h BGB). Bei einem wichtigen Grund denkt man zuerst an den **Zahlungsverzug** des AG; das tut auch die VOB in § 9 Abs. 1 Nr. 2, eine Vorschrift, die den AN nicht schlechter stellt als § 648a BGB, weshalb zu den Voraussetzungen und Rechtsfolgen einer solchen Kündigung auf die Ausführungen unter 12.3.3.3 bis 12.3.3.5 verwiesen wird.

Neben einem Zahlungsverzug kann es auch **sonstige wichtige Gründe** geben, die den AN zur Kündigung aus wichtigem Grund berechtigen. Das setzt aber - wie umgekehrt beim AG - voraus, dass ihm die Fortsetzung des Vertragsverhältnisses unzumutbar ist. Davon sollte ein AN eher mit Zurückhaltung ausgehen, weil eine „Gegenkündigung" des AG droht, falls er mit seiner Einschätzung daneben liegt. Wenn der AG beispielsweise eine Ausführung von Leistungen verlangt, die gegen die Baugenehmigung oder andere öffentlich-rechtliche Vorschriften verstoßen und davon trotz eines Bedenkenhinweises des AN nach § 4 Abs. 3 VOB/B nicht abrückt, kann ein wichtiger Grund zur Kündigung vorliegen. Das Gleiche gilt, wenn der AG - trotz Bedenkenhinweises - die Ausführung von Leistungen verlangt, die mit einer Gefahr für Leib und Leben Dritter verbunden sind (vgl. 11.4.4). Ein wichtiger Grund wäre es auch, wenn der AG verlangen würde, ein Fünftel der vereinbarten Vergütung weniger bezahlen zu dürfen, weil er im Gegenzug auf eine Rechnung verzichtet oder wenn die Mitarbeiter des AN „nach Feierabend und am Wochenende" für ihn arbeiten, wiederum ohne Rechnung und gegen Barzahlung, und davon auch, trotz einer Frist zur Abhilfe, nicht Abstand nimmt. Sicher kein wichtiger Grund liegt dagegen vor, wenn der AG trotz eines berechtigten Bedenkenhinweises eine Ausführung der Arbeiten wie vertraglich vereinbart verlangt und es dadurch „nur" zu Mängeln der Leistungen kommt. Denn für diese Mängel ist der AN von der Gewährleistung frei (vgl. 11.4.5).

12.3.3 Kündigung wegen unterlassener Mitwirkung des AG oder wegen Zahlungs- bzw. sonstigem Schuldnerverzug

12.3.3.1 Kündigung bei unterlassener Mitwirkung des AG nach § 643 BGB oder im Fall des § 650f BGB

Das BGB enthält eine weitere Kündigungsmöglichkeit des AN wegen „unterlassener Mitwirkung des AG" in § 643 BGB. Dieses Kündigungsrecht regelt die **VOB/B** in **§ 9 Abs. 1 Nr. 1**. Die Voraussetzungen und Rechtsfolgen sind nach herrschender Meinung identisch, sodass wir hierzu auf die Ausführungen unter 12.3.3.2 verweisen. Einen **Unterschied** gibt es aber doch: Nach § 643 Satz 1 BGB muss der AN im Fall eines Annahmeverzugs des AG gemäß § 642 BGB dem AG zur Nachholung der Mitwirkungshandlung eine angemessene Frist mit der Erklärung setzen, dass er den Vertrag kündige, wenn die Mitwirkungshandlung nicht bis zum Ablauf der Frist vorgenommen werde. Nach fruchtlosem Ablauf der Frist **gilt der Vertrag als aufgehoben**, ohne dass es einer Kündigungserklärung des AN bedarf. Das ist nach § 9 Abs. 2 Satz 2 VOB/B anders. Nach dieser Vorschrift ist eine **schriftliche Kündigungserklärung** erforderlich, wenn der AN nach Fristablauf kündigen will (vgl. 12.3.3.4). Im Ergebnis ist die VOB/B-Bestimmung für den AN also günstiger, weil er nach Fristablauf entscheiden kann, ob er wirklich kündigen will, während nach dem BGB der Vertrag nach Fristablauf (automatisch) als aufgehoben gilt.

Ansonsten kennt das BGB noch eine Kündigungsmöglichkeit, weil der AG eine vom AN verlangte **Sicherheit** nach **§ 650f BGB** nicht fristgemäß gestellt hat (§ 650f Abs. 5 BGB, vgl. 15.3.3).

12.3.3.2 Kündigung wegen unterlassener Mitwirkungshandlung des AG nach § 9 Abs. 1 Nr. 1 VOB/B

Die Kündigung nach § 9 Abs. 1 Nr. 1 VOB/B setzt voraus, dass der AG eine ihm obliegende **Handlung unterlässt** und den AN dadurch außerstande setzt, die Leistung auszuführen (Annahmeverzug des AG, vgl. 9.3.5.2). Der Annahmeverzug verlangt grundsätzlich ein wörtliches oder tatsächliches **Leistungsangebot des AN** (§§ 293 ff. BGB). Ein „wörtliches" Angebot kann vorliegen, wenn der AN seine Mitarbeiter – erkennbar – auf der Baustelle zur Verfügung hält und dadurch zu erkennen gibt, dass er leistungsbereit ist (BGH, Urteil vom 19.12.2002 – VII ZR 440/01). Zieht der AN unterbrechungsbedingt seine Mitarbeiter – gegebenenfalls auch teilweise – von der Baustelle ab, empfiehlt es sich, dass er dem AG im Rahmen der ohnehin erforderlichen Behinderungsanzeige nach § 6 Abs. 1 VOB/B mitteilt, dass er leistungsbereit und leistungsfähig ist, die Ausführung der Leistung also tatsächlich und aus Beweisgründen schriftlich anbietet (§ 294 BGB).

Im Bauvertragsrecht gibt es zahlreiche **Mitwirkungshandlungen** des AG, beispielsweise das Zurverfügungstellen eines für die Ausführung der Leistung geeigneten Grundstücks bzw. Bauobjekts oder die rechtzeitige Übergabe der Ausführungsunterlagen (§ 3 Abs. 1 VOB/B) sowie die Beibringung öffentlich-rechtlicher Genehmigungen, insbesondere der Baugenehmigung (§ 4 Abs. 1 Nr. 1 Satz 2 VOB/B), falls keine davon abweichenden Vereinbarungen im Bauvertrag erfolgt sind. Die praktisch wichtigsten Fälle einer unterlassenen Mitwirkungshandlung des AG bestehen in nicht rechtzeitig vorhandenen bzw. mangelhaften Vorunternehmerleistungen oder für die Ausführung notwendigen Plänen, falls und soweit der AG Planungsverpflichtungen hat (vgl. 9.3.1).

Die Kündigung nach § 9 Abs. 1 Nr. 1 VOB/B setzt fernervoraus, dass der AG den AN durch die unterlassene Mitwirkungshandlung **außerstande setzt**, die Leistung auszuführen. Davon ist auszugehen, wenn der AN die von ihm geschuldeten Leistungen **im Ganzen** nicht erbringen kann. Betrifft die Verletzung der AG-seitigen Mitwirkungspflicht dagegen **nur einen Teil der beauftragten Leistung**, wird man ein Kündigungsrecht des AN nur annehmen können, wenn er den Bauablauf nicht umstellen und andere Leistungsteile vorziehen kann (OLG Dresden, Urteil vom 27.09.2016 – 6 U 54/16; OLG Celle, Urteil vom 01.11.2012 – 16 U 200/11). Das folgt bei Vereinbarung der **VOB/B** aus **§ 6 Abs. 3**. Dort heißt es, dass der AN *„alles zu tun hat, was ihm billigerweise zugemutet werden kann, um die Weiterführung der Arbeiten zu ermöglichen"*. Er muss also **flexibel reagieren** und zumutbare Anpassungen des vereinbarten Bauablaufs vornehmen. Das wäre nach **§ 643 BGB** nicht anders und würde, wenn der AN nach dieser Vorschrift kündigen will, weil die VOB/B nicht vereinbart ist, aus Treu und Glauben folgen (§ 242 BGB). Es liegt auf der Hand, dass es sowohl nach VOB/B als auch nach BGB nicht ausreichen kann, wenn beispielsweise aufgrund fehlender Vorunternehmerleistungen nicht nach dem vereinbarten Bauzeitenplan im zweiten OG gearbeitet werden kann, Leistungen aber in anderen Geschossen erbracht werden können. Das schließt eine Behinderung mit Entschädigungsansprüchen des AN keineswegs aus (vgl. 9.3.5.2). Denn damit kann ein weniger produktives Arbeiten, beispielsweise durch häufigen Wechsel des Arbeitsplatzes, ungünstigeren Arbeitsabschnitten und „Leer- bzw. Ausfallzeiten", beim Personal verbunden sein. Dafür wird der AN unter den Voraussetzungen des § 642 BGB entschädigt. Er kann nur nicht den Bauvertrag kündigen, und zwar weder nach § 9 Abs. 1 Nr. 1 VOB/B noch nach § 643 BGB.

12.3.3.3 Zahlungs- oder Schuldnerverzug aus sonstigen Gründen nach § 9 Abs. 1 Nr. 2 VOB/B

Ein Kündigungsgrund steht dem AN auch zu, wenn der AG eine **fällige Zahlung** nicht leistet oder sonst in **Schuldnerverzug** gerät (**§ 9 Abs. 1 Nr. 2 VOB/B**). Bei der Annahme des **Zahlungsverzugs** ist aber Vorsicht geboten, wenn der AG Gegenforderungen (beispielsweise Mängelansprüche mit Druckzuschlag nach § 641 Abs. 3 BGB) oder andere Einwendungen (z. B. Aufmaßkürzungen, unbegründete Nachtragsforderungen oder die Nichtprüfbarkeit der Rechnung etc.) erhebt, sodass möglicherweise keine einredefreie Forderung des AN besteht. Dann kann eine unbegründete Kündigung des AN wiederum zu einer „Gegenkündigung" des AG aus wichtigem Grund führen. Das gilt auch, wenn der AN zwar nicht kündigt, aber die Leistungen wegen Zahlungsverzugs einstellt (§ 16 Abs. 5 Nr. 4 VOB/B), obwohl er keinen einredefreien Anspruch hat.

Der Verzug des AG, auch der **Zahlungsverzug**, setzt grundsätzlich eine Mahnung nach **Fälligkeit der Forderung** voraus (§ 286 BGB). Bei Zahlungsansprüchen kommt der AG nach § 286 Abs. 3 BGB aber spätestens in Verzug, wenn er nicht innerhalb von 30 Tagen nach Fälligkeit und Zugang der sachlich berechtigten und prüfbaren Rechnung Zahlung leistet (vgl. 13.4).

Der AG kann auch in **Schuldnerverzug** geraten, wenn er eine sonstige **Pflicht**, beispielsweise die im **Vertrag** ausdrücklich geregelte **Verpflichtung** zur baubegleitenden Beistellung von Ausführungsplänen oder zur Lieferung von Materialien, verletzt. Hier muss der AN aber aufpassen, weil der BGH mit der Annahme von Vertragspflichten des AG sparsam umgeht (vgl. 9.3.5.2).

12.3.3.4 Weitere Kündigungsvoraussetzungen nach § 9 Abs. 2 VOB/B

Der AN muss den AG in beiden Fällen des § 9 Abs. 1 Nr. 1 **und** Nr. 2 VOB/B unter **angemessener Fristsetzung** mit unmissverständlicher **Kündigungsandrohung** zur ordnungsgemäßen Vertragserfüllung auffordern. Erst nach Ablauf der angemessen gesetzten Frist besteht das Recht, den Vertrag **schriftlich** zu kündigen (§ 9 Abs. 2 Satz 1 VOB/B). Eine Frist ist angemessen, wenn sie vom Schuldner (AG) bei **gehöriger Anstrengung** eingehalten werden kann. Trotz der Möglichkeiten des Online-Bankings sollte der AN nach Eintritt des Zahlungsverzugs eine Frist von mindestens fünf bankküblichen Arbeitstagen setzen, damit der AG die Forderung noch einmal prüfen und die säumige Zahlung nachholen kann (OLG Koblenz, Beschluss vom 19.07.2012 – 5 U 178/12).

12.3.3.5 Kündigungsfolgen gemäß § 9 Abs. 3 VOB/B

Nach einer berechtigten Kündigung des AN nach § 9 Abs. 1 VOB/B erfolgt die **Abrechnung** der bis zum Kündigungszeitpunkt **erbrachten Leistungen** nach den vereinbarten Preisen (§ 9 Abs. 3 Satz 1 VOB/B). Daneben hat der AN für die Dauer des Annahmeverzugs (§ 9 Abs. 3 Satz 2 VOB/B) einen Anspruch auf angemessene Entschädigung nach § 642 BGB. Der Annahmeverzug endet mit einer Kündigung durch den AN.

Nach § 9 Abs. 3 Satz 2, zweiter Halbsatz VOB/B bleiben **„etwaige weitergehende Ansprüche des AN“** unberührt. Das wirft die Frage auf, ob und unter welchen Voraussetzungen der AN für die kündigungsbedingt **entfallene Leistung** Ansprüche unter Abzug der tatsächlich ersparten Kosten sowie eines eventuell anderweitigen Erwerbs geltend machen kann, wie es bei einer freien Kündigung durch den AG der Fall ist (vgl. 12.1.2). Diese Frage ist umstritten. Die wohl herrschende Meinung geht davon aus, dass dem AN wegen § 645 Abs. 2 BGB dieser Anspruch nur zusteht, wenn der AG **schuldhaft eine Pflicht verletzt** hat. Das ist aufgrund der bereits ausführlich besprochenen BGH-Entscheidungen vom 26.10.2017 und vom 30.01.2020 aber nur ausnahmsweise der Fall (vgl. 9.3.5.2). Trotz dieser Rechtsprechung gewährt die herrschende Meinung dem AN im Fall einer Kündigung nach § 9 VOB/B (oder einer Kündigung nach § 643 BGB) keinen Anspruch auf volle Vergütung abzüglich ersparter Aufwendungen und anderweitigen Erwerbs. Es sei die freie Entscheidung des AN, ob er den Vertrag beende oder nicht. Tue er das, müsse er sich mit der „kleinen Kündigungsvergütung“, also dem Anspruch auf Bezahlung der erbrachten Leistungen, zufriedengeben. Nach anderer Auffassung wäre es ein mit Treu und Glauben nicht zu vereinbarendes Ergebnis, wenn der AG durch Nichterfüllung seiner Mitwirkungshandlungen den AN zur Kündigung veranlasst und davon auch noch profitiert. Deshalb müsse eine Kündigung nach § 9 Abs. 1 VOB/B dieselben Folgen haben wie eine freie Kündigung des Auftraggebers. Für diese Auffassung sprechen tatsächlich gute Gründe, auch wenn sie nicht herrschend ist.

12.3.3.6 „Strategische“ Möglichkeiten für den AN im Fall des Annahmeverzugs

Es ist durchaus denkbar, dass der AN im Fall des Annahmeverzugs gar nicht in erster Linie an einer Kündigung des Vertrages, sondern vielmehr an einer **verbindlichen Klärung aller Verzögerungsfolgen** interessiert ist, bevor die Leistungsausführung irgendwann wieder möglich wird. Dabei kann es um die Frage der angemessenen Wiederaufnahmefrist nach Wegfall der Unterbrechung/Verschiebung, die konkrete Verlängerung der Ausführungsfristen bis zur Fertigstellung, aber auch um gestiegene Lohn-, Nachunternehmer- oder Materialkosten etc. gehen. Das betrifft auch höhere Baustellengemeinkosten, die nach Beendigung des Annahmeverzugs entstehen, weil sich die vereinbarte Bauzeit verlängert, beispielsweise durch Verschiebung in eine ungünstigere Jahreszeit. Denn dafür gewährt der BGH dem AN keine Entschädigungsansprüche nach § 642 BGB (vgl. 9.3.5.2). Wenn der AN diese Nachteile vermeiden will, sollte er die **Kündigungsmöglichkeit**, auch unter Bezugnahme auf das BGH-Urteil vom 26.10.2017 – VII ZR 16/17, dort Rdnrn. 30 und 34, in Verhandlungen mit dem AG zur Sprache bringen. Das gilt auch für Ansprüche während des Annahmeverzugs, die zwar eindeutig von § 642 BGB umfasst sind, aber auftraggeberseits häufig bestritten werden, weil die Ansprüche nicht prüfbar dargelegt bzw. nicht ausreichend nachgewiesen worden seien. Auch über die damit in Zusammenhang stehenden Fragen kann man endlos streiten, meistens zu Lasten des AN, der die Leistungen fertiggestellt hat und seinen Ansprüchen „hinterherprozessieren“ muss. Die Ausführungen unter 9.3.4 dürften deutlich gemacht haben, dass die Rechtsprechung erhebliche – oftmals übertriebene – Anforderungen an die Dokumentaion des AN stellt und Ansprüche häufig zurückweist, weil der AN sie nicht erfüllen kann. Dem AN ist es nicht verwehrt, unter Verweis auf die Kündigungsrechte nach § 9 Abs. 1 VOB/B bzw. § 643 BGB, gegebenenfalls auch nach § 6 Abs. 7 VOB/B (vgl. 12.4.1), auf einer klaren, auch praktisch handhabbaren und vor allem **rechtssicheren Vereinbarung** zu bestehen und für diesen Fall ausdrücklich auf eine Kündigung zu verzichten. Daran wird der AG zu diesem Zeitpunkt möglicherweise auch ein Interesse haben, weil er weiß, dass er im Fall einer anderenfalls erfolgenden Kündigung wirtschaftliche Nachteile erleidet. Darauf darf man den AG hinweisen, um ihm ein Entgegenkommen zu erleichtern.

Kommt es dennoch nicht zu einer befriedigenden Einigung, muss der AN entscheiden, ob er kündigt oder die Leistungen fertiggestellt. Will er kündigen, um Nachteile zu vermeiden, sollte er zuvor rechtlich prüfen lassen, ob die Kündigungsvoraussetzungen vorliegen und welche Formalitäten er dafür beachten muss. Das gilt jedenfalls in zweifelhaften Fällen. Stellt er die Arbeiten stattdessen fertig, muss er wissen, dass er nach der Rechtsprechung des BGH auf nachteiligen Folgen, die erst nach Beendigung des Annahmeverzuges eintreten, sitzen bleibt, weil § 642 BGB diese Ansprüche nicht umfasst und der Schadensersatzanspruch nach § 6 Abs. 6 VOB/B oder § 280 BGB in wichtigen Behinderungsfällen nicht weiterhilft, weil nach der Rechtsprechung des BGH dafür eine schuldhafte Pflichtverletzung vorliegen muss und Mitwirkungshandlungen keine Pflichten sind (vgl. 9.3.5.2).

12.4 Kündigung bei länger als drei Monate dauernder Unterbrechung

12.4.1 Voraussetzungen des Kündigungsrechts gemäß § 6 Abs. 7 VOB/B

Sind über eine Dauer von **drei Monaten keinerlei** Arbeiten möglich (**Unterbrechung** der **kompletten** Tätigkeit des AN), kann **jede Vertragspartei** den Vertrag **schriftlich** kündigen (§ 6 Abs. 7 VOB/B). Der BGH vertritt die Auffassung, das Kündigungsrecht nach § 6 Abs. 7 VOB/B bestehe auch für die Partei, welche die Unterbrechung selbst herbeigeführt oder sogar zu vertreten hat. Die Berufung auf § 6 Abs. 7 VOB/B ist ihr erst dann versagt, wenn ihr zugemutet werden kann, den Vertrag fortzusetzen (BGH, Urteil vom 20.10.2005 - VII ZR 152/02). § 6 Abs. 7 VOB/B gilt auch, wenn mit den Arbeiten noch nicht begonnen wurde, seit dem **vereinbarten Beginntermin** drei Monate verstrichen sind und auch danach noch nicht sicher feststeht, dass mit den Arbeiten in kurzer Frist begonnen werden kann (BGH, Urteil vom 13.05.2004 - VII ZR 362/02).

12.4.2 Kündigungsfolgen gemäß § 6 Abs. 5 VOB/B

Nach der Kündigung sind die **ausgeführten Leistungen** entsprechend der vertraglich **vereinbarten Vergütung** abzurechnen (§ 6 Abs. 7 Satz 2 VOB/B i. V. m. § 6 Abs. 5 VOB/B) und darüber hinaus auch die **Kosten** zu vergüten, die dem AN bereits **entstanden** und in den Preisen der **nicht ausgeführten Leistung** enthalten sind, beispielsweise die Baustellenberäumung. Letzteres gilt aber nur, wenn der AN die Unterbrechung nicht zu vertreten hat. Hat der **AN** die **Unterbrechung verschuldet**, bestehen Schadensersatzansprüche des AG (§ 6 Abs. 7 Satz 2 i. V. m. § 6 Abs. 6 VOB/B) wie bei einer Kündigung aus wichtigem Grund oder wegen Vertragsverletzung des AN (vgl. 12.2.4.2).

Hat hingegen der **AG** die **Unterbrechung zu vertreten**, stehen dem AN **Schadensersatzansprüche** zu (§ 6 Abs. 7 Satz 2 i. V. m. § 6 Abs. 6 Satz 1 VOB/B). Bei einer **unterlassenen Mitwirkungshandlung** des AG bestehen **Entschädigungsansprüche** nach § 642 BGB (§ 6 Abs. 7 Satz 2 i. V. m. § 6 Abs. 6 Satz 2 BGB).

12.4.3 Konkurrenzverhältnis von § 6 Abs. 7 zu § 9 Abs. 1 Nr. 1 VOB/B bzw. § 643 BGB

Die Kündigungsmöglichkeit nach § 9 Abs. 1 Nr. 1 VOB bzw. § 643 BGB setzt nicht voraus, dass es zu einer Unterbrechung bzw. Verschiebung wegen des auftraggeberseitigen Annahmeverzugs von mindestens drei Monaten gekommen ist (vgl. 12.3.2.2). Deshalb ist fraglich und vom BGH bislang noch nicht ausdrücklich geklärt, ob der AN auch schon **vor Ablauf von drei Monaten** kündigen kann, wenn er durch den Annahmeverzug des AG außerstande gesetzt wird, seine Leistungen auszuführen. Die herrschende Meinung bejaht das (OLG Celle, Urteil vom 01.11.2012 - 16 U 200/11). Das halten wir auch für richtig, weil § 9 Abs. 1 Nr. 1 VOB/B eine **spezielle** Kündigungsmöglichkeit vorsieht, wenn der AN aufgrund **fehlender Mitwirkungshandlungen** des AG die Leistung nicht ausführen kann, während § 6 Abs. 7 VOB/B die Kündigungsmöglichkeit nur an eine Unterbrechnug bzw. Verschiebung um drei Monate knüpft, ganz egal weshalb. Für die herrschende Meinung könnte mittelbar auch das Urteil des BGH vom 26.10.2017 - VII ZR 16/17 sprechen. Dort hat der BGH daraufhingewiesen, dass der AN wegen Annahmeverzugs nach § 643 BGB kündigen könne, wenn er vermeiden wolle, auf Nachteilen, die erst nach Beendigung des Annahmeverzugs entstehen, sitzenzubleiben (vgl. 12.3.3.6). Allerdings hat der BGH in dieser Entscheidung weder § 6 Abs. 7 VOB/B und die dort geregelte 3-Monats-Frist noch § 9 Abs. 1 Nr. 1 VOB/B und das Verhältnis dieser Vorschriften zueinander thematisiert, obwohl die VOB/B in den Bauvertrag einbezogen worden war. Denn es ging dort nicht um eine vom AN ausgesprochene Kündigung, sondern „nur" um Mehrkosten nach Beendigung des Annahmeverzugs, sodass der BGH die Kündigungsmöglichkeit des AN nur in Nebenbemerkungen angesprochen hat.

13 PRÜFBARE ABRECHNUNG, ZAHLUNG UND VERJÄHRUNG DER WERKLOHN-FORDERUNG

13.1 Prüfbare Abrechnung

Die **Prüfbarkeit einer Rechnung** ist stets Voraussetzung für die **Fälligkeit** des Zahlungsanspruchs.

13.1.1 Allgemeines

Für **BGB-Bauverträge**, die ab dem 01.01.2018 abgeschlossen wurden, bestimmt **§ 650g Abs. 4 Nr. 2 BGB** erstmals, dass der AN eine **prüfbare Schlussrechnung** aufstellen muss, um die Fälligkeit seines Zahlungsanspruchs herbeizuführen. Für **Abschlagszahlungen** gilt **§ 632a BGB** in der seit dem 01.01.2018 gültigen Fassung.

Der AN muss auch im **VOB/B-Vertrag** prüfbar abrechnen, sonst werden seine Forderungen nicht fällig. Die **Prüfbarkeitskriterien** und Fragen des **Aufmaßes** werden in **§ 14 VOB/B** geregelt. Diese Regelung gilt sowohl für **Abschlagsrechnungen** als auch für die **Schlussrechnung**, auch wenn die Anforderungen an die Prüfbarkeit von Abschlagsrechnungen wegen der Vorläufigkeit der Zahlung weniger streng sein dürften als bei Schlussrechnungen (§ 16 Abs. 1 Nr. 1 Satz 2 VOB/B).

Die Verpflichtung zur Einreichung der Schlussrechnung hängt nicht davon ab, dass der AG die Leistung tatsächlich abgenommen hat. Denn § 14 Abs. 3 VOB/B knüpft an die **Fertigstellung** der Leistung und nicht an die vom AG **erklärte Abnahme** an (vgl. 13.1.2.2.2). Dass noch **unwesentliche Restleistungen** auszuführen oder **Mängel** zu beseitigen sind, steht der Fertigstellung nicht entgegen (BGH, Urteil vom 20.08.2009 - VII ZR 205/07). Das gilt auch beim BGB-Vertrag.

13.1.2 Voraussetzungen einer prüfbaren Abrechnung

13.1.2.1 BGB-Vertrag

13.1.2.1.1 Abschlagszahlungen

Nach **§ 632a Abs. 1 BGB** kann der AN eine **Abschlagszahlung** in Höhe des **Wertes** der von ihm erbrachten Leistungen verlangen. Sind die abgerechneten Leistungen **mangelhaft**, hat der AG ein **Zurückbehaltungsrecht mit Druckzuschlag** (§ 641 Abs. 3 BGB, vgl. 11.2.2.3). Das gilt selbst dann, falls wesentliche Mängel bestehen sollten. Die abgerechneten Leistungen sind durch eine Aufstellung nachzuweisen, die eine rasche und sichere Beurteilung ermöglichen muss (§ 632a Abs. 1 Satz 5 BGB). Bei Bauverträgen mit **Verbrauchern** (§ 650i BGB) gilt, dass der AN Abschlagszahlungen nur bis zum Gesamtbetrag von **90 %** der vereinbarten Gesamtvergütung einschließlich der Vergütung für Nachtragsleistungen gemäß § 650c BGB verlangen kann (§ 650m Abs. 1 BGB).

13.1.2.1.2 Schlussrechnung

Nach **§ 650g Abs. 4 Nr. 2 BGB** muss der AN eine **prüffähige Schlussrechnung** erstellen. Die Schlussrechnung ist prüffähig, wenn sie eine übersichtliche Aufstellung der erbrachten Leistungen enthält und für den AG nachvollziehbar ist. Sie gilt nach § 650g Abs. 4 Nr. 2 Satz 2 BGB als prüffähig, wenn der AG nicht innerhalb von 30 Tagen nach Zugang der Schlussrechnung begründete Einwendungen gegen ihre Prüffähigkeit erhoben hat.

13.1.2.2 VOB/B-Vertrag

13.1.2.2.1 Abschlagszahlungen

§ 14 Abs. 1 VOB/B regelt die Voraussetzungen einer prüfbaren Abrechnung von Leistungen beim VOB/B-Vertrag. Diese Regelung gilt gemäß § 16 Abs. 1 Nr. 1 Satz 2 VOB/B prinzipiell auch für **Abschlagsrechnungen**, wobei es dort – wie in § 632a BGB (siehe oben) – heißt, dass die Leistungen durch eine prüfbare Aufstellung nachzuweisen sind, die eine *„rasche und sichere Beurteilung der Leistungen ermöglichen muss"*. Weil Abschlagszahlungen nur vorläufigen Charakter haben und die Bezahlung einer Abschlagsrechnung grundsätzlich **kein Anerkenntnis** der darin enthaltenen Positionen bedeutet, dürfte der Prüfungsmaßstab weniger streng sein als bei Schlussrechnungen. Allerdings ist die häufig vertretene Auffassung, der AN könne beim Pauschlvertrag beispielsweise „30 % der beauftragten Leistung" abrechnen, falsch. Zwar muss kein ebenso exaktes Aufmaß wie bei einem Einheitspreisvertrag erstellt werden, aber der AG muss anhand der beigefügten Nachweise in der Lage sein, den abgerechneten Leistungsstand im Verhältnis zur vereinbarten Pauschale zu prüfen. Bei **Pauschalverträgen** ist es deshalb besonders empfehlenswert, **Zahlungspläne** zu vereinbaren, die an **klar definierte Leistungsziele** (z. B. Fertigstellung der Fliesenarbeiten im EG) anknüpfen.

Obwohl die VOB/B das nicht ausdrücklich regelt, sollten Abschlagsrechnungen **kumulativ** aufgestellt werden. Das bedeutet, dass in **jeder** Abschlagsrechnung die bis dahin erbrachte Leistung **komplett** abgerechnet und im Anschluss die tatsächlich erfolgten Zahlungen abgezogen werden. Das hat den Vorteil, dass ohne Durchsicht der vorherigen Rechnungen erkennbar ist, welcher Leistungsstand erreicht wurde.

Ein Anspruch auf Abschlagszahlung besteht nicht mehr, wenn **Schlussrechnungsreife** eingetreten, also die Leistung ohne wesentliche Mängel fertiggestellt bzw. bereits abgenommen worden ist, oder die in § 14 Abs. 3 VOB/B geregelten Fristen für die Einreichung der Schlussrechnung abgelaufen sind (vgl. 13.1.2.2.2, BGH, Urteil vom 20.08.2009 - VII ZR 205/07). Eine bereits eingereichte Klage auf Zahlung einer Abschlagsrechnung müsste dann auf die Schlussrechnung gestützt fortgeführt werden.

Die **Zahlung einer Abschlagsrechnung** begründet grundsätzlich **kein Anerkenntnis** des AG, es sei denn, es hat eine **Einigung** zwischen Vertretungsberechtigten im **Vergleichswege** stattgefunden (BGH, Urteil vom 11.01.2007 - VII ZR 1165/05). Das gilt auch bei BGB-Verträgen. Liegt ein solcher Fall nicht vor, kann der AG infolgedessen bei der Prüfung nachfolgender Abschlagsrechnungen oder auch der Schlussrechnung Positionen streichen oder kürzen, die eigentlich schon bezahlt wurden (OLG Hamburg, Urteil vom 27.11.2020 - 8 U 7/20).

Ein **Architekt** sollte sich aber davor hüten, deswegen die Zahlung einer Abschlagsrechnung ungeprüft freizugeben. Gerät der AN in Insolvenz und kann eine Überzahlung auch nicht mit einer unstreitigen Forderung des AN verrechnet werden, haftet der Architekt möglicherweise für den Ausfall (Kammergericht, Urteil vom 06.01.2005 - 27 U 267/03; BGH, Urteile vom 14.05.1998 - VII ZR 320/96 und vom 04.04.2002 - VII ZR 295/00).

13.1.2.2.2 Schlussrechnung

Für die **Prüfbarkeit der Schlussrechnung** gilt **§ 14 Abs. 1 VOB/B**. Regelungen zum **Aufmaß** enthält **§ 14 Abs. 2 VOB/B** (vgl. 13.2). Der AN muss **nach § 14 Abs. 1 Satz 2 VOB/B** zunächst die **Reihenfolge** der **Positionsnummern**, spiegelbildlich zum Leistungsverzeichnis des Vertrages, einhalten und dabei die im Vertrag **vereinbarten Bezeichnungen** verwenden (keine Abkürzungen oder eigene Wortschöpfungen). Kurztext-LVs sollten nur benutzt werden, wenn der AG dem ausdrücklich zugestimmt hat. Das gilt aber nur beim **Einheitspreisvertrag**. Ist die **Vergütung pauschaliert** worden, haben die Parteien eine mengenunabhängige Abrechnung, also einen **Aufmaßverzicht**, vereinbart (vgl. 5.3.2). **Nachträge** sollten als solche besonders kenntlich gemacht und nicht unter irgendwelchen Einheitspreispositionen abgerechnet werden (§ 14 Abs. 1 Satz 4 VOB/B), es sei denn, der AG verlangt ausdrücklich deren getrennte Abrechnung. Am sinnvollsten ist es, Nachträge unter einem gesonderten Gliederungspunkt im Anschluss an die vertraglichen Leistungen abzurechnen. Ist der Nachtrag unstreitig, weil er beauftragt wurde, schadet es nicht, die entsprechenden Unterlagen noch einmal beizufügen, weil dem Rechnungsprüfer des AG die Arbeit dadurch erleichtert wird.

Sonstige Ansprüche, beispielsweise Stundenlohnarbeiten, Preisanpassungsansprüche nach § 2 Abs. 3 Nr. 3 VOB/B wegen Mengenunterschreitungen, Ansprüche nach freier (Teil-)Kündigung (§ 8 Abs. 1 Nr. 2 VOB/B) oder wegen Behinderung, sollten im **Anschluss** an die vertraglich vereinbarten Leistungen und eventuellen Nachträgen – wiederum unter eigenen Gliederungspunkten mit Überschriften – abgerechnet werden, um nicht ein gegebenenfalls unbestrittenes Guthaben, das als Abschlagszahlung **sofort** zu zahlen ist, zu gefährden (§ 16 Abs. 3 Nr. 1 Satz 5 VOB/B).Bei umfangreichen **Anlagen** zu den Rechnungen, insbesondere zur Schlussrechnung, empfiehlt es sich, einen oder mehrere **Anlagenordner** mit Trennblättern sowie ein **Inhaltsverzeichnis** anzulegen und bereits bei den jeweiligen Schlussrechnungspositionen anzugeben, wo sich die jeweiligen Unterlagen zu den abgerechneten Leistungen in den Ordnern konkret befinden.

Sowohl bei Einheitspreis- als auch bei Pauschalverträgen gilt, dass nur die **tatsächlich geleisteten Zahlungen** (mit Zahlbetrag und Datum der Zahlung) abzusetzen sind. Deshalb wäre es falsch, unbezahlte Abschlagsrechnungen vom geltend gemachten Schlussrechnungsbetrag abzuziehen.

Der AN muss, abhängig von der vereinbarten **Ausführungsdauer**, zeitnah nach **Fertigstellung** der Leistung die **Schlussrechnung** erstellen und einreichen. Das regelt **§ 14 Abs. 3 VOB/B**. Die tatsächlich erfolgte **Abnahme** ist für die Stellung der Schlussrechnung nicht erforderlich. Denn der AN kann die Erklärung der Abnahme durch den AG nicht erzwingen, weshalb das Recht zur Stellung einer Schlussrechnung davon unabhängig sein muss.

Sind die in § 14 Abs. 3 VOB/B genannten **Fristen** für die Einreichung der Schlussrechnung **fruchtlos verstrichen**, kann der AG dem AN eine angemessene Frist setzen und die Schlussrechnung nach Ablauf dieser Frist auf Kosten des AN selbst aufstellen (**§ 14 Abs. 4 VOB/B**). Das gilt nicht nur, wenn der AN überhaupt keine Schlussrechnung einreicht, sondern auch, wenn sie objektiv **nicht prüfbar** ist. Die vom AG aufgestellte Schlussrechnung muss ebenfalls den Prüfbarkeitskriterien des § 14 Abs. 1 VOB/B entsprechen. Nach Übersendung der Schlussrechnung durch den AG muss der AN in deren Prüfung eintreten und Einwendungen, für die er beweisbelastet ist, geltend machen.

13.2 Erforderlichkeit und Prüfbarkeit des Aufmaßes

Das BGB enthält keine speziellen Regelungen zum Aufmaß. Dennoch gelten die folgenden Ausführungen zu § 14 VOB/B auch für BGB-Verträge sinngemäß, weil auch dort stets prüffähig abgerechnet werden muss (vgl. 13.1.2.1). Beim **Einheitspreisvertrag** muss nach **§ 14 Abs. 1 Satz 3 VOB/B** ein prüfbares **Aufmaß** beigefügt werden. Entspricht die ausgeführte Leistung den **Plänen**, kann, falls nichts anderes vereinbart ist, anhand der Pläne abgerechnet werden, wobei die **Abschnitte 5 der VOB/C** zur Abrechnung der Leistung (DIN 18299 ff.), aber auch eventuelle **vertragliche Abrechnungsvereinbarungen** beachtet werden müssen, soweit sie einschlägig sind (**§ 14 Abs. 2 Satz 2 VOB/B**). Existieren Pläne/Zeichnungen nicht oder wurde davon **abweichend** geleistet, muss für die entsprechenden Leistungen ein **körperliches Aufmaß** vor Ort stattfinden.

Ein **gemeinsames Aufmaß** ist keine zwingende Voraussetzung für die Geltendmachung einer Vergütungsforderung, auch wenn die VOB/B zur Streitvermeidung empfiehlt, dass die notwendigen (Mengen-)Feststellungen dem Fortgang der Leistung entsprechend *„möglichst gemeinsam vorzunehmen"* sind (**§ 14 Abs. 2 Satz 1 VOB/B**). **Gemeinsamen Aufmaßen** kommt grundsätzlich **Anerkenntniswirkung** zu, sodass die dabei getroffenen Feststellungen in der Regel für beide Vertragspartner **verbindlich** sind. Zumindest müsste der AG beweisen, dass die gemeinsam festgestellten Mengen bzw. Massen unzutreffend waren (OLG Frankfurt, Beschluss vom 09.09.2013 – 6 U 187/12; OLG Braunschweig, Urteil vom 18.11.1999 – 8 U 136/99). Liegt kein gemeinsames Aufmaß vor, ist im Streitfall der AN für die Richtigkeit seiner Aufmaßangaben **beweispflichtig**, nicht der AG für eventuelle Kürzungen (OLG Naumburg, Urteil vom 30.11.2007 – 1 U 18/07). Nach herrschender Meinung kann der AG einseitige Aufmaßangaben des AN bestreiten, ohne ein Gegenaufmaß vorzulegen (OLG Bamberg, Beschluss vom 17.05.2016 – 4 U 196/15; anderer Ansicht: Kammergericht, Beschluss vom 15.04.2014 – 27 U 152/13). Darüber hinaus muss zwischen der fehlenden **Prüfbarkeit** und der sachlichen **Richtigkeit** eines Aufmaßes, wie auch bei einer Rechnung insgesamt, unterschieden werden.

In der Praxis werden allzu oft die Möglichkeiten des **§ 14 Abs. 2 Satz 3 VOB/B** für den AN und die Gefahren, die aus einer Missachtung dieser Vorschrift für den AG entstehen können, übersehen. Denn bei Leistungen, die durch den **weiteren Baufortschritt verdeckt** werden (z. B. nach dem Schließen von Wänden oder Decken) oder die später **nicht mehr vorhanden** sind (beispielsweise abtransportiertes Erdreich, Abbruchleistungen oder abgebaute Gerüste), hat der AN **rechtzeitig gemeinsame (Mengen-) Feststellungen** zu beantragen (**§ 14 Abs. 2 Satz 3 VOB/B**). In der **Aufforderung** sollte der AN eine **angemessene Frist** setzen (innerhalb von circa einer Woche) und dabei mitteilen, **dass und weshalb** anschließend eine gemeinsame Feststellung nicht mehr **möglich** ist und die Mengenfeststellung dann **einseitig** erfolgen wird. Das kann und sollte der AN mit einer Aufforderung zur (qualitativen) **Zustandsfeststellung** nach **§ 4 Abs. 10 VOB/B** verbinden (vgl. 10.6.5).

Ist der AG der Aufforderung zur Teilnahme an einem gemeinsamen Aufmaß ohne Nennung wichtiger Gründe nicht nachgekommen, kehrt sich die **Beweislast** für die Richtigkeit der einseitigen Aufmaßangaben des AN um. Jetzt muss nicht mehr der AN die Richtigkeit seiner Mengenangaben beweisen, sondern der AG seine Kürzungen (BGH, Urteil vom 22.05.2003 – VII ZR 143/02). Das gilt immer dann, wenn eine Prüfung vor Ort nachträglich nicht mehr oder nur noch durch zerstörerische Eingriffe möglich ist. Das gilt richtiger Auffassung nach auch, wenn der AG nicht an einer Zustandsfeststellung nach § 4 Abs. 10 VOB/B mitgewirkt hat und zu einem späteren Zeitpunkt Mängel rügt (vgl. 10.6.5). Eine **Umkehr der Beweislast** tritt auch ein, wenn der AG Mengenangaben bereits durch **Prüfvermerke** bestätigt hat (z. B. bei der Prüfung von Abschlagsrechnungen) und davon nachträglich wieder abrücken will (BGH, Urteil vom 24.07.2003 – VII ZR 79/02).

Die **Aufforderung** zur gemeinsamen Aufmaßnahme sollte bei verdeckten Leistungen wegen der damit verbundenen Rechtsfolge zumindest **auch an den AG** gerichtet werden, nicht allein an den Bauüberwacher. Das ist der sicherste Weg, auch wenn überwiegend die Auffassung vertreten wird, dass der bauleitende Architekt des AG auch ohne ausdrückliche Vollmacht zur gemeinsamen Aufmaßnahme befugt ist (OLG Hamm, Urteil vom 12.07.1991 – 26 U 146/89).

Beim **Pauschalvertrag** ist die Erstellung einer prüfbaren **Schlussrechnung** unproblematisch, wenn die beauftragte Leistung vollständig erbracht wurde, weil ein Aufmaß nicht erforderlich ist, es sei denn, eine Partei verlangt eine Anpassung der Pauschale wegen erheblicher Über- oder Unterschreitung der im Vertrag (LV) ausgewiesenen Mengen nach § 2 Abs. 7 Nr. 1 Satz 2 VOB/B (vgl. 5.3.4). Schwieriger ist es bei **Abschlagsrechnungen**, insbesondere, wenn kein Leistungsverzeichnis mit Vordersätzen und Einheitspreisen existiert, wie bei Global-Pauschalverträgen mit funktionalen Leistungsbeschreibungen. Zur Erleichterung der Abrechnung sollten hier Zahlungspläne vereinbart werden, die an klar zu bestimmende Leistungsziele anknüpfen. Das empfiehlt sich auch bei Detail-Pauschalverträgen, weil der AN ansonsten zur prüfbaren Abrechnung ein Aufmaß erstellen muss, das er sich bei Pauschalverträgen ersparen will.

13.3 Fälligkeit der Zahlung

13.3.1 BGB-Vertrag

13.3.1.1 Abschlagszahlungen

§ 632a BGB regelt nicht, wann die **Abschlagszahlung** fällig wird. Nach § 271 BGB wird sie deshalb **sofort** zur Zahlung fällig, wenn prüfbar abgerechnet wurde.

13.3.1.2 Schlusszahlung

Die **Schlusszahlung** ist gemäß § 650g Abs. 4 Nr. 1 BGB fällig, wenn der AG abgenommen hat. Gemäß § 650g Abs. 4 Nr. 2 BGB ist ferner die Erteilung einer prüffähigen Schlussrechnung Fälligkeitsvoraussetzung, nicht aber der Ablauf einer angemessenen Prüffrist nach Erteilung der Schlussrechnung. Mit der Abnahme und Erteilung einer prüfbaren Schlussrechnung ist der Werklohnanspruch gemäß § 641 Abs. 4 BGB zu verzinsen, allerdings nur in Höhe von 4 % (§ 246 BGB) bzw. 5 % bei beiderseitigen Handelsgeschäften (§ 352 Abs. 1 HGB).

13.3.2 VOB/B-Vertrag

13.3.2.1 Abschlagszahlungen

Anders als beim BGB-Vertrag wird die Abschlagsforderung beim VOB/B-Vertrag erst nach **21 Tagen** (drei Wochen) gemäß **§ 16 Abs. 1 Nr. 3 VOB/B fällig**, falls die Rechnung **prüfbar** ist. Ist sie das nicht, sollte der AG die Nichtprüfbarkeit innerhalb dieser Frist rügen, auch wenn die VOB/B dies – im Gegensatz zur Schlussrechnung – nicht ausdrücklich verlangt.

13.3.2.2 Zahlung der Schlussrechnung

Der Anspruch auf Zahlung der **Schlussrechnung** wird spätestens **30 Tage** nach Zugang der Schlussrechnung beim AG **fällig**, falls keine davon abweichende Frist – zulässig sind **höchstens 60 Tage** – vereinbart wurde und eine solche Verlängerung wegen des Umfangs der Rechnung bzw. des Aufwands ihrer Prüfung sachlich gerechtfertigt ist (**§ 16 Abs. 3 Nr. 1 VOB/B**). Weitere Fälligkeitsvoraussetzung für die Schlussrechnung ist ihre Prüfbarkeit nach § 14 VOB/B, die Abnahme, eine Abnahmefiktion nach § 12

Abs. 5 VOB/B bzw. § 640 Abs. 2 BGB oder die unberechtigte Abnahmeverweigerung durch den AG (vgl. 10.4 und 10.5).

Ist der AG der Auffassung, die Rechnung sei **nicht prüfbar**, muss er die Nichtprüfbarkeit innerhalb der **Fälligkeitsfrist** unter Angabe **konkreter Gründe rügen**, sonst geht ihm dieser Einwand endgültig **verloren** (§ 16 Abs. 3 Nr. 1 Satz 3 VOB/B). Hat der Architekt des AG die Rechnung als prüfbar bezeichnet oder sie tatsächlich geprüft, kann der AG nicht mehr einwenden, die Rechnung sei unprüfbar. Das gilt auch für Abschlagsrechnungen.

13.4 Der Zahlungsverzug und seine Konsequenzen

13.4.1 BGB-Vertrag

Der Zahlungsverzug des AG ist in **§ 286 Abs. 1 bzw. Abs. 3 BGB** geregelt. Der AN kann entweder nach Fälligkeit der jeweiligen Forderung – also sofort nach prüfbarer Abrechnung (vgl. 13.3.1) – mahnen (§ 286 Abs. 1 BGB) oder die in **§ 286 Abs. 3 BGB** geregelte Frist von **30 Tagen** nach Fälligkeit und Zugang der prüfbaren Abrechnung abwarten. Danach tritt der Zahlungsverzug automatisch ein. Das gilt sowohl für Abschlagsforderungen als auch für die Schlussrechnung. Gegenüber einem Verbraucher muss der AN allerdings daraufhinweisen, dass er 30 Tage nach Zugang der Rechnung in Zahlungsverzug gerät (§ 286 Abs. 3 Satz 1 BGB).

13.4.2 VOB/B-Vertrag

13.4.2.1 Abschlagszahlungen

Eine Abschlagszahlung wird nach **21 Tagen** fällig, wenn die Abschlagsrechnung prüfbar war. Danach kann der AN entweder – sofort – mit angemessener Nachfristsetzung mahnen (§ 16 Abs. 5 Nr. 3 Satz 1 VOB/B) oder den Ablauf von 30 Tagen nach Fälligkeit abwarten. Denn der AG kommt, ohne dass es einer Nachfrist bedarf, **spätestens 30 Tage** nach Zugang der Abschlagsrechnung in Zahlungsverzug (§ 16 Abs. 5 Nr. 3 Satz 3 VOB/B).

13.4.2.2 Schlusszahlung

Die Schlusszahlung wird spätestens innerhalb von **30 Tagen** nach Zugang der prüfbaren Schlussrechnung fällig. Diese Frist kann durch Vereinbarung bei sachlicher Rechtfertigung auf **maximal 60 Tage** verlängert werden (§ 16 Abs. 3 Nr. 1 Sätze 1 und 2 VOB/B). Ist eine solche Vereinbarung nicht erfolgt, fallen die Fälligkeit und der Zahlungsverzug wegen § 286 Abs. 3 BGB zusammen. Ist die Prüfungsfrist zulässigerweise auf 60 Tage verlängert worden, tritt Zahlungsverzug erst nach 60 Tagen ein (§ 16 Abs. 5 Nr. 3 Satz 4 VOB/B). Für die Rechtzeitigkeit der Zahlung kommt es nicht auf die Vornahme der Zahlungshandlung, sondern auf den Zeitpunkt an, in dem der AN über den erhaltenen Betrag verfügen kann (§ 16 Abs. 5 Nr. 3 Satz 3 VOB/B).

13.4.3 Konsequenzen des Zahlungsverzugs

13.4.3.1 BGB-Vertrag

Der Zahlungsverzug des AG begründet einen **Zinsanspruch** des AN. Die **Verzugszinsen** betragen bei Verträgen mit **Verbrauchern 5 %** über dem Basiszinssatz gemäß § 288 Abs. 1 BGB, **ansonsten 9 %** über dem Basiszinssatz (§ 288 Abs. 2 BGB). Der Basiszinssatz wird regelmäßig zum 01.01. und zum 01.07. eines Jahres (neu) festgesetzt. Der AN kann gemäß § 288 Abs. 3 BGB aber auch höhere Zinsen verlangen, beispielsweise weil er höher verzinsliche Bankkredite in Anspruch nimmt, die er im Fall der rechtzeitigen Zahlung zurückgeführt hätte. Wenn der AG mit der Zahlung einer Abschlagsforderung im Verzug ist, kann der AN gemäß § 320 BGB die **weitere Leistungserbringung verweigern**, um sein Vorleistungsrisiko zu begrenzen. Er sollte die Ausübung des Leistungsverweigerungsrechts aber sicherheitshalber vorher androhen. Falls der AG **Mängel** der Leistung geltend macht, muss der AN wegen des Zurückbehaltungsrechts mit Druckzuschlag gemäß § 641 Abs. 3 BGB vorsichtig sein. Hier gilt nichts anderes als beim VOB/B-Vertrag. Will der AN Risiken, die daraus resultieren können, vermeiden, sollte er stattdessen eine **Bauhandwerkersicherung** nach **§ 650f BGB** verlangen (siehe unten).

Darüber hinaus kann der Zahlungsverzug des AG im BGB-Werk- oder Bauvertrag zu einem **Kündigungsrecht** des AN aus wichtigem Grund gemäß § 648a BGB führen (vgl. 12.3.2).

13.4.3.2 VOB/B-Vertrag

Ist der AG mit der Zahlung von Abschlagsforderungen oder der Schlusszahlung im Verzug, kann der AN – wie beim BGB-Vertrag – **Verzugszinsen** geltend machen (**§ 16**

Abs. 5 Nr. 3 Satz 2 VOB/B i. V. m. § 288 Abs. 1 oder 2 BGB). Für die **Zinshöhe** gilt das zum BGB-Vertrag Ausgeführte entsprechend.

Darüber hinaus kann der AN die **weitere Leistungserbringung verweigern**, falls nach Eintritt des Verzugs mit der Zahlung einer Abschlagsforderung noch eine **weitere angemessene Nachfrist** zur Zahlung (ca. fünf Arbeitstage) fruchtlos verstrichen ist (**§ 16 Abs. 5 Nr. 4 VOB/B**). Sind die Zahlungsansprüche des AN wegen Mängeln oder Gegenfoderungen des AG streitig, sollte der AN vom Leistungsverweigerungsrecht im Zweifel absehen und stattdessen über ein **Sicherheitsverlangen** nach **§ 650f BGB** nachdenken (vgl. Kapitel 15). Das ist mit wesentlich geringeren Risiken verbunden. Denn sind die Zahlungsansprüche nicht prüfbar abgerechnet worden oder sind sie sachlich unbegründet, kommt der AG nicht in Zahlungsverzug, sodass er auf die – unberechtigte – Leistungsverweigerung des AN mit einer schadensersatzbegründenden Kündigung reagieren kann. Besonders heikel wird es, wenn die erbrachte Leistung Mängel aufweist, was zu einem **Zurückbehaltungsrecht** des AG mit **Druckzuschlag** nach § 641 Abs. 3 BGB führt (vgl. 11.2.2.3). Vom Leistungsverweigerungsrecht des § 16 Abs. 5 Nr. 4 VOB/B sollte deshalb nur in wirklich eindeutigen Fällen des Zahlungsverzugs und nach vorheriger Androhung Gebrauch gemacht werden. Das Gleiche gilt natürlich auch bei einem BGB-Vertrag (siehe oben).

Ob der AN bei Zahlungsverzug die **Beseitigung von Mängeln** verweigern darf, ist nicht so einfach zu beantworten. Denn der AG hat bei Mängeln der abgerechneten Leistungen ein Zurückbehaltungsrecht mit Druckzuschlag gemäß § 641 Abs. 3 BGB (siehe oben). Nur wenn **danach** noch ein **unstreitiges Guthaben** verbleibt, kommt das Recht, die Mängelbeseitigung zu verweigern, in Betracht. Wegen der damit oftmals verbundenen Unwägbarkeiten sollte der AN auch hier an die Möglichkeiten der **Bauhandwerkersicherheit** nach **§ 650f BGB** denken. Denn darauf besteht auch nach Abnahme und selbst bei mangelhaften Leistungen oder streitigen Gegenforderungen zweifelsfrei ein Anspruch (vgl. 15.1.2).

Der AN kann unter den weiteren Voraussetzungen des § 9 Abs. 2 VOB/B (angemessene Nachfristsetzung mit Kündigungsandrohung) den Vertrag wegen Zahlungsverzugs gemäß § 9 Abs. 1 Nr. 2 VOB/B auch schriftlich **kündigen** (vgl. 12.3.3.3 f.).

13.5 Schlusszahlung des AG beim VOB/B-Vertrag

Die VOB/B enthält in § 16 Abs. 3 Nr. 2 bis 6 **besondere Regelungen** für die **Schlusszahlung** des AG.

13.5.1 Schlusszahlungserklärung des AG

Bringt der AG **eindeutig** und **schriftlich** zum Ausdruck, dass mit seiner Zahlung die Schlussrechnung abgegolten sein soll und weist er dabei – wiederum **schriftlich** – auf die **Ausschlusswirkung** hin (**§ 16 Abs. 3 Nr. 2 VOB/B**), muss der AN reagieren, wenn er keine Rechtsnachteile riskieren will. Nach § 16 Abs. 3 Nr. 3 VOB/B steht es einer Schlusszahlung gleich, wenn der AG unter Hinweis auf bereits geleistete Zahlungen weitere Zahlungen endgültig und schriftlich ablehnt.

Wegen der schwerwiegenden Folgen einer Schlusszahlungserklärung sollte der Hinweis des AG **eindeutig** zum Ausdruck bringen, dass er **jede weitere Zahlung ablehnt** und Nachforderungen ausgeschlossen sind, falls der AN den Vorbehalt nicht rechtzeitig erklärt bzw. begründet (BGH, Urteil vom 17.12.1998 – VII ZR 37/98; OLG Karlsruhe, Urteil vom 22.10.2008 – 7 U 254/07). Die bloße Rüge von Mängeln und das damit verbundene Zurückbehaltungsrecht oder die Geltendmachung von Gegenforderungen reichen dafür nicht. Die Hinweise des AG müssen in einem **gesonderten Schreiben**, nicht etwa nur auf dem Scheck oder im Betreff eines Überweisungsträgers, erfolgen (OLG Köln, Urteil vom 06.09.1994 – 19 U 205/92). Eine **einfache Mail** empfiehlt sich dafür nicht (vgl. 4.2.3.1).

13.5.2 Vorbehaltserklärung und Vorbehaltsbegründung des AN

Im Fall einer Schlusszahlungserklärung des AG muss der AN **binnen 28 Tagen** nach deren Zugang in **eindeutiger Form** erklären, dass er sich **weitere Ansprüche vorbehalte** (**§ 16 Abs. 3 Nr. 5 Satz 1 VOB/B**). Aus Beweisgründen sollte der Vorbehalt auf mehreren Wegen parallel oder durch Einschreiben mit Rückschein, in jedem Fall aber **schriftlich**, mitgeteilt werden (vgl. 4.2.1.3).

Gemäß **§ 16 Abs. 5 Nr. 3 Satz 2 VOB/B** muss der Vorbehalt binnen **weiterer 28 Tage begründet** werden. Wurden vom AN bereits prüfbar abgerechnete Ansprüche vom AG gekürzt, beispielsweise wegen Aufmaßkorrekturen oder Mängel- bzw. Gegenansprüchen, ist eine Vorbehaltsbegründung ausnahmsweise entbehrlich. Ansonsten muss der AN innerhalb von weiteren 28 Tagen eine prüfbare Rechnung über die vorbehaltenen Forderungen einreichen oder, wenn das nicht möglich ist, den Vorbehalt eingehend begründen (§ 16 Abs. 3 Nr. 5 Satz 2 VOB/B). Der AN muss, wenn er über seine Schlussrechnung hinaus **weitere Ansprüche** geltend machen will oder seine Schlussrechnung – gegebenenfalls teilweise – nicht prüfbar ist, eine prüfbare Abrechnung innerhalb der Begründungsfrist von weiteren 28 Tagen nachholen. Denn die **Ausschlusswirkung** umfasst auch **Positionen des LV**, deren Abrechnung der AN vergessen hat, sowie **alle weiteren noch nicht abgerechneten Ansprüche** (BGH, Urteil vom 24.03.2016 – VII ZR 201/15).

13.5.3 Rechtsfolgen der Fristversäumung

Wird ein Vorbehalt vom AN nicht, zu früh – vor der Schlusszahlungserklärung des AG – oder zu spät erklärt, ist der AN mit weiteren Ansprüchen grundsätzlich **ausgeschlossen (§ 16 Abs. 3 Nr. 2 VOB/B)**. Ein rechtzeitig erklärter Vorbehalt wird **hinfällig**, wenn er nicht innerhalb von **weiteren 28 Tagen** durch eine **prüfbare Abrechnung** begründet wird, soweit das noch nicht erfolgt ist (siehe oben). Die Ausschlussfristen gelten nach § 16 Abs. 3 Nr. 6 VOB/B dagegen nicht, wenn der AN die Richtigstellung seiner Schlussrechnung wegen Aufmaß-, Rechen- und Übertragungsfehlern verlangt.

13.5.4 AGB-rechtliche Unwirksamkeit von § 16 Abs. 3 Nr. 2 bis 5 VOB/B

Unterliegen die Einzelbestimmungen der VOB/B einer **AGB-rechtlichen Inhaltskontrolle** nach § 307 BGB, weil sie nicht „im Ganzen" vereinbart wurde, sind die Regelungen zur Schlusszahlung nach § 16 Abs. 3 Nr. 2 bis 5 VOB/B nach unbetrittener Auffassung wegen unangemessener Benachteiligung des AN **unwirksam** (vgl. 3.3.2 und 3.3.3), weil sie den AN gegenüber dem Gesetz schlechter stellen. Denn danach verjährt der Zahlungsanspruch frühestens nach drei Jahren gemäß den §§ 195, 199 Abs. 1 BGB (vgl. 13.6.1, BGH, Urteile vom 09.10.2001 – X ZR 153/99 und vom 19.03.1998 – VII ZR 116/97). Wichtig ist, dass **jede** vertragliche **Abweichung von der VOB/B** dazu führt, dass sie nicht „als Ganzes" vereinbart ist. Es kommt folglich nicht darauf an, welches **Gewicht** der Eingriff hat (BGH, Urteil vom 22.01.2004 – VII ZR 419/02). Deshalb läuft die Einrede der vorbehaltlosen Annahme der Schlusszahlung und damit der Ausschluss von Nachforderungen dann leer, falls der Vertrag – wie häufig – Abweichungen von der VOB/B enthält und der AN sich auf die Unwirksamkeit der „Schlusszahlungsfalle" beruft.

Aus diesem Grund sollte ein AG, der im Vertrag von der VOB/B abweicht, aber dennoch eine rasche Klärung der Zahlungsansprüche des AN vor Eintritt der Verjährung anstrebt, die Fristen des § 16 Abs. 3 Nr. 5 VOB/B durch eine entsprechende **Vertragsregelung** deutlich, mindestens auf jeweils drei Monate verlängern oder verbindliche und beweisbare **Schlusszahlungsvereinbarungen** mit dem AN treffen. Letzterenfalls sind Nachforderungen des AN, aber auch Rückforderungsansprüche des AG, unabhängig von § 16 Abs. 3 Nr. 2 VOB/B regelmäßig ausgeschlossen.

13.6 Verjährung der Werklohnforderung

13.6.1 Regelfrist drei Jahre

Der Anspruch auf **Zahlung der Schlussrechnung verjährt** in der allgemeinen Verjährungsfrist von **drei Jahren** (**§ 195 BGB**), die mit dem Ende des Jahres beginnt, in dem der Anspruch fällig geworden ist (**§ 199 Abs. 1 BGB**).

Prüft der AG eine **VOB/B-Schlussrechnung**, die ihm am 04.12.2022 zugegangen ist, bereits am 15.12.2022 abschließend, beginnt die Verjährung schon am 01.01.2023 und tritt mit Ablauf des 31.12.2025 ein. Erfolgt die Prüfung und Feststellung dagegen am 04.01.2023, beginnt die Verjährung erst am 01.01.2024 und tritt am Ende des 31.12.2026 ein. **Achtung:** Bei einem **BGB-Bauvertrag** kommt es für die Fälligkeit des Zahlungsanspruchs „nur" auf den Zugang der prüffähigen Rechnung an, nicht auf die Mitteilung des Prüfergebnisses durch den AG oder den Ablauf einer angemessenen Prüfungsfrist (vgl. 13.3.1). Das ist bei Vereinbarung der VOB/B anders. Geht die (prüfbare) Schlussrechnung dem AG beispielsweise am 17.12.2023 zu, wird sie – falls der AG nicht vor Jahresende prüft – erst im Jahr 2024 fällig, sodass die Verjährung am 01.01.2025 beginnt und am 31.12.2027 eintritt. Bei einem **BGB-Vertrag** würde die Verjährung dagegen bereits am 01.01.2024 beginnen und mit Ablauf des 31.12.2026 eintreten.

Werden in einer Schlussrechnung **Ansprüche nicht geltend gemacht**, beispielsweise weil der AN sie vergessen hat, oder wurden Ansprüche **falsch berechnet**, tritt die Verjährung dennoch einheitlich mit der gestellten Schlussrechnung ein. Eine Nachberechnung ist infolgedessen nur möglich, wenn der Werklohnanspruch aus der Schlussrechnung selbst noch nicht verjährt ist (OLG Brandenburg, Urteil vom 10.03.2003 – 4 U 174/02).

13.6.2 Hemmung der Verjährung

Eine Hemmung der Verjährung tritt ein, wenn Ansprüche durch **Mahnbescheid** oder **Klage** geltend gemacht werden (§ 204 Abs. 1 Nr. 1 und 3 BGB). Vorsicht ist bei **selbst ausgefüllten Mahnbescheidsformularen** geboten. Denn hier besteht die Gefahr, dass der oder die Ansprüche dort nicht **konkret** oder **richtig** beschrieben worden sind (BGH, Urteil vom 17.12.1992 - VII ZR 84/92). Dem Praktiker kann folglich in kritischen Fällen nicht geraten werden, die drohende Verjährung durch einen selbst erstellten Mahnbescheidsantrag zu hemmen.

Die Verjährung kann auch bei **Verhandlungen** über den Anspruch gemäß **§ 203 BGB gehemmt** werden. Der Begriff „Verhandlung" ist weit auszulegen. Eine Vergleichsbereitschaft muss nicht signalisiert werden (BGH, Beschluss vom 08.12.2011 - V ZR 110/11). Verhandlungen setzen aber einen **Meinungsaustausch** über Grund oder Höhe der Forderung voraus, sodass beispielsweise ein abgelehntes Gesprächsangebot dafür nicht ausreicht. Liegt eine Hemmung der Verjährung wegen Verhandlungen vor, kann die Verjährung frühesten drei Monate nach dem Ende der Hemmung eintreten.

Es empfiehlt sich, **regelmäßig**, insbesondere vor **Jahresende**, genau zu prüfen, ob eine Verjährung droht. Das sollte aber nicht erst zwei Tage vor Weihnachten, sondern so **rechtzeitig** erfolgen, dass der Anwalt Verjährungsfragen prüfen und sichere verjährungshemmende Maßnahmen veranlassen kann.

13.6.3 Neubeginn der Verjährung

Die **Anerkennung** eines Zahlungsanspruchs durch den Schuldner (AG) führt nach **§ 212 Abs. 1 Nr. 1 BGB** zum **Neubeginn** der Verjährung. Es dürfte sich von selbst verstehen, dass bloße Mahnungen des AN weder zu einer Hemmung der Verjährung führen und schon gar nicht für ein Anerkenntnis des AG ausreichen. Wer Risiken vermeiden will, muss den sichersten Weg gehen und Zahlungsansprüche, die auch nur in die Nähe der Verjährung zu geraten drohen, rechtzeitig klageweise geltend machen oder mit dem AG eine - aus Beweisgründen schriftliche - verjährungverlängernde Vereinbarung treffen.

14
SICHERHEITEN FÜR DEN AUFTRAGGEBER

14.1 Vertragliche Vereinbarung

Der AG hat nur dann einen Anspruch auf Sicherheit, wenn dies **vereinbart** wurde (**§ 17 Abs. 1 VOB/B**). Es gibt beim VOB/B-Bauvertrag kein automatisches Recht, Abschlagsrechnungen oder die Schlussrechnung um einen bestimmten Prozentsatz zu kürzen. Das gilt auch beim BGB-Bauvertrag **(§ 232 Abs. 1 BGB)**. Eine **Ausnahme** davon regelt § 650m Abs. 2 BGB für den **Verbraucherbauvertrag** (§ 650i BGB). Verbrauchern billigt das Gesetz eine Vertragserfüllungssicherheit i. H. v. 5 % der Auftragssumme zu, falls der AN eine Abschlagszahlung verlangt. Sicherheiten zugunsten des AN sind in § 17 VOB/B nicht geregelt (vgl. dazu das folgende Kapitel 15).

14.2 Sicherungszwecke

Die Sicherheit dient nach § 17 Abs. 1 Nr. 2 VOB/B dazu, die **vertragsgemäße Ausführung** der Leistung und die **Mängelansprüche** sicherzustellen. Im Vertrag sollten die **Sicherungszwecke ausdrücklich geregelt** werden. Dafür reicht es nicht aus, wenn es im Vertrag lediglich heißt, dass der AG Abschlagszahlungen in Höhe von 90 % leistet. Weil der AN sowohl nach Gesetz (§ 632a BGB) als auch nach § 16 Abs. 1 Nr. 1 VOB/B einen Anspruch auf Zahlung von 100 % des Werts der nachgewiesenen vertragsgemäßen Leistung hat, wäre eine solche Regelung nicht nur eine Abänderung der VOB/B (BGH, Urteil vom 19.01.2023 – VII ZR 34/20), sie wäre mangels Sicherungsvereinbarung auch AGB-widrig.

Der Begriff *vertragsgemäße Ausführung der Leistung* im Sinne von § 17 Abs. 1 Nr. 2 VOB/B umfasst alle beauftragten Leistungen, Mängelansprüche des AG bis zur Abnahme (auch für solche Mängel, die bereits bei der Abnahme erkannt und gerügt worden sind), Vertragsstrafenansprüche, Ansprüche wegen Nichterfüllung durch den AN, insbesondere nach einer Kündigung aus wichtigem Grund, sowie Ansprüche wegen Überzahlung. Wenn eine wirksame Sicherungsvereinbarung vorliegt, regelt **§ 17 VOB/B** die **Einzelheiten** zu den **Arten der Sicherheit** und deren **Handhabung**. Die Sicherheit für **Mängelansprüche** umfasst alle während der Verjährungsfrist auftretenden Mängel, einschließlich der vom AG bei der Abnahme gerügten Mängel, auch Mängel aus Nachtragsleistungen, den Vorschussanspruch für die voraussichtlichen Mängelbeseitigungskosten (§ 637 Abs. 3 BGB), nicht aber Mängelansprüche, die schon vor der Abnahme entstanden und bei der Abnahme nicht gerügt und vorbehalten worden sind. Bei **Abbruch- oder Gerüstbauarbeiten** kommen Mängelansprüche nach Abnahme, im Fall des Gerüsts nach dessen Abbau, grundsätzlich nicht in Betracht, sodass – auch bei vereinbarter Mängelsicherheit – ein Zahlungsanspruch in voller Höhe besteht, wenn die Leistungen vollständig und mängelfrei erbracht worden sind.

14.2.1 Höhe der Sicherheit

In welcher **Höhe** der AN Sicherheit zu leisten hat, richtet sich nach dem Vertrag. Dabei muss der AG jedoch beachten, dass **Sicherungsvereinbarungen** in aller Regel **Allgemeine Geschäftsbedingungen (AGB)** darstellen. Deshalb dürfen sie den AN nicht unangemessen benachteiligen, sonst sind sie gemäß § 307 BGB unwirksam (vgl. 3.2). Das gilt insbesondere, wenn die von der Rechtsprechung vorgesehenen **Obergrenzen** überschritten werden. **Individualvertraglich** können auch höhere Sicherheiten vereinbart werden. Der AG muss aber beachten, dass die Voraussetzungen für ausgehandelte Vereinbarungen nach der Rechtsprechung außerordentlich streng sind (vgl. 3.1).

14.2.1.1 Höhe der Sicherheit für die Vertragserfüllung

Die Höhe einer **Vertragserfüllungssicherheit** darf **maximal 10 %** der **Auftragssumme** betragen (§ 17 Abs. 6 Nr. 1 Satz 1 VOB/B). Dabei muss auf den **Nettobetrag** abgestellt werden, wenn der AG Umsatzsteuerschuldner nach § 13b UStG ist (§ 17 Abs. 6 Nr. 1 Satz 2 VOB/B). Wird diese von der Rechtsprechung gebildete **Obergrenze** überschritten und stellt die Sicherungsabrede im Vertrag eine AGB dar, ist sie **unwirksam** (§ 307 Abs. 1 BGB), sodass der AG überhaupt keine Sicherheit mehr verlangen kann. Wegen der weiteren Einzelheiten zu unwirksamen Sicherungsabreden wird auf 14.5 verwiesen.

14.2.1.2 Höhe der Sicherheit für Mängelansprüche

Bei der **Sicherheit für Mängelansprüche** besteht hinsichtlich der **Höhe** eine Besonderheit im Vergleich zur Vertragserfüllungssicherheit. Die AGB-rechtlich zulässige **Obergrenze** für diese Sicherheit beträgt nach der Rechtsprechung **5 %** der **Netto-Schlussrechnungssumme**, wenn der AG Umsatzsteuerschuldner nach § 13b UStG ist. Wird auf den Auftragswert abgestellt, kann sich beispielsweise bei Mengenminderungen oder einer Kündigung durch den AG eine im Ergebnis zu hohe Sicherheit ergeben (BGH, Urteil vom 22.01.2015 – VII ZR 120/14).

14.3 Arten der Sicherheit

14.3.1 Bareinbehalt und Sperrkonto

Haben die Parteien eine Sicherungsabrede getroffen, werden in **§ 17 Abs. 2 VOB/B** die **verschiedenen Arten der Sicherheiten** geregelt. Vielfach wird in Bauverträgen vereinbart, dass Abschlagsrechnungen des AN nur in Höhe von 90 % gezahlt werden. Die übrigen 10 % darf der AG als Sicherheit einbehalten (**§ 17 Abs. 6 Nr. 1 VOB/B**). Dabei wäre eine Vereinbarung zulässig, die den AN primär zur Stellung der Vertragserfüllungssicherheit, beispielsweise durch eine Bürgschaft (vgl. 14.3.2), verpflichtet, wohingegen der AG berechtigt ist, in Höhe der vereinbarten Sicherheit einen **Bareinbehalt** vorzunehmen, falls der AN dieser Verpflichtung nicht nachkommt (§ 17 Abs. 7 Satz 2 VOB/B).

Allerdings darf der AG den einbehaltenen Betrag nicht auf seinem eigenen Konto belassen, sondern muss ihn binnen **18 Werktagen** (drei Wochen) auf ein **Sperrkonto** einzahlen und das Kreditinstitut veranlassen, den AN über die Einzahlung zu benachrichtigen (§ 17 Abs. 6 Nr. 1 Sätze 3 und 4 VOB/B). Das Sperrkonto muss so ausgestaltet sein, dass der AG und der AN nur gemeinsam verfügungsberechtigt sind (**„Und-Konto“**) und etwaige Zinsen dem AN zustehen (§ 17 Abs. 6 Satz 5 i. V. m. Abs. 5 Satz 2 VOB/B). Nach § 17 Abs. 6 Nr. 4 VOB/B sind **öffentliche AG befugt**, einen Bareinbehalt unverzinst auf einem eigenen **Verwahrgeldkonto** zu behalten. Erfüllt der AG diese Verpflichtung zur Einzahlung des Sicherheitseinbehalts auf ein Sperrkonto – nach Ablauf der Frist von 18 Werktagen (siehe oben) – auch nicht innerhalb einer vom **AN angemessen gesetzten Nachfrist** (circa fünf Arbeitstage), kann der AN die sofortige Auszahlung **des einbehaltenen Betrags** verlangen und braucht dann keine Sicherheit **mehr** zu leisten (**§ 17 Abs. 6 Nr. 3 VOB/B**). Das gleiche Procedere gilt auch bei einem Bareinbehalt für **Mängelansprüche** (Gewährleistungseinbehalt). Auch diesen hat der AG unaufgefordert innerhalb von 18 Werktagen auf ein Sperrkonto einzuzahlen. Tut er das nicht, kann der AN eine Nachfrist setzen, nach deren fruchtlosem Ablauf er keine Gewährsleistungssicherheit mehr leisten muss. Der AG verliert darüber hinaus auch **zukünftig** das Recht, Teilbeträge bis zum Erreichen der Sicherheitssumme einzubehalten, oder das Recht auf eine Gewährleistungsbürgschaft.

Der BGH hat es allerdings für **zulässig** erklärt, die Einzahlung auf ein **Sperrkonto auszuschließen** und dem AN nur die Möglichkeit der Ablösung des Einbehalts durch eine **Bürgschaft** zu belassen (BGH, Urteil vom 23.09.2004 – VII ZR 173/03). Der Ausschluss des Sperrkontos muss im Vertrag aber eindeutig geregelt werden. Die Formulierung, dass der Vertragserfüllungs- bzw. Gewährleistungseinbehalt durch eine Bürgschaft abgelöst werden „kann“, begründet keinen Ausschluss des Sperrkontos (BGH, Beschluss vom 10.11.2005 – VII ZR 11/04). „Können“ heißt nicht „müssen“.

14.3.2 Erfüllungs- und Mängelsicherheitsbürgschaft

14.3.2.1 Anforderungen an die Bürgschaft

Die Stellung einer Erfüllungs- oder Mängelsicherheit durch Bürgschaften ist in **§ 17 Abs. 2 und Abs. 4 VOB/B** geregelt. Wer als tauglicher Bürge in Betracht kommt, bestimmt § 17 Abs. 2 VOB/B, den Inhalt der Bürgschaftserklärung regelt § 17 Abs. 4 VOB/B. Danach muss die Bürgschaftserklärung vor allem **unbefristet** sein. Darauf muss ein AG achten und eine befristete Erfüllungs- oder Mängelsicherheitsbürgschaft zurückweisen. Akzeptiert er sie dennoch, kann er den Bürgen nach Fristablauf nicht mehr in Anspruch nehmen, auch wenn seine Mängelansprüche gegen den AN noch nicht verjährt sind.

Die Bürgschaft darf den Bürgen nicht zur Zahlung **auf erstes Anfordern** verpflichten (§ 17 Abs. 4 Satz 3 VOB/B). Eine solche Vereinbarung ist nach der Rechtsprechung AGB-rechtlich unwirksam (BGH, Urteil vom 09.12.2004 – VII ZR 265/03). Eine solche Klausel kann auch nicht dahingehend aufrechterhalten werden, dass der AN berechtigt ist, den Sicherheitseinbehalt durch eine „normale" Bürgschaft abzulösen (BGH, Urteile vom 22.11.2001 – VII ZR 208/00 und vom 14.06.2014 – VII ZR 152/12). Ist der AN nach dem Vertrag zur Stellung einer Sicherheit, z. B. durch Bürgschaft, verpflichtet, muss er sie **18 Werktage nach Vertragsabschluss** übergeben, wenn nichts anderes vereinbart ist (§ 17 Abs. 7 Satz 1 VOB/B). Kommt der AN dieser Verpflichtung nicht nach, kann der AG schon von der ersten Abschlagsrechnung des AN einen Betrag in Höhe der insgesamt vereinbarten Sicherheit einbehalten (§ 17 Abs. 7 Satz 2 VOB/B).

14.3.2.2 Unwirksame Bürgschaftsklauseln

Um **inhaltlich ungenügende Bürgschaften** einerseits zu vermeiden, andererseits aber keine **AGB-rechtlich unwirksamen Voraussetzungen** aufzustellen, empfiehlt es sich für den AG, entweder nicht vom Wortlaut in § 17 Abs. 2 und 4 VOB/B abzuweichen oder, wenn ein konkretes **Bürgschaftsmuster** im Vertrag vereinbart wird, den Text juristisch prüfen zu lassen, um unwirksame Vereinbarungen zu vermeiden. AGB-rechtlich besonders problematisch sind Vereinbarungen, in denen der Bürge auf **Einreden** verzichten muss, die dem AN gegenüber dem AG zustehen oder die es dem Bürgen versagen, sich darauf zu berufen, dass sich der AG durch eine **Aufrechnung** gegen eine fällige und unbetrittene Forderung des AN befriedigen kann (§§ 768 und 770 Abs. 2 BGB). Solche Klauseln sind **AGB-rechtlich unwirksam** (BGH, Urteil vom 16.06.2009 – XI ZR 145/08; BGH, Urteil vom 24.10.2017 – XI ZR 600/16). Wir kommen darauf noch einmal unter 14.5.2 zurück.

14.4 Wahl- und Austauschrecht des AN

Nach **§ 17 Abs. 3 VOB/B** hat der AN im Ausgangspunkt unter den **verschiedenen Arten der Sicherheiten die Wahl** und er hat darüber hinaus das Recht, eine bereits gestellte Sicherheit durch eine andere zu **ersetzen**.

Der BGH hält es jedoch auch in Allgemeinen Geschäftsbedingungen (AGB) für zulässig, die **Einzahlung auf ein Sperrkonto** gemäß § 17 Abs. 6 Nr. 1 VOB/B **auszuschließen** und dem AN nur die Möglichkeit der Ablösung des Einbehalts durch Übergabe einer **unbefristeten Bürgschaft** zu belassen. Das Sperrkonto nach § 17 Abs. 6 Nr. 1 VOB/B muss dabei aber **ausdrücklich abbedungen** werden (vgl. 14.3.1). Stellt der AN eine Bürgschaft zur Ablösung des Bareinbehalts und ist der **Sicherungsfall noch nicht eingetreten**, muss der AG den Sicherheitseinbehalt auszahlen, wenn er ihn nicht verlieren will. Ist der **Sicherungsfall** bereits **eingetreten**, kann der AG entweder die Bürgschaft annehmen, muss dann aber die einbehaltene Sicherheit auszahlen oder sie zurückweisen und den Einbehalt verwerten. Welche Möglichkeit er wählt, muss der AG gegenüber dem AN innerhalb angemessener, aber kurzer Frist **erklären**, anderenfalls verbleibt es beim **Austauschrecht** des AN nach § 17 Abs. 3 VOB/B (BGH, Urteile vom 10.02.2011 - IX ZR 73/10 und vom 13.09.2021 - VII ZR 467/00).

In zahlreichen Bauverträgen wird das Wahl- und Austauschrecht des AN nach § 17 Abs. 3 VOB/B unzulässig eingeschränkt, was zu einer AGB-rechtlich unwirksamen Sicherheitsabrede insgesamt führen kann (vgl. 14.5). Das macht erneut deutlich, dass Sicherungsabreden in Bauverträgen von „Profis" verfasst werden sollten, wenn man als AG unwirksame Sicherheitsvereinbarungen vermeiden will.

14.5 Unwirksame Sicherungsklauseln

14.5.1 AGB-Inhaltskontrolle

Sicherungsvereinbarungen in Bauverträgen sind meistens **Allgemeine Geschäftsbedingungen** (AGB), sodass sie nach § 307 Abs. 1 BGB **unwirksam** sein können, wenn sie den AN entgegen den Geboten von Treu und Glauben **unangemessen benachteiligen**. Das ist bei einer Überschreitung der Obergrenzen von 10 % für die Vertragserfüllungs- und 5 % für die Mängelsicherheit ohne Weiteres der Fall (vgl. 14.2.1). Deshalb ist es AGB-rechtlich eindeutig unzulässig, wenn der AG nach der vertraglichen Sicherungsklausel berechtigt ist, neben einem Bareinbehalt i. H. v. 10 % **zusätzlich** noch eine Vertragserfüllungsbürgschaft i. H. v. 10 % (oder auch 5 %) zu verlangen (BGH, Urteil vom 09.12.2010 – VII ZR 7/10).

14.5.2 Beispiele für unwirksame Sicherungsklauseln

Darüber hinaus gibt es eine Vielzahl **obergerichtlicher Entscheidungen**, die sich mit der **Unwirksamkeit** von **Sicherungsklauseln** im Bauvertrag befassen. Weil es sich dabei um ein komplexes juristisches Thema handelt, wollen wir es bei wenigen Beispielen belassen, um Praktikern vor Augen zu führen, dass sie bei der Gestaltung bzw. Formulierung von Sicherungsvereinbarungen auf juristischen Sachverstand zurückgreifen sollten.

Kritisch und meist unwirksam sind Klauseln, die zwar nicht die oben genannten Höchstgrenzen überschreiten, bei denen die Unwirksamkeit aber aus sogenannten „**Kumulierungsvereinbarungen**" folgt. Das ist beispielsweise der Fall, wenn eine Vertragserfüllungssicherheit i. H. v. 10 % auch **nach der Abnahme** der Leistung Mängelansprüche des AG umfasst (ohne dass diese bereits **bei der Abnahme** gerügt und vorbehalten wurden) oder wenn eine **Addition** von Erfüllungs- und Mängelsicherheit zulasten des AN stattfindet (BGH, Urteil vom 16.07.2020 – VII ZR 159/19). Auch eine Sicherungsabrede von nur 6 %, die *„sämtliche Ansprüche"* und damit sowohl Vertragserfüllungs- als auch Mängelansprüche nach Abnahme sichern soll bzw. sichern kann, ist allein wegen Überschreitung der 5 %-Grenze für Mängelansprüche nach Abnahme **insgesamt unwirksam**, sodass der AN weder eine Vertragserfüllungs- noch eine Mängelsicherheit stellen muss (OLG Celle, Urteil vom 06.04.2017 – 8 U 204/16).

Gefährlich wird es auch, wenn der Bürge nach der Sicherungsabrede auf **Einreden** verzichten muss, die dem AN zustehen (§ 768 BGB), oder der Bürge sich nicht darauf berufen darf, dass sich der AG durch eine **Aufrechnung** mit unbestrittenen oder rechtskräftig festgestellten Forderungen befriedigen kann (**§ 770 Abs. 2 BGB**), sodass seine Inanspruchnahme entbehrlich ist. Im ersten Fall (Ausschluss von § 768 BGB) besteht allerdings eine nur schwer nachvollziehbare Besonderheit. Der BGH geht nämlich davon aus, dass die Sicherungsabrede nicht insgesamt unwirksam ist; der AN müsse zumindest eine „normale" Bürgschaft stellen, also ohne die Einredeverzichte (BGH Urteile vom 12.02.2009 – VII ZR 39/08 und vom 16.06.2016 – VII ZR 29/13). Beim vollständigen Ausschluss des § 770 Abs. 2 BGB (Einrede der Aufrechenbarkeit auch mit unbestrittenen Forderungen) soll genau das nicht in Betracht kommen, sodass in diesem Fall die **Sicherungsabrede ingesamt unwirksam** ist (BGH, Urteil vom 24.10.2017 – XI ZR 600/16).

Man kann Auftraggebern deshalb nur noch einmal dringend empfehlen, Sicherungsabreden in Bauverträgen, die standardmäßig verwendet werden, regelmäßig zu **überprüfen** oder von Fachleuten formulieren zu lassen. Denn deren Unwirksamkeit hat im Zweifel zur Folge, dass der AN **überhaupt keine Sicherheit** mehr leisten muss. Die unwirksame Klausel wird – von Ausnahmen abgesehen (siehe oben) – nicht auf das gerade noch zulässige Maß reduziert, sondern ist insgesamt nichtig. Dann gilt das Gesetz und dieses besagt: Für 100 % Leistung gibt es 100 % Vergütung.

Architekten, die im Rahmen der **Leistungsphase 7** die Verwendung von Vertragsmustern mit Sicherungsabreden empfehlen, die nicht oder nicht mehr der aktuellen Rechtsprechung genügen, haften möglicherweise für einen dadurch entstehenden Schaden (OLG Brandenburg, Urteil vom 26.092002 – 12 U 63/02). Deshalb ist es auch für sie angebracht, solche, aber auch andere Klauseln, beispielsweise zu Vertragsstrafen oder zur Verjährung von Mängelansprüchen, in regelmäßigen Abständen juristisch überprüfen zu lassen (BGH, Urteil vom 02.12.1985 – VII ZR 330/81).

14.6 Rückgabe der Sicherheit

14.6.1 Vertragserfüllungssicherheit

Die **Vertragserfüllungssicherheit** ist zum vereinbarten Zeitpunkt, spätestens nach Abnahme und Stellung der Sicherheit für Mangelansprüche, zurückzugeben (**§ 17 Abs. 8 Nr. 1 VOB/B**). Das gilt aber nicht, wenn zu diesem Zeitpunkt noch Ansprüche des AG bestehen, die von der Sicherheit erfasst sind (vgl. 14.2). Dann darf der AG einen entsprechenden **Teil** der Sicherheit einbehalten, nicht die Sicherheit insgesamt.

14.6.2 Sicherheit für Mängelansprüche

Für die **Mängelsicherheit** enthält **§ 17 Abs. 8 Nr. 2 Satz 1 VOB/B** eine in der Praxis oftmals unbekannte Besonderheit. Danach ist die Sicherheit – trotz längerer Gewährleistungsfristen für Mängelansprüche – bereits nach **zwei Jahren** zurückzugeben, wenn im Bauvertrag **nichts anderes vereinbart** ist und zu **diesem Zeitpunkt** keine unerledigten Mängelansprüche mehr bestehen. Möglich ist jedoch die häufig anzutreffende Regelung, wonach die Mängelsicherheit erst nach **Ablauf der Verjährungsfrist** für Mängelansprüche zurückzugeben ist. Das ist nach § 17 Abs. 8 Nr. 1 Satz 2 VOB/B ausdrücklich zulässig, hat nach herrschender Auffassung aber zur Folge, dass die VOB/B nicht mehr „im Ganzen" vereinbart ist und deshalb ihre AGB-rechtliche

Privilegierung entfällt (vgl. 3.3.2). Bei einer solchen Vereinbarung muss der AG aber wiederum aufpassen. Denn es muss vermieden werden, dass wegen möglicherweise nur noch geringfügiger Mängelansprüche die Gewährleistungsbürgschaft in vollem Umfang behalten werden darf, also keine Teilenthaftung vorgesehen ist, weil das AGB-rechtlich unzulässig wäre (BGH, Urteil vom 26.03.2015 - VII ZR 92/14). Einen solchen Fall zeigt das folgende Beispiel:

Bestehen im Rückgabezeitpunkt noch **unerledigte Mängelansprüche**, darf der AG einen entsprechenden Teil der Sicherheit mit Druckzuschlag (§ 641 Abs. 3 BGB) zurückbehalten (§ 17 Abs. 8 Nr. 2 Satz 2 VOB/B). Wenn beispielsweise kurz vor Ablauf der Verjährungsfrist Mängel mit Beseitigungskosten von € 20.000 gerügt werden, mit der Folge, dass nach Abnahme der Mängelbeseitigungsleistung - nicht für die gesamte Leistung - eine neue Verjährungsfrist von zwei Jahren nach § 13 Abs. 5 Nr. 1 Satz 3 VOB/B beginnt (vgl. 11.3.2.3) und der AG eine Gewährleistungsbürgschaft i. H. v. € 30.000 hat, kann der AN einen **Austausch der Bürgschaft** verlangen. Die Höhe der Austauschbürgschaft richtet sich vor Beseitigung der Mängel nach der doppelten Höhe der Mängelbeseitigungsmaßnahmen sowie der vereinbarten Sicherungshöhe, meist 5 %. Der AN muss deshalb eine Bürgschaft i. H. v. € 2.000 (5 % von € 40.000), Zug um Zug gegen Rückgabe der gestellten Bürgschaft i. H. v. € 30.000, anbieten. Sind die Mängel dagegen bereits beseitigt worden, entfällt der Druckzuschlag, sodass der AN im Beispielsfall eine Austauschbürgschaft lediglich in Höhe von € 1.000 (5 % von € 20.000) stellen müsste.

Der AN kann die **Rückgabe** der Bürgschaftsurkunden an sich selbst verlangen (BGH, Urteil vom 09.10.2008 - VII ZR 227/07). Der Herausgabeanspruch besteht gegen den AG, nicht gegenüber dem Bürgen. Das gilt auch für die Vertragserfüllungsbürgschaft.

15 BAUHANDWERKER-SICHERHEIT FÜR DEN AUFTRAGNEHMER

15.1 Sinn und Zweck der Regelung

15.1.1 Vorleistungspflicht des AN

Beim Kaufvertrag überträgt der Verkäufer das Eigentum und erhält dafür, meistens Zug-um-Zug, den Kaufpreis. Das Risiko, sein Geld für den Verlust des Eigentums nicht zu bekommen, trägt der Verkäufer in diesem Fall nicht.

Ganz anders ist es im **Bauvertragsrecht,** das dem AN regelmäßig eine **Vorleistungspflicht** und damit auch ein **Vorleistungsrisiko** aufbürdet. Erst erbringt er einen Teil der Leistungen, dann muss er diese prüfbar abrechnen und beim VOB/B-Vertrag drei Wochen warten, bis die Abschlagsrechnung zur Zahlung fällig wird (§ 16 Abs. 1 Nr. 3 VOB/B). Im Anschluss dauert es noch einmal neun Tage, bevor Zahlungsverzug eintritt (§ 286 Abs. 3 BGB; § 16 Abs. 5 Nr. 3 Satz 3 VOB/B). Erst nach Ablauf einer weiteren Nachfrist hat der AN das Recht, sein Vorleistungsrisiko durch Einstellung der Arbeiten zu beenden (§ 16 Abs. 5 Nr. 4 VOB/B). Während dieser gesamten Zeit muss der AN leisten und bleibt im Fall der **Insolvenz des AG** auf seiner Vergütungsforderung sitzen. Das **Eigentum** an den verbauten Stoffen hat der AN regelmäßig kraft Gesetzes durch deren Einbau verloren (§§ 94, 946 BGB).

15.1.2 Sicherheit für den Vergütungsanspruch des AN

Um das mit der Pflicht zur Vorleistung des AN verbundene **Insolvenzausfallrisiko** zu kompensieren, hat der Gesetzgeber bereits im Jahr 1993 die **Bauhandwerkersicherung** nach **§ 648a BGB** geschaffen, die wegen der Reform des Bauvertragsrechts seit dem 01.01.2018 nunmehr in **§ 650f BGB (neue Fassung)** geregelt ist. Nach dieser Vorschrift kann der AN vom AG eine **Sicherheit** für die noch nicht gezahlte Vergütung verlangen, und zwar in **voller Höhe des jeweils ausstehenden Vergütungsanspruchs**.

Die Regelung hat sich in der Praxis bewährt. Wendet der AN sie richtig und vor allem **rechtzeitig** an, kann er **insolvenzbedingte Forderungsausfälle**, möglicherweise aber auch Rechnungskürzungen wegen in Wahrheit nicht vorhandener Mängel oder unbegründeter Gegenansprüche des AG, vermeiden. Mit § 650f hat der Gesetzgeber die Unzulänglichkeiten der **Bauhandwerkersicherungshypothek** (§ 650e BGB) ausgeglichen. Denn diese Bestimmung greift zugunsten des AN nicht, wenn der AG nicht oder nicht mehr Eigentümer des Grundstücks ist oder verschafft keine hinreichende Sicherheit, falls im Grundbuch bereits vorrangige Grundpfandrechte zugunsten Dritter (z. B. baufinanzierender Banken) eingetragen sind.

15.1.3 Chancen und Risiken eines Sicherungsverlangens

Die Erfahrung zeigt, dass viele AN von den Möglichkeiten des § 650f BGB **zu selten** oder **zu spät** Gebrauch machen. Das liegt einerseits daran, dass die Möglichkeiten dieser Vorschrift immer noch unbekannt sind bzw. in ihrer Vielfalt nicht erkannt werden, andererseits hat es aber auch damit zu tun, dass AN befürchten, das Vertragsverhältnis durch ein Sicherungsverlangen zu belasten, weil es von ihrem Vertragspartner als Misstrauensbeweis angesehen wird, für ihn „lästig" ist und seine Liquidität beeinträchtigen kann. Deshalb haben sie die Sorge, als „schwierig" zu gelten und zukünftig keine Aufträge mehr zu erhalten. Das muss man sicher Ernst nehmen, aber dennoch das Risiko eines insolvenzbedingten Forderungsausfalls gegen die Gefahr von „Retourkutschen" des AG abwägen. Ein Sicherungsverlangen erst in der Endphase des Bauvorhabens zu stellen, meistens bei bereits bestehendem Streit über die Ordnungsgemäßheit der Leistung bzw. die Höhe der geschuldeten Vergütung, ist zwar zulässig, kann aber bei hohen unbezahlten Vergütungsansprüchen das Ziel, im Fall der Insolvenz des AG keinen Forderungsausfall zu erleiden, gefährden. Alle, die schon einmal mit einer bloßen Insolvenzquote von wenigen Prozent der verdienten Vergütung abgespeist worden sind, nicht selten nach Jahren des Prozessierens, wissen, wovon hier die Rede ist.

Hinzu kommt: Allein die „Drohung" mit einem Sicherungsverlangen kann helfen, wenn ein AG auf Abschlagsrechnungen nicht oder weniger zahlt, was gelegentlich mit „aufgebauschten" Mängeln und fraglichen Gegenforderungen begründet wird. In solchen Fällen kann der AN die Möglichkeiten des § 650f BGB durchaus ansprechen, ihre Ausübung aber von der Kompromissbereitschaft des AG abhängig machen. Deshalb führt ein Sicherungsverlangen oftmals zur **Verhandlungsbereitschaft** des AG und zu Ergebnissen, die ohne diesen Druck oder eine gerichtliche Auseinandersetzung nicht möglich gewesen wären. Die **praktischen Erfahrungen** mit § 650f BGB machen weiter deutlich, dass es in Fällen, in denen eine ausreichende Sicherheit vorliegt, wesentlich seltener zu langwierigen Bauprozessen über mehrere Instanzen kommt, weil dann auch der AG an einer schnellen Klärung des Streits interessiert sein dürfte. Denn die Sicherheit **bindet** im Regelfall **liquide Mittel** des AG, weil er seinerseits dem Bürgen Sicherheit für den Ernstfall leisten muss, sodass auch er unter den Folgen eines jahrelangen Bauprozesses, den der AN ohne das Risiko eines insolvenzbedingten Forderungsausfalls führen kann, leidet. Deshalb sollte der AN **so früh wie möglich** über die Chancen der Bauhandwerkersicherung nachdenken, insbesondere, wenn die Bonität des AG von Anfang an unsicher ist oder in der Bauausführungsphase die Zahlungen stocken und die dafür genannten Gründe vorgeschoben erscheinen.

15.1.4 Unabdingbarkeit der Vorschrift

§ 650f BGB ist eine der wichtigsten Vorschriften des Bauvertragsrechts. Sie begründet einen **gesetzlichen Anspruch** des AN und ist **zwingendes Recht**. Davon **zulasten des AN** abweichende vertragliche Regelungen sind **unwirksam** (§ 650f Abs. 7 BGB). Die Unwirksamkeit abweichender Vereinbarungen erfasst nicht nur Klauseln in Allgemeinen Geschäftsbedingungen (z. B. in ZVB oder BVB), sondern grundsätzlich auch ausgehandelte **Individualabsprachen**. Das gilt selbst dann, wenn im Vertrag bereits wechselseitige Sicherheiten vereinbart wurden, beispielsweise zugunsten des AN i. H. v. 10 % seines Vergütungsanspruchs. Der AN kann nach Vertragsschluss dennoch eine **ergänzende Sicherheit** bis zur Höhe der vereinbarten noch nicht bezahlten Vergütung (einschließlich berechtigter Nachträge und zzgl. 10 % für Nebenforderungen) verlangen (BGH, Urteil vom 09.11.2000 - VII ZR 82/99). Unwirksam wäre es auch, wenn der AN von der Geltendmachung des Sicherungsrechts dadurch abgehalten werden soll, dass er nach dem Bauvertrag eine gleich hohe Vertragserfüllungssicherheit beibringen muss, wenn er eine entsprechend hohe Sicherheit nach § 650f BGB verlangt (OLG Hamm, Beschluss vom 28.01.2011 - 19 U 155/10).

15.2 Anspruchsberechtigte und Anspruchsverpflichtete

15.2.1 Anspruchsberechtigte

Anspruchsberechtigt ist jeder **Unternehmer**, der ein **Bauwerk** oder eine **Außenanlage** herstellt, wiederherstellt, umbaut oder beseitigt. Es reicht aus, dass es sich um einen „**Teil**" eines Bauwerks oder einer Außenanlage handelt. Voraussetzung ist folglich nur, dass ein Bauvertrag gemäß § 650a BGB abgeschlossen wurde (vgl. 1.2 und 7.3.1). Damit werden alle **Bauhandwerker**, unabhängig von ihrer juristischen Form, einschließlich Generalüber- oder -unternehmer, insbesondere auch **Nachunternehmer**, erfasst.

Nach herrschender Auffassung zu § 648a BGB (alte Fassung) waren Unternehmen, die ein Grundstück „nur" **zur Bebauung freimachten** (z. B. durch Rodungsarbeiten oder die Entfernung von Haldenmaterial; BGH, Beschluss vom 24.02.2005 - VII ZR 86/04), aber auch **Gerüstbauer** (streitig, einerseits: Kammergericht, Urteil vom 13.07.2018 - 7 U 126/17, dagegen: OLG Köln, Urteil vom 26.03.1999 - 4 U 47/98), nicht vom Schutzbereich der Vorschrift umfasst. Das Gleiche sollte für temporäre

Bauhilfskonstruktionen wie einen Berliner Verbau gelten (anderer Ansicht allerdings: LG München, Urteil vom 30.10.2018 – 2 O 1169/18). Das ist schon deshalb nicht überzeugend, weil diese Unternehmer dasselbe Vorleistungsrisiko tragen, wie bauausführende Unternehmen und der Gesetzgeber mit der Reform des Bauvertragsrechts 2018 ausdrücklich auch **Abbruchunternehmer** in den Kreis der Anspruchsberechtigten aufgenommen hat (§ 650f BGB). Zwischen einer Baureifmachung und dem Gegenteil, der Beseitigung eines Bauwerks, gibt es keinen sachlichen Unterschied, der diese Ungleichbehandlung rechtfertigt. Es bleibt deshalb abzuwarten, ob die Rechtsprechung dennoch auch in Zukunft an ihrer Auffassung festhält. Aus den bislang dazu veröffentlichten Entscheidungen darf man wohl ableiten, dass die Rechtsprechung zu § 650f BGB wegen § 650a BGB weniger restriktiv ist, als für vor dem 01.01.2018 abgeschlossene Verträge (OLG Karlsruhe, Beschluss vom 15.12.2021 – 25 U 342/21 für Malerarbeiten mit Reparatur von Setz- und Spannungsrissen; OLG Nürnberg, Urteil vom 29.04.2021 – 13 U 2800/19 für ein individuell zusammengestelltes, am Gebäude fest verankertes Gerüst). **Architekten** und **Ingenieure** haben für ihre Honorarforderungen aus dem Vertrag ebenfalls einen Anspruch auf Sicherheit, wie sich ab dem 01.01.2018 nunmehr eindeutig aus **§ 650q Abs. 1 BGB (neue Fassung)** ergibt.

15.2.2 Anspruchsverpflichtete

Mit **zwei Ausnahmen** sind alle AG zur Stellung einer Sicherheit verpflichtet, falls der AN einen solchen Anspruch geltend macht.

- **Öffentliche Auftraggeber** (z. B. Bund, Länder, Gemeinden oder Zweckverbände) müssen – mangels Insolvenzausfallrisikos – keine Sicherheit leisten (**§ 650f Abs. 6 Nr. 1 BGB**). Diese Ausnahme gilt aber nicht für Gesellschaften des Privatrechts (Aktiengesellschaften oder eine GmbH), auch wenn sie sich vollständig oder mehrheitlich im Besitz der öffentlichen Hand befinden. Von der öffentlichen Hand beherrschte Auftraggeber unterliegen folglich ebenfalls den Verpflichtungen des § 650f BGB, also z. B. die Deutsche Bahn AG (OLG Jena, Urteil vom 22.11.2006 – 7 U 53/06; ähnlich: BGH, Urteil vom 26.04.2007 – VII ZR 152/06). In **gestuften Vertragsverhältnissen** kann es deshalb vorkommen, dass der Hauptauftragnehmer keine Sicherheit von seinem öffentlichen AG verlangen kann, wohl aber seine Nachunternehmer von ihm.

- Nicht zur Sicherheitsleistung verpflichtet sind auch **Verbraucher** (natürliche Personen i. S. d. § 13 BGB im Gegensatz zu Gesellschaften), die einen **Verbraucherbauvertrag** nach § 650i BGB oder einen **Bauträgervertrag** nach § 650u BGB abschließen (**§ 650f Abs. 6 Nr. 2 BGB**). Ein Verbraucherbauvertrag setzt den „Bau eines neuen Gebäudes aus einer Hand“ oder eine Umbaumaßnahme voraus, die mit einem Neubau vergleichbar ist (§ 650i Abs. 1 BGB). Die Ausnahme erfasst damit nur „Komplettverträge" (BGH, Urteil vom 16.03.2023 – VII ZR 94/22; OLG Düsseldorf, Urteil vom 12.01.2023 – 5 U 266/21). Ein Verbraucherbauvertrag nach § 650 i BGB liegt dagegen nicht vor, wenn beispielsweise **Einzelverträge** über Parkett- oder Elektroarbeiten abgeschlossen werden (OLG Stuttgart, Urteil vom 21.12.2021 – 10 U 149/21; Kammergericht, Urteil vom 16.11.2021 – 21 U 41/21). Verbraucher, die ab dem 01.01.2018 ein Gebäude ganz oder teilweise durch solche Einzelverträge errichten lassen, sind dem Bauunternehmer (oder dem Architekten) folglich auf Verlangen zur Sicherheitsleistung verpflichtet, was bei vor dem 01.01.2018 abgeschlossenen Verträgen nicht der Fall war. Denn nach der bis dahin geltenden Fassung (§ 648a Abs. 6 Nr. 2 BGB) gab es für Verbraucher ein „Einfamilienhausprivileg", unabhängig davon, ob sie für dessen Errichtung oder Umbau einen oder mehrere Unternehmer beauftragt hatten.

15.3 Erlangung der Sicherheit/ Konsequenzen einer verweigerten Sicherheitsleistung

15.3.1 Zeitpunkt des Sicherheitsverlangens

Da der AN nur eine Sicherheit – kein Geld – erhält, kann er den Anspruch bereits unmittelbar **nach Vertragsabschluss** in Höhe seines kompletten Vergütungsanspruchs (zzgl. 10 %) geltend machen, das Sicherheitsverlangen aber auch auf einen darunter liegenden Betrag seiner Wahl begrenzen oder zunächst gar keine Sicherheit verlangen und sie erst im Verlauf der Bauausführung beanspruchen. Der Anspruch auf Sicherheit besteht auch nach der **Abnahme** (vgl. § 650f Abs. 1 Satz 4 BGB) oder im Fall einer **Kündigung** des Bauvertrags fort, so die Rechtsprechung des BGH und die allgemeine Auffasung (BGH, Urteil vom 06.03.2014 – VII ZR 349/12; zuletzt: OLG München, Beschluss vom 03.08.2023 – 28 U 1119/23 Bau). Nach § 650f Abs. 1 Satz 3 BGB kommt es allein darauf an, ob der AN noch einen offenen Vergütungsanspruch hat, nicht, dass er noch „Vorleistungen" erbringen muss.

Auch wenn der AG – wie oft – nach Abnahme und Prüfung der Schlussrechnung Vergütung wegen **Mängeln** einbehält, meist mit Druckzuschlag (§ 641 Abs. 3 BGB), kann der AN eine Sicherheit nach § 650f BGB verlangen, bevor er die Mängelbeseitigung durchführt. Dadurch kann allerdings eine „Pattsituation" entstehen, weil der AG wegen Mängeln nicht zahlen muss und der AN die Mängelbeseitigung wegen fehlender Sicherheitsleistung verweigern darf. Will der AN das Patt auflösen, kann er gemäß § 650f Abs. 5 BGB den Vertrag hinsichtlich der Mängelbeseitigung kündigen, wodurch der Mängelbeseitigungsanspruch des AG und sein Leistungsverweigerungsrecht mit Druckzuschlag entfallen. Im Gegenzug muss der AN dann aber eine **Kürzung seines Werklohnanspruchs** um den mängelbedingten Minderwert hinnehmen, ein verbleibender Rest ist auszuzahlen (§ 650f Abs. 5 Satz 2 BGB). Der AG muss in solchen Fällen aufpassen. Lässt er Mängel durch Dritte im Wege der Ersatzvornahme beseitigen, obwohl er innerhalb der ihm gesetzten Frist keine Sicherheit gestellt hat, bleibt er auf den Kosten sitzen, weil der AN mit der Mängelbeseitigung in diesem Fall nicht in Verzug geraten ist (OLG Brandenburg, Urteil vom 10.06.2021 - 12 U 198/09; OLG Düsseldorf, Urteil vom 15.10.2004 - 22 U 108/03). Will der AN dagegen die volle Vergütung, muss er das gesetzliche Leistungsverweigerungsrecht des AG (§ 641 Abs. 3 BGB) durch Nachbesserung beseitigen, ohne vorher Sicherheit zu erhalten, also mit einem - weiteren - Insolvenzausfallrisiko.

15.3.2 Ablauf einer angemessen gesetzten Frist

Der AN muss den AG zur Stellung einer Sicherheit unter **angemessener Fristsetzung** auffordern. Im Regelfall sind **zehn Arbeitstage** ausreichend. Ist eine verlangte Sicherheit außergewöhnlich hoch, die Rechtslage schwierig (seltener Fall) oder kommt das Sicherheitsverlangen völlig überraschend, können **ausnahmsweise** auch **längere Fristen** in Betracht kommen. Dazu gibt es in jüngerer Zeit eine ganze Reihe von Urteilen (LG Neuruppin, Beschluss vom 21.02.2022 - 1 U 44/21; OLG München, Urteil vom 14.04.2022 - 9 U 7270/21 Bau). Dem AN ist zu empfehlen, im Aufforderungsschreiben um eine Mitteilung zu bitten, falls die gesetzte Frist aus Sicht des AG unangemessen kurz sein sollte und gleichzeitig mitzuteilen, ob grundsätzlich Bereitschaft zur Stellung der Sicherheit besteht bzw. innerhalb welcher, aus Sicht des AG angemessenen, Frist, dies erfolgen wird. Auf ein solches Schreiben sollte der AG reagieren und dabei seine **Bereitschaft** zur Stellung der Sicherheit innerhalb angemessener Frist anbieten, wenn er Konsequenzen vermeiden will. Bis zum Ablauf der angemessenen Frist muss der AN weiterhin leisten.

Verlangt der AN aus Sicht des AG eine **überhöhte Sicherheit**, ist das Sicherungsverlangen nicht vollständig unwirksam, sondern verpflichtet den AG zur Sicherheitsleistung in **berechtigter Höhe**. Das gilt jedenfalls dann, wenn diese Höhe mit zumutbarem Aufwand ermittelt werden kann (OLG Düsseldorf, Urteil vom 06.10.2009 - 21 U 130/08). Stellt der AG dagegen zu Unrecht eine zu **geringe Sicherheit**, kann der AN die Leistung nach herrschender Auffassung komplett einstellen. Den Parteien ist wegen des **Kooperationsgebots** in solchen Fällen aber dringend zu empfehlen, den ernsthaften Versuch einer Streitbeilegung im Kompromissweg zu erzielen, bevor es zu möglicherweise irreparablen Folgen kommt.

15.3.3 Sanktionen nach fruchtlosem Fristablauf

Falls die zur Sicherheitsleistung angemessen gesetzte **Frist erfolglos verstreicht**, kann der AN nach seiner **Wahl**

- entweder die **Leistung verweigern** (§ 650f Abs. 5 Satz 1 BGB) bzw. schon den Beginn der Ausführung unterlassen. Das hat eine Behinderung aus Rechtsgründen und neben einem Anspruch auf Ausführungsfristverlängerung (§ 6 Abs. 2 Nr. 1a) VOB/B) auch Schadensersatz- bzw. Entschädigungsansprüche des AN nach § 6 Abs. 6 VOB/B oder § 642 BGB zur Folge,

  oder

- den Vertrag **kündigen** (§ 650f Abs. 5 Satz 1 BGB)

  und/oder

- parallel dazu auf Stellung der Sicherheit **klagen**.

Weder die Leistungsverweigerung noch die Kündigung **müssen** nach dem Wortlaut des § 650f Abs. 5 BGB ausdrücklich **angedroht** werden. Dem kooperativen AN ist das unter Umständen aber zu empfehlen, zumal eine solche Androhung erfahrungsgemäß eine deutlich höhere Wirkung entfaltet. Aber **Vorsicht**: Hat der AN „lediglich" die Einstellung der Leistung angedroht, soll ihm nach fruchtlosem Fristablauf der Anspruch auf Kündigung des Bauvertrags verwehrt sein (so: OLG Celle, Urteil vom 07.03.2019 – 6 U 71/18). Weiß der AN noch nicht, wie er sich im Fall der Nichtstellung der Sicherheit verhalten will, sollte er dazu entweder nichts sagen oder die Kündigung androhen. Ob er sie dann tatsächlich ausspricht, bleibt ihm überlassen, denn die Leistungsverweigerung ist im Vergleich zur Kündigung das mildere Mittel.

Wird der **Vertrag** wegen Nichtstellung der Sicherheit **gekündigt**, kann der AN nach seiner Wahl **entweder** für den nicht ausgeführten Teil der Leistung die vereinbarte Vergütung unter Abzug der kündigungsbedingt ersparten Aufwendungen – wie bei einer freien Kündigung des AG nach § 8 Abs. 1 VOB/B bzw. § 648 BGB (vgl. 12.1.2) – **oder** 5 % (pauschal) verlangen (§ 650f Abs. 5 Sätze 2 und 3 BGB).

Ist die vom AN angemessen gesetzte Frist fruchtlos verstrichen, kann der AN, parallel zur Einstellung der Arbeiten oder zur Kündigung des Vertrages, den Anspruch auf Stellung einer Sicherheit **einklagen.** Er kann auch „nur" die Sicherheit einklagen und weiterarbeiten. Zur Begründung seines Sicherungsverlangens muss der AN unter Bezugnahme auf den Bauvertrag oder seine Schlussrechnung, falls eine solche bereits vorliegt, lediglich **schlüssig** darlegen, welche offene **Forderung** ihm zum Zeitpunkt seines Sicherungsverlangens aus dem Bauvertrag noch zusteht (BGH, Urteil vom 17.08.2023 – VII ZR 228/22). **Streitige Fragen**, z. B. wegen Mängeln, Aufmaßstreitigkeiten oder streitigen Gegenforderungen des AG, sind nicht im Prozess auf Stellung der Sicherheit, sondern im Prozess auf Zahlung der Vergütung zu klären (BGH, Urteil vom 06.03.2014 – VII ZR 349/12). Das gilt auch, wenn beispielsweise streitig ist, ob der Vertrag frei nach § 8 Abs. 3 VOB/B gekündigt worden ist (BGH, Urteil vom 06.03.2014 – VII ZR 349/12). Diese Fragen müssen im Hauptsacheprozess geklärt werden.

Die **Höhe** der **Vergütung** und damit die Höhe der geforderten Sicherheit muss der AN nur **prüfbar** und **stichhaltig** („schlüssig") darlegen. Bei der Höhe nach umstrittener Vergütungsforderung kommt kein Abzug im Wege einer Schätzung in Beracht, weil die Wahrscheinlichkeit der vollständigen Forderungsdurchsetzung im Vergütungsprozess für die Höhe der Sicherheit nicht entscheidend ist (BGH, Urteil vom 17.08.2023 – VII ZR 228/22). Das führt in aller Regel dazu, dass die gerichtliche Entscheidung **schnell** und ohne das Verfahren verzögernde Beweisaufnahmen ergehen kann. Das gilt aber nicht, wenn **Nachträge** schon **dem Grunde nach streitig** sind. Hier müsste das Gericht – anders als bei einem Streit nur über die Höhe der Forderung – in eine Beweisaufnahme eintreten (vgl. auch 15.4.1, BGH, Urteil vom 20.10.2022 – VII ZR 154/21)).

Ein Urteil auf Stellung einer Sicherheit erhöht erfahrungsgemäß den Druck auf den AG, sich über die Schlussrechnung zu einigen, ohne dass jahrelang über den Zahlungsanspruch prozessiert werden muss. Das jedenfalls zeigt die anwaltliche Praxis eindeutig. Deshalb sollte bei streitigen Ansprüchen aus einer Schlussrechnung stets darüber nachgedacht werden, ob vorab oder parallel zum Zahlungsprozess zusätzlich Klage auf Stellung der Sicherheit erhoben wird (OLG München, Beschuss vom 04.02.2022 – 9 U 5496/21 Bau).

15.4 Art, Höhe und Kosten der Sicherheit

15.4.1 Höhe der Sicherheit

Die **Obergrenze** des Sicherungsverlangens bildet der jeweils noch nicht bezahlte Teil des Vergütungsanspruchs (zzgl. 10 % pauschal für Nebenforderungen), unabhängig davon, ob die Leistung bereits ausgeführt worden ist oder Mängel aufweist. Auch **Gegenforderungen** des AG sind **unerheblich**, solange sie nicht unstreitig oder rechtskräftig festgestellt worden sind (§ 650f Abs. 1 Satz 4 BGB). Maßgebend ist die Bruttoforderung, es sei denn, der AG ist als Leistungsempfänger Schuldner der Umsatzsteuer nach § 13b UStG, dann ist die Nettoforderung maßgebend.

Auch nicht beauftragte bzw. streitige **Nachtragsforderungen** sind nach § 650f BGB grundsätzlich sicherungsfähig. Voraussetzung für das Sicherungsverlangen ist aber, dass der Nachtrag zumindest dem Grunde nach berechtigt ist, also eine bausolländernde, wirksame Anordnung des AG vorliegt. Insoweit trägt der AN das **Einschätzungsrisiko**. Stellt sich in einem Prozess auf Stellung der Sicherheit heraus, dass der **Nachtrag unbegründet** war, hat der AN zumindest insoweit keinen Anspruch auf Sicherheitsleistung, sodass er ein Leistungsverweigerungs- oder Kündigungsrecht darauf auch nicht stützen kann. Tut er es dennoch, riskiert er unter Umständen eine berechtigte Gegenkündigung des AG aus wichtigem Grund (OLG Düsseldorf, Urteil vom 19.07.2013 - 22 U 211/12). Die **Höhe der Sicherheit** richtet sich im Ausgangspunkt nach dem **Nachtragsangebot** bzw. der schlüssig dargelegten Nachtragsforderung des AN, jedenfalls solange dagegen keine belastbaren Einwendungen seitens des AG vorgebracht worden sind. In diesem Fall darf ein Gericht die Höhe der Sicherheit schätzen, falls die Beantwortung schwieriger Fragen den Prozess auf Stellung der Sicherheit verzögern würde.

Der AN muss wissen, dass eine vom AG gestellte Zahlungsbürgschaft grundsätzlich nur **Ansprüche** aus dem **abgeschlossenen Bauvertrag** selbst absichert, es sei denn, sie erfasst nach ihrem **Text ausdrücklich** auch Nachtragsansprüche (BGH, Urteil vom 15.12.2009 - XI ZR 107/08; OLG München, Urteil vom 23.03.2004 - 9 U 4089/03). Ist dies nicht der Fall, müsste der AN bei beauftragten Nachträgen oder berechtigten Nachtragsforderungen eine **weitere Sicherheit** gemäß § 650f Abs. 1 BGB verlangen (siehe oben), unter Umständen auch mehrfach, falls es mehrere Nachtragsforderungen gibt, die über § 650f BGB abgesichert werden sollen.

15.4.2 Kosten der Sicherheit

Der AN muss dem AG die üblichen **Kosten der Sicherheit** in Höhe von **maximal 2 % pro Jahr** erstatten (§ 650f Abs. 3 Satz 1 BGB). Maßgeblich sind die tatsächlichen Kosten des AG, die er im Streitfall beweisen muss. Sind diese höher als 2 %, hat sie der AG insoweit selbst zu tragen. Der AN ist dagegen nicht zur Kostenerstattung verpflichtet, wenn und soweit die Sicherheit wegen unbegründeter Einwendungen des AG gegen den Vergütungsanspruch aufrecht erhalten werden muss (§ 650f Abs. 3 Satz 2 BGB). Schon wegen der Kostenerstattungspflicht bietet es sich im Regelfall an, die Höhe der Sicherheit zu begrenzen, während der Bauausführungsphase aber stets darauf zu achten, dass der Wert der unbezahlten Leistung unterhalb der gestellten Sicherheit liegt. Anderenfalls muss der AN eine weitere Sicherheit nach § 650f BGB fordern – was zulässig ist – oder die Arbeiten im Fall des Zahlungsverzugs einstellen (§ 16 Abs. 5 Nr. 4 VOB/B), wenn er ein Insolvenzausfallrisiko vermeiden will.

15.4.3 Art der Sicherheit

In der Praxis wird in fast allen Fällen Sicherheit durch Stellung einer **Bürgschaft** eines Kreditinstituts oder Kreditversicherers geleistet (§ 650f Abs. 2 Satz 1 BGB). Andere Sicherheitsmittel, wie die Hinterlegung von Geld oder die Eintragung von Grundpfandrechten, sind eher theoretischer Natur. Der AN muss jedoch darauf achten, dass die Zahlungsbürgschaft **unbefristet** ist. Darauf hat er einen Anspruch (OLG Frankfurt, Urteil vom 12.08.2002 - 1 U 127/01).

15.5 Inanspruchnahme und Rückgabe der Sicherheit

15.5.1 Inanspruchnahme der Sicherheit

„Schnelles Geld“ bringt die Sicherheit nicht. Der AN braucht entweder ein **Anerkenntnis** seines Vertragspartners oder ein für vorläufig vollstreckbar erklärtes **erstinstanzliches Urteil**, bevor er die Sicherheit in Anspruch nehmen kann bzw. der Sicherungsgeber (Bürge) Zahlung leisten darf (§ 650f Abs. 2 Satz 2 BGB). Ein Anerkenntnis liegt vor, wenn der AG seiner Zahlungsverpflichtung **keine Einwendungen** entgegensetzt. Als Anerkenntnis genügt auch die Feststellung der Forderung zur Insolvenztabelle (OLG Frankfurt, Urteil vom 25.02.2019 - 29 U 81/18). Der Bürge darf anderenfalls nur Zahlung leisten, wenn eine vorläufig vollstreckbare **Verurteilung des AG** zur Zahlung vorliegt. Das Urteil muss also nicht rechtskräftig sein, eine erstinstanzliche Entscheidung genügt, wenn die Voraussetzungen der Zwangsvollstreckung vorliegen. Das kann dazu führen, dass der AN seinerseits Sicherheit leisten muss, bevor der Bürge zahlen muss, weil das Risiko besteht, dass im Rechtsweg eine andere Entscheidung ergeht. Ist das Urteil dagegen rechtskräftig, muss der Bürge ohne Sicherheitsleistung des AN zahlen.

15.5.2 Rückgabe der Sicherheit

Der AN muss die Sicherheit **zurückgeben**, wenn ihr Zweck erfüllt ist, also keine Vergütungsansprüche mehr bestehen. Die Sicherheit ist **teilweise** zurückzugeben, soweit der Vergütungsanspruch, beispielsweise durch Abschlagszahlung, erloschen ist. Kommt der AN seiner Rückgabepflicht unter angemessener Fristsetzung nicht nach, kann er damit in Verzug geraten und sich schadensersatzpflichtig machen. Weil um die Reduzierung der Sicherheit und Austauschbürgschaften bei Zahlungen des AG oft gestritten wird, ist dem AG unter Umständen zu empfehlen, dazu klare **vertragliche Regelungen** zu treffen, es sei denn, er will den AN nicht auf Ideen bringen, die dieser ohne eine solche Regelung gar nicht gehabt hätte.

16 AUSWIRKUNGEN DES UKRAINE-KRIEGS

16.1 Rechtsfragen bei Bauverträgen in Zeiten des Ukraine-Kriegs

Im Zusammenhang mit dem Ukraine-Krieg stellen sich vor allem zwei Rechtsfragen: Unter welchen Voraussetzungen hat der AN einen Anspruch auf Verlängerung der vereinbarten Ausführungsfristen, wenn er wegen des Kriegs Material nicht, auch nicht gegen Zahlung höherer Preise, beschaffen kann. Sind die Materialien zwar zu beschaffen, aber gegen Zahlung höherer als der kalkulierten Einkaufspreise, stellt sich die Frage nach den Voraussetzungen einer Preisanpassung.

Die Beantwortung dieser beiden Fragen ist abhängig davon, ob der Vertrag vor bzw. kurz nach Kriegsbeginn (bestehende Verträge) oder erst zu einem Zeitpunkt abgeschlossen wurde, zu dem die kriegsbedingten Probleme der Materialbeschaffung bekannt waren oder bekannt sein mussten (Neuverträge).

16.2 Bestehende Verträge

Unter „bestehenden Verträgen" verstehen wir solche, die vor dem 24.02.2022 oder kurz danach, also bis ca. Mitte März 2022, abgeschlossen worden sind.

16.2.1 Verlängerung der Ausführungsfristen gemäß § 6 Abs. 2 Nr. 1 c VOB/B

Ausführungsfristen werden gemäß § 6 Abs. 2 Nr. 1c VOB/B verlängert, soweit die Behinderung durch „**höhere Gewalt**" oder andere **für den AN unabwendbare Umstände** verursacht worden sind. Höhere Gewalt ist ein Ereignis, das keiner Risikosphäre einer Vertragspartei zuzuordnen ist, sondern von außen auf die Lebensverhältnisse der Allgemeinheit oder einer unbestimmten Vielzahl von Personen einwirkt und objektiv unabwendbar sowie unvorhersehbar ist (BGH, Urteil vom 22.04.2004 – III ZR 108/03; zur Corona-Pandemie: Landgericht Paderborn, Urteil vom 25.09.2020 – 3 U 261/20).

Zu dieser Frage verweisen wir auf einen Erlass des **Bundesministeriums für Wohnen, Stadtentwicklung und Bauwesen (BMWSB)** vom **25.03.2022** (Aktenzeichen: BW I 7-70437/9), in dem zu Recht der Standpunkt vertreten wurde, dass kriegsbe-

das BMWSB im Beispielsfall – davon ausgeht, dass dem AN im konkreten Einzelfall eine Stoffkostensteigerung von über 15 % nicht zumutbar ist, könnten die nachweislich eingetretenen Preissteigerungen zwischen den Parteien geteilt werden. Ein weiterer Selbstbehalt des AN erfolge nicht, weil dieser durch seine Beteiligung an der Preissteigerung bereits berücksichtigt wurde.

Wir meinen, dass es **keine festen bzw. starren Grenzen** gibt, ab deren Überschreitung von einer Unzumutbarkeit auszugehen ist. Die Grenze kann immer nur im Einzelfall und unter Berücksichtigung der konkreten Umstände gezogen werden. Sicher dürfte indes sein, dass Grundlage der Anpassung die reinen Materialpreise ohne Zuschläge für BGK, AGK oder Wagnis und Gewinn sind. Sicher dürfte ebenfalls sein, dass der AN die Grundlagen für eine Preisanpassung nach § 313 BGB darlegen und beweisen muss, wozu er auf Verlangen seine Urkalkulation bzw. Preisblätter vorlegen und den Nachweis der tatsächlichen Einkaufskosten sowie deren Marktüblichkeit führen muss.

Bei der Ermittlung der „Zumutbarkeitsschwelle" müssen sowohl die **Auftragssumme in Relation zu den Materialpreiserhöhungen** als auch der **kalkulierte Gewinn** eine Rolle spielen. Je geringer der Anteil der kalkulierten Materialpreise am Gesamtauftragsvolumen ist, desto höher dürfte die Schwelle anzusetzen sein. Wenn bei einem Auftrag von € 5.000.000 die kalkulierten Materialkosten nur sehr gering sind – beispielsweise € 500.000 – und nachweislich Preissteigerungen von 30 % eintreten, dürfte die Schwelle unterschritten sein, wenn dadurch „lediglich" der kalkulierte Gewinn von 5 % – € 250.000 – auf € 100.000 sinkt. Umgekehrt: Machen die kalkulierten Materialkosten € 3.000.000 aus und kommt es zu nachweislichen Kostensteigerungen von 10 % (€ 300.000), wäre der kalkulierte Gewinn in Höhe von € 250.000 (siehe oben) vollständig aufgezehrt und ein Verlust in Höhe von € 50.000 eingetreten. Hat der AN nur mit 3 % Wagnis und Gewinn kalkuliert (€ 90.000) würde sein Verlust wegen der Materialpreiserhöhungen bereits € 210.000 betragen. Das überschreitet die Zumutbarkeitsschwelle bei Weitem. Dann müssen die **Kostensteigerungen** im Regelfall **hälftig geteilt** werden.

Man wird wegen der gegenwärtig unklaren Rechtslage beiden Parteien nur raten können, sich möglichst zu einigen, ohne über mehrere Instanzen zu streiten. Denn der Ausgang des Rechtsstreits dürfte oft nicht prognostizierbar sein und verursacht für die unterliegende Partei erhebliche Kosten, insbesondere für den AG, weil er dann die Urteilssumme mit 9 % über dem Basiszinssatz verzinsen muss (§ 291 i. V. m. § 288 Abs. 2 BGB).

16.3 Neuverträge

16.3.1 Grundsätzlich: Keine höhere Gewalt und keine Störung der Geschäftsgrundlage

Es liegt auf der Hand, dass bei Verträgen, die erst nach Bekanntwerden der kriegsbedingten Lieferengpässe und Materialpreiserhöhungen – auch gestiegene Kosten für Treib- bzw. Betriebsstoffe – weder von „höherer Gewalt" nach § 6 Abs. 2 Nr. 1c VOB/B noch von „schwerwiegenden" Veränderungen nach Vertragsabschluss (§ 313 BGB) ausgegangen werden kann. Das gilt jedenfalls, solange keine weiteren Ereignisse und Folgen eintreten, die zum Zeitpunkt des Vertragsabschlusses unbekannt bzw. unvorhersehbar waren. Deshalb müssen vertragliche Regelungen getroffen werden, wenn Risiken vermieden werden sollen.

16.3.2 Vertragliche Regelungen zu zeitlichen Folgen

Es sollten vertragliche Regelungen zu einer **Verlängerung von Ausführungsfristen** getroffen werden, wenn mit Lieferanten keine verbindlichen Termine bezüglich des gesamten erforderlichen Materials vereinbart werden können. In diesem Fall sollte der Vertrag ausdrücklich vorsehen, dass sich die jeweils getroffenen Ausführungsfristen um die Dauer der Nichtbelieferbarkeit zuzüglich eines angemessenen Zuschlags für die Wiederaufnahme der Arbeiten verlängern, wenn der AN nachweisen kann, dass er wegen des Ukraine-Kriegs sowie auch in anderen Fällen höherer Gewalt bzw. unvorhersehbarer Ereignisse die erforderlichen Baumaterialien nicht rechtzeitig beschaffen kann.

16.3.3 Preisgleitklauseln

Soweit es sich um Aufträge mit kurzer Ausführungsdauer handelt, bei denen mögliche Preissteigerungen überschaubar sind, kann der Bieter kurze **Angebotsbindefristen** vorsehen („*an das vorliegende Angebot halten wir uns längstens bis zum ... gebunden*"). Er sollte dabei aber zuvor sicherstellen, dass ihm seine Lieferanten für den entsprechenden Zeitraum, in dem er das Material für den Auftrag benötigt, sichere und feste Preise ohne Preissteigerungsmöglichkeiten zusichern. Möglich wäre auch ein „**freibleibendes Angebot**", das Verhandlungsspielräume eröffnet, falls der AG das Angebot annehmen will, die Preise zum Zeitpunkt des Vertragsabschlusses aber schon wieder gestiegen sind oder mit Lieferanten nicht fest vereinbart werden können („*unterbreiten wir Ihnen freibleibend folgendes Angebot für die Ausführung der Bauleistungen am Bauvorhaben XY*"). Bei öffentlichen Auftragsvergaben nach der VOB/A geht das nicht, weil solche Angebote nach § 16 VOB/A auszuschließen sind (zur öffentlichen Auftragsvergabe vgl. 16.4).

Weil auch zukünftig in vielen Fällen keine verbindlichen Preise mit Lieferanten hinsichtlich des gesamten erforderlichen Materials möglich sein dürften und die zukünftige Preisentwicklung Unsicherheiten unterworfen ist, sind möglicherweise sogar beide Vertragsparteien an einer **Preisgleitklausel** interessiert. Wenn der AN eine solche Klausel vorformuliert und sie nicht individuell ausgehandelt wird, muss er aber darauf achten, dass sein Vertragspartner nicht entgegen den Geboten von Treu und Glauben **unangemessen benachteiligt** wird, sonst ist die Preisgleitklausel nach § 307 BGB unwirksam (vgl. 3.1 und 3.2). Wenn die Preisgleitklausel dagegen vom AG vorformuliert wurde, bestehen AGB-rechtliche Risiken für den AN nicht, weil das AGB-Recht nicht den Verwender vor sich selbst schützt. Gibt der AN die Klausel vor, muss er sicherstellen, dass **Grund und Umfang** der Preisanpassung **nachvollziehbar** und **transparent** geregelt werden. Die Berechnung muss **verständlich** und vom anderen Teil **überprüfbar** sein, sonst ist sie allein deshalb unwirksam. Sie darf nicht auf betriebsinterne Berechnungsgrößen abstellen, sondern muss von objektiv überprüfbaren Referenzpreisen abhängen (BGH, Urteil vom 15.11.2007 – 3 ZR 247/06). Es dürfen nur gestiegene Stoff- bzw. Materialpreise ausgeglichen, nicht aber ein zusätzlicher Gewinn erzielt werden. Die Klausel muss vorsehen, dass auch **Preissenkungen** nach den gleichen Grundsätzen wie Preiserhöhungen ausgeglichen werden (Saldierung aller Stoffkosten des Leistungsverzeichnisses).

Bei **Verträgen mit Verbrauchern** sind Klauseln, die eine Preiserhöhung vorsehen, dann unwirksam, wenn die Leistungen innerhalb von **vier Monaten** nach Vertragsabschluss erbracht werden sollen (§ 309 Nr. 1 BGB). Wer bei Verträgen mit Verbrauchern AGB-rechtliche Risiken vermeiden will, muss die Preisgleitklausel entweder individuell aushandeln oder dafür sorgen, dass die Leistungen nicht innerhalb von vier Monaten nach Vertragsabschluss erbracht werden. Ob § 309 Nr. 1 BGB auch bei Verträgen mit Unternehmern gilt, ist bislang noch nicht gerichtlich geklärt worden; es spricht unserer Auffassung nach aber vieles dagegen.

Ob sich die Preisgleitung nach den **kalkulierten Einkaufskosten** in Relation zu den tatsächlich bezahlten Preisen bemisst oder an einen **Index**, beispielsweise für einzelne Gewerke bzw. Bauleistungen nach den Veröffentlichungen des statistischen Bundesamtes (Fachserie 17, Reihe 4), anknüpfen soll bzw. an welcher **Grenze** die Preisanpassung erfolgen soll (beispielsweise ab 10 %), hängt vom Einzelfall und der jeweiligen Interessenlage der Vertragsparteien ab. Dabei dürften die Höhe des Materialpreisanteils und die Volatilität der fraglichen Materialpreise eine entscheidende Rolle spielen.

16.4 Öffentliche Auftragsvergaben nach der VOB/A

Beide Erlasse des BMWSB vom 25.03.2022 und 22.06.2022 sehen vor, dass bei „neuen“ Vergabeverfahren **Stoffpreisgleitklauseln** nach den **Formblättern 225 bzw. 225a VHB** vereinbart werden sollen, wenn die erforderlichen Stoffe ungewöhnlichen Preisveränderungen ausgesetzt sind. Auch wenn der Erlass vom 22.06.2022 am 30.06.2023 außer Kraft trat, dürften Stoffpreisgleitklauseln im Normalfall immer noch erforderlich sein, um zu vermeiden, dass dem Bieter ein „ungewöhnliches Wagnis“ aufgebürdet wird (§ 7 Abs. 1 Nr. 3 VOB/A). Ein ungewöhnliches Wagnis kommt in Betracht, wenn es über die üblichen Risiken hinausgeht, sich nicht abschätzen lässt und demzufolge eine verlässliche Kalkulation unmöglich ist (Vergabekammer Westfalen, Beschluss vom 12.07.2022 – VK 3-24/22; Vergabekammer Lüneburg, Beschlus vom 01.02.2023 – VgK – 27/2022). Ist in Verträgen mit der öffentlichen Hand **keine Stoffstoffpreisgleitklausel** vorgesehen, sollte zunächst eine **Bieteranfrage** gemäß § 12a Abs. 4 VOB/B gestellt und – falls daraufhin keine Einbeziehung einer entsprechenden Gleitklausel erfolgt – das Vergabeverfahren **unverzüglich gerügt** werden (§ 160 Abs. 3 GWB).

ANHANG

Gesetzes- und Verordnungstexte

- VOB/B 2019
- VOB/A 2019 (auszugsweise)
- Wichtige BGB-Vorschriften
- HGB

VOB/B (Fassung 2019)

§ 1 Art und Umfang der Leistung

(1) Die auszuführende Leistung wird nach Art und Umfang durch den Vertrag bestimmt. **Als Bestandteil des Vertrags gelten auch die Allgemeinen Technischen Vertragsbedingungen für Bauleistungen (VOB/C).**

(2) Bei Widersprüchen im Vertrag gelten nacheinander:

1. die Leistungsbeschreibung,
2. die Besonderen Vertragsbedingungen,
3. etwaige Zusätzliche Vertragsbedingungen,
4. etwaige Zusätzliche Technische Vertragsbedingungen,
5. die Allgemeinen Technischen Vertragsbedingungen für Bauleistungen,
6. die Allgemeinen Vertragsbedingungen für die Ausführung von Bauleistungen.

(3) Änderungen des Bauentwurfs anzuordnen, bleibt dem Auftraggeber vorbehalten.

(4) Nicht vereinbarte Leistungen, die zur Ausführung der vertraglichen Leistung erforderlich werden, hat der Auftragnehmer auf Verlangen des Auftraggebers mit auszuführen, außer wenn sein Betrieb auf derartige Leistungen nicht eingerichtet ist. Andere Leistungen können dem Auftragnehmer nur mit seiner Zustimmung übertragen werden.

§ 2 Vergütung

(1) Durch die vereinbarten Preise werden alle Leistungen abgegolten, die nach der Leistungsbeschreibung, den Besonderen Vertragsbedingungen, den Zusätzlichen Vertragsbedingungen, den Zusätzlichen Technischen Vertragsbedingungen, den Allgemeinen Technischen Vertragsbedingungen für Bauleistungen und der gewerblichen Verkehrssitte zur vertraglichen Leistung gehören.

(2) Die Vergütung wird nach den vertraglichen Einheitspreisen und den tatsächlich ausgeführten Leistungen berechnet, wenn keine andere Berechnungsart (z.B. durch Pauschalsumme, nach Stundenlohnsätzen, nach Selbstkosten) vereinbart ist.

(3) 1. Weicht die ausgeführte Menge der unter einem Einheitspreis erfassten Leistung oder Teilleistung um nicht mehr als 10 v.H. von dem im Vertrag vorgesehenen Umfang ab, so gilt der vertragliche Einheitspreis.

2. Für die über 10 v.H. hinausgehende Überschreitung des Mengenansatzes ist auf Verlangen ein neuer Preis unter Berücksichtigung der Mehr- oder Minderkosten zu vereinbaren.

3. Bei einer über 10 v.H. hinausgehenden Unterschreitung des Mengenansatzes ist auf Verlangen der Einheitspreis für die tatsächlich ausgeführte Menge der Leistung oder Teilleistung zu erhöhen, soweit der Auftragnehmer nicht durch Erhöhung der Mengen bei anderen Ordnungszahlen (Positionen) oder in anderer Weise einen Ausgleich erhält. Die Erhöhung des Einheitspreises soll im Wesentlichen dem Mehrbetrag entsprechen, der sich durch Verteilung der Baustelleneinrichtungs- und Baustellengemeinkosten und der Allgemeinen Geschäftskosten auf die verringerte Menge ergibt. Die Umsatzsteuer wird entsprechend dem neuen Preis vergütet.

4. Sind von der unter einem Einheitspreis erfassten Leistung oder Teilleistung andere Leistungen abhängig, für die eine Pauschalsumme vereinbart ist, so kann mit der Änderung des Einheitspreises auch eine angemessene Änderung der Pauschalsumme gefordert werden.

(4) Werden im Vertrag ausbedungene Leistungen des Auftragnehmers vom Auftraggeber selbst übernommen (z.B. Lieferung von Bau-, Bauhilfs- und Betriebsstoffen), so gilt, wenn nichts anderes vereinbart wird, § 8 Absatz 1 Nummer 2 entsprechend.

(5) Werden durch Änderung des Bauentwurfs oder andere Anordnungen des Auftraggebers die Grundlagen des Preises für eine im Vertrag vorgesehene Leistung geändert, so ist ein neuer Preis unter Berücksichtigung der Mehr- oder Minderkosten zu vereinbaren. Die Vereinbarung soll vor der Ausführung getroffen werden.

(6) 1. Wird eine im Vertrag nicht vorgesehene Leistung gefordert, so hat der Auftragnehmer Anspruch auf besondere Vergütung. Er muss jedoch den Anspruch dem Auftraggeber ankündigen, bevor er mit der Ausführung der Leistung beginnt.

2. Die Vergütung bestimmt sich nach den Grundlagen der Preisermittlung für die vertragliche Leistung und den besonderen Kosten der geforderten Leistung. Sie ist möglichst vor Beginn der Ausführung zu vereinbaren.

(7) 1. Ist als Vergütung der Leistung eine Pauschalsumme vereinbart, so bleibt die Vergütung unverändert. Weicht jedoch die ausgeführte Leistung von der vertraglich vorgesehenen Leistung so erheblich ab, dass ein Festhalten an der Pauschalsumme nicht zumutbar ist (§ 313 BGB), so ist auf Verlangen ein Ausgleich unter Berücksichtigung der Mehr- oder Minderkosten zu gewähren. Für die Bemessung des Ausgleichs ist von den Grundlagen der Preisermittlung auszugehen.

2. Die Regelungen der Absätze 4, 5 und 6 gelten auch bei Vereinbarung einer Pauschalsumme.

3. Wenn nichts anderes vereinbart ist, gelten die Nummern 1 und 2 auch für Pauschalsummen, die für Teile der Leistung vereinbart sind; Absatz 3 Nummer 4 bleibt unberührt.

(8) 1. Leistungen, die der Auftragnehmer ohne Auftrag oder unter eigenmächtiger Abweichung vom Auftrag ausführt, werden nicht vergütet. Der Auftragnehmer hat sie auf Verlangen innerhalb einer angemessenen Frist zu beseitigen; sonst kann es auf seine Kosten geschehen. Er haftet außerdem für andere Schäden, die dem Auftraggeber hieraus entstehen.

2. Eine Vergütung steht dem Auftragnehmer jedoch zu, wenn der Auftraggeber solche Leistungen nachträglich anerkennt. Eine Vergütung steht ihm auch zu, wenn die Leistungen für die Erfüllung des Vertrags notwendig waren, dem mutmaßlichen Willen des Auftraggebers entsprachen und ihm unverzüglich angezeigt wurden. Soweit dem Auftragnehmer eine Vergütung zusteht, gelten die Berechnungsgrundlagen für geänderte oder zusätzliche Leistungen der Absätze 5 oder 6 entsprechend.

3. Die Vorschriften des BGB über die Geschäftsführung ohne Auftrag (§§ 677 ff. BGB) bleiben unberührt.

(9) 1. Verlangt der Auftraggeber Zeichnungen, Berechnungen oder andere Unterlagen, die der Auftragnehmer nach dem Vertrag, besonders den Technischen Vertragsbedingungen oder der gewerblichen Verkehrssitte, nicht zu beschaffen hat, so hat er sie zu vergüten.

2. Lässt er vom Auftragnehmer nicht aufgestellte technische Berechnungen durch den Auftragnehmer nachprüfen, so hat er die Kosten zu tragen.

(10) Stundenlohnarbeiten werden nur vergütet, wenn sie als solche vor ihrem Beginn ausdrücklich vereinbart worden sind (§ 15).

§ 3 Ausführungsunterlagen

(1) Die für die Ausführung nötigen Unterlagen sind dem Auftragnehmer unentgeltlich und rechtzeitig zu übergeben.

(2) Das Abstecken der Hauptachsen der baulichen Anlagen, ebenso der Grenzen des Geländes, das dem Auftragnehmer zur Verfügung gestellt wird, und das Schaffen der notwendigen Höhenfestpunkte in unmittelbarer Nähe der baulichen Anlagen sind Sache des Auftraggebers.

(3) Die vom Auftraggeber zur Verfügung gestellten Geländeaufnahmen und Absteckungen und die übrigen für die Ausführung übergebenen Unterlagen sind für den Auftragnehmer maßgebend. Jedoch hat er sie, soweit es zur ordnungsgemäßen Vertragserfüllung gehört, auf etwaige Unstimmigkeiten zu überprüfen und den Auftraggeber auf entdeckte oder vermutete Mängel hinzuweisen.

(4) Vor Beginn der Arbeiten ist, soweit notwendig, der Zustand der Straßen und Geländeoberfläche, der Vorfluter und Vorflutleitungen, ferner der baulichen Anlagen im Baubereich in einer Niederschrift festzuhalten, die vom Auftraggeber und Auftragnehmer anzuerkennen ist.

(5) Zeichnungen, Berechnungen, Nachprüfungen von Berechnungen oder andere Unterlagen, die der Auftragnehmer nach dem Vertrag, besonders den Technischen Vertragsbedingungen, oder der gewerblichen Verkehrssitte oder auf besonderes Verlangen des Auftraggebers (§ 2 Absatz 9) zu beschaffen hat, sind dem Auftraggeber nach Aufforderung rechtzeitig vorzulegen.

(6) 1. Die in Absatz 5 genannten Unterlagen dürfen ohne Genehmigung ihres Urhebers nicht veröffentlicht, vervielfältigt, geändert oder für

einen anderen als den vereinbarten Zweck benutzt werden.

2. An DV-Programmen hat der Auftraggeber das Recht zur Nutzung mit den vereinbarten Leistungsmerkmalen in unveränderter Form auf den festgelegten Geräten. Der Auftraggeber darf zum Zwecke der Datensicherung zwei Kopien herstellen. Diese müssen alle Identifikationsmerkmale enthalten. Der Verbleib der Kopien ist auf Verlangen nachzuweisen.

3. Der Auftragnehmer bleibt unbeschadet des Nutzungsrechts des Auftraggebers zur Nutzung der Unterlagen und der DV-Programme berechtigt.

§ 4 Ausführung

(1) 1. Der Auftraggeber hat für die Aufrechterhaltung der allgemeinen Ordnung auf der Baustelle zu sorgen und das Zusammenwirken der verschiedenen Unternehmer zu regeln. Er hat die erforderlichen öffentlich-rechtlichen Genehmigungen und Erlaubnisse – z.B. nach dem Baurecht, dem Straßenverkehrsrecht, dem Wasserrecht, dem Gewerberecht – herbeizuführen.

2. Der Auftraggeber hat das Recht, die vertragsgemäße Ausführung der Leistung zu überwachen. Hierzu hat er Zutritt zu den Arbeitsplätzen, Werkstätten und Lagerräumen, wo die vertragliche Leistung oder Teile von ihr hergestellt oder die hierfür bestimmten Stoffe und Bauteile gelagert werden. Auf Verlangen sind ihm die Werkzeichnungen oder andere Ausführungsunterlagen sowie die Ergebnisse von Güteprüfungen zur Einsicht vorzulegen und die erforderlichen Auskünfte zu erteilen, wenn hierdurch keine Geschäftsgeheimnisse preisgegeben werden. Als Geschäftsgeheimnis bezeichnete Auskünfte und Unterlagen hat er vertraulich zu behandeln.

3. Der Auftraggeber ist befugt, unter Wahrung der dem Auftragnehmer zustehenden Leitung (Absatz 2) Anordnungen zu treffen, die zur vertragsgemäßen Ausführung der Leistung notwendig sind. Die Anordnungen sind grundsätzlich nur dem Auftragnehmer oder seinem für die Leitung der Ausführung bestellten Vertreter zu erteilen, außer wenn Gefahr im Verzug ist. Dem Auftraggeber ist mitzuteilen, wer jeweils als Vertreter des Auftragnehmers für die Leitung der Ausführung bestellt ist.

4. Hält der Auftragnehmer die Anordnungen des Auftraggebers für unberechtigt oder unzweckmäßig, so hat er seine Bedenken geltend zu machen, die Anordnungen jedoch auf Verlangen auszuführen, wenn nicht gesetzliche oder behördliche Bestimmungen entgegenstehen. Wenn dadurch eine ungerechtfertigte Erschwerung verursacht wird, hat der Auftraggeber die Mehrkosten zu tragen.

(2) 1. Der Auftragnehmer hat die Leistung unter eigener Verantwortung nach dem Vertrag auszuführen. Dabei hat er die anerkannten Regeln der Technik und die gesetzlichen und behördlichen Bestimmungen zu beachten. Es ist seine Sache, die Ausführung seiner vertraglichen Leistung zu leiten und für Ordnung auf seiner Arbeitsstelle zu sorgen.

2. Er ist für die Erfüllung der gesetzlichen, behördlichen und berufsgenossenschaftlichen Verpflichtungen gegenüber seinen Arbeitnehmern allein verantwortlich. Es ist ausschließlich seine Aufgabe, die Vereinbarungen und Maßnahmen zu treffen, die sein Verhältnis zu den Arbeitnehmern regeln.

(3) Hat der Auftragnehmer Bedenken gegen die vorgesehene Art der Ausführung (auch wegen der Sicherung gegen Unfallgefahren), gegen die Güte der vom Auftraggeber gelieferten Stoffe oder Bauteile oder gegen die Leistungen anderer Unternehmer, so hat er sie dem Auftraggeber unverzüglich – möglichst schon vor Beginn der Arbeiten – schriftlich mitzuteilen; der Auftraggeber bleibt jedoch für seine Angaben, Anordnungen oder Lieferungen verantwortlich.

(4) Der Auftraggeber hat, wenn nichts anderes vereinbart ist, dem Auftragnehmer unentgeltlich zur Benutzung oder Mitbenutzung zu überlassen:

1. die notwendigen Lager- und Arbeitsplätze auf der Baustelle,
2. vorhandene Zufahrtswege und Anschlussgleise,
3. vorhandene Anschlüsse für Wasser und Energie. Die Kosten für den Verbrauch und den Messer oder Zähler trägt der Auftragnehmer, mehrere Auftragnehmer tragen sie anteilig.

(5) Der Auftragnehmer hat die von ihm ausgeführten Leistungen und die ihm für die Ausführung übergebenen Gegenstände bis zur Abnahme vor Beschädigung und Diebstahl zu schützen. Auf Verlangen des Auftraggebers hat er sie vor Winterschäden und Grundwasser zu schützen, ferner Schnee und Eis zu beseitigen. Obliegt ihm die Verpflichtung nach Satz 2 nicht schon nach dem Vertrag, so regelt sich die Vergütung nach § 2 Absatz 6.

(6) Stoffe oder Bauteile, die dem Vertrag oder den Proben nicht entsprechen, sind auf Anordnung des Auftraggebers innerhalb einer von ihm bestimmten Frist von der Baustelle zu entfernen. Geschieht es nicht, so können sie auf Kosten des Auftragnehmers entfernt oder für seine Rechnung veräußert werden.

(7) Leistungen, die schon während der Ausführung als mangelhaft oder vertragswidrig erkannt werden, hat der Auftragnehmer auf eigene Kosten durch mangelfreie zu ersetzen. Hat der Auftragnehmer den Mangel oder die Vertragswidrigkeit zu vertreten, so hat er auch den daraus entstehenden Schaden zu ersetzen. Kommt der Auftragnehmer der Pflicht zur Beseitigung des Mangels nicht nach, so kann ihm der Auftraggeber eine angemessene Frist zur Beseitigung des Mangels setzen und erklären, dass er nach fruchtlosem Ablauf der Frist den Vertrag kündigen werde (§ 8 Absatz 3).

(8) 1. Der Auftragnehmer hat die Leistung im eigenen Betrieb auszuführen. Mit schriftlicher Zustimmung des Auftraggebers darf er sie an Nachunternehmer übertragen. Die Zustimmung ist nicht notwendig bei Leistungen, auf die der Betrieb des Auftragnehmers nicht eingerichtet ist. Erbringt der Auftragnehmer ohne schriftliche Zustimmung des Auftraggebers Leistungen nicht im eigenen Betrieb, obwohl sein Betrieb darauf eingerichtet ist, kann der Auftraggeber ihm eine angemessene Frist zur Aufnahme der Leistung im eigenen Betrieb setzen und erklären, dass er nach fruchtlosem Ablauf der Frist den Vertrag kündigen werde (§ 8 Absatz 3).

2. Der Auftragnehmer hat bei der Weitervergabe von Bauleistungen an Nachunternehmer die Vergabe- und Vertragsordnung für Bauleistungen Teile B und C zugrunde zu legen.

3. Der Auftragnehmer hat dem Auftraggeber die Nachunternehmer und deren Nachunternehmer ohne Aufforderung spätestens bis zum Leistungsbeginn des Nachunternehmers mit Namen, gesetzlichen Vertretern und Kontaktdaten bekannt zu geben. Auf Verlangen des Auftraggebers hat der Auftragnehmer für seine Nachunternehmer Erklärungen und Nachweise zur Eignung vorzulegen.

(9) Werden bei Ausführung der Leistung auf einem Grundstück Gegenstände von Altertums-, Kunst- oder wissenschaftlichem Wert entdeckt, so hat der Auftragnehmer vor jedem weiteren Aufdecken oder Ändern dem Auftraggeber den Fund anzuzeigen und ihm die Gegenstände nach näherer Weisung abzuliefern. Die Vergütung etwaiger Mehrkosten regelt sich nach § 2 Absatz 6. Die Rechte des Entdeckers (§ 984 BGB) hat der Auftraggeber.

(10) Der Zustand von Teilen der Leistung ist auf Verlangen gemeinsam von Auftraggeber und Auftragnehmer festzustellen, wenn diese Teile der Leistung durch die weitere Ausführung der Prüfung und Feststellung entzogen werden. Das Ergebnis ist schriftlich niederzulegen.

§ 5 Ausführungsfristen

(1) Die Ausführung ist nach den verbindlichen Fristen (Vertragsfristen) zu beginnen, angemessen zu fördern und zu vollenden. In einem Bauzeitenplan enthaltene Einzelfristen gelten nur dann als Vertragsfristen, wenn dies im Vertrag ausdrücklich vereinbart ist.

(2) Ist für den Beginn der Ausführung keine Frist vereinbart, so hat der Auftraggeber dem Auftragnehmer auf Verlangen Auskunft über den voraussichtlichen Beginn zu erteilen. Der Auftragnehmer hat innerhalb von 12 Werktagen nach Aufforderung zu beginnen. Der Beginn der Ausführung ist dem Auftraggeber anzuzeigen.

(3) Wenn Arbeitskräfte, Geräte, Gerüste, Stoffe oder Bauteile so unzureichend sind, dass die Ausführungsfristen offenbar nicht eingehalten werden können, muss der Auftragnehmer auf Verlangen unverzüglich Abhilfe schaffen.

(4) Verzögert der Auftragnehmer den Beginn der Ausführung, gerät er mit der Vollendung in Verzug, oder kommt er der in Absatz 3 erwähnten Verpflichtung nicht nach, so kann der Auftraggeber bei Aufrechterhaltung des Vertrages Schadensersatz nach § 6 Absatz 6 verlangen oder dem

Auftragnehmer eine angemessene Frist zur Vertragserfüllung setzen und erklären, dass er nach fruchtlosem Ablauf der Frist den Vertrag kündigen werde (§ 8 Absatz 3).

§ 6 Behinderung und Unterbrechung der Ausführung

(1) Glaubt sich der Auftragnehmer in der ordnungsgemäßen Ausführung der Leistung behindert, so hat er es dem Auftraggeber unverzüglich schriftlich anzuzeigen. Unterlässt er die Anzeige, so hat er nur dann Anspruch auf Berücksichtigung der hindernden Umstände, wenn dem Auftraggeber offenkundig die Tatsache und deren hindernde Wirkung bekannt waren.

(2) 1. Ausführungsfristen werden verlängert, soweit die Behinderung verursacht ist:
- **a) durch einen Umstand aus dem Risikobereich des Auftraggebers,**
- b) durch Streik oder eine von der Berufsvertretung der Arbeitgeber angeordnete Aussperrung im Betrieb des Auftragnehmers oder in einem unmittelbar für ihn arbeitenden Betrieb,
- **c) durch höhere Gewalt oder andere für den Auftragnehmer unabwendbare Umstände.**

2. Witterungseinflüsse während der Ausführungszeit, mit denen bei Abgabe des Angebots normalerweise gerechnet werden musste, gelten nicht als Behinderung.

(3) Der Auftragnehmer hat alles zu tun, was ihm billigerweise zugemutet werden kann, um die Weiterführung der Arbeiten zu ermöglichen. Sobald die hindernden Umstände wegfallen, hat er ohne weiteres und unverzüglich die Arbeiten wieder aufzunehmen und den Auftraggeber davon zu benachrichtigen.

(4) Die Fristverlängerung wird berechnet nach der Dauer der Behinderung mit einem Zuschlag für die Wiederaufnahme der Arbeiten und die etwaige Verschiebung in eine ungünstigere Jahreszeit.

(5) Wird die Ausführung für voraussichtlich längere Dauer unterbrochen, ohne dass die Leistung dauernd unmöglich wird, so sind die ausgeführten Leistungen nach den Vertragspreisen abzurechnen und außerdem die Kosten zu vergüten, die dem Auftragnehmer bereits entstanden und in den Vertragspreisen des nicht ausgeführten Teils der Leistung enthalten sind.

(6) Sind die hindernden Umstände von einem Vertragsteil zu vertreten, so hat der andere Teil Anspruch auf Ersatz des nachweislich entstandenen Schadens, des entgangenen Gewinns aber nur bei Vorsatz oder grober Fahrlässigkeit. Im Übrigen bleibt der Anspruch des Auftragnehmers auf angemessene Entschädigung nach § 642 BGB unberührt, sofern die Anzeige nach Absatz 1 Satz 1 erfolgt oder wenn Offenkundigkeit nach Absatz 1 Satz 2 gegeben ist.

(7) Dauert eine Unterbrechung länger als 3 Monate, so kann jeder Teil nach Ablauf dieser Zeit den Vertrag schriftlich kündigen. Die Abrechnung regelt sich nach den Absätzen 5 und 6; wenn der Auftragnehmer die Unterbrechung nicht zu vertreten hat, sind auch die Kosten der Baustellenräumung zu vergüten, soweit sie nicht in der Vergütung für die bereits ausgeführten Leistungen enthalten sind.

§ 7 Verteilung der Gefahr

(1) Wird die ganz oder teilweise ausgeführte Leistung vor der Abnahme durch höhere Gewalt, Krieg, Aufruhr oder andere objektiv unabwendbare vom Auftragnehmer nicht zu vertretende Umstände beschädigt oder zerstört, so hat dieser für die ausgeführten Teile der Leistung die Ansprüche nach § 6 Absatz 5; für andere Schäden besteht keine gegenseitige Ersatzpflicht.

(2) Zu der ganz oder teilweise ausgeführten Leistung gehören alle mit der baulichen Anlage unmittelbar verbundenen, in ihre Substanz eingegangenen Leistungen, unabhängig von deren Fertigstellungsgrad.

(3) Zu der ganz oder teilweise ausgeführten Leistung gehören nicht die noch nicht eingebauten Stoffe und Bauteile sowie die Baustelleneinrichtung und Absteckungen. Zu der ganz oder teilweise ausgeführten Leistung gehören ebenfalls nicht Hilfskonstruktionen und Gerüste, auch wenn diese als Besondere Leistung oder selbstständig vergeben sind.

§ 8 Kündigung durch den Auftraggeber

(1) 1. Der Auftraggeber kann bis zur Vollendung der Leistung jederzeit den Vertrag kündigen.

2. Dem Auftragnehmer steht die vereinbarte Vergütung zu. Er muss sich jedoch anrech-

3 Monaten spätestens 12 Werktage nach Fertigstellung eingereicht werden, wenn nichts anderes vereinbart ist; diese Frist wird um je 6 Werktage für je weitere 3 Monate Ausführungsfrist verlängert.

(4) Reicht der Auftragnehmer eine prüfbare Rechnung nicht ein, obwohl ihm der Auftraggeber dafür eine angemessene Frist gesetzt hat, so kann sie der Auftraggeber selbst auf Kosten des Auftragnehmers aufstellen.

§ 15 Stundenlohnarbeiten

(1) 1. Stundenlohnarbeiten werden nach den vertraglichen Vereinbarungen abgerechnet.

2. Soweit für die Vergütung keine Vereinbarungen getroffen worden sind, gilt die ortsübliche Vergütung. Ist diese nicht zu ermitteln, so werden die Aufwendungen des Auftragnehmers für Lohn- und Gehaltskosten der Baustelle, Lohn- und Gehaltsnebenkosten der Baustelle, Stoffkosten der Baustelle, Kosten der Einrichtungen, Geräte, Maschinen und maschinellen Anlagen der Baustelle, Fracht-, Fuhr- und Ladekosten, Sozialkassenbeiträge und Sonderkosten, die bei wirtschaftlicher Betriebsführung entstehen, mit angemessenen Zuschlägen für Gemeinkosten und Gewinn (einschließlich allgemeinem Unternehmerwagnis) zuzüglich Umsatzsteuer vergütet.

(2) Verlangt der Auftraggeber, dass die Stundenlohnarbeiten durch einen Polier oder eine andere Aufsichtsperson beaufsichtigt werden, oder ist die Aufsicht nach den einschlägigen Unfallverhütungsvorschriften notwendig, so gilt Absatz 1 entsprechend.

(3) Dem Auftraggeber ist die Ausführung von Stundenlohnarbeiten vor Beginn anzuzeigen. Über die geleisteten Arbeitsstunden und den dabei erforderlichen, besonders zu vergütenden Aufwand für den Verbrauch von Stoffen, für Vorhaltung von Einrichtungen, Geräten, Maschinen und maschinellen Anlagen, für Frachten, Fuhr- und Ladeleistungen sowie etwaige Sonderkosten sind, wenn nichts anderes vereinbart ist, je nach der Verkehrssitte werktäglich oder wöchentlich Listen (Stundenlohnzettel) einzureichen. Der Auftraggeber hat die von ihm bescheinigten Stundenlohnzettel unverzüglich, spätestens jedoch innerhalb von 6 Werktagen nach Zugang, zurückzugeben. Dabei kann er Einwendungen auf den Stundenlohnzetteln oder gesondert schriftlich erheben. Nicht fristgemäß zurückgegebene Stundenlohnzettel gelten als anerkannt.

(4) Stundenlohnrechnungen sind alsbald nach Abschluss der Stundenlohnarbeiten, längstens jedoch in Abständen von 4 Wochen, einzureichen. Für die Zahlung gilt § 16.

(5) Wenn Stundenlohnarbeiten zwar vereinbart waren, über den Umfang der Stundenlohnleistungen aber mangels rechtzeitiger Vorlage der Stundenlohnzettel Zweifel bestehen, so kann der Auftraggeber verlangen, dass für die nachweisbar ausgeführten Leistungen eine Vergütung vereinbart wird, die nach Maßgabe von Absatz 1 Nummer 2 für einen wirtschaftlich vertretbaren Aufwand an Arbeitszeit und Verbrauch von Stoffen, für Vorhaltung von Einrichtungen, Geräten, Maschinen und maschinellen Anlagen, für Frachten, Fuhr- und Ladeleistungen sowie etwaige Sonderkosten ermittelt wird.

§ 16 Zahlung

(1) 1. Abschlagszahlungen sind auf Antrag in möglichst kurzen Zeitabständen oder zu den vereinbarten Zeitpunkten zu gewähren, und zwar in Höhe des Wertes der jeweils nachgewiesenen vertragsgemäßen Leistungen einschließlich des ausgewiesenen, darauf entfallenden Umsatzsteuerbetrages. Die Leistungen sind durch eine prüfbare Aufstellung nachzuweisen, die eine rasche und sichere Beurteilung der Leistungen ermöglichen muss. Als Leistungen gelten hierbei auch die für die geforderte Leistung eigens angefertigten und bereitgestellten Bauteile sowie die auf der Baustelle angelieferten Stoffe und Bauteile, wenn dem Auftraggeber nach seiner Wahl das Eigentum an ihnen übertragen ist oder entsprechende Sicherheit gegeben wird.

2. Gegenforderungen können einbehalten werden. Andere Einbehalte sind nur in den im Vertrag und in den gesetzlichen Bestimmungen vorgesehenen Fällen zulässig.

3. Ansprüche auf Abschlagszahlungen werden binnen 21 Tagen nach Zugang der Aufstellung fällig.

4. Die Abschlagszahlungen sind ohne Einfluss auf die Haftung des Auftragnehmers; sie gelten nicht als Abnahme von Teilen der Leistung.

(2) 1. Vorauszahlungen können auch nach Vertragsabschluss vereinbart werden; hierfür ist auf Verlangen des Auftraggebers ausreichende Sicherheit zu leisten. Diese Vorauszahlungen sind, sofern nichts anderes vereinbart wird, mit 3 v.H. über dem Basiszinssatz des § 247 BGB zu verzinsen.

2. Vorauszahlungen sind auf die nächstfälligen Zahlungen anzurechnen, soweit damit Leistungen abzugelten sind, für welche die Vorauszahlungen gewährt worden sind.

(3) 1. Der Anspruch auf Schlusszahlung wird alsbald nach Prüfung und Feststellung fällig, spätestens innerhalb von 30 Tagen nach Zugang der Schlussrechnung. Die Frist verlängert sich auf höchstens 60 Tage, wenn sie aufgrund der besonderen Natur oder Merkmale der Vereinbarung sachlich gerechtfertigt ist und ausdrücklich vereinbart wurde. Werden Einwendungen gegen die Prüfbarkeit unter Angabe der Gründe nicht bis zum Ablauf der jeweiligen Frist erhoben, kann der Auftraggeber sich nicht mehr auf die fehlende Prüfbarkeit berufen. Die Prüfung der Schlussrechnung ist nach Möglichkeit zu beschleunigen. Verzögert sie sich, so ist das unbestrittene Guthaben als Abschlagszahlung sofort zu zahlen.

2. Die vorbehaltlose Annahme der Schlusszahlung schließt Nachforderungen aus, wenn der Auftragnehmer über die Schlusszahlung schriftlich unterrichtet und auf die Ausschlusswirkung hingewiesen wurde.

3. Einer Schlusszahlung steht es gleich, wenn der Auftraggeber unter Hinweis auf geleistete Zahlungen weitere Zahlungen endgültig und schriftlich ablehnt.

4. Auch früher gestellte, aber unerledigte Forderungen werden ausgeschlossen, wenn sie nicht nochmals vorbehalten werden.

5. Ein Vorbehalt ist innerhalb von 28 Tagen nach Zugang der Mitteilung nach den Nummern 2 und 3 über die Schlusszahlung zu erklären. Er wird hinfällig, wenn nicht innerhalb von weiteren 28 Tagen – beginnend am Tag nach Ablauf der in Satz 1 genannten 28 Tage – eine prüfbare Rechnung über die vorbehaltenen Forderungen eingereicht oder, wenn das nicht möglich ist, der Vorbehalt eingehend begründet wird.

6. Die Ausschlussfristen gelten nicht für ein Verlangen nach Richtigstellung der Schlussrechnung und -zahlung wegen Aufmaß-, Rechen- und Übertragungsfehlern.

(4) In sich abgeschlossene Teile der Leistung können nach Teilabnahme ohne Rücksicht auf die Vollendung der übrigen Leistungen endgültig festgestellt und bezahlt werden.

(5) 1. Alle Zahlungen sind aufs Äußerste zu beschleunigen.

2. Nicht vereinbarte Skontoabzüge sind unzulässig.

3. Zahlt der Auftraggeber bei Fälligkeit nicht, so kann ihm der Auftragnehmer eine angemessene Nachfrist setzen. Zahlt er auch innerhalb der Nachfrist nicht, so hat der Auftragnehmer vom Ende der Nachfrist an Anspruch auf Zinsen in Höhe der in § 288 Absatz 2 BGB angegebenen Zinssätze, wenn er nicht einen höheren Verzugsschaden nachweist. Der Auftraggeber kommt jedoch, ohne dass es einer Nachfristsetzung bedarf, spätestens 30 Tage nach Zugang der Rechnung oder der Aufstellung bei Abschlagszahlungen in Zahlungsverzug, wenn der Auftragnehmer seine vertraglichen und gesetzlichen Verpflichtungen erfüllt und den fälligen Entgeltbetrag nicht rechtzeitig erhalten hat, es sei denn, der Auftraggeber ist für den Zahlungsverzug nicht verantwortlich. Die Frist verlängert sich auf höchstens 60 Tage, wenn sie aufgrund der besonderen Natur oder Merkmale der Vereinbarung sachlich gerechtfertigt ist und ausdrücklich vereinbart wurde.

4. Der Auftragnehmer darf die Arbeiten bei Zahlungsverzug bis zur Zahlung einstellen, sofern eine dem Auftraggeber zuvor gesetzte angemessene Frist erfolglos verstrichen ist.

(6) Der Auftraggeber ist berechtigt, zur Erfüllung seiner Verpflichtungen aus den Absätzen 1 bis 5 Zahlungen an Gläubiger des Auftragnehmers zu leisten, soweit sie an der Ausführung der vertraglichen Leistung des Auftragnehmers aufgrund eines mit diesem abgeschlossenen Dienst- oder Werkvertrags beteiligt sind, wegen Zahlungsverzugs des Auftragnehmers die Fortsetzung ihrer Leistung zu Recht verweigern und die Direktzahlung die Fortsetzung der Leistung sicherstellen soll. Der Auftragnehmer ist verpflichtet, sich auf Verlangen des

Auftraggebers innerhalb einer von diesem gesetzten Frist darüber zu erklären, ob und inwieweit er die Forderungen seiner Gläubiger anerkennt; wird diese Erklärung nicht rechtzeitig abgegeben, so gelten die Voraussetzungen für die Direktzahlung als anerkannt.

§ 17 Sicherheitsleistung

(1) Wenn Sicherheitsleistung vereinbart ist, gelten

1. die §§ 232 bis 240 BGB, soweit sich aus den nachstehenden Bestimmungen nichts anderes ergibt.
2. **Die Sicherheit dient dazu, die vertragsgemäße Ausführung der Leistung und die Mängelansprüche sicherzustellen.**

(2) Wenn im Vertrag nichts anderes vereinbart ist, kann Sicherheit durch Einbehalt oder Hinterlegung von Geld oder durch Bürgschaft eines Kreditinstituts oder Kreditversicherers geleistet werden, sofern das Kreditinstitut oder der Kreditversicherer

1. in der Europäischen Gemeinschaft oder
2. in einem Staat der Vertragsparteien des Abkommens über den Europäischen Wirtschaftsraum oder
3. in einem Staat der Vertragsparteien des WTO-Übereinkommens über das öffentliche Beschaffungswesen zugelassen ist.

(3) Der Auftragnehmer hat die Wahl unter den verschiedenen Arten der Sicherheit; er kann eine Sicherheit durch eine andere ersetzen.

(4) Bei Sicherheitsleistung durch Bürgschaft ist Voraussetzung, dass der Auftraggeber den Bürgen als tauglich anerkannt hat. Die Bürgschaftserklärung ist schriftlich unter Verzicht auf die Einrede der Vorausklage abzugeben (§ 771 BGB); sie darf nicht auf bestimmte Zeit begrenzt und muss nach Vorschrift des Auftraggebers ausgestellt sein. Der Auftraggeber kann als Sicherheit keine Bürgschaft fordern, die den Bürgen zur Zahlung auf erstes Anfordern verpflichtet.

(5) Wird Sicherheit durch Hinterlegung von Geld geleistet, so hat der Auftragnehmer den Betrag bei einem zu vereinbarenden Geldinstitut auf ein Sperrkonto einzuzahlen, über das beide nur gemeinsam verfügen können („Und-Konto"). Etwaige Zinsen stehen dem Auftragnehmer zu.

(6) 1. **Soll der Auftraggeber vereinbarungsgemäß die Sicherheit in Teilbeträgen von seinen Zahlungen einbehalten, so darf er jeweils die Zahlung um höchstens 10 v.H. kürzen, bis die vereinbarte Sicherheitssumme erreicht ist. Sofern Rechnungen ohne Umsatzsteuer gemäß § 13 b UStG gestellt werden, bleibt die Umsatzsteuer bei der Berechnung des Sicherheitseinbehalts unberücksichtigt. Den jeweils einbehaltenen Betrag hat er dem Auftragnehmer mitzuteilen und binnen 18 Werktagen nach dieser Mitteilung auf ein Sperrkonto bei dem vereinbarten Geldinstitut einzuzahlen. Gleichzeitig muss er veranlassen, dass dieses Geldinstitut den Auftragnehmer von der Einzahlung des Sicherheitsbetrags benachrichtigt. Absatz 5 gilt entsprechend.**

2. Bei kleineren oder kurzfristigen Aufträgen ist es zulässig, dass der Auftraggeber den einbehaltenen Sicherheitsbetrag erst bei der Schlusszahlung auf ein Sperrkonto einzahlt.
3. **Zahlt der Auftraggeber den einbehaltenen Betrag nicht rechtzeitig ein, so kann ihm der Auftragnehmer hierfür eine angemessene Nachfrist setzen. Lässt der Auftraggeber auch diese verstreichen, so kann der Auftragnehmer die sofortige Auszahlung des einbehaltenen Betrags verlangen und braucht dann keine Sicherheit mehr zu leisten.**
4. Öffentliche Auftraggeber sind berechtigt, den als Sicherheit einbehaltenen Betrag auf eigenes Verwahrgeldkonto zu nehmen; der Betrag wird nicht verzinst.

(7) Der Auftragnehmer hat die Sicherheit binnen 18 Werktagen nach Vertragsabschluss zu leisten, wenn nichts anderes vereinbart ist. Soweit er diese Verpflichtung nicht erfüllt hat, ist der Auftraggeber berechtigt, vom Guthaben des Auftragnehmers einen Betrag in Höhe der vereinbarten Sicherheit einzubehalten. Im Übrigen gelten die Absätze 5 und 6 außer Nummer 1 Satz 1 entsprechend.

(8) 1. Der Auftraggeber hat eine nicht verwertete Sicherheit für die Vertragserfüllung zum vereinbarten Zeitpunkt, spätestens nach Abnahme und Stellung der Sicherheit für Mängelansprüche zurückzugeben, es sei denn, dass Ansprüche des Auftraggebers, die nicht von der gestellten Sicherheit für Mängelansprüche umfasst sind, noch nicht erfüllt sind. Dann

darf er für diese Vertragserfüllungsansprüche einen entsprechenden Teil der Sicherheit zurückhalten.

2. Der Auftraggeber hat eine nicht verwertete Sicherheit für Mängelansprüche nach Ablauf von 2 Jahren zurückzugeben, sofern kein anderer Rückgabezeitpunkt vereinbart worden ist. Soweit jedoch zu diesem Zeitpunkt seine geltend gemachten Ansprüche noch nicht erfüllt sind, darf er einen entsprechenden Teil der Sicherheit zurückhalten.

§ 18 Streitigkeiten

(1) Liegen die Voraussetzungen für eine Gerichtsstandvereinbarung nach § 38 der Zivilprozessordnung vor, richtet sich der Gerichtsstand für Streitigkeiten aus dem Vertrag nach dem Sitz der für die Prozessvertretung des Auftraggebers zuständigen Stelle, wenn nichts anderes vereinbart ist. Sie ist dem Auftragnehmer auf Verlangen mitzuteilen.

(2) 1. Entstehen bei Verträgen mit Behörden Meinungsverschiedenheiten, so soll der Auftragnehmer zunächst die der auftraggebenden Stelle unmittelbar vorgesetzte Stelle anrufen. Diese soll dem Auftragnehmer Gelegenheit zur mündlichen Aussprache geben und ihn möglichst innerhalb von 2 Monaten nach der Anrufung schriftlich bescheiden und dabei auf die Rechtsfolgen des Satzes 3 hinweisen. Die Entscheidung gilt als anerkannt, wenn der Auftragnehmer nicht innerhalb von 3 Monaten nach Eingang des Bescheides schriftlich Einspruch beim Auftraggeber erhebt und dieser ihn auf die Ausschlussfrist hingewiesen hat.

2. Mit dem Eingang des schriftlichen Antrages auf Durchführung eines Verfahrens nach Nummer 1 wird die Verjährung des in diesem Antrag geltend gemachten Anspruchs gehemmt. Wollen Auftraggeber oder Auftragnehmer das Verfahren nicht weiter betreiben, teilen sie dies dem jeweils anderen Teil schriftlich mit. Die Hemmung endet 3 Monate nach Zugang des schriftlichen Bescheides oder der Mitteilung nach Satz 2.

(3) Daneben kann ein Verfahren zur Streitbeilegung vereinbart werden. Die Vereinbarung sollte mit Vertragsabschluss erfolgen.

(4) Bei Meinungsverschiedenheiten über die Eigenschaft von Stoffen und Bauteilen, für die allgemein gültige Prüfungsverfahren bestehen, und über die Zulässigkeit oder Zuverlässigkeit der bei der Prüfung verwendeten Maschinen oder angewendeten Prüfungsverfahren kann jede Vertragspartei nach vorheriger Benachrichtigung der anderen Vertragspartei die materialtechnische Untersuchung durch eine staatliche oder staatlich anerkannte Materialprüfungsstelle vornehmen lassen; deren Feststellungen sind verbindlich. Die Kosten trägt der unterliegende Teil.

(5) Streitfälle berechtigen den Auftragnehmer nicht, die Arbeiten einzustellen.

VOB/A (auszugsweise, Fassung 2019)

Abschnitt 1: Basisparagraphen

§ 1 Bauleistungen

Bauleistungen sind Arbeiten jeder Art, durch die eine bauliche Anlage hergestellt, instand gehalten, geändert oder beseitigt wird.

§ 7 Leistungsbeschreibung

(1) **1. Die Leistung ist eindeutig und so erschöpfend zu beschreiben, dass alle Unternehmen die Beschreibung im gleichen Sinne verstehen müssen und ihre Preise sicher und ohne umfangreiche Vorarbeiten berechnen können.**

2. Um eine einwandfreie Preisermittlung zu ermöglichen, sind alle sie beeinflussenden Umstände festzustellen und in den Vergabeunterlagen anzugeben.

3. Dem Auftragnehmer darf kein ungewöhnliches Wagnis aufgebürdet werden für Umstände und Ereignisse, auf die er keinen Einfluss hat und deren Einwirkung auf die Preise und Fristen er nicht im Voraus schätzen kann.

4. Bedarfspositionen sind grundsätzlich nicht in die Leistungsbeschreibung aufzunehmen. Angehängte Stundenlohnarbeiten dürfen nur in dem unbedingt erforderlichen Umfang in die Leistungsbeschreibung aufgenommen werden.

5. Erforderlichenfalls sind auch der Zweck und die vorgesehene Beanspruchung der fertigen Leistung anzugeben.

6. Die für die Ausführung der Leistung wesentlichen Verhältnisse der Baustelle, z.B. Boden- und Wasserverhältnisse, sind so zu beschreiben, dass das Unternehmen ihre Auswirkungen auf die bauliche Anlage und die Bauausführung hinreichend beurteilen kann.

7. Die „Hinweise für das Aufstellen der Leistungsbeschreibung" in Abschnitt 0 der Allgemeinen Technischen Vertragsbedingungen für Bauleistungen, DIN 18299 ff., sind zu beachten.

(2) In technischen Spezifikationen darf nicht auf eine bestimmte Produktion oder Herkunft oder ein besonderes Verfahren, das die von einem bestimmten Unternehmen bereitgestellten Produkte charakterisiert, oder auf Marken, Patente, Typen oder einen bestimmten Ursprung oder eine bestimmte Produktion verwiesen werden, es sei denn,

1. dies ist durch den Auftragsgegenstand gerechtfertigt oder

2. der Auftragsgegenstand kann nicht hinreichend genau und allgemein verständlich beschrieben werden; solche Verweise sind mit dem Zusatz „oder gleichwertig" zu versehen.

(3) Bei der Beschreibung der Leistung sind die verkehrsüblichen Bezeichnungen zu beachten.

§ 7b Leistungsbeschreibung mit Leistungsverzeichnis

(1) Die Leistung ist in der Regel durch eine allgemeine Darstellung der Bauaufgabe (Baubeschreibung) und ein in Teilleistungen gegliedertes Leistungsverzeichnis zu beschreiben.

(2) Erforderlichenfalls ist die Leistung auch zeichnerisch oder durch Probestücke darzustellen oder anders zu erklären, z.B. durch Hinweise auf ähnliche Leistungen, durch Mengen- oder statische Berechnungen. **Zeichnungen und Proben, die für die Ausführung maßgebend sein sollen, sind eindeutig zu bezeichnen.**

(3) Leistungen, die nach den Vertragsbedingungen, den Technischen Vertragsbedingungen oder der gewerblichen Verkehrssitte zu der geforderten Leistung gehören (§ 2 Absatz 1 VOB/B), brauchen nicht besonders aufgeführt zu werden.

(4) Im Leistungsverzeichnis ist die Leistung derart aufzugliedern, dass unter einer Ordnungszahl (Position) nur solche Leistungen aufgenommen werden, die nach ihrer technischen Beschaffenheit und für die Preisbildung als in sich gleichartig anzusehen sind. Ungleichartige Leistungen sollen unter einer Ordnungszahl (Sammelposition) nur zusammengefasst werden, wenn eine Teilleistung gegenüber einer anderen für die Bildung eines Durchschnittspreises ohne nennenswerten Einfluss ist.

§ 8a Allgemeine, Besondere und Zusätzliche Vertragsbedingungen

(1) In den Vergabeunterlagen ist vorzuschreiben, dass die Allgemeinen Vertragsbedingungen für die

Ausführung von Bauleistungen (VOB/B) und die Allgemeinen Technischen Vertragsbedingungen für Bauleistungen (VOB/C) Bestandteile des Vertrags werden. Das gilt auch für etwaige Zusätzliche Vertragsbedingungen und etwaige Zusätzliche Technische Vertragsbedingungen, soweit sie Bestandteile des Vertrags werden sollen.

§ 9 Ausführungsfristen, Einzelfristen, Verzug

(1) **1. Die Ausführungsfristen sind ausreichend zu bemessen; Jahreszeit, Arbeitsbedingungen und etwaige besondere Schwierigkeiten sind zu berücksichtigen. Für die Bauvorbereitung ist dem Auftragnehmer genügend Zeit zu gewähren.**
2. Außergewöhnlich kurze Fristen sind nur bei besonderer Dringlichkeit vorzusehen.
3. Soll vereinbart werden, dass mit der Ausführung erst nach Aufforderung zu beginnen ist (§ 5 Absatz 2 VOB/B), so muss die Frist, innerhalb derer die Aufforderung ausgesprochen werden kann, unter billiger Berücksichtigung der für die Ausführung maßgebenden Verhältnisse zumutbar sein; sie ist in den Vergabeunterlagen festzulegen.

(2) 1. Wenn es ein erhebliches Interesse des Auftraggebers erfordert, sind Einzelfristen für in sich abgeschlossene Teile der Leistung zu bestimmen.
2. Wird ein Bauzeitenplan aufgestellt, damit die Leistungen aller Unternehmen sicher ineinandergreifen, so sollen nur die für den Fortgang der Gesamtarbeit besonders wichtigen Einzelfristen als vertraglich verbindliche Fristen (Vertragsfristen) bezeichnet werden.

(3) Ist für die Einhaltung von Ausführungsfristen die Übergabe von Zeichnungen oder anderen Unterlagen wichtig, so soll hierfür ebenfalls eine Frist festgelegt werden.

(4) Der Auftraggeber darf in den Vertragsunterlagen eine Pauschalierung des Verzugsschadens (§ 5 Absatz 4 VOB/B) vorsehen; sie soll fünf Prozent der Auftragssumme nicht überschreiten. Der Nachweis eines geringeren Schadens ist zuzulassen.

§ 12a Versand der Vergabeunterlagen

(1) Soweit die Vergabeunterlagen nicht elektronisch im Sinne von § 11 Absatz 2 und 3 zur Verfügung gestellt werden, sind sie

1. den Unternehmen unverzüglich in geeigneter Weise zu übermitteln.
2. bei Beschränkter Ausschreibung und Freihändiger Vergabe an alle ausgewählten Bewerber am selben Tag abzusenden.

(2) Wenn von den für die Preisermittlung wesentlichen Unterlagen keine Vervielfältigungen abgegeben werden können, sind diese in ausreichender Weise zur Einsicht auszulegen.

(3) Die Namen der Unternehmen, die Vergabeunterlagen erhalten oder eingesehen haben, sind geheim zu halten.

(4) Erbitten Unternehmen zusätzliche sachdienliche Auskünfte über die Vergabeunterlagen, so sind diese Auskünfte allen Unternehmen unverzüglich in gleicher Weise zu erteilen.

§ 15 Aufklärung des Angebotsinhalts

(1) 1. Bei Ausschreibungen darf der Auftraggeber nach Öffnung der Angebote bis zur Zuschlagserteilung von einem Bieter nur Aufklärung verlangen, um sich über seine Eignung, insbesondere seine technische und wirtschaftliche Leistungsfähigkeit, das Angebot selbst, etwaige Nebenangebote, die geplante Art der Durchführung, etwaige Ursprungsorte oder Bezugsquellen von Stoffen oder Bauteilen und über die Angemessenheit der Preise, wenn nötig durch Einsicht in die vorzulegenden Preisermittlungen (Kalkulationen), zu unterrichten.
2. Die Ergebnisse solcher Aufklärungen sind geheim zu halten. Sie sollen in Textform niedergelegt werden.

(2) Verweigert ein Bieter die geforderten Aufklärungen und Angaben oder lässt er die ihm gesetzte angemessene Frist unbeantwortet verstreichen, so ist sein Angebot auszuschließen.

(3) Verhandlungen, besonders über Änderung der Angebote oder Preise, sind unstatthaft, außer, wenn sie bei Nebenangeboten oder Angeboten aufgrund eines Leistungsprogramms nötig sind, um unumgängliche technische Änderungen geringen Umfangs und daraus sich ergebende Änderungen der Preise zu vereinbaren.

BGB (auszugsweise, wichtige Vorschriften)

§ 126 Schriftform

(1) Ist durch Gesetz schriftliche Form vorgeschrieben, so muss die Urkunde von dem Aussteller eigenhändig durch Namensunterschrift oder mittels notariell beglaubigten Handzeichens unterzeichnet werden.

(2) Bei einem Vertrag muss die Unterzeichnung der Parteien auf derselben Urkunde erfolgen. Werden über den Vertrag mehrere gleichlautende Urkunden aufgenommen, so genügt es, wenn jede Partei die für die andere Partei bestimmte Urkunde unterzeichnet.

(3) Die schriftliche Form kann durch die elektronische Form ersetzt werden, wenn sich nicht aus dem Gesetz ein anderes ergibt.

(4) Die schriftliche Form wird durch die notarielle Beurkund ersetzt.

§ 126a Elektronische Form

(1) Soll die gesetzlich vorgeschriebene schriftliche Form durch die elektronische Form ersetzt werden, so muss der Aussteller der Erklärung dieser seinen Namen hinzufügen und das elektronische Dokument mit seiner qualifizierten elektronischen Signatur versehen.

(2) Bei einem Vertrag müssen die Parteien jeweils ein gleichlautendes Dokument in der in Absatz 1 bezeichneten Weise elektronisch signieren.

§ 126b Textform

Ist durch Gesetz Textform vorgeschrieben, so muss eine lesbare Erklärung, in der die Person des Erklärenden genannt ist, auf einem dauerhaften Datenträger abgegeben werden. Ein dauerhafter Datenträger ist jedes Medium, das

1. **es dem Empfänger ermöglicht, eine auf dem Datenträger befindliche, an ihn persönlich gerichtete Erklärung so aufzubewahren oder zu speichern, dass sie ihm während eines für ihren Zweck angemessenen Zeitraums zugänglich ist, und**
2. geeignet ist, die Erklärung unverändert wiederzugeben.

§ 127 Vereinbarte Form

(1) Die Vorschriften des § 126, des § 126a oder des § 126b gelten im Zweifel auch für die durch Rechtsgeschäft bestimmte Form.

(2) Zur Wahrung der durch Rechtsgeschäft bestimmten schriftlichen Form genügt, soweit nicht ein anderer Wille anzunehmen ist, die telekommunikative Übermittlung und bei einem Vertrag der Briefwechsel. Wird eine solche Form gewählt, so kann nachträglich eine dem § 126 entsprechende Beurkundung verlangt werden.

(3) Zur Wahrung der durch Rechtsgeschäft bestimmten elektronischen Form genügt, soweit nicht ein anderer Wille anzunehmen ist, auch eine andere als die in § 126a bestimmte elektronische Signatur und bei einem Vertrag der Austausch von Angebots- und Annahmeerklärung, die jeweils mit einer elektronischen Signatur versehen sind. Wird eine solche Form gewählt, so kann nachträglich eine dem § 126a entsprechende elektronische Signierung oder, wenn diese einer der Parteien nicht möglich ist, eine dem § 126 entsprechende Beurkundung verlangt werden.

§ 133 Auslegung einer Willenserklärung

Bei der Auslegung einer Willenserklärung ist der wirkliche Wille zu erforschen und nicht an dem buchstäblichen Sinne des Ausdrucks zu haften.

§ 138 Sittenwidriges Rechtsgeschäft; Wucher

(1) Ein Rechtsgeschäft, das gegen die guten Sitten verstößt, ist nichtig.

(2) Nichtig ist insbesondere ein Rechtsgeschäft, durch das jemand unter Ausbeutung der Zwangslage, der Unerfahrenheit, des Mangels an Urteilsvermögen oder der erheblichen Willensschwäche eines anderen sich oder einem Dritten für eine Leistung Vermögensvorteile versprechen oder gewähren lässt, die in einem auffälligen Missverhältnis zu der Leistung stehen.

§ 145 Bindung an den Antrag

Wer einem anderen die Schließung eines Vertrags anträgt, ist an den Antrag gebunden, es sei denn, dass er die Gebundenheit ausgeschlossen hat.

§ 147 Annahmefrist

(1) Der einem Anwesenden gemachte Antrag kann nur sofort angenommen werden. Dies gilt auch von einem mittels Fernsprechers oder einer sonstigen technischen Einrichtung von Person zu Person gemachten Antrag.

(2) Der einem Abwesenden gemachte Antrag kann nur bis zu dem Zeitpunkt angenommen werden, in welchem der Antragende den Eingang der Antwort unter regelmäßigen Umständen erwarten darf.

§ 150 Verspätete und abändernde Annahme

(1) Die verspätete Annahme eines Antrags gilt als neuer Antrag.

(2) Eine Annahme unter Erweiterungen, Einschränkungen oder sonstigen Änderungen gilt als Ablehnung verbunden mit einem neuen Antrag.

§ 157 Auslegung von Verträgen

Verträge sind so auszulegen, wie Treu und Glauben mit Rücksicht auf die Verkehrssitte es erfordern.

§ 177 Vertragsschluss durch Vertreter ohne Vertretungsmacht

(1) Schließt jemand ohne Vertretungsmacht im Namen eines anderen einen Vertrag, so hängt die Wirksamkeit des Vertrags für und gegen den Vertretenen von dessen Genehmigung ab.

(2) Fordert der andere Teil den Vertretenen zur Erklärung über die Genehmigung auf, so kann die Erklärung nur ihm gegenüber erfolgen; eine vor der Aufforderung dem Vertreter gegenüber erklärte Genehmigung oder Verweigerung der Genehmigung wird unwirksam. Die Genehmigung kann nur bis zum Ablauf von zwei Wochen nach dem Empfang der Aufforderung erklärt werden; wird sie nicht erklärt, so gilt sie als verweigert.

§ 195 Regelmäßige Verjährungsfrist

Die regelmäßige Verjährungsfrist beträgt drei Jahre.

§ 199 Beginn der regelmäßigen Verjährungsfrist und Verjährungshöchstfristen

(1) Die regelmäßige Verjährungsfrist beginnt, soweit nicht ein anderer Verjährungsbeginn bestimmt ist, mit dem Schluss des Jahres, in dem

1. **der Anspruch entstanden ist und**
2. **der Gläubiger von den den Anspruch begründenden Umständen und der Person des Schuldners Kenntnis erlangt oder ohne grobe Fahrlässigkeit erlangen müsste.**

(2) Schadensersatzansprüche, die auf der Verletzung des Lebens, des Körpers, der Gesundheit oder der Freiheit beruhen, verjähren ohne Rücksicht auf ihre Entstehung und die Kenntnis oder grob fahrlässige Unkenntnis in 30 Jahren von der Begehung der Handlung, der Pflichtverletzung oder dem sonstigen, den Schaden auslösenden Ereignis an.

(3) Sonstige Schadensersatzansprüche verjähren

1. ohne Rücksicht auf die Kenntnis oder grob fahrlässige Unkenntnis in zehn Jahren von ihrer Entstehung an und
2. ohne Rücksicht auf ihre Entstehung und die Kenntnis oder grob fahrlässige Unkenntnis in 30 Jahren von der Begehung der Handlung, der Pflichtverletzung oder dem sonstigen, den Schaden auslösenden Ereignis an.

Maßgeblich ist die früher endende Frist.

(3a) Ansprüche, die auf einem Erbfall beruhen oder deren Geltendmachung die Kenntnis einer Verfügung von Todes wegen voraussetzt, verjähren ohne Rücksicht auf die Kenntnis oder grob fahrlässige Unkenntnis in 30 Jahren von der Entstehung des Anspruchs an.

(4) Andere Ansprüche als die nach den Absätzen 2 bis 3a verjähren ohne Rücksicht auf die Kenntnis oder grob fahrlässige Unkenntnis in zehn Jahren von ihrer Entstehung an.

(5) Geht der Anspruch auf ein Unterlassen, so tritt an die Stelle der Entstehung die Zuwiderhandlung.

§ 203 Hemmung der Verjährung bei Verhandlungen

Schweben zwischen dem Schuldner und dem Gläubiger Verhandlungen über den Anspruch oder die den Anspruch begründenden Umstände, so ist die Verjährung gehemmt, bis der eine oder der andere Teil die Fortsetzung der Verhandlungen verweigert. Die Verjährung tritt frühestens drei Monate nach dem Ende der Hemmung ein.

§ 212 Neubeginn der Verjährung (auszugsweise)

(1) Die Verjährung beginnt erneut, wenn

1. der Schuldner dem Gläubiger gegenüber den Anspruch durch Abschlagszahlung, Zinszahlung, Sicherheitsleistung oder in anderer Weise anerkennt oder
2. eine gerichtliche oder behördliche Vollstreckungshandlung vorgenommen oder beantragt wird.

§ 242 Leistung nach Treu und Glauben

Der Schuldner ist verpflichtet, die Leistung so zu bewirken, wie Treu und Glauben mit Rücksicht auf die Verkehrssitte es erfordern.

§ 271 Leistungszeit

(1) Ist eine Zeit für die Leistung weder bestimmt noch aus den Umständen zu entnehmen, so kann der Gläubiger die Leistung sofort verlangen, der Schuldner sie sofort bewirken.

(2) Ist eine Zeit bestimmt, so ist im Zweifel anzunehmen, dass der Gläubiger die Leistung nicht vor dieser Zeit verlangen, der Schuldner aber sie vorher bewirken kann.

§ 280 Schadensersatz wegen Pflichtverletzung

(1) Verletzt der Schuldner eine Pflicht aus dem Schuldverhältnis, so kann der Gläubiger Ersatz des hierdurch entstehenden Schadens verlangen. Dies gilt nicht, wenn der Schuldner die Pflichtverletzung nicht zu vertreten hat.

(2) Schadensersatz wegen Verzögerung der Leistung kann der Gläubiger nur unter der zusätzlichen Voraussetzung des § 286 verlangen.

(3) Schadensersatz statt der Leistung kann der Gläubiger nur unter den zusätzlichen Voraussetzungen des § 281, des § 282 oder des § 283 verlangen.

§ 286 Verzug des Schuldners

(1) Leistet der Schuldner auf eine Mahnung des Gläubigers nicht, die nach dem Eintritt der Fälligkeit erfolgt, so kommt er durch die Mahnung in Verzug. Der Mahnung stehen die Erhebung der Klage auf die Leistung sowie die Zustellung eines Mahnbescheids im Mahnverfahren gleich.

(2) Der Mahnung bedarf es nicht, wenn

1. **für die Leistung eine Zeit nach dem Kalender bestimmt ist,**
2. **der Leistung ein Ereignis vorauszugehen hat und eine angemessene Zeit für die Leistung in der Weise bestimmt ist, dass sie sich von dem Ereignis an nach dem Kalender berechnen lässt,**
3. der Schuldner die Leistung ernsthaft und endgültig verweigert,
4. aus besonderen Gründen unter Abwägung der beiderseitigen Interessen der sofortige Eintritt des Verzugs gerechtfertigt ist.

(3) Der Schuldner einer Entgeltforderung kommt spätestens in Verzug, wenn er nicht innerhalb von 30 Tagen nach Fälligkeit und Zugang einer Rechnung oder gleichwertigen Zahlungsaufstellung leistet; dies gilt gegenüber einem Schuldner, der Verbraucher ist, nur, wenn auf diese Folgen in der Rechnung oder Zahlungsaufstellung besonders hingewiesen worden ist. Wenn der Zeitpunkt des Zugangs der Rechnung oder Zahlungsaufstellung unsicher ist, kommt der Schuldner, der nicht Verbraucher ist, spätestens 30 Tage nach Fälligkeit und Empfang der Gegenleistung in Verzug.

(4) Der Schuldner kommt nicht in Verzug, solange die Leistung infolge eines Umstands unterbleibt, den er nicht zu vertreten hat.

(5) Für eine von den Absätzen 1 bis 3 abweichende Vereinbarung über den Eintritt des Verzugs gilt § 271a Absatz 1 bis 5 entsprechend.

§ 288 Verzugszinsen und sonstiger Verzugsschaden (auszugsweise)

(1) Eine Geldschuld ist während des Verzugs zu verzinsen. Der Verzugszinssatz beträgt für das Jahr fünf Prozentpunkte über dem Basiszinssatz.

(2) Bei Rechtsgeschäften, an denen ein Verbraucher nicht beteiligt ist, beträgt der Zinssatz für Entgeltforderungen neun Prozentpunkte über dem Basiszinssatz.

(3) Der Gläubiger kann aus einem anderen Rechtsgrund höhere Zinsen verlangen.

(4) Die Geltendmachung eines weiteren Schadens ist nicht ausgeschlossen.

(5) Der Gläubiger einer Entgeltforderung hat bei Verzug des Schuldners, wenn dieser kein Verbraucher ist, außerdem einen Anspruch auf Zahlung

einer Pauschale in Höhe von 40 Euro. Dies gilt auch, wenn es sich bei der Entgeltforderung um eine Abschlagszahlung oder sonstige Ratenzahlung handelt. Die Pauschale nach Satz 1 ist auf einen geschuldeten Schadensersatz anzurechnen, soweit der Schaden in Kosten der Rechtsverfolgung begründet ist.

§ 293 Annahmeverzug

Der Gläubiger kommt in Verzug, wenn er die ihm angebotene Leistung nicht annimmt.

§ 294 Tatsächliches Angebot

Die Leistung muss dem Gläubiger so, wie sie zu bewirken ist, tatsächlich angeboten werden.

§ 305 Einbeziehung Allgemeiner Geschäftsbedingungen in den Vertrag

(1) Allgemeine Geschäftsbedingungen sind alle für eine Vielzahl von Verträgen vorformulierten Vertragsbedingungen, die eine Vertragspartei (Verwender) der anderen Vertragspartei bei Abschluss eines Vertrags stellt. Gleichgültig ist, ob die Bestimmungen einen äußerlich gesonderten Bestandteil des Vertrags bilden oder in die Vertragsurkunde selbst aufgenommen werden, welchen Umfang sie haben, in welcher Schriftart sie verfasst sind und welche Form der Vertrag hat. Allgemeine Geschäftsbedingungen liegen nicht vor, soweit die Vertragsbedingungen zwischen den Vertragsparteien im Einzelnen ausgehandelt sind.

(2) Allgemeine Geschäftsbedingungen werden nur dann Bestandteil eines Vertrags, wenn der Verwender bei Vertragsschluss

1. die andere Vertragspartei ausdrücklich oder, wenn ein ausdrücklicher Hinweis wegen der Art des Vertragsschlusses nur unter unverhältnismäßigen Schwierigkeiten möglich ist, durch deutlich sichtbaren Aushang am Ort des Vertragsschlusses auf sie hinweist und
2. der anderen Vertragspartei die Möglichkeit verschafft, in zumutbarer Weise, die auch eine für den Verwender erkennbare körperliche Behinderung der anderen Vertragspartei angemessen berücksichtigt, von ihrem Inhalt Kenntnis zu nehmen,

und wenn die andere Vertragspartei mit ihrer Geltung einverstanden ist.

(3) Die Vertragsparteien können für eine bestimmte Art von Rechtsgeschäften die Geltung bestimmter Allgemeiner Geschäftsbedingungen unter Beachtung der in Absatz 2 bezeichneten Erfordernisse im Voraus vereinbaren.

§ 305b Vorrang der Individualabrede

Individuelle Vertragsabreden haben Vorrang vor Allgemeinen Geschäftsbedingungen.

§ 305c Überraschende und mehrdeutige Klauseln

(1) Bestimmungen in Allgemeinen Geschäftsbedingungen, die nach den Umständen, insbesondere nach dem äußeren Erscheinungsbild des Vertrags, so ungewöhnlich sind, dass der Vertragspartner des Verwenders mit ihnen nicht zu rechnen braucht, werden nicht Vertragsbestandteil.

(2) Zweifel bei der Auslegung Allgemeiner Geschäftsbedingungen gehen zu Lasten des Verwenders.

§ 306 Rechtsfolgen bei Nichteinbeziehung und Unwirksamkeit

(1) Sind Allgemeine Geschäftsbedingungen ganz oder teilweise nicht Vertragsbestandteil geworden oder unwirksam, so bleibt der Vertrag im Übrigen wirksam.

(2) Soweit die Bestimmungen nicht Vertragsbestandteil geworden oder unwirksam sind, richtet sich der Inhalt des Vertrags nach den gesetzlichen Vorschriften.

(3) Der Vertrag ist unwirksam, wenn das Festhalten an ihm auch unter Berücksichtigung der nach Absatz 2 vorgesehenen Änderung eine unzumutbare Härte für eine Vertragspartei darstellen würde.

§ 307 Inhaltskontrolle (auszugsweise)

(1) Bestimmungen in Allgemeinen Geschäftsbedingungen sind unwirksam, wenn sie den Vertragspartner des Verwenders entgegen den Geboten von Treu und Glauben unangemessen benachteiligen. Eine unangemessene Benachteiligung kann sich auch daraus ergeben, dass die Bestimmung nicht klar und verständlich ist.

(2) Eine unangemessene Benachteiligung ist im Zweifel anzunehmen, wenn eine Bestimmung

1. **mit wesentlichen Grundgedanken der gesetzlichen Regelung, von der abgewichen wird, nicht zu vereinbaren ist oder**
2. wesentliche Rechte oder Pflichten, die sich aus der Natur des Vertrags ergeben, so einschränkt, dass die Erreichung des Vertragszwecks gefährdet ist.

(3) Die Absätze 1 und 2 sowie die §§ 308 und 309 gelten nur für Bestimmungen in Allgemeinen Geschäftsbedingungen, durch die von Rechtsvorschriften abweichende oder diese ergänzende Regelungen vereinbart werden. Andere Bestimmungen können nach Absatz 1 Satz 2 in Verbindung mit Absatz 1 Satz 1 unwirksam sein.

§ 310 Anwendungsbereich

(1) § 305 Absatz 2 und 3, § 308 Nummer 1, 2 bis 8 und § 309 finden keine Anwendung auf Allgemeine Geschäftsbedingungen, die gegenüber einem Unternehmer, einer juristischen Person des öffentlichen Rechts oder einem öffentlich-rechtlichen Sondervermögen verwendet werden. § 307 Abs. 1 und 2 findet in den Fällen des Satzes 1 auch insoweit Anwendung, als dies zur Unwirksamkeit von in § 308 Nummer 1, 2 bis 8 und § 309 genannten Vertragsbestimmungen führt; auf die im Handelsverkehr geltenden Gewohnheiten und Gebräuche ist angemessen Rücksicht zu nehmen. **In den Fällen des Satzes 1 finden § 307 Absatz 1 und 2 sowie § 308 Nummer 1a und 1b auf Verträge, in die die Vergabe- und Vertragsordnung für Bauleistungen Teil B (VOB/B) in der jeweils zum Zeitpunkt des Vertragsschlusses geltenden Fassung ohne inhaltliche Abweichungen insgesamt einbezogen ist, in Bezug auf eine Inhaltskontrolle einzelner Bestimmungen keine Anwendung.**

§ 313 Störung der Geschäftsgrundlage

(1) Haben sich Umstände, die zur Grundlage des Vertrags geworden sind, nach Vertragsschluss schwerwiegend verändert und hätten die Parteien den Vertrag nicht oder mit anderem Inhalt geschlossen, wenn sie diese Veränderung vorausgesehen hätten, so kann Anpassung des Vertrags verlangt werden, soweit einem Teil unter Berücksichtigung aller Umstände des Einzelfalls, insbesondere der vertraglichen oder gesetzlichen Risikoverteilung, das Festhalten am unveränderten Vertrag nicht zugemutet werden kann.

(2) Einer Veränderung der Umstände steht es gleich, wenn wesentliche Vorstellungen, die zur Grundlage des Vertrags geworden sind, sich als falsch herausstellen.

(3) Ist eine Anpassung des Vertrags nicht möglich oder einem Teil nicht zumutbar, so kann der benachteiligte Teil vom Vertrag zurücktreten. An die Stelle des Rücktrittsrechts tritt für Dauerschuldverhältnisse das Recht zur Kündigung.

§ 315 Bestimmung der Leistung durch eine Partei

(1) Soll die Leistung durch einen der Vertragschließenden bestimmt werden, so ist im Zweifel anzunehmen, dass die Bestimmung nach billigem Ermessen zu treffen ist.

(2) Die Bestimmung erfolgt durch Erklärung gegenüber dem anderen Teil.

(3) Soll die Bestimmung nach billigem Ermessen erfolgen, so ist die getroffene Bestimmung für den anderen Teil nur verbindlich, wenn sie der Billigkeit entspricht. Entspricht sie nicht der Billigkeit, so wird die Bestimmung durch Urteil getroffen; das Gleiche gilt, wenn die Bestimmung verzögert wird.

§ 438 Abs. 1 Verjährung der Mängelansprüche (Kaufrecht, auszugsweise)

(1) Die in § 437 Nr. 1 und 3 bezeichneten Ansprüche verjähren

1. in 30 Jahren, wenn der Mangel
   a) in einem dinglichen Recht eines Dritten, auf Grund dessen Herausgabe der Kaufsache verlangt werden kann, oder
   b) in einem sonstigen Recht, das im Grundbuch eingetragen ist,

   besteht,
2. in fünf Jahren
   a) bei einem Bauwerk und
   b) bei einer Sache, die entsprechend ihrer üblichen Verwendungsweise für ein Bauwerk verwendet worden ist und dessen Mangelhaftigkeit verursacht hat, und
3. im Übrigen in zwei Jahren.

§ 439 Abs. 3 Nacherfüllung (Kaufrecht, auszugsweise)

(3) Hat der Käufer die mangelhafte Sache gemäß ihrer Art und ihrem Verwendungszweck in eine andere Sache eingebaut oder an eine andere Sache angebracht, ist der Verkäufer im Rahmen der Nacherfüllung verpflichtet, dem Käufer die erforderlichen Aufwendungen für das Entfernen der mangelhaften und den Einbau oder das Anbringen der nachgebesserten oder gelieferten mangelfreien Sache zu ersetzen.

§ 631 Vertragstypische Pflichten beim Werkvertrag

(1) Durch den Werkvertrag wird der Unternehmer zur Herstellung des versprochenen Werkes, der Besteller zur Entrichtung der vereinbarten Vergütung verpflichtet.

(2) Gegenstand des Werkvertrags kann sowohl die Herstellung oder Veränderung einer Sache als auch ein anderer durch Arbeit oder Dienstleistung herbeizuführender Erfolg sein.

§ 632 Vergütung

(1) Eine Vergütung gilt als stillschweigend vereinbart, wenn die Herstellung des Werkes den Umständen nach nur gegen eine Vergütung zu erwarten ist.

(2) Ist die Höhe der Vergütung nicht bestimmt, so ist bei dem Bestehen einer Taxe die taxmäßige Vergütung, in Ermangelung einer Taxe die übliche Vergütung als vereinbart anzusehen.

(3) Ein Kostenanschlag ist im Zweifel nicht zu vergüten.

§ 632a Abschlagszahlungen

(1) Der Unternehmer kann von dem Besteller eine Abschlagszahlung in Höhe des Wertes der von ihm erbrachten und nach dem Vertrag geschuldeten Leistungen verlangen. Sind die erbrachten Leistungen nicht vertragsgemäß, kann der Besteller die Zahlung eines angemessenen Teils des Abschlags verweigern. Die Beweislast für die vertragsgemäße Leistung verbleibt bis zur Abnahme beim Unternehmer. § 641 Abs. 3 gilt entsprechend. Die Leistungen sind durch eine Aufstellung nachzuweisen, die eine rasche und sichere Beurteilung der Leistungen ermöglichen muss. Die Sätze 1 bis 5 gelten auch für erforderliche Stoffe oder Bauteile, die angeliefert oder eigens angefertigt und bereitgestellt sind, wenn dem Besteller nach seiner Wahl Eigentum an den Stoffen oder Bauteilen übertragen oder entsprechende Sicherheit hierfür geleistet wird.

(2) Die Sicherheit nach Absatz 1 Satz 6 kann durch eine Garantie oder ein sonstiges Zahlungsversprechen eines im Geltungsbereich dieses Gesetzes zum Geschäftsbetrieb befugten Kreditinstituts oder Kreditversicherers geleistet werden.

§ 633 Sach- und Rechtsmangel

(1) Der Unternehmer hat dem Besteller das Werk frei von Sach- und Rechtsmängeln zu verschaffen.

(2) Das Werk ist frei von Sachmängeln, wenn es die vereinbarte Beschaffenheit hat. Soweit die Beschaffenheit nicht vereinbart ist, ist das Werk frei von Sachmängeln,

1. **wenn es sich für die nach dem Vertrag vorausgesetzte, sonst**
2. **für die gewöhnliche Verwendung eignet und eine Beschaffenheit aufweist, die bei Werken der gleichen Art üblich ist und die der Besteller nach der Art des Werkes erwarten kann.**

Einem Sachmangel steht es gleich, wenn der Unternehmer ein anderes als das bestellte Werk oder das Werk in zu geringer Menge herstellt.

(3) Das Werk ist frei von Rechtsmängeln, wenn Dritte in Bezug auf das Werk keine oder nur die im Vertrag übernommenen Rechte gegen den Besteller geltend machen können.

§ 634 Rechte des Bestellers bei Mängeln

Ist das Werk mangelhaft, kann der Besteller, wenn die Voraussetzungen der folgenden Vorschriften vorliegen und soweit nicht ein anderes bestimmt ist,

1. nach § 635 Nacherfüllung verlangen,
2. nach § 637 den Mangel selbst beseitigen und Ersatz der erforderlichen Aufwendungen verlangen,
3. nach den §§ 636, 323 und 326 Abs. 5 von dem Vertrag zurücktreten oder nach § 638 die Vergütung mindern und
4. nach den §§ 636, 280, 281, 283 und 311a Schadensersatz oder nach § 284 Ersatz vergeblicher Aufwendungen verlangen.

§ 634a Verjährung der Mängelansprüche (auszugsweise)

(1) Die in § 634 Nr. 1, 2 und 4 bezeichneten Ansprüche verjähren

1. vorbehaltlich der Nummer 2 in zwei Jahren bei einem Werk, dessen Erfolg in der Herstellung, Wartung oder Veränderung einer Sache oder in der Erbringung von Planungs- oder Überwachungsleistungen hierfür besteht,
2. **in fünf Jahren bei einem Bauwerk und einem Werk, dessen Erfolg in der Erbringung von Planungs- oder Überwachungsleistungen hierfür besteht und**
3. **im Übrigen in der regelmäßigen Verjährungsfrist.**

(2) Die Verjährung beginnt in den Fällen des Absatzes 1 Nr. 1 und 2 mit der Abnahme.

(3) Abweichend von Absatz 1 Nr. 1 und 2 und Absatz 2 verjähren die Ansprüche in der regelmäßigen Verjährungsfrist, wenn der Unternehmer den Mangel arglistig verschwiegen hat. Im Fall des Absatzes 1 Nr. 2 tritt die Verjährung jedoch nicht vor Ablauf der dort bestimmten Frist ein.

§ 635 Nacherfüllung

(1) Verlangt der Besteller Nacherfüllung, so kann der Unternehmer nach seiner Wahl den Mangel beseitigen oder ein neues Werk herstellen.

(2) Der Unternehmer hat die zum Zwecke der Nacherfüllung erforderlichen Aufwendungen, insbesondere Transport-, Wege-, Arbeits- und Materialkosten zu tragen.

(3) Der Unternehmer kann die Nacherfüllung unbeschadet des § 275 Abs. 2 und 3 verweigern, wenn sie nur mit unverhältnismäßigen Kosten möglich ist.

(4) Stellt der Unternehmer ein neues Werk her, so kann er vom Besteller Rückgewähr des mangelhaften Werkes nach Maßgabe der §§ 346 bis 348 verlangen.

§ 637 Selbstvornahme

(1) Der Besteller kann wegen eines Mangels des Werkes nach erfolglosem Ablauf einer von ihm zur Nacherfüllung bestimmten angemessenen Frist den Mangel selbst beseitigen und Ersatz der erforderlichen Aufwendungen verlangen, wenn nicht der Unternehmer die Nacherfüllung zu Recht verweigert.

(2) § 323 Abs. 2 findet entsprechende Anwendung. Der Bestimmung einer Frist bedarf es auch dann nicht, wenn die Nacherfüllung fehlgeschlagen oder dem Besteller unzumutbar ist.

(3) Der Besteller kann von dem Unternehmer für die zur Beseitigung des Mangels erforderlichen Aufwendungen Vorschuss verlangen.

§ 638 Minderung

(1) Statt zurückzutreten, kann der Besteller die Vergütung durch Erklärung gegenüber dem Unternehmer mindern. Der Ausschlussgrund des § 323 Abs. 5 Satz 2 findet keine Anwendung.

(2) Sind auf der Seite des Bestellers oder auf der Seite des Unternehmers mehrere beteiligt, so kann die Minderung nur von allen oder gegen alle erklärt werden.

(3) Bei der Minderung ist die Vergütung in dem Verhältnis herabzusetzen, in welchem zur Zeit des Vertragsschlusses der Wert des Werkes in mangelfreiem Zustand zu dem wirklichen Wert gestanden haben würde. Die Minderung ist, soweit erforderlich, durch Schätzung zu ermitteln.

(4) Hat der Besteller mehr als die geminderte Vergütung gezahlt, so ist der Mehrbetrag vom Unternehmer zu erstatten. § 346 Abs. 1 und § 347 Abs. 1 finden entsprechende Anwendung.

§ 640 Abnahme

(1) Der Besteller ist verpflichtet, das vertragsmäßig hergestellte Werk abzunehmen, sofern nicht nach der Beschaffenheit des Werkes die Abnahme ausgeschlossen ist. Wegen unwesentlicher Mängel kann die Abnahme nicht verweigert werden.

(2) Als abgenommen gilt ein Werk auch, wenn der Unternehmer dem Besteller nach Fertigstellung des Werks eine angemessene Frist zur Abnahme gesetzt hat und der Besteller die Abnahme nicht innerhalb dieser Frist unter Angabe mindestens eines Mangels verweigert hat. Ist der Besteller ein Verbraucher, so treten die Rechtsfolgen des Satzes 1 nur dann ein, wenn der Unternehmer den Besteller zusammen mit der Aufforderung zur Abnahme auf die Folgen einer nicht erklärten oder ohne Angabe von Mängeln verweigerten Abnahme hin-

gewiesen hat; der Hinweis muss in Textform erfolgen.

(3) Nimmt der Besteller ein mangelhaftes Werk gemäß Absatz 1 Satz 1 ab, obschon er den Mangel kennt, so stehen ihm die in § 634 Nr. 1 bis 3 bezeichneten Rechte nur zu, wenn er sich seine Rechte wegen des Mangels bei der Abnahme vorbehält.

§ 641 Fälligkeit der Vergütung

(1) Die Vergütung ist bei der Abnahme des Werkes zu entrichten. Ist das Werk in Teilen abzunehmen und die Vergütung für die einzelnen Teile bestimmt, so ist die Vergütung für jeden Teil bei dessen Abnahme zu entrichten.

(2) Die Vergütung des Unternehmers für ein Werk, dessen Herstellung der Besteller einem Dritten versprochen hat, wird spätestens fällig,

1. soweit der Besteller von dem Dritten für das versprochene Werk wegen dessen Herstellung seine Vergütung oder Teile davon erhalten hat,
2. soweit das Werk des Bestellers von dem Dritten abgenommen worden ist oder als abgenommen gilt oder
3. wenn der Unternehmer dem Besteller erfolglos eine angemessene Frist zur Auskunft über die in den Nummern 1 und 2 bezeichneten Umstände bestimmt hat.

Hat der Besteller dem Dritten wegen möglicher Mängel des Werks Sicherheit geleistet, gilt Satz 1 nur, wenn der Unternehmer dem Besteller entsprechende Sicherheit leistet.

(3) Kann der Besteller die Beseitigung eines Mangels verlangen, so kann er nach der Fälligkeit die Zahlung eines angemessenen Teils der Vergütung verweigern; angemessen ist in der Regel das Doppelte der für die Beseitigung des Mangels erforderlichen Kosten.

(4) Eine in Geld festgesetzte Vergütung hat der Besteller von der Abnahme des Werkes an zu verzinsen, sofern nicht die Vergütung gestundet ist.

§ 642 Mitwirkung des Bestellers

(1) Ist bei der Herstellung des Werkes eine Handlung des Bestellers erforderlich, so kann der Unternehmer, wenn der Besteller durch das Unterlassen der Handlung in Verzug der Annahme kommt, eine angemessene Entschädigung verlangen.

(2) Die Höhe der Entschädigung bestimmt sich einerseits nach der Dauer des Verzugs und der Höhe der vereinbarten Vergütung, andererseits nach demjenigen, was der Unternehmer infolge des Verzugs an Aufwendungen erspart oder durch anderweitige Verwendung seiner Arbeitskraft erwerben kann.

§ 643 Kündigung bei unterlassener Mitwirkung

Der Unternehmer ist im Falle des § 642 berechtigt, dem Besteller zur Nachholung der Handlung eine angemessene Frist mit der Erklärung zu bestimmen, dass er den Vertrag kündige, wenn die Handlung nicht bis zum Ablauf der Frist vorgenommen werde. Der Vertrag gilt als aufgehoben, wenn nicht die Nachholung bis zum Ablauf der Frist erfolgt.

§ 644 Gefahrtragung

(1) Der Unternehmer trägt die Gefahr bis zur Abnahme des Werkes. Kommt der Besteller in Verzug der Annahme, so geht die Gefahr auf ihn über. Für den zufälligen Untergang und eine zufällige Verschlechterung des von dem Besteller gelieferten Stoffes ist der Unternehmer nicht verantwortlich.

(2) Versendet der Unternehmer das Werk auf Verlangen des Bestellers nach einem anderen Ort als dem Erfüllungsort, so finden die für den Kauf geltenden Vorschriften des § 447 entsprechende Anwendung.

§ 645 Verantwortlichkeit des Bestellers

(1) Ist das Werk vor der Abnahme infolge eines Mangels des von dem Besteller gelieferten Stoffes oder infolge einer von dem Besteller für die Ausführung erteilten Anweisung untergegangen, verschlechtert oder unausführbar geworden, ohne dass ein Umstand mitgewirkt hat, den der Unternehmer zu vertreten hat, so kann der Unternehmer einen der geleisteten Arbeit entsprechenden Teil der Vergütung und Ersatz der in der Vergütung nicht inbegriffenen Auslagen verlangen. Das Gleiche gilt, wenn der Vertrag in Gemäßheit des § 643 aufgehoben wird.

(2) Eine weitergehende Haftung des Bestellers wegen Verschuldens bleibt unberührt.

§ 648 Kündigungsrecht des Bestellers

Der Besteller kann bis zur Vollendung des Werkes jederzeit den Vertrag kündigen. Kündigt der Besteller, so ist der Unternehmer berechtigt, die vereinbarte Vergütung zu verlangen; er muss sich jedoch dasjenige anrechnen lassen, was er infolge der Aufhebung des Vertrags an Aufwendungen erspart oder durch anderweitige Verwendung seiner Arbeitskraft erwirbt oder zu erwerben böswillig unterlässt. Es wird vermutet, dass danach dem Unternehmer 5 vom Hundert der auf den noch nicht erbrachten Teil der Werkleistung entfallenden vereinbarten Vergütung zustehen.

§ 648a Kündigung aus wichtigem Grund

(1) Beide Vertragsparteien können den Vertrag aus wichtigem Grund ohne Einhaltung einer Kündigungsfrist kündigen. Ein wichtiger Grund liegt vor, wenn dem kündigenden Teil unter Berücksichtigung aller Umstände des Einzelfalls und unter Abwägung der beiderseitigen Interessen die Fortsetzung des Vertragsverhältnisses bis zur Fertigstellung des Werks nicht zugemutet werden kann.

(2) Eine Teilkündigung ist möglich; sie muss sich auf einen abgrenzbaren Teil des geschuldeten Werks beziehen.

(3) § 314 Absatz 2 und 3 gilt entsprechend.

(4) Nach der Kündigung kann jede Vertragspartei von der anderen verlangen, dass sie an einer gemeinsamen Feststellung des Leistungsstandes mitwirkt. Verweigert eine Vertragspartei die Mitwirkung oder bleibt sie einem vereinbarten oder einem von der anderen Vertragspartei innerhalb einer angemessenen Frist bestimmten Termin zur Leistungsstandfeststellung fern, trifft sie die Beweislast für den Leistungsstand zum Zeitpunkt der Kündigung. Dies gilt nicht, wenn die Vertragspartei infolge eines Umstands fernbleibt, den sie nicht zu vertreten hat und den sie der anderen Vertragspartei unverzüglich mitgeteilt hat.

(5) Kündigt eine Vertragspartei aus wichtigem Grund, ist der Unternehmer nur berechtigt, die Vergütung zu verlangen, die auf den bis zur Kündigung erbrachten Teil des Werks entfällt.

(6) Die Berechtigung, Schadensersatz zu verlangen, wird durch die Kündigung nicht ausgeschlossen.

§ 650a Bauvertrag

(1) Ein Bauvertrag ist ein Vertrag über die Herstellung, die Wiederherstellung, die Beseitigung oder den Umbau eines Bauwerks, einer Außenanlage oder eines Teils davon. Für den Bauvertrag gelten ergänzend die folgenden Vorschriften dieses Kapitels.

(2) Ein Vertrag über die Instandhaltung eines Bauwerks ist ein Bauvertrag, wenn das Werk für die Konstruktion, den Bestand oder den bestimmungsgemäßen Gebrauch von wesentlicher Bedeutung ist.

§ 650b Änderung des Vertrags; Anordnungsrecht des Bestellers

(1) Begehrt der Besteller

1. eine Änderung des vereinbarten Werkerfolgs (§ 631 Absatz 2) oder
2. eine Änderung, die zur Erreichung des vereinbarten Werkerfolgs notwendig ist,

streben die Vertragsparteien Einvernehmen über die Änderung und die infolge der Änderung zu leistende Mehr- oder Mindervergütung an. Der Unternehmer ist verpflichtet, ein Angebot über die Mehr- oder Mindervergütung zu erstellen, im Falle einer Änderung nach Satz 1 Nummer 1 jedoch nur, wenn ihm die Ausführung der Änderung zumutbar ist. Macht der Unternehmer betriebsinterne Vorgänge für die Unzumutbarkeit einer Anordnung nach Absatz 1 Satz 1 Nummer 1 geltend, trifft ihn die Beweislast hierfür. Trägt der Besteller die Verantwortung für die Planung des Bauwerks oder der Außenanlage, ist der Unternehmer nur dann zur Erstellung eines Angebots über die Mehr- oder Mindervergütung verpflichtet, wenn der Besteller die für die Änderung erforderliche Planung vorgenommen und dem Unternehmer zur Verfügung gestellt hat. Begehrt der Besteller eine Änderung, für die dem Unternehmer nach § 650 c Absatz 1 Satz 2 kein Anspruch auf Vergütung für vermehrten Aufwand zusteht, streben die Parteien nur Einvernehmen über die Änderung an; Satz 2 findet in diesem Fall keine Anwendung.

(2) Erzielen die Parteien binnen 30 Tagen nach Zugang des Änderungsbegehrens beim Unternehmer keine Einigung nach Absatz 1, kann der Besteller die Änderung in Textform anordnen. Der Unternehmer ist verpflichtet, der Anordnung des Bestel-

lers nachzukommen, einer Anordnung nach Absatz 1 Satz 1 Nummer 1 jedoch nur, wenn ihm die Ausführung zumutbar ist. Absatz 1 Satz 3 gilt entsprechend.

§ 650c Vergütungsanpassung bei Anordnungen nach § 650b Absatz 2

(1) Die Höhe des Vergütungsanspruchs für den infolge einer Anordnung des Bestellers nach § 650 b Absatz 2 vermehrten oder verminderten Aufwand ist nach den tatsächlich erforderlichen Kosten mit angemessenen Zuschlägen für Allgemeine Geschäftskosten, Wagnis und Gewinn zu ermitteln. Umfasst die Leistungspflicht des Unternehmers auch die Planung des Bauwerks oder der Außenanlage, steht diesem im Fall des § 650 b Absatz 1 Satz 1 Nummer 2 kein Anspruch auf Vergütung für vermehrten Aufwand zu.

(2) Der Unternehmer kann zur Berechnung der Vergütung für den Nachtrag auf die Ansätze in einer vereinbarungsgemäß hinterlegten Urkalkulation zurückgreifen. Es wird vermutet, dass die auf Basis der Urkalkulation fortgeschriebene Vergütung der Vergütung nach Absatz 1 entspricht.

(3) Bei der Berechnung von vereinbarten oder gemäß § 632 a geschuldeten Abschlagszahlungen kann der Unternehmer 80 Prozent einer in einem Angebot nach § 650 b Absatz 1 Satz 2 genannten Mehrvergütung ansetzen, wenn sich die Parteien nicht über die Höhe geeinigt haben oder keine anderslautende gerichtliche Entscheidung ergeht. Wählt der Unternehmer diesen Weg und ergeht keine anderslautende gerichtliche Entscheidung, wird die nach den Absätzen 1 und 2 geschuldete Mehrvergütung erst nach der Abnahme des Werkes fällig. Zahlungen nach Satz 1, die die nach den Absätzen 1 und 2 geschuldete Mehrvergütung übersteigen, sind dem Besteller zurückzugewähren und ab ihrem Eingang beim Unternehmer zu verzinsen. § 288 Absatz 1 Satz 2, Absatz 2 und § 289 Satz 1 gelten entsprechend.

§ 650d Einstweilige Verfügung

Zum Erlass einer einstweiligen Verfügung in Streitigkeiten über das Anordnungsrecht gemäß § 650 b oder die Vergütungsanpassung gemäß § 650 c ist es nach Beginn der Bauausführung nicht erforderlich, dass der Verfügungsgrund glaubhaft gemacht wird.

§ 650e Sicherungshypothek des Bauunternehmers

Der Unternehmer kann für seine Forderungen aus dem Vertrag die Einräumung einer Sicherungshypothek an dem Baugrundstück des Bestellers verlangen. Ist das Werk noch nicht vollendet, so kann er die Einräumung der Sicherungshypothek für einen der geleisteten Arbeit entsprechenden Teil der Vergütung und für die in der Vergütung nicht inbegriffenen Auslagen verlangen.

§ 650f Bauhandwerkersicherung

(1) Der Unternehmer kann vom Besteller Sicherheit für die auch in Zusatzaufträgen vereinbarte und noch nicht gezahlte Vergütung einschließlich dazugehöriger Nebenforderungen, die mit 10 Prozent des zu sichernden Vergütungsanspruchs anzusetzen sind, verlangen. Satz 1 gilt in demselben Umfang auch für Ansprüche, die an die Stelle der Vergütung treten. Der Anspruch des Unternehmers auf Sicherheit wird nicht dadurch ausgeschlossen, dass der Besteller Erfüllung verlangen kann oder das Werk abgenommen hat. Ansprüche, mit denen der Besteller gegen den Anspruch des Unternehmers auf Vergütung aufrechnen kann, bleiben bei der Berechnung der Vergütung unberücksichtigt, es sei denn, sie sind unstreitig oder rechtskräftig festgestellt. Die Sicherheit ist auch dann als ausreichend anzusehen, wenn sich der Sicherungsgeber das Recht vorbehält, sein Versprechen im Falle einer wesentlichen Verschlechterung der Vermögensverhältnisse des Bestellers mit Wirkung für Vergütungsansprüche aus Bauleistungen zu widerrufen, die der Unternehmer bei Zugang der Widerrufserklärung noch nicht erbracht hat.

(2) Die Sicherheit kann auch durch eine Garantie oder ein sonstiges Zahlungsversprechen eines im Geltungsbereich dieses Gesetzes zum Geschäftsbetrieb befugten Kreditinstituts oder Kreditversicherers geleistet werden. Das Kreditinstitut oder der Kreditversicherer darf Zahlungen an den Unternehmer nur leisten, soweit der Besteller den Vergütungsanspruch des Unternehmers anerkennt oder durch vorläufig vollstreckbares Urteil zur Zahlung der Vergütung verurteilt worden ist und die Voraussetzungen vorliegen, unter denen die Zwangsvollstreckung begonnen werden darf.

(3) Der Unternehmer hat dem Besteller die üblichen Kosten der Sicherheitsleistung bis zu einem

Höchstsatz von 2 Prozent für das Jahr zu erstatten. Dies gilt nicht, soweit eine Sicherheit wegen Einwendungen des Bestellers gegen den Vergütungsanspruch des Unternehmers aufrechterhalten werden muss und die Einwendungen sich als unbegründet erweisen.

(4) Soweit der Unternehmer für seinen Vergütungsanspruch eine Sicherheit nach Absatz 1 oder 2 erlangt hat, ist der Anspruch auf Einräumung einer Sicherungshypothek nach § 650 e ausgeschlossen.

(5) Hat der Unternehmer dem Besteller erfolglos eine angemessene Frist zur Leistung der Sicherheit nach Absatz 1 bestimmt, so kann der Unternehmer die Leistung verweigern oder den Vertrag kündigen. Kündigt er den Vertrag, ist der Unternehmer berechtigt, die vereinbarte Vergütung zu verlangen; er muss sich jedoch dasjenige anrechnen lassen, was er infolge der Aufhebung des Vertrages an Aufwendungen erspart oder durch anderweitige Verwendung seiner Arbeitskraft erwirbt oder böswillig zu erwerben unterlässt. Es wird vermutet, dass danach dem Unternehmer 5 Prozent der auf den noch nicht erbrachten Teil der Werkleistung entfallenden vereinbarten Vergütung zustehen.

(6) Die Absätze 1 bis 5 finden keine Anwendung, wenn der Besteller

1. **eine juristische Person des öffentlichen Rechts oder ein öffentlich-rechtliches Sondervermögen ist, über deren Vermögen ein Insolvenzverfahren unzulässig ist, oder**
2. **Verbraucher ist und es sich um einen Verbraucherbauvertrag nach § 650i oder um einen Bauträgervertrag nach § 650u handelt.**

Satz 1 Nummer 2 gilt nicht bei Betreuung des Bauvorhabens durch einen zur Verfügung über die Finanzierungsmittel des Bestellers ermächtigten Baubetreuer.

(7) Eine von den Absätzen 1 bis 5 abweichende Vereinbarung ist unwirksam.

§ 650g Zustandsfeststellung bei Verweigerung der Abnahme, Schlussrechnung

(1) Verweigert der Besteller die Abnahme unter Angabe von Mängeln, hat er auf Verlangen des Unternehmers an einer gemeinsamen Feststellung des Zustands des Werks mitzuwirken. Die gemeinsame Zustandsfeststellung soll mit der Angabe des Tages der Anfertigung versehen werden und ist von beiden Vertragsparteien zu unterschreiben.

(2) Bleibt der Besteller einem vereinbarten oder einem von dem Unternehmer innerhalb einer angemessenen Frist bestimmten Termin zur Zustandsfeststellung fern, so kann der Unternehmer die Zustandsfeststellung auch einseitig vornehmen. Dies gilt nicht, wenn der Besteller infolge eines Umstands fernbleibt, den er nicht zu vertreten hat und den er dem Unternehmer unverzüglich mitgeteilt hat. Der Unternehmer hat die einseitige Zustandsfeststellung mit der Angabe des Tages der Anfertigung zu versehen und sie zu unterschreiben sowie dem Besteller eine Abschrift der einseitigen Zustandsfeststellung zur Verfügung zu stellen.

(3) Ist das Werk dem Besteller verschafft worden und ist in der Zustandsfeststellung nach Absatz 1 oder 2 ein offenkundiger Mangel nicht angegeben, wird vermutet, dass dieser nach der Zustandsfeststellung entstanden und vom Besteller zu vertreten ist. Die Vermutung gilt nicht, wenn der Mangel nach seiner Art nicht vom Besteller verursacht worden sein kann.

(4) Die Vergütung ist zu entrichten, wenn

1. der Besteller das Werk abgenommen hat oder die Abnahme nach § 641 Absatz 2 entbehrlich ist und
2. der Unternehmer dem Besteller eine prüffähige Schlussrechnung erteilt hat.

Die Schlussrechnung ist prüffähig, wenn sie eine übersichtliche Aufstellung der erbrachten Leistungen enthält und für den Besteller nachvollziehbar ist. Sie gilt als prüffähig, wenn der Besteller nicht innerhalb von 30 Tagen nach Zugang der Schlussrechnung begründete Einwendungen gegen ihre Prüffähigkeit erhoben hat.

§ 650h Schriftform der Kündigung

Die Kündigung des Bauvertrags bedarf der schriftlichen Form.

§ 650i Verbraucherbauvertrag

(1) Verbraucherbauverträge sind Verträge, durch die der Unternehmer von einem Verbraucher zum Bau eines neuen Gebäudes oder zu erheblichen

Umbaumaßnahmen an einem bestehenden Gebäude verpflichtet wird.

(2) Der Verbraucherbauvertrag bedarf der Textform.

(3) Für Verbraucherbauverträge gelten ergänzend die folgenden Vorschriften dieses Kapitels.

§ 650m Abschlagszahlungen; Absicherung des Vergütungsanspruchs

(1) Verlangt der Unternehmer Abschlagszahlungen nach § 632a, darf der Gesamtbetrag der Abschlagszahlungen 90 Prozent der vereinbarten Gesamtvergütung einschließlich der Vergütung für Nachtragsleistungen nach § 650c nicht übersteigen.

(2) **Dem Verbraucher ist bei der ersten Abschlagszahlung eine Sicherheit für die rechtzeitige Herstellung des Werks ohne wesentliche Mängel in Höhe von 5 Prozent der vereinbarten Gesamtvergütung zu leisten.** Erhöht sich der Vergütungsanspruch infolge einer Anordnung des Verbrauchers nach den §§ 650b und 650c oder infolge sonstiger Änderungen oder Ergänzungen des Vertrags um mehr als 10 Prozent, ist dem Verbraucher bei der nächsten Abschlagszahlung eine weitere Sicherheit in Höhe von 5 Prozent des zusätzlichen Vergütungsanspruchs zu leisten. Auf Verlangen des Unternehmers ist die Sicherheitsleistung durch Einbehalt dergestalt zu erbringen, dass der Verbraucher die Abschlagszahlungen bis zu dem Gesamtbetrag der geschuldeten Sicherheit zurückhält.

(3) Sicherheiten nach Absatz 2 können auch durch eine Garantie oder ein sonstiges Zahlungsversprechen eines im Geltungsbereich dieses Gesetzes zum Geschäftsbetrieb befugten Kreditinstituts oder Kreditversicherers geleistet werden.

(4) Verlangt der Unternehmer Abschlagszahlungen nach § 632a, ist eine Vereinbarung unwirksam, die den Verbraucher zu einer Sicherheitsleistung für die vereinbarte Vergütung verpflichtet, die die nächste Abschlagszahlung oder 20 Prozent der vereinbarten Vergütung übersteigt. Gleiches gilt, wenn die Parteien Abschlagszahlungen vereinbart haben.

§ 650p Vertragstypische Pflichten aus Architekten- und Ingenieurverträgen

(1) Durch einen Architekten- oder Ingenieurvertrag wird der Unternehmer verpflichtet, die Leistungen zu erbringen, die nach dem jeweiligen Stand der Planung und Ausführung des Bauwerks oder der Außenanlage erforderlich sind, um die zwischen den Parteien vereinbarten Planungs- und Überwachungsziele zu erreichen.

(2) Soweit wesentliche Planungs- und Überwachungsziele noch nicht vereinbart sind, hat der Unternehmer zunächst eine Planungsgrundlage zur Ermittlung dieser Ziele zu erstellen. Er legt dem Besteller die Planungsgrundlage zusammen mit einer Kosteneinschätzung für das Vorhaben zur Zustimmung vor.

§ 650q Anwendbare Vorschriften

(1) Für Architekten- und Ingenieurverträge gelten die Vorschriften des Kapitels 1 des Untertitels 1 sowie die §§ 650b, 650e bis 650h entsprechend, soweit sich aus diesem Untertitel nichts anderes ergibt.

(2) Für die Vergütungsanpassung im Fall von Anordnungen nach § 650b Absatz 2 gelten die Entgeltberechnungsregeln der Honorarordnung für Architekten und Ingenieure in der jeweils geltenden Fassung, soweit infolge der Anordnung zu erbringende oder entfallende Leistungen vom Anwendungsbereich der Honorarordnung erfasst werden. Im Übrigen ist die Vergütungsanpassung für den vermehrten oder verminderten Aufwand auf Grund der angeordneten Leistung frei vereinbar. Soweit die Vertragsparteien keine Vereinbarung treffen, gilt § 650c entsprechend.

§ 650r Sonderkündigungsrecht

(1) Nach Vorlage von Unterlagen gemäß § 650p Absatz 2 kann der Besteller den Vertrag kündigen. Das Kündigungsrecht erlischt zwei Wochen nach Vorlage der Unterlagen, bei einem Verbraucher jedoch nur dann, wenn der Unternehmer ihn bei der Vorlage der Unterlagen in Textform über das Kündigungsrecht, die Frist, in der es ausgeübt werden kann, und die Rechtsfolgen der Kündigung unterrichtet hat.

(2) Der Unternehmer kann dem Besteller eine angemessene Frist für die Zustimmung nach § 650p Absatz 2 Satz 2 setzen. Er kann den Vertrag kündigen, wenn der Besteller die Zustimmung verweigert oder innerhalb der Frist nach Satz 1 keine Erklärung zu den Unterlagen abgibt.

(3) Wird der Vertrag nach Absatz 1 oder 2 gekündigt, ist der Unternehmer nur berechtigt, die Vergütung zu verlangen, die auf die bis zur Kündigung erbrachten Leistungen entfällt.

§ 650s Teilabnahme

Der Unternehmer kann ab der Abnahme der letzten Leistung des bauausführenden Unternehmers oder der bauausführenden Unternehmer eine Teilabnahme der von ihm bis dahin erbrachten Leistungen verlangen.

§ 650t Gesamtschuldnerische Haftung mit dem bauausführenden Unternehmer

Nimmt der Besteller den Unternehmer wegen eines Überwachungsfehlers in Anspruch, der zu einem Mangel an dem Bauwerk oder an der Außenanlage geführt hat, kann der Unternehmer die Leistung verweigern, wenn auch der ausführende Bauunternehmer für den Mangel haftet und der Besteller dem bauausführenden Unternehmer noch nicht erfolglos eine angemessene Frist zur Nacherfüllung bestimmt hat.

HGB

§ 377

(1) Ist der Kauf für beide Teile ein Handelsgeschäft, so hat der Käufer die Ware unverzüglich nach der Ablieferung durch den Verkäufer, soweit dies nach ordnungsmäßigem Geschäftsgang tunlich ist, zu untersuchen und, wenn sich ein Mangel zeigt, dem Verkäufer unverzüglich Anzeige zu machen.

(2) Unterlässt der Käufer die Anzeige, so gilt die Ware als genehmigt, es sei denn, dass es sich um einen Mangel handelt, der bei der Untersuchung nicht erkennbar war.

(3) Zeigt sich später ein solcher Mangel, so muss die Anzeige unverzüglich nach der Entdeckung gemacht werden; anderenfalls gilt die Ware auch in Ansehung dieses Mangels als genehmigt.

(4) Zur Erhaltung der Rechte des Käufers genügt die rechtzeitige Absendung der Anzeige.

(5) Hat der Verkäufer den Mangel arglistig verschwiegen, so kann er sich auf diese Vorschriften nicht berufen.